문학과 삶

이철우 · 김도희 · 신윤주 · 안장혁 지음

신아사

머리말

대학에서 가르침을 주신 한 은사님께서는 책을 간행하는 일은 신중해야 한다고 말씀하셨다. 여기서의 신중함은 책의 내용이나 책이 지닌 접근 태도 혹은 간행 목적 등에 대한 신중함을 의미하기도 하지만, 본질적으로는 이 세상에 간행된 책이 너무 많아서 자칫 한 권의 책을 더 내놓는, 그래서 다른 독자들이 어려워하게 만드는 요인으로 책이 기능하는 것에 대한 우려이다.

문학을 접하고 이해시키는 데에 유용한 교재는 차고 넘친다. 도서관이나 서점이나 할 것 없이 문학 관련 도서가 큰 비중을 차지하고 있는 것도 사실이다. 우리 역시 이런 점에 대해 고민을 많이 했다. 적어도 앞서 언급한 신중함을 지니면서도 새로운 관점을 통해 '문학'을 그리고 읽는 독자와의 관련성을 찾고자 노력했다. 우리는 조심스럽게 여기 선보이는『문학과 삶』이 지금까지 세상에 나온 다른 문학 입문서들과는 조금의 차이를 보여줄 수 있을 것이라는 믿음을 갖고 있다. 적어도 이 교재를 통해 학생들이 문학을 접하면서 자신을 돌아볼 수 있는 계기가 될 수 있도록 안배하였다. 또한 관념적이거나 도덕적 의미를 작품을 통해 제시하고 나열하기보다는 주제적으로 다양한 관점과 비교적 선명한 시선을 통해 독자의 삶을 풍성하게 유도해주는 작품을 선정함으로써 편안하게 읽힐 수 있도록 배열의 순서를 고민하였다. 한편으로는 이 문학 입문서가 독자들에게 앞으로의 삶을 영위해 나가는 데 조금이라도 보탬이 되었으면 하는 바람으로 삶의 다양한 층위를 논의할 수 있도록 설계하였다.

책은 크게 3부로 구성되어 있다. 1부는 책을 읽기 전에 문학에 대한 기본 성격과 이해를 돕는 길라잡이로서의 역할에 대해 서술하였다. 문학을 이야기하는 목적이나 양상 그리고 어떻게 문학을 보아야 할 것인가는 모두 문학에 대한 기본적인 안내 글로서의 역할을 할 것으로 믿는다. 그리고 이런 문학에 대한 이해는 독서를 통해 형성되는 것이므로 책을 읽는 방법에 대해 서술하는 것으로 마무리했다.

2부는 주제별로 나누어 내용을 구성하였다. 문학을 읽는 것은 '나'를 발견하고 나를 통해 '너'를 이해하고 교감함으로써 '우리'로 나아가는 것이라고 생각하였다. 이런 까닭에 주제별로 집약한 삶의 변화를 나열하고 거기에 조응하는 작품을 선별하여 문학과 인간에게 한 발 다가설 수 있도록 안배하였다. 우리가 발견한 삶의 다양한 모습에서 매듭처럼 사용할 수 있는 키워드를 고르고 이를 중심으로 장을 구성하는 형식을 마련하였다. 장 속에 담긴 문학작품을 읽으면서 다양한 삶의 스펙트럼을 발견하고 각각의 삶 속에서 체화되는 경험을 느꼈으면 좋겠다는 바람을 조심스럽게 갖는다.

끝으로 작품에 대한 출처와 이를 바탕으로 다양한 독서를 권하고자 추천도서 목록을 붙였다. 여기에 수록된 작품은 전편이 아니기에 중간에 편찬자의 의도에 따라 중략된 부분이 없지 않다. 가급적 원작의 흐름을 유지하면서 효과적으로 작품을 소개하려고 하였으나, 이는 전적으로 독자의 판단에 맡긴다. 따라서 원작에 대한 갈증을 해소하고자 하는 독자는 출처와 보완된 서지사항을 참조하여 중단 없는 독서하기를 당부한다.

이 책을 펴내는 데 4명의 교수들이 힘을 모았다. 장별 집필자를 밝히자면, I부 전체와 II부의 1, 6장은 이철우 교수가, II부 2, 5장은 김도희 교수가, II부 3, 8장은 신윤주 교수가, II부 4, 7장은 안장혁 교수가 각각 서술하였다.

책은 간행되는 순간 저자를 떠나 독자들의 몫으로 변모한다. 이 책을 통해 문학에 대한 애정이 한 발 더 나아가고 '우리'를 이해하는 데 조금이라도 기여한다면 큰 기쁨이겠다. 부족한 부분은 전적으로 저자들의 무능함의 소치라는 점을 고백한다.

2017년 2월 초순
저자들을 대표하여 이철우 씀

차례

I. 문을 열며

1. 우리는 왜 문학을 이야기하는가

흔히 문학은 일종의 허구적인 산물로서 우리가 보편적으로 지닌 언어에 대한 관습과 행동으로 이해한다. 왜 문학을 하는가에 대한 의견은 여러 가지다. 언어적인 특징을 통해 삶의 즐거움을 얻기 위한 것이라는 관점도 있고, 유희적인 측면에서 즐기기 위한 한 수단으로 고안한 것이 문학이라는 견해도 있다. 사실 문학이 무엇인가를 말하는 것은 인간이란 무엇인가? 혹은 삶은 무엇인가? 등의 질문들과도 엇비슷한 내용이나 모양을 갖는다는 점에서 유사하다.

문학이 무엇인가를 찾는 것은 대강의 윤곽을 통해 문학이 갖는 속성이나 유사함 같은 것을 발견하기 위한 시도라고도 할 수 있다. 적어도 '삶이 무엇인가'라는 질문에서와 같이 '다 살아보고 나서' 삶에 대한 의미를 아는 것도 중요하지만, 한편으로는 삶의 의미라든가 가치나 보람 등에 관하여 이야기하며 삶에 대하여 높은 가치를 부여하고 우리들 스스로의 삶을 설계하는 것이 앞으로 삶을 어떻게 살아가야 더 바람직한가에 대한 대답이 되기에 더 중요하다고 할 수 있다. 그런 까닭에 우리는 살아보기 전에 혹은 가보기 전에 이렇게 문제화하는 것이다. 또한 문학이 우리들에게 즐겁고 쓸모 있는 정신 활동의 하나라는 사실을 알려주기 위해 이렇게 말을 하는 것이다. 문학을 이해하는 것도 이 같은 맥락인 셈이다. 문학이 갖는 의미를 파악하고 우리가 가진 여러 상황 속에서 이를 적용하거나 생각하는 데 도움을 받는 것이다. 그리고 이런 태도를 통해 우리가 살아가는 삶을 알기 이전의 삶보다 풍부하고 유용하게 설계하거나 살아갈 수 있는 것이다. 사실 문학이 지닌 가치가 이렇게 유의미한 것만 있는 것은 아니지만, 우리는 적어도 문학이라는 가치를 발견함으로써 유의미한 어떤 것을 찾을 가능성이 높다는 사실은 부인하기 어렵다.

이 책에서는 본격적으로 문학이 무엇인지 세세하게 다루지는 않는다. 다만 교양을 쌓는 측면에서 다양한 문학작품을 통해 문학이 어떤 것을 소재로 어떤 형식을 통해 전달하는가 하는 정도는 습득해야 한다. 흔히 21세기를 '문화의 시대'라고 이야기할 때 문화를 구성하는 하나의 분야로서 문학을 이해하면 된다. 사실 '문화'는 시대의 변천 과정에 따라 다양한 의미로 사용되어 왔다. 문화에 대한 대표적인 이론가 중의 한 사람인 레이몬드 윌리엄스(Raymond Williams)에 의하면, 문화라는 단어는 본래 라틴어 동사 'colere'에서 유래하여 15세기 초에 영어에서 명사형 'culture'의 형태를 갖게 되고 '자연적 성장을 돌보는 것'을 의미하게 되었다고 한다. 즉 문화는 '무엇인가를, 기본적으로 작물이나 혹은 동물들을 돌보는 것'을 의미한다. 이것이 유추에 의해 16세기 초부터 본래의 의미인 '경작'을 내포한 '인간의 발달과정'이라는 의미를 갖게 된다. 이 같은 복잡한 과정 속에서 현재 문화는 네 가지 정도의 의미를 포괄하는 개념으로 이해된다. 첫째, 인간의 지적·정신적 그리고 미적 발달의 일반적 과정, 둘째, 한 민족 한 시기 한 집단 혹은 일반적인 인간성의 독특한 삶의 상식, 셋째, 지적이고 특히 예술적인 활동의 작품들이나 실천들, 넷째, 인간의 물질적·정신적인 총체적 삶의 방식까지를 아우르는 말로 사용된다.

여기서 문학은 셋째의 개념 속에 포함되어 문화를 드러내는 한 양식으로 기능한다. 문학이 지닌 가치는 이것이 전부가 아니다. 알다시피 우리가 갖는 삶 속에서의 의문들에 대한 대답을 마련해주기도 하고, 개인의 삶을 가치 있게 만들거나 보여주기도 한다. 이를 구체적으로 예시하면 다음과 같이 설명할 수도 있다.

예를 들어, 특정한 시간과 공간으로서의 '부산'을 설명하는 대략적인 그림을 그리는 자리에서 문학의 본질이나 목표 혹은 가치와 같이 큰 개념을 말한다는 것은 공원을 이야기하면서 공원에서 살고 있는 동물의 기원과 식물의 기원 그리고 땅의 성분과 대기의 순환구조 나아가 지구의 생성 원리 및 역사를 말하는 것만큼이나 실질적으로도 도움이 별로 되지 않고, 논의조차 쉽지 않은 문제가 될 수 있다. 여기서 이야기하고자 하는 것은 문학이 지닌 보편적인 속성으로서의 특징이다. 그리고 이런 특징을 기반으로 부산을 이해하는 과정에서 언급되는 문학작품 속에서 부산의 모습이나 위상이 드러나게 될 것이다. 물론 부산을 대표하는 작가나 작품에 대한 이야기도 필요하다. 이런 과정을 통해 우리는 부산이 지닌 지리적인 특징이나 부산에 대한 인식의 정도를 알 수 있고, 이를 근거로 부산에 대한 이해를 도모하고자 하는 것이다. 부산에 대한 문학적인 인식은 기본적으로 '부산'을 중심으로 살아간 사람들의 삶의 역사적인 모습이나 태도를 이해한다는 것이고 여기서부터 부산을 이해하는 첫걸음이 만들어진다고 할 수 있다. 그런 까닭에 부산에 대한 문학의 이해는 역사와 더불어 삶을 총체적으로 볼 수 있게 만들어주는 요소라고 할 수 있는 것이다.

문학에 대한 일반적인 이해를 위해 필요한 몇 가지를 언급하면 다음과 같다. 첫째로는 문학은 언어로 되어 있다는 점이다. 이런 까닭에 언어적인 특징으로 인한 '기록된 모든 것'으로부터 살피는 일과 '정서적 표현'을 포함하게 되고, 나아가 함축적이고 주관적인 언어에 대한 이해와 해석이 필요하다는 점을 잊지 말아야 한다. 둘째는 문학은 허구로 되어 있다는 점이다. 허구라는 것은 사실이 아니다. 즉 문학이 추구하는 세계는 우리가 사는 현실이지만 문학에서 그려내는 세계는 모방의 세계라는 사실이다. 그러면 모방을 하는 대상은 무엇인가? 우리가 살아가는 세상이다. 다만 세상을 살아가는 일은 한 번밖에 할 수 없는 것이기에 마치 프루스트의 '가지 않는 길'처럼 우리가 겪어보지 않은 일들에 대해 궁금증을 갖게 된다. 이런 까닭에 우리는 개연적 진실에 도달하고자 하는 의지를 문학이 가진 허구 속에서 발견한다. 과학이나 역사처럼 실재 사실과의 합치를 말하는 것이 아닌 이야기 자체가 그럴 듯하면 되는 것으로의 허구를 찾게 된다는 것이다. 셋째는 문학이 인간에 관한 일을 담아낸다는 것이다. 작가의 상상력이라는 것은 작가의 생애와 시대적인 체험을 바탕으로 우러나오는 것을 다루며 이를 통해 타인의 상황에 대한 이해와 이념에 의한 경험의 확대·심화 등을 내포한다. 문학은 죄와 구원

혹은 정신과 물질의 문제, 가정·집단·사회 등의 문제를 제시하지만 결국 인간의 문제로 환원되어 온다. 이를 통해 인간이 무엇인지를 밝혀내려는 다양한 시도야말로 문학이 추구하는 바이다.

마지막으로 문학은 쓸모가 있다는 점을 간과하지 말아야 한다. 문학은 공허한 이야기가 아니다. 적어도 즐거움을 주고 교훈을 주며, 우리가 살아가면서 알아가야 할 것들을 미리 일러주기도 한다. 문학작품을 통해 우리는 정서의 과잉 상태를 벗어난 쾌적함을 느끼기도 한다. 다른 말로 감정의 질서화라고 불리는 이런 경험은 흥분 상태가 스스로 가라앉아 본래의 조화로움에로 돌아가는 통일과 충족의 기쁨을 주는 것을 말한다. 감동과 감화라는 말은 이 말의 다른 표현들이다. 이런 것들을 통해 우리는 문학을 즐기는 것이다. 아니 경험하는 것이다.

이효석의 〈메밀꽃 필 무렵〉의 한 대목을 읽어보자.

> — 산허리는 온통 메밀밭이어서 피기 시작한 꽃이 소금을 뿌린 듯이 흐뭇한 달빛에 숨이 막힐 지경이다. 붉은 대궁이 향기같이 애잔하고 나귀들의 걸음도 시원하다. 길이 좁은 까닭에 세 사람은 나귀를 타고 외줄로 늘어섰다. 방울 소리가 시원스럽게 딸랑딸랑 메밀밭께로 흘러간다. 앞장선 허생원의 이야기 소리는 꽁무니에 선 동이에게는 확적히는 안 들렸으나, 그는 그대로 개운한 제 멋에 적적하지는 않았다.

이 같은 소설의 한 대목을 통하여 우리는 메밀밭을 걸어가는 장꾼 세 사람의 모습을 상상하기도 하고, 메밀꽃이 가득한 정경을 그려볼 수도 있으며 허생원이 품고 다니는 과거에 대해 알게 된다. 또한 '숨이 막힐 지경인 달빛'을 떠올리면서 도대체 어떤 달빛이 이런 감정을 만들어낼 수 있을까 상상하게 된다. 한편으로는 단어에서 시작한 작은 상상이 점차 확산되기도 다른 이미지와 겹쳐지기도 하면서, 자신이 겪은 사랑과 어떤 막연한 상상 혹은 과거의 유사한 기억이나 무엇이 머릿속에 남게 되는 것을 발견하게 되는 것이다. 이런 점이 문학이 지닌 힘이자 문학을 즐기는 이유로서 설명된다고 할 수 있다.

2. 문학의 양상

문학은 어떻게 시작을 했을까? 흔히 문학의 기원으로 이야기될 수 있는 것은 우리가 가진 상상력과 흔적으로 추정할 뿐이다. 그 중 가장 대표적인 것은 아무래도 이야기와 노래라고 할 수 있다. 적어도 어떤 있었던 일에 대한 기억으로의 전달이 문학이 지닌 태초의 모습이라고 할 때—특별한 사건이 아닌 일상적인 것들은 사람들에게 호기심을 주거나 기억해야 할 필요성이 느껴지지 않는 법이다. 이런 관점으로 여전히 우리가 흔히 문학에서 재미를 주는 요소로 말해지는 것은 긴장감(suspense)과 놀라움(surprise)이다—이것을 간단하게 도식으로 만들면 아래와 같이 정리할 수 있다.

소설 ← 신화 ← 이야기 ← [사건 / 공간] → 노래 → 시가 → 현대시
민담 (신화 아래) / (시조, 가사) (시가 아래)

이 같은 큰 틀에서의 의미는 이야기를 중심으로 발전된 흔적과 노래로 전승된 흔적을 통해 발견된다.

이야기의 틀을 가진 서사는 신화나 종교적인 서적 그리고 수많은 민담을 통해 확인된다. 태초의 것들로 출발되는 이야기는 다양한 소재로 확산되어 수많은 이야기의 원형을 만들어내었다. 불을 훔친 프로메테우스의 이야기나 세계가 만들어진 후에 벌어지는 여러 나라들의 건국에 관한 신화 그리고 종교적인 이유에서건 아니면 어떤 내세에 대한 관계에서 발생된 종교 신화 등은 우리 주변에서 수많은 이야기를 만들어내면서 민담으로 정착되고 이는 다시 현대적인 의미에서 소설로 발전되어 나타났다. 사실 이렇게 말을 하는 것은 아주 큰 테두리에서 이해를 돕고자 약술한 것이다. 하지만 이처럼 이야기의 흐름에서 문학적인 특징이나 갈래가 표현되었다는 점은 의미심장하다.

마찬가지로 노래는 점차 정형화된 일정한 리듬을 갖추게 되면서 발전하게 된

다. 형식과 리듬은 일종의 약속으로 틀을 갖게 되고 틀 속에서 많은 이야기들이 함축되어 전달되게 되었다. 그리고 이런 형식은 형식을 습득하면 쉽게 따라 사용할 수 있는 장점이 되어 전달하고자 하는 긴 이야기도 축약하여 표현할 수 있도록 되었다. 그리고 이런 형식은 후에 시로 정착되게 된다. 시의 속성이 리듬감이라는 사실은 시를 표현하는 말이 모두 노래의 형식으로 불리었다는 것으로 이해할 수 있다.

이야기와 노래의 두 개의 양식은 문학에 있어 서사와 서정이라는 두 측면을 반영하는 말로 이해된다. 흔히 서사는 사건을 중심으로 전개되는 서술 방식의 문학을 가리키며, 서정은 정서적인 반응에 대한 축약적인 서술 방식으로 알려져 있다. 서사가 시간의 흐름에 따라 사건의 과정을 기술하는 방법으로 서술된다고 하면, 서정은 찰나의 순간에 대한 감정의 발생과 감정의 변화를 리듬감 있게 표현하는 양상으로 기술되는 것이다. 그렇기에 서사의 형태는 다소 긴 과정을 담아내고 흐름이 있으며 일정한 공간과 시간적인 제약에 의해 규제되는 방향으로 진행된다. 반면에 서정은 마음속에 나타나는 감정이나 감흥에 대한 이해나 자신의 마음을 빗대어 나타내는 것이기에 시간의 흐름이나 공간적인 제약보다는 감정 그 자체에 충실한 서술 태도를 보여준다. 그렇기에 서정은 논리적이고 순차적인 감정의 진행에 대한 흐름을 담아내기보다 관념적이고 사색적인 깨달음이나 시인 자신의 감정에 대한 직접적인 호소를 중시한다. 이는 동양에서 시를 흔히 규정하는 말로 대신하는 '사무사(思無邪)'라 하여 시가 지닌 정서적인 순화의 입장을 대변하는 것으로 보아도 잘 알 수 있다. 논어에 나오는 한 구절인 '사무사'란 사특함이 생각 속에 없다는 것으로, 시를 읽으면 속되고 잡다한 욕망이 생기지 않는다는 의미라고 할 수 있다.

결국 서정과 서사라는 문학의 틀을 통해 우리는 나와 주변 혹은 나와 세계의 관계를 정리하고 이해하였다. 그리고 이런 이해를 바탕으로 나를 중심으로 세상을 재배열함으로써 내가 어떻게 살아가고 어떻게 세상을 이해해야 하는지를 깨달았다고 할 수 있다. 나를 중심으로 펼쳐진 나의 주변에 대한 이해와 내가 가보지 못한 세계나 아직 경험하지 못한 장소나 공간에 대한 이해를 문학을 통해 간접적으로 체험함으로써 지식이나 지혜를 갖출 수 있었을 뿐만 아니라 상상을 통해 미리 유사한 경험을 갖도록 유도하기도 한 것이다.

이런 일련의 과정을 통해 우리는 불을 사용하게 된 계기나 해와 달의 생성, 그리고 우주나 지구의 탄생과 같은 아주 먼 옛날부터 지금까지 내려오게 된 사물이나 대상에 대한 의문을 해소하기도 하였고, 우리가 여기에 왜 있는가에 대한 이유도 찾으려고 했던 것이다. 그러면서 지속적으로 나, 너, 우리에 대한 세계와의 관계를 끊임없이 찾고자 했던 것이다. 이런 서사나 물음에 대한 지속적인 관심은 여전히 우리 곁에서 우리에게 삶의 방향이나 방법에 대한 유효한 궁금증으로 남아 있다. 예를 들어, 큰 흥행을 거둔 영화 〈국제시장〉도 한 남자가 어떤 과정을 거쳐 이곳 국제시장에 정착하게 되었는가를 추적하면서 이 땅의 역사가 진행되는 과정에서 주인공의 삶에 어떤 영향을 끼치고 변화를 주었는지 객관적으로 보여준다. 북한 땅에서 태어난 그가 고향을 떠나 부산에 오기까지의 과정과 독일에서의 광부 생활 그리고 다시 귀국하여 시장에서의 삶을 드러내줌으로써 개인의 삶과 분리될 수 없는 역사나 환경을 부각시키고 있다. 이런 영화가 감동을 주는 이유는 적어도 내가 살아가는 세계에 대한 이해나 관심 없이는 온전한 '나'를 이해할 수 없음을 보여주는 것이고 우리가 가진 삶의 조건이나 태도에 대해 다시금 생각을 하게 한다는 점이다.

3. 어떻게 문학을 볼 것인가

어떻게 문학을 읽는 것이 좋은가? 사실 쉽지 않은 물음이고 대답이다. 이 문제는 본질적인 물음인 문학이란 무엇인가와 같은 맥락으로 이해될 수도 있다. 적어도 문학작품을 대하는 자세를 말하기도 하는 것이며, 문학이란 범주에서 우리가 발견해야 하는 것을 일컫는 말이기도 하기 때문이다. 이런 종류의 물음은 사실

오래전부터 존재해왔다. 그럼에도 불구하고 여전히 물음이 남아있는 이유는 아직도 명확하게 이 물음에 대한 대답으로 알려진 것이 없기 때문이다.

특히 현대적인 관점으로 문학을 바라보면 문학의 영역은 축소되어 나타난다. 흔히 현대 문화를 과학 기술 문화라고 부른다. 이렇게 부르는 근거는 우리의 모든 삶의 영역에서 과학주의적 관점을 적용하고 이를 통한 과학 기술의 위력을 실감하며 동시에 그 위협을 느끼기에 더욱 그러한 것인지 모른다. 과학적 지식 자체의 정당성을 부정할 수 있는 근거나 기술이 가져오는 혜택을 입지 않는 사람은 이제 거의 없다고 해도 무방하다. 그럼에도 불구하고 과학주의, 기술 숭배에 대한 비판은 끊임없이 제기되는 것도 사실이다. 이런 이유는 기술의 진보와는 별개로 기술의 발달로 인해 발생되는 인간 생활의 비인간화하는 경향과 그런 추세에 대해 경고하는 것이며 이런 안목으로 지속화되는 과학적 안목, 즉 자연 세계뿐만 아니라 인간까지도 물질적으로, 기계적인 것으로 보는 형이상학을 견제하는 것이다. 이런 입장에서 볼 때 인간은 기계적인 것, 물질적인 것으로 되어버리고 인간성 상실을 가져 오기 마련이다.

하지만 인간은 물론 자연현상까지도 아무리 그것들이 인과적 법칙에 의해서 기계적으로 설명된다 하더라도 그 설명 자체는 인간의 사고에 의해 발견되고, 어느 의미에서는 만들어진 것들이다. 인간의 존재는 이런 까닭에 아무리 기술에 의해 지배된다고 할지라도 그것과 동일시될 수 없는 비기계적 인간으로 자리한다. 그럼에도 불구하고 현대는 그릇된 과학주의에 의해서 인간이 비인간화되고 있으며, 잘못된 기술의 횡포에 의하여 정신적 가치 대신 오로지 물질적 가치만 강조되어 추구되었다. 현대에 있어서의 문학이 중요한 까닭은 여기에 있다.

문학은 인간의 인간됨으로서의 표현, 삶에 대한 반성과 비판과 새로운 현실에 대한 계기가 된다는 것을 인정해야 한다. 문학은 삶의 가치에 대한 모색이며 비판이며 검토라고 할 때, 앞서 현대가 문학과 각별한 관계가 있다는 점이 부각된다. 그렇기에 문학은 현대적인 관점으로 치닫는 물질만능주의와 기술주의에 의해 우리를 위협하는 사회, 가치관과 세계관에 대한 역할, 과학적·기술적 이데올로기에 휘말려 은폐된 우리 사회를 폭로하고 고발할 수 있을 때 가치가 살아난다. 우리가 다 같이 인정하는 고전의 고전이라는 작품들에서 발견되는 공통의 것들은 단지 이 문학작품들이 도덕적·정치적·사회적 기준에 의해서만 해석될 수는 없다는 것이다. 문학은 철학, 윤리, 사회, 정치, 그리고 그가 생산되고 있는 특수한 상황을 떠나서는 생각할 수 없지만, 이런 것들을 포함하면서도 다른 활동이며 다른 가치를 창조하고자 하는 것이다. 만약 이러한 구별을 부정한다면 문학이란 특수한 언어활동에 대한 다른 활동과 구별할 이유를 찾기가 어렵다.

문학의 문학성은 문학에 있어서 언어가 언제나 한 작품마다 새로운 언어가 되어야 한다는 데 있다. 새로운 언어라는 것은 같은 현상이나 사실, 혹은 경험이 새로운 관점에 의해서 새로운 질서로 세워지고 그러한 질서에 의해서 작가 아닌 모든 사람들이 현상과 사실 경험 등을 새로운 눈으로 보고 의식하게 한다. 작가가 새로운 질서를 세워 보인다는 것은 새로운 문체나 구성, 새로운 스타일을 끊임없이 만들어낸다는 말이다. 그렇기에 작가에게는 언어는 단순하게 도구가 아니라 그 내용 자체인 셈이다.

문학은 당장 하나의 특정한 목적을 달성하는 데 주력하기보다 더 근본적인 혁명을 초래할 수 있는 바탕이 된다. 그것은 마치 당장 상품을 생산하는 데에 아무런 가치도 없었던 것 같은 수학 혹은 물리학과 같은 가장 형식적인 학문에 있어서의 가장 추상적·이론적 혁명이 시간이 지남에 따라 모두 근본적이고 혁명적인 변화를 상품 생산에 끼치고 나아가서는 사회적·도덕적 혁명을 초래하게 되는 것과 마찬가지다. 그렇기에 문학을 생산하는 자들이 겪는 고민은 깊어질 수밖에 없고 이들에 의해 생산되는 문학작품을 통해 우리는 현대를 넘어서는 새로운 시각을 바라보게 된다. 문학이 단순하게 인간의 삶만을 규정한다고 할 수 없는 이유도 다양하게 읽히고 받아들이는 과정에서 발생하는 수많은 연상과 기억 그리고 개인적·사회적 맥락과 결합하기 때문이다. 자신을 중심으로 문학을 이해하고 발견해야 하는 것이 중요한 문학의 가치이며 문학을 읽는 이유가 되는 것도 이 같은 설명으로 가능하다.

4. 어떻게 책을 읽을 것인가

책을 읽는 것은 습관이다. 독서를 하는 것이 일이 되거나 의무적인 것이라면 우리는 독서를 꾸준하게 하지 못한다. 습관은 많은 일을 할 수 있도록 도와주기도 한다는 점에서 독서를 습관으로 길러야 한다. 자신에게 주어진 일의 일부분처럼 책을 읽는 것을 해 나가는 것이다. 많은 이들이 시간이 없어서 책을 못 읽는다는 말을 자주 한다. 현대를 살아가는 사람들에게 사실 한가한 시간을 낸다는 것은 무척이나 어려운 일이다. 오죽하면 우리들은 휴가를 가서도 일과 쉽게 떨어지지 못하지 않는가. 이런 맥락을 무시하지 않는다면 시간을 내서 책을 읽는 훈련을 해야 한다는 것이 쉽게 납득되지 않는 일이라는 사실이 분명해진다.

그럼 어떻게 습관을 붙여야 할까. 여가 시간을 자신의 것으로 만들어야 한다. 시간이 없다는 것은 어쩌면 우리가 하기 싫다는 것을 강조하기 위한 핑계에 지나지 않는다. 그렇기에 여가 시간을 이용하는 것이 좋다. 지하철을 타고 이동할 때나, 공강으로 인해 시간이 났을 때, 혹은 잠시의 여가 시간을 활용하여 독서를 해야 한다. 대학 시절에 여가 시간이 사회에 나갔을 때보다 많다는 점에서 지금 이렇게 습관을 기르고 훈련하지 않으면 더욱 독서와는 거리가 멀어질 것이다. 독서를 원하는 사람은 여가 시간을 찾아내는 데 현명해야 하며 동시에 규칙적으로 독서하는 것을 잊어서도 안 된다. 날마다 예외 없이 일정한 시간에 독서하는 습관을 기르는 것이 중요하다. 독서 습관이야말로 독서를 위한 여가 시간을 만들어 낸다. 그리고 습관이 되면 독서를 막는 여러 사안들에 대해 대부분의 경우 발생되는 여러 생각들을 없애버리게 된다. 그런 점에서 먼저 책을 읽는 습관을 기르도록 하자고 권한다.

독서는 기본적으로 일종의 기술이다. 그리고 기술에는 일반적으로 규칙이 있기 마련이다. 독서법은 바로 이런 점에 주목하는 말이라고 할 수 있다. 예로부터 많은 독서법이 전해지고 있다. 가장 일반적으로 권하는 방법은 정독이다. 정독은 말 그대로 한 줄 한 줄 정밀하게 독서를 하는 방법이다. 사실 정독은 우리가 공부하는 학문적인 독서에 적당하다. 학문을 이해하기 위해서는 개념을 중심으로 논리적인 순서에 따라 이치를 깨닫고 이를 정리하는 맥락을 받아들이면서 즉 이해하면서 읽어야 하기에 정독의 독서법이 필요하게 된다.

그 다음의 방법은 통독이다. 통독은 정밀하게 읽는 정독과는 달리 처음부터 끝까지 훑어내듯 읽는 방법을 지칭한다. 통독이 정독과 다른 점은 정독은 이해를 하면서 차근차근 읽어가는 방법이라면 후자는 부분적으로 이해가 가지 않더라도 가급적 일별하여 끝까지 읽는 독서방법이다. 그런 까닭에 통독은 전체적인 맥락을 이해하고 저자의 생각이나 결말을 통해 드러내고자 하는 생각 등을 효과적으로 정리할 수 있게 도와준다. 사실 학생들에게 필요한 독서방법은 통독을 통한 독서의 근력을 키우는 것이다. 대부분 독서를 하는 것을 보면 짧게 끊어 읽으면서 부분에 집착하는 경향이 강하다. 이는 숲은 보지 못하고 나무만 바라보는 것과 같은 이치에 빠지기 쉽다. 적어도 전체적인 감상을 통해 포괄적인 방법으로 저자의 의도와 목적 그리고 내용을 파악하기 위해서는 힘들지만 통독을 하는 습관을 길러야 한다.

여기에서 우리가 목표로 삼아야 하는 독서법은 횡독이다. 횡독은 옆으로의 독서법을 의미하는데 이는 독서하는 한 권의 책이 목표가 아니라 그 책의 맥락 그리고 같은 궁금증이나 의미를 갖고 있는 다른 관점의 책 역시 독서의 범위에 포함하여 읽음으로써 전체적인 흐름과 맥락을 이해하고 이에 따른 다양한 관점을 수용하는 독서방법이라고 할 수 있다. 횡독은 한 권의 독서로 시작하여 여러 권의 독서를 행하는 방법이기도 하기에 다소 산만해 보일 수도 있다. 하지만 호기심을 충족시키면서도 독서자가 스스로 원하는 여러 과정을 직접 찾고 섭렵하는 장점이 있다. 또한 이런 건너 읽기를 통해 다양한 관점을 수용하고 이를 활용하는 여러 방법들에 대해 고민하고 궁리할 수 있는 면이 발생한다. 결국 연관된 독서를 통해 전반적인 개념과 제반 지식을 습득하고 활용된 다른 예를 발견함으로써 독서의 깊이와 가치를 풍부하게 만들어주는 방법이 된다. 흔히 행간을 읽으라고 말하는 독서의 방식이 횡독을 말하는 것에 다름 아닌 것도 같은 맥락에서 이해될 수 있다. 또한 횡독은 자신이 원하는 분야를 찾아갈 수 있게 만들어준다. 횡독을 통해 우리는 흔히 박독(博讀)이라고 말해지는 것을 경계하고 극복할 수 있다.

박독이란 목적이나 방향이 없는 독서방법을 일컫는다. 이런 독서는 책을 읽는 사람에게 큰 도움이 되지 않는다. 앞서 우리가 독서를 하나의 습관으로 시작하여 여러 기술적인 독서법을 통해 책에 접근하는 것은 독서가 나름대로 우리에게 유의미한 행위이고 이를 통해 자신을 계발하기 위해서이다. 일정한 목적을 갖고 늘 독서하는 것은 아니지만 가급적 독서를 통해 일반적인 교양을 얻고 이를 통해 자신의 행동에 도움이 될 수 있도록 하려면 무턱대고 읽는 것보다 참된 교양으로 자리 잡을 수 있도록 체계적이고 전문적인 독서가 되도록 할 필요가 있는 것이다. 중심이 없는 독서는 아무리 많이 읽어도 아무것도 읽지 않은 것과 같은 결과를 초래하기도 하고 이는 결국 자신의 감상적인 도락 즉 딜레탕트적인 것에 머물 공산이 크다.

여기에서 우리는 무엇을 읽어야 하는가 하는 문제에 이르게 된다. 결론부터 말하면 좋은 책을 읽어야 한다. 좋은 책은 우리에게 나쁜 책을 알 수 있게 만들어준다. 하지만 나쁜 책을 읽는다고 해서 좋은 책을 구별하는 것은 아니다. 이런 점 때문에 좋은 책을 골라서 읽어야 한다. 그러면 좋은 책은 어떤 책일까? 먼저 흔히 고전이라고 말해지는 책이 좋은 책이다. 오랜 시간을 거쳐 지금까지 많은 사람들에게 검증 받은 책이 고전이다. 고전은 언제나 새롭고 싱싱한 면을 가지고 있다. 고전을 읽으면서 우리는 좋은 책과 나쁜 책을 구별하는 안목을 키울 수 있다. 따라서 신간보다는 고전을 읽기를 권한다. 고전을 읽다보면 신간을 구별하는 안목을 키울 수 있어 자신의 안목으로도 좋은 책을 선택할 수 있다. 물론 시대의 감각을 접하고 오늘의 문제를 알기 위해 우리는 신간을 접해야 한다. 현재를 통해 오늘의 문제를 이해하는 것이 중요하고, 이를 기반으로 미래에 대한 생각을 정리하는 것도 중요한 일이다. 그렇기에 더욱 더 고전을 통해 안목을 넓히고 자신의 독서에 대한 습관을 키우자.

한편으로 고전을 읽을 때도 가급적 원전(原典)을 중심으로 읽도록 주의를 기울여야 한다. 해설서나 참고서는 원전을 이해하는 한 방법이다. 따라서 원전을 이해하기 위한 보조적 수단이라는 점을 잊지 말고 원전을 되풀이해 읽는 것이 중요하다는 점을 알아야 한다. 원전보다 간결하거나 경제적인 해설서나 참고서는 거의 없다고 해도 무방하다. 원전을 읽음으로써 자기 자신의 견해를 가장 많이 얻을 수 있다.

독서를 통해 자주적이고 발견적인 태도를 지니는 것이 중요하다. 자신에게 맞는 책을 찾아내려고 애써야 한다. 저마다 개성이 있기에 자신에게 맞는 책을 선택하는 것 그리고 그 책을 고전에서 찾으려고 애써야 하는 것이 중요하다. 배워 익혀 자기 것으로 만들려는 책은 가급적 한 권의 책에 매달려 끝까지 다 읽는 것이 독서의 능률을 높이는 방법이다. 되풀이해 읽는 것은 잘 이해하기 위해 필요하다. 도움이 되는 책은 곁에 두고 자주 되풀이해서 읽는 것이 좋다. 읽다보면 다시 발견할 수도 있고, 오해한 부분을 수정할 수도 있다. 그리고 이런 과정을 통해 발견적인 사람으로 변모된다. 스스로 얻으려고 노력하면서 읽는 독서방법을 통해 나아지는 자신을 발견할 수 있을 것이라고 확신한다.

Ⅱ. 주제별 삶의 모습

제1장 기억 그리고 성장

우리는 흔히 기억을 통해 세상과 만난다. 나의 기억을 통해 '문학적 기억'과 교류하고 세상과 소통하는 것이다. 혹은 세상과 소통하기 위해 의도적으로 중요한 것을 기억하고 있는 것인지도 모른다. 중요한 점은 이런 기억을 통해 우리가 갖는 세계와 나를 연결시키고 나와 나의 주변 사람들을 연결시켜 중요한 것들을 떠올리게 된다는 사실이다.

기억은 그렇기에 나의 정체성과 나의 원천으로 자리매김될 수 있다. 때때로 우리는 기억을 잃어버리고 그것 속에서 무엇을 할지 몰라 방황하는 많은 이들을 영화 속에서 혹은 드라마 속에서 만난다. 이들이 갖는 기억은 어쩌면 기록된 기억일 뿐이고 한편으로는 만들어진 것일 수도 있다. 유명한 워쇼비츠 형제(지금은 인위적인 수술을 거쳐 형제가 아니다)에 의해 만들어진 영화 〈매트릭스〉는 이런 기억의 재생과 만들어진 기억 속에서 살아가는 사람들의 이야기를 여러 차원으로 승화시켜 우리에게 보여준다. 결국 기계에 의해 만들어진 세계는 의도화된 목적을 지닌 세계이고 여기에서 깨어있는 자들은 기계와 대결을 통해 자신의 정체성을 확립하려는 자들이다. 그리고 두 세계 사이의 공존을 꿈꾸는 깨달은 자(주인공 네오)에 의해 기계는 인간을 적으로 생각하지 않고 자신들과 공존하는 자라는 사실을 받아들이는 것으로 영화는 끝이 난다. 이런 맥락에서 살피면 기억이라는 것이 단순하게 우리가 받아들인 뇌의 용량에 따라 나타나는 어떤 메모리만을 의미하지는 않는다는 사실을 확실하게 알 수 있다.

기억은 다른 측면에서도 살펴볼 수 있다. 서사문학 특히 소설의 장르에서 현대소설이라는 말을 하는 것은 현대적인 의미에서 서술되는 소설의 양상과 소설 세계, 현대적인 사상을 담은 소설을 지칭한다. 즉, 현대인들이 즉각적으로 이해하고 받아들이며 소설에서 표현하는 언어와 형식을 여과 없이 수용할 수 있는 소설이라는 말이다. 이런 소설의 효시로 이야기되는 작품 중의 하나가 제임스 조이스의 〈율리시즈〉이다. 이 소설에서 작가는 주인공이 기억하는 곳으로 혹은 장면으로 자유롭게 이동하면서 소설적인 플롯을 만든다. 이런 점은 기존의 소설과는 차이를 보인다. 과거의 구성은 기본적으로 유기적으로 결합된 시간과 장소의 과정이 일정한 배열로 작용하면서 소설의 틀을 구성하는 방식으로 짜여졌다. 흔히 발단, 전개, 위기, 절정, 결말 혹은 대단원이라고 말하는 이런 구성 방식이 바로 그것이다. 이것에 비해 〈율리시즈〉는 다른 구성 방식을 채택한다.

구체적으로는 이 소설에서 주요 등장인물인 레오폴드 블룸, 몰리 블룸, 스티븐 데들러스의 서사는 기존의 서사 방식이 아닌 심리적인 내면의 목소리가 다양하게 전달되는 방법으로 구성되어 인물의 내적 상태를 복잡하게 표현하고 있다. 이는 인물의 의식의 일부를 이루는 시각적 · 청각적 · 물리적 · 연상적 · 잠재의식적인 수많은 인상의 흐름을 표현하기 위한 기법으로 플롯의 구조는 있지만 그다지 기능하지 못하게 만드는 요인이 된다. 사실 '의식의 흐름'이라는 말은 심리학자 윌리엄 제임스가 『심리학의 원리 The Principles of Psychology』(1890)에서 처음 썼다. 20세기에 심리소설이 발전하면서 일부 소설가들은 이성적인 사고에만 국한하지 않고 등장인물의 의식의 흐름 전체를 소설 속에서 보여주고자 했다. 풍부하고 빠르며 미묘한 사고의 활동을 충분히 표현하기 위해 작가는 단속적이고 일관성 없는 생각들과 비문법적인 구어적인 표현과 언어로 표현되기 전 단계에 속하는 사고, 심상, 언어의 자유연상 등을 도입하여 소설의 서사를 풍성하게 만든다.

하지만 여전히 대부분의 소설에서는 플롯에 입각한 전통적인 방식의 이야기 구조의 관습을 따르는 방법을 택하고 있다. 이는 소설에서 잘 읽히는 서사의 방법, 즉 플롯을 중심으로 사건을 전개하는 방법이 독자들에게 친근하고 여전히 선호

하는 방식이라는 사실을 입증한다. 플롯이란 아리스토텔레스에 따르면 '사건들의 배열'이라고 할 수 있다. 의미를 지니는 사건의 최소단위를 러시아 형식주의자들은 화소(話素, motif)라고 하기도 하는데, 모든 서사는 하나 이상의 화소가 연결되어 나타나므로 플롯이 존재하는 것이다. 그런데 서사는 이런 플롯을 어떻게 배열하느냐에 따라 의미의 질서를 드러내고 우리에게 전달되는 사건의 내용을 형성한다. 즉 사건의 배열은 의미의 질서를 나름대로 지녀야만 비로소 서사가 된다고도 할 수 있다. 그렇기에 서사에서 처음, 중간, 끝과 같이 일종의 순서가 형성되고 순서 속에서 지켜야할 조건들이 만들어지는 것이다.

처음이란 우리가 서사를 이해하는 데 있어 뒤만 있고 앞은 없는 것을 말하며, 중간이란 앞과 뒤가 모두 있는 것이며, 끝이란 앞만 있고 뒤는 없는 것이다. 합당하게 처음과 중간과 끝이 배열되어야 서사는 유의미하게 연결되어 일정한 의미를 전달하게 된다. 순서가 뒤죽박죽 섞이거나 앞뒤가 잘 연결되지 않으면 이해가 곤란하거나 의미 파악이 제대로 되지 않는 것은 이야기로서의 자격이 많이 결여되어 있는 셈이다. 그렇기에 어떻게 순서를 정하느냐에 따라 이야기는 다양하게 변화할 수 있다. 즉 같은 사건을 갖고도 여러 이야기를 만들어 낼 수 있는 것은 플롯을 어떻게 짜느냐에 따라 사건을 바라보는 시각을 다르게 갖게 될 수 있다는 것과 마찬가지이다.

이는 마치 우리가 지금 말하고 있는 기억의 조건과도 상당히 유사하다. 기억을 통해 자신이 겪은 과거를 마치 한 편의 영화처럼 펼치는 경우도 있는가 하면 그렇지 않고 단편적인 조각들만 기억이 나고 전체의 흐름은 잊는 경우도 있다. 어느 것이든 기억을 통해 과거를 바라보는 것이지만 이를 받아들이는 방식은 같을 수 없다. 서사가 지닌 기억의 모습은 바로 우리가 이처럼 갖고 있는 기억 혹은 추억과도 밀접하게 관련되어 나타난다. 성장소설을 통해 작가가 갖는 기억을 풀어내는 것은 사실 기억이라기보다는 소설을 표현하기 위한 전략이다. 하지만 이런 기억의 과정을 통해 우리는 과거의 시간에 대한 공통된 경험으로서의 여행을 떠나기도 하고, 상상 속의 세계를 마치 경험한 것처럼 눈앞의 풍경으로 생생하게 받아들이기도 한다. 기억을 통한 문학적인 접근은 감정의 공유라는 측면에서 보편성을 얻고 이를 기반으로 작가가 제시하는 다양한 세계에 쉽게 접근하며 공감할 수 있는 장점이 발생한다. 서사적인 전략은 바로 이런 맥락에서 사용되는 말이다.

다음의 소설은 기억을 통한 서사 진행의 한 형식을 잘 보여준다.

> (앞선 줄거리) 황토기 마을의 전설을 통해 범상치 않은 기운이 있는 지역을 소개한 후 억쇠와 분이, 득보의 만남과 한 마을에 살게 된 간략한 전후 사정을 전지적 시점에서 서술하고 있다.
>
> 먼저, 주인격인 억쇠로 말하자면, 그는 이 황토골 태생으로, 나이는 쉰두 살, 수염과 머리털이 희끗희끗 반이나 넘어 센 오늘날까지 항상 가슴속에 홀로 타는 불길을 감춰 온 사람이다.
>
> 그것은 언젠가 한 번 저 무지개와도 같이 하늘 끝까지 시원스레 뿜어졌어야 했을 불길이었는지도 모른다. 그가, 자기 동네 장정(壯丁)들도 겨우 다룬다는 들돌을 들어서 허리를 편 것으로 온 마을을 뒤집어 놓은 것은 그의 나이 열세 살 나던 해다.
>
> "장사 났군."
>
> "황토골 장사 났다!"
>
> 사람들은 숙덕거리기 시작하여, 이튿날은 노인들이 의관을 하고 동회(洞會)에 모여들었다.
>
> "예로부터 황토골에 장사가 나면 부모한테 불효하거나 나라의 역적이 된댔것다."
>
> "하긴, 인제는 대국 명장이 혈을 지른 뒤이니 별수는 없으리라."
>
> "당찮으이, 바로 내 종조뻘 되는 이가 그때 장사 소릴 듣고 사또 앞에 잡혀가 오른쪽 팔 하나를 분질려 나왔거든."
>
> 이따위 소리들을 서로 주고받고 하다가 결국 억쇠의 오른쪽 어깨의 힘줄에다 침을 놓으라는 결론이 났다. 그 중에서도 유독 심히 구는 사람이 억쇠의 백부뻘 되는 영감이었다.
>
> "황토골 장사라면 나라에서 아는 거다. 자, 자식 하나 버릴 셈 치면 그만일걸, 자, 괜히 온 집안 멸문당할라."
>
> 하고 동생을 읔박질렀으나, 그러나 동생은 끝까지 묵묵히 앉아 대답을 하지 않았다. 그에게는 억쇠 하나밖에 더 자식이 없었던 것이다.
>
> 그날 밤 그의 어머니는 억쇠의 소매를 잡고,
>
> "이것아, 어쩌다 그런 철없는 짓을 했노. 너이 아바이 속을 너는 모를라."

하며 울었다.

이튿날 아침 그 아버지는 억쇠를 불러,

"늬 나이 열세 살이다. 몸 하나라도 성히 지닐라거던 철없이 아무 데나 나서지 마라. 네 일신 조지고 온 집안 문닫게 할라. 모두가 늬 맘먹을 탓이다."

하였다.

억쇠는 아버지의 이 말을 가슴에 새겨들었다. 그리하여 씨름판이고, 줄목이고, 들돌을 다루는 데고, 짐내기를 하는 마당에고, 일절 사람이 많이 모인 곳이나 무슨 힘겨룸 따위를 하는 데는 비치지 않았다.

그의 나이 스무 살 남짓했을 때는 과연 솟는 힘을 제 스스로 감당할 수 없었다. 어떤 날 밤에는 혼자서 바위를 안고 산꼭대기로 올라갔다 골짜기로 내려왔다 하는 동안, 어느덧 밤이 새어 버리는 수도 있었다. 상투가 풀려 머리칼이 헝클어지고 두 눈엔 벌겋게 핏대가 서고 하여 흡사 미친 사람 같았다. 밤사이는 또 이렇게 바위와 씨름이라도 할 수 있지만, 낮이 되면 무엇이든지 눈에 뵈는 대로 때려 부수고 싶고 메어치고 싶고, 온갖 몸부림과 발광이 치밀어 올라 잠시도 견딜 수가 없었다. 힘자랑이 하고 싶어서가 아니라, 힘을 써보고 싶다는 욕망이었다.

억쇠의 이런 소문이 또 한 번 황토골에 퍼지자, 그의 백부는 그의 아버지를 보고,

"인제는 그놈이 무슨 일을 낼 끼다. 자아, 그때 내 말대로 단속을 했더면 이런 후환은 없었을걸. 자아, 인제 그놈을 누가 감당할꼬. 자아, 그러면 늬 자식 늬가 혼자 맡아라. 나는 이 황토골에 못 살겠다."

이러고는 재를 넘어 이사를 가버렸다.

억쇠는 이 말을 듣고 깊은 산속으로 들어가 목을 놓고 울었다. 집에 들어와, 낫을 갈아서 아버지 모르게 오른쪽 어깨를 끊고 피를 흘렸다.

이것을 안 그의 어머니는,

"어리석게 인제 와서 그게 무슨 짓이람. 힘세다고 다 불량할까, 제 맘먹기에 달렸는걸…… 괜히 너의 어른 알면 시끄러울라."

하고 되레 못마땅히 말했다.

그의 할아버지가 세상을 떠날 때, 그에게 남긴 유언도 다만 힘을 삼가라는 것뿐이었고, 그의 아버지가 임종에 이르러 그에게 신신당부를 한 것도 역시 이것이었다.

"늬가 어릴 때 누구에게 사주를 뵀더니 너의 팔자에는 살이 세다고, 젊어서 혈기를 삼가지 않으면 큰 화를 당할 게라더라…… 그렇지만 사람에게는 힘이 보배니 너만 알아 조처할 양이면은 뒤에 한 번 크게 쓰일 날이 있을 게다. 조용히 그때가 오기만 기다려라."

아버지가 숨을 거둘 때 남긴 이 말이 억쇠에게 있어서는 그 무슨 하늘의 계시와

도 같이 들렸던 것이다.

'한 번 크게 쓸 날이 있을 게다.'

'때가 오기만 기다려라.'

그는 잠시도 이 말이 그의 머릿속에서 사라질 때가 없었다.

그 미칠 듯이 솟아 오르는 힘의 충동을 누르고 누르며, 그 한 번 크게 쓰일 날을 기다려 오늘인가 내일인가 하는 사이, 그러나 그 기다리는 날이 오기도 전에 어느덧 그의 머리털과 수염만이 희끗희끗 반나마 세어지고 말았던 것이다.

그가 주막으로 나가 색시와 더불어 술잔을 기울이고 하기 시작한 것도 이 무렵부터의 일이었다.

하루는 삼거리 주막에서 분이라는 예쁘장스러워 뵈는 젊은 색주가와 더불어 술을 먹고 있는데, 계집이 잠깐 밖에서 손님이 저를 찾는다면서, 곧 다녀 들어온다 하고 나간 것이, 종시 들어오질 않은 채, 때마침 밖에서는 무슨 싸움 소리 같은 것이 왁자지껄하기에 문을 열어 보았더니, 어떤 낯선 나그네 한 사람이 주인의 멱살을 잡아 이리 낚고 저리 채고 하는 중이 아닌가.

그새 뒤란에서 노름을 놀고 있던 패들이 우우 몰려 나와 이말 저말 주고받고 하던 끝에 시비를 가로맡았나 본데, 그것은 주인의 말이,

"아, 생전 낯선 나그네가 와서 남의 주모더러 이 여자는 내 딸이다, 이리 내어달라 하니, 온 세상에 이런 경위가 어디 있나."

하매, 필시 이 나그네가 분이의 상판대기에 갑자기 탐을 낸 모양이라고…… 하나, 분이는 자기네도 누구나 다 끔찍이 좋아하는 터이요, 더구나, 생전 낯선 작자가 돈 한푼 어떻다는 말 없이 가로 집어 채려 하니, 이 불량하고 경위 없는 작자를 그냥 둘 수가 없다 하여, 노름패 중에서 한 사람이 먼저 따귀 한 찰을 올려 붙였더니, 낯선 사내는 펄쩍 뛰듯이 일어나 그 노름꾼의 멱살을 덥석 잡아 땅에 메꽂아 놓았다. 이것을 본 한마당 사람들은 다 겁을 집어먹었으나 원체가 이쪽엔 수효도 많고, 또 노름꾼 중에는 힘센 놈도 있고 독한 자도 있자니까, 그렇다고 그대로 물러설 리도 없었다. 이놈이 대들고 저놈이 거들고 하나, 낯선 사내는 좀처럼 끌려 들어갈 듯도 하지 않은 채 하나 둘 자빠져 눕는 것은 모두 이쪽 편이다. 머리가 터진 놈, 아랫배를 차인 놈, 허구리를 쥐어박힌 놈, 따귀를 맞은 놈, 부상자들이 마당에 허옇게 나가 누웠다.

억쇠도 술이 얼근했던 터이라, 이 꼴을 그냥 볼 수 없다 하여, 방에서 일어나 밖으로 나오며,

"아니 웬 놈이 저렇게 불량한 놈이 있누?"

한 번, 집이 쩌르렁 울리도록 큰 소리로 호령을 쳤다.

> 낯선 사내는 이쪽으로 고개를 돌려 억쇠를 한 번 흘겨보더니,
> "흥, 너도 이놈……."
> 하는 말도 채 맺지 않고, 별안간 뛰어들며 머리로 미간을 받으매, 억쇠도 한순간 정신이 다 아찔하였으나, 그 다음 순간엔, 그도 바른손으로 놈의 멱살을 잡아 쥘 수 있었다. 보매 기골도 범상히는 생긴 놈이 아니로되, 그래도 처음 억쇠는, 그놈이 그저 힘깨나 쓰는데다 싸움에 익은 놈이려니쯤으로 밖에 더 생각하지 않았었는데, 한 번 힘을 겨뤄 보자, 그냥 이만저만 센 놈이나 불량한 놈만은 아니라는 것을 깨닫게 되었다. 순간, 억쇠는 문득 자기의 몸이 공중으로 스르르 떠오르는 듯한 즐거움이 가슴에 솟아오름을 깨달으며, 저도 모르게 멱살 잡았던 손을 슬그머니 놓아 버렸다. (김동리, 〈황토기〉)

여기서 작가는 주인공이 왜 그렇게 싸움에 집착하는가를 전통적인 서사 방식을 통해 표현하고 있다. 여기서 서사의 방법은 사건을 중심으로 인물의 과거와 현재를 설명적으로 구성하여 독자로 하여금 다루는 사건을 자연스럽게 이해시키는 방법을 보여준다. 서사에서의 시간은 사건의 진행과 밀접한 관련을 갖고 사건이 발전하는 양상을 통해 시간의 흐름이 자연스럽게 진행되도록 꾸며진다. 특히 억쇠의 생애를 중심으로 그가 살아온 삶의 방식을 전지적 작가 시점에서 자세하게 설명하듯 풀어냄으로써 독자들로 하여금 소설 속으로 빠져들게 만들고 있다. 기억을 반추하듯 묘사하는 이런 기법으로 우리는 자연스럽게 과거의 한 인물에게 집중할 수 있고, 그의 행적을 좇아 그가 겪은 일들을 머릿속에 떠올리며 그의 삶을 조망할 수 있는 것이다. 한편 이 인물이 왜 그렇게 힘에 집착하고 대결하면서 희열을 느끼는지도 진지하게 생각해 볼 수 있다. 만약 인물에 별반 관심을 갖지 못한다면 이 소설을 읽기는 매우 힘들어질지 모른다. 억쇠가 갖는 집착이나 억쇠의 삶 속에서 마을의 전설이 가진 두려움으로 인해 친척들이 갖는 공포나 여러 행위의 태도가 이해되지 않는다면 이후 행적이나 과정 역시 이해하기 어렵기 때문이다. 소설에서 필요한 것은 공감을 만들어내는 과정을 통해 이야기를 따라오게 만드는 힘이며 이를 우리는 앞서 플롯과 삶과 유사한 허구라는 개념으로 이해하는 것이다.

우리는 나면서부터 성장을 시작한다. 성장을 한다는 것은 일반적으로 몸이나

정신이 성숙해지는 단계로 나아가는 것을 의미한다. 성장은 스스로 독립하는 것이며 한편으로는 개체 스스로 살아갈 수 있는 준비를 해 나가는 것을 의미하기도 한다. 성장을 위해 우리는 보호를 받으며 교육을 받는다. 성장이 지닌 의미는 이처럼 생물학적인 접근에서부터 정신적인 독립에 이르기까지 다양한 방식으로 정리될 수 있다.

만약 우리가 생물학적으로 성장하는 것을 멈추면 어떤 일이 벌어질까? 이 같은 경우를 상정한 유명한 소설이 귄터 그라스의 〈양철북〉이다. 영화로도 만들어진 〈양철북〉은 부모 세대로의 진입을 거부한 한 소년의 이야기이다. 소설 속의 주인공은 단치히에서 태어난 오스카 마체라트로서 3세 때 성장이 멈추어 94센티미터밖에 자라지 않은 난쟁이다. 그리고 그의 시각으로 제2차 세계대전 뒤까지 격동기 속의 독일을 중심으로 주변 세계를 그려내고 있다. 주인공은 3세 때 받은 양철북으로 자신의 정체성을 확인하기도, 숨기기도 하면서 소설 속에서는 과거의 사건을 기억한다. 지금 정신병원에 있는 그는 1950년대까지의 과거를 회상록처럼 집필한다. 회상은 수배자였던 할아버지를 넓은 스커트 밑에 숨겨 주었던 일 때문에 어머니를 낳게 된 농부 할머니의 일부터 시작된다. 그리고 그의 어머니는 잡화상과 결혼했는데, 폴란드인인 얀 브론스키와도 관계가 있었고, 그것을 목격한 오스카는 얀이 자기 친아버지가 아닐까 하고 추측한다. 학교를 싫어한 오스카는 빵집 아줌마에게서 〈빌헬름 마이스터〉와 〈라스푸틴전〉을 이용해 읽고 쓰는 교육을 받는다. 육체적으로는 성장이 멈추었지만, 고음으로 인해 유리를 깨뜨리는 목소리를 가지고 있으며 성적으로 조숙한 그는 여러 가지 성적 경험을 통해 세상과 만난다. 성인의 외모가 주어지지 않았기 때문에 정상적인 인간으로 인정을 받지 못한 그는 이런 분노와 자신의 약점으로 인해 여러 사건에 연루되면서 의식적이거나 무의식적으로 많은 사람들을 죽음으로 몰아넣는다. 어머니의 죽음에 대해서도 책임이 있고, 나치가 폴란드를 침략하던 날에 얀을 사지로 가게 했던 것도 주인공 오스카이다. 제2차 세계대전의 발발은 작은 도시에 사는 사람들의 운명까지도 여러 형태로 바꾸어 놓는다. 오스카는 양철북으로 나치 군악대의 리듬을 흐트러뜨려 재즈로 만드는 식의 위험한 장난을 하지만, 난쟁이 전선위문극단에 들어가 대서양 기슭의 방위전을 경험하기도 한다. 전쟁이 끝나 죽음에서 벗어난 그는 고향에서 나치 당원이었던 호적상의 아버지가 소련 병사들에게 사살된 뒤 계모인 마리아와 함께 서독의 뒤셀도르프로 이사한다. 석공이나 화가의 모델을 하면서 생활하는 사이에 어느 레스토랑에서 연주를 한 것이 계기가 되어 주인공은 재즈 연주자로 성공한다. 그는 옆방에 사는 간호사 도로테아의 옷 냄새를 맡고는 그녀를 좋아하게 되고, 어느 날 그녀에게 애정을 드러내지만 그녀를 얻는 데 실패한다. 나중에 그녀의 시체가 발견되어서 오스카가 범인으로 지목되었는데, 성적으로 무능력자로 판명되고 결국 정신병원에서 감호를 받는 몸이 된다. 2년 뒤에 진짜 범인이 발견되어 재심과 석방의 가능성이 생긴 오스카의 30번째 생일에 모든 과정의 일들이 예수의 수난과도 유사성을 지닌다는 맥락의 글로 이야기는 끝난다. 자신이 가진 정체성에 대한 물음이기도 한 이런 태도는 주인공으로 하여금 성장을 멈추게 만들고 이로 인해 주인공은 유년의 몸을 유지한 채 세월만 흐르게 된다. 그리고 소년이 가진 세계관과 주변 환경은 끊임없이 충돌하게 된다. 작가의 의도에 따라 성장을 멈추고 세상과 맞서는 오스카의 이야기는 성장 과정이라는 것이 삶에서 얼마나 중요한 의미를 갖는가를 새삼 일깨워준다. 우리는 성장이 자연스럽게 이루어지듯 세상의 발전이나 환경의 변화는 자연스럽게 받아들인다. 하지만 우리가 인정할 수 없는 변화나 자신이 생각할 때 바람직하지 못한 방향으로의 전환은 온몸으로 맞서서 대응해야 한다는 점도 소설에서는 말해준다. 또한 성장이 주는 여러 과정을 역사의 변화 속에서 함축적으로 제시하면서 몸의 성장으로도 따라갈 수 없는 환경의 변화에 대해 고심하게 한다. 적어도 문학이라는 매개를 통해 이런 과정을 구체적으로 드러내는 것이라고 할 수 있다. 또한 여러 가능성의 발견 역시 성장이다. 이런 점에서 자신에 대한 깨달음이나 새로운 자아의 발견은 성장에 있어 중요한 요인이 된다. 성장을 위해 많은 것들이 요구되기도 하지만 한편으로는 어떻게 바라보느냐에 따라서도 성장 동력이 결정되기도 한다. 절망이나 슬픔도 성장의 동력이 되는 것은 이런 관점에서 이해된다.

1. 〈별〉

갓난 이복동생을 업어 주는 것이 학교 다녀온 뒤의 나날의 일과가 되어 있는 누이가, 하루는 아이의 거동에서 자기를 꺼리고 있다는 것을 눈치채고는 그런 동생을 기쁘게 해주려는 듯이, 업은 애의 볼기짝을 돌려 대더니 꼬집기 시작했다. 물론 누이의 손은 힘껏 꼬집는 시늉만 했고, 그럴 적마다 그 작은 눈을 힘주는 듯이 끔쩍끔쩍하였지만, 결국은 애가 울지 않을 정도로 조심하면서 꼬집어 대는 것이었다. 사실 줄곧 누이에게만 애를 업히는 의붓어머니에게 슬그머니 불평 같은 것이 가고 누이에게는 동정이 가던 아이였다. 그러나 이날 아이는 자기를 기껍게나 해주려는 듯이 이복동생의 볼기짝을 힘껏 꼬집는 시늉을 하는 누이에게 재미있다는 생각이 일기는커녕 도리어 밉고, 실눈을 끔쩍일 적마다 흉하게만 여겨졌다. 아이는 문득 누이를 혼내어 줄 계교가 생각났다. 그는 날렵하게 달려가 이복동생의 볼기짝을 진짜로 꼬집어 댔다. 그리고 업힌 애가 울음을 터뜨리는 걸 보고야 꼬집기를 멈추고 골목으로 뛰어가 숨었다. 이제 턱이 받은 의붓어머니가 달려나와, 왜 애를 그렇게 갑자기 울리느냐고 누이를 꾸짖으리라. 아이는 골목에서 몰래 의붓어머니가 나오기만 기다렸다. 사실 곧 의붓어머니는 나왔다. 그리고 또 어김없이 누이를 내려다보면서, 앨 왜 그렇게 갑자기 울리니, 했다. 아이는 재미나하는 장난스런 미소를 떠올렸다. 그러나 다음 순간 아이는 누이의 대답이 어떨까 하는 생각이 들면서, 이번에는 저도 모르게 미소가 걷히고 귀가 기울여졌다. 그렇게 자기들에게 몹쓸게 굴지는 않는다고 생각되면서도 어딘가 어렵고 두렵게만 여겨지는 의붓어머니에게 겁난 누이가 그만 자기가 꼬집어서 운다고 바로 이르기나 하면 어쩌나. 그러나 누이는 의붓어머니가 어렵고 힘들고 두렵게 생각하지도 않는지 대담스레 고개를 들고, 아마 내 등을 빨다가 울 젠 배가 고파 그런가 봐요, 하지 않는가. 아, 기묘한 거짓말을 잘 돌려 댄다. 그러나 지금 대담하게 의붓어머니에게 거짓말을 하여 자기를 감싸 주는 누이에게서 어머니의 애정 같은 것이 풍기어 오는 듯함을 느끼자 아이는, 우리 오마니가 뉘 같지는 않았다고 속으로 부르짖으며 숨었던 골목에서 나와 의붓어머니에게로 걸어갔다. 그리고는, 난 또 애 업구 어디 넘어디디나 않았나 했군, 하면서 누이의 등에서 어린애를 풀어 내고 있는 의붓어머니에게 아이도 이번에는 겁내지 않고, 이자 내가 애 엉뎅일 꼬집었어요, 했다.

아이는 옥수수를 좋아했다. 옥수수를 줄줄이 다음다음 뜯어 먹는 게 참 재미있었다. 알이 배고 줄이 곧은 자루면 엄지손가락 쪽의 손바닥으로 되도록 여러 알을 한꺼번에 눌러 밀어 얼마나 많이 붙은 쌍동이를 떼낼 수 있나 누이와 내기하기도 했었다. 물론 아이는 이 내기에서 누이한테 늘 졌다. 누이는 줄이 곧지 않은 옥수수를 가지고도 꽤는 잘 여러 알 붙은 쌍동이를 떼내곤 했다. 그렇게 떼낸 쌍동이를 누이가 손바닥에 놓아 내밀어 아이는 맛있게 그걸 집어 먹기도 했었다. 그러나 이 날 아이는 누이가, 우리 누가 많이 쌍동이를 만드나 내기할까? 하는 것을 단박에, 싫어! 해버렸다. 누이는 혼자 아이로서는 엄두도 못 낼 긴 쌍동이를 떼냈다. 아이는 일부러 줄이 곧게 생긴 옥수수자루인데도 쌍동이를 떼내지 않고 알알이 뜯어 먹고만 있었다. 누이는 금방 뜯어 낸 쌍동이를 아이에게 내주었다. 그러나 아이는 거칠게, 싫어! 하고 머리를 도리질하고 말았다. 누이가 새로 더 긴 쌍동이를 뜯어 내서는 다시 아이에게 내밀었다. 그러나 누이가 마치 어머니나처럼 굴 적마다 도리어 돌아간 어머니가 누이와 같지 않다는 생각으로 해서 더 누이에게 냉정할 수 있는 아이는, 내민 누이의 손을 쳐 쌍동이를 떨궈 버리고 말았다. 그러던 어떤 날 저녁, 어둑어둑한 속에서 아이가 하늘의 별을 세며 별은 흡사 땅 위의 이슬과 같다고 생각하고 있는데, 누이가 조심스레 걸어오더니 어둑한 속에서도 분명한 옥수수 한 자루를 치마폭 밑에서 꺼내어 아이에게 쥐어 주었다. 그러나 아이는 그것을 먹어 볼 생각도 않고 그냥 뜨물 항아리 있는 데로 가 그 속에 떨구듯 넣어 버렸다.

아이는 또 땅바닥에 갖가지 지도 같은 금을 그으며 놀기를 잘했다. 바다를 모르는 아이는 바다 아닌 대동강을 여러 개 그리고, 산으로는 모란봉을 몇 개고 그리곤 했다. 그러다가 동무가 있으면 땅따먹기도 했다. 상대편의 말을 맞히고 뼘을 재어 구름이 피어오르는 듯한 땅과 무성한 나무 같은 땅을 만드는 게 재미있었다. 그날도 아이는 옆집 애와 길가에서 땅따먹기를 하고 있었다. 옆집 애의 땅한테 아이의 땅이 거의 잠식당하고 있었다. 한쪽 금에 붙어 꼭 반달처럼 생긴 땅과 거기에 붙은 한 뼘 남짓한 땅이 남았을 뿐이었다. 그것마저 옆집 애가 새로 말을 맞히고 한 뼘 재먹은 뒤에는 반달에 붙은 땅이 또 줄었다. 이번에는 아이가 칠 차례였다. 옆집 애가 말을 놓았다. 그것은 아이의 반달 땅 끝에서 한껏 먼 곳이었다. 그러나 아이는 기어코 반달 끝에다 자기의 말을 놓았다. 옆집 애는 아이의 반달 땅에 달린 다른 나머지 땅에서가 자기의 말이 제일 가까운데 왜 하필 반달 끝에서 치려는지 이상히 여기는 눈치였다. 사실 아이의 어디까지나 반달 끝에다 한 뼘 맘껏 둘러 재어 동그라미를 그어 놓았으면 얼마나 아름다울지 모르겠다는 계획을 옆집 애는 알 턱 없었다. 아이는 반달 끝에서 옆집 애의 말까지의 길을 닦았다. 이번에는 꼭 맞혀 이 반달 위에 무지개 같은 동그라미를 그어 놓으리라. 아이의 입은 꼭 다물어지고 눈은 빛났다. 뒤이어 아이는 옆집 애의 말을 겨누어 엄지손가락에 버텼던 장가락을 퉁기었다. 그러나 아이의 장가락 손톱에 맞은 말은 옆집 애의 말에서 꽤 먼 거리를 두고 빗지나갔다. 옆집 애가 됐다는 듯이 곧 자기의 말을 집어 들며 아이가 아무리 먼 곳에 말을 놓더라도 대번에 맞혀 버리겠다는 득의의 미소를 떠올렸다. 그러면서 아이의 말 놓기를 기다리다가 흐려지지도 않은 경계선을 사금파리 말을 세워 그었다. 아이의 반달 끝이 이지러지게 그어졌다. 아이가, 이건 왜 이르캐? 하고 고함쳤다. 옆집 애는 곧 다시 고쳐 금을 그었다. 옆집 애는 아이가 자기의 땅을 줄게 그어서 그러는 줄로 알았는지, 이번에는 반달의 등이 약간 살찌게 그어 놓았다. 아이는 그래도, 것두 아냐! 했다. 그러는데 어느새 왔었는지 누이가 등뒤에서 옆집 애의 말을 빼앗아서는 동생을 도와 반달의 배가 부르게 긋기 시작했다. 그러나 아이는 누이가 채 다 긋기도 전에 손바닥으로 막 지워 버리면서, 이건 더 아냐! 이건 더 아냐! 하고 소리질렀다.

하루는 아이가 뜰안에서 혼자 땅바닥에다 지도 같은 금을 그으며 놀고 있는

데, 바깥에서 누이가 뒷집 계집애와 싸우는 소리가 들려, 마침 안의 어른들이 듣지 못하고 있는 것을 다행으로 열린 대문 새로 내다보았다. 아이가 늘 이쁘다고 생각해 오던 뒷집 계집애의 내민 역시 이쁜 얼굴에서, 그래 안 맞았단 말이가? 하는 말소리가 빠른 속도로 계속되는 대로, 또 누이의 내민 밉게 찌그러진 얼굴에서는, 안 맞디 않구, 하는 소리가 같은 속도로 계속되고 있었다. 땅따먹기하다가 말이 맞았거니 안 맞았거니 해서 난 싸움이 분명했다. 어느 편이 하나 물러나는 법 없이 점점더 다가들면서 내민 입으로 자기의 말소리를 좀 더 이악스레 빠르게들 하고 있는데, 저쪽에서 뒷집 계집애의 남동생이 달려오더니 다짜고짜로 누이에게 흙을 움켜 뿌리는 것이 아닌가. 그러자 뒷집 계집애의 이쁜 얼굴이 더 내밀어지며, 그래 안 맞았단 말이가? 하는 소리가 더 날카롭게 빠르게 계속되는 한편, 누이는 먼저 한 걸음 물러나며, 안 맞디 않구, 하는 소리도 떠져 갔다. 뒷집 계집애의 남동생이 또 흙을 움켜 뿌렸다. 뒷집 계집애의 남동생이 흙을 움켜 뿌릴 적마다 이쪽 누이는 흠칫흠칫 물러나며 말소리가 줄고, 뒷집 계집애의 말소리는 더욱 잦아갔다. 그러자 아이는 저도 깨닫지 못하고 대문을 나서 그리로 걸어갔다. 아이를 보자 뒷집 계집애의 남동생이 우선 흙 뿌리기를 멈추고, 다음에 뒷집 계집애가 다가오기를 멈추고, 다음에 계집애의 말소리가 늦추어지고, 다음에 누이가 뒷걸음치던 걸음을 멈추었다. 그리고 누이는 뒷집 계집애의 남동생처럼 자기의 남동생도 역성을 들러 오는 것으로만 안 모양이어서 차차 기운을 내어 다가 나가며, 안 맞디 않구, 안 맞디 않구, 하는 소리를 점점 빠르게 회복하고 있었다. 거기 따라 뒷집 계집애는 도로 물러나며 점차, 그래 안 맞았단 말이가? 하는 소리를 늦추고 있고, 뒷집 계집애의 남동생도 한옆으로 아이를 피하고 있었다. 그러나 아이는 싸움터로 가까이 가자 누이의 흥분된 얼굴이 전에 없이 더 흉하게 느껴지면서, 어디 어머니가 저래서야 될 말이냐는 생각에, 냉연하게 그곳을 지나쳐 버리고 말았다. 그리고 등뒤로 도로 빨라 가는 뒷집 계집애의 말소리와 급작스레 떠가는 누이의 말소리를 들으면서도 아이는 누이보다 이쁜 뒷집 계집애가 싸움에 이기는 게 옳다고 생각하며 저만큼 골목 어귀에서 여물을 먹고 있는 당나귀에게로 걸어갔다.

열네 살의 소년이 된 아이는 뒷집 계집애보다 더 이쁜 소녀와 알게 되었다. 검고 맑고 깊은 눈하며, 깨끗하고 건강한 볼, 그리고 약간 노란 듯한 머리카락에서 풍기는 숫한 향기. 아이는 소녀와 함께 있으면서 그 맑은 눈과 건강한 볼과 머리카락 향기에 온전히 홀린 마음으로 그네를 바라보기만 하면 그만이었다. 그러나 소녀 편에서는 차차 말없이 자기를 쳐다보기만 하는 아이에게 마음 한구석으로 어떤 부족감을 느끼는 듯했다. 하루는 아이와 소녀는 모란봉 뒤 한 언덕에 대동강을 등지고 나란히 앉아 있었다. 언덕 앞 연보랏빛 하늘에는 희고 산뜻한 구름이 빛나며 떠가고 있었다. 아이가 구름에 주었던 눈을 소녀에게로 돌렸다. 그리고는 소녀의 얼굴을 언제까지나 들여다보기 시작했다. 소녀의 맑은 눈에도 연보랏빛 하늘이 가득 차 있었다. 이제 구름도 피어나리라. 그러나 이때 소녀는 또 자기만 말끄러미 바라보고 있는 아이에게 느껴지는 어떤 부족감을 못 참겠다는 듯한 기색을 떠올렸는가 하면, 아이의 어깨를 끌어당기면서 어느새 자기의 입술을 아이의 입에다 갖다 대고 비비었다. 아이는 저도 모르게 피하는 자세를 취하였으나 서로 입술을 비비고 난 뒤에야 소녀에게서 물러났다. 벌떡 일어났다. 그리고 아이는 거친 숨을 쉬면서 상기돼 있는 소녀를 내려다보았다. 이미 소녀는 아이에게 결코 아름다운 소녀는 아니었다. 얼마나 추잡스러운 눈인가. 이 소녀도 어머니가 아니라는 생각이 불현듯 떠올랐다. 아이는 소녀에게서 돌아섰다. 소녀는 실망과 멸시로 찬 아이의 기색을 느끼며 아이를 붙들려 했으나 아이는 쉽게 그네를 뿌리치고 무성한 여름의 언덕길을 뛰어내릴 수 있었다.

하늘에 별이 별나게 많은 첫가을 밤이었다. 아이는 전에 땅 위의 이슬같이만 느껴지던 별이 오늘 밤엔 그 어느 하나가 꼭 어머니일 것 같은 생각이 들어, 수많은 별을 뒤지고 있었다. 그러나 아이는 곧 안에서 누구를 꾸짖는 듯한 아버지의 음성에 정신을 깨치고 말았다. 아이는 다시 하늘로 눈을 부었으나 다시는 어느 별 하나가 어머니라는 환상을 붙들 수는 없었다. 아쉬웠다. 다시 아버지의 누구를 꾸짖는 듯한 음성이 들려 나왔다. 아이는 아쉬운 마음으로 아버지의 음성이 들려 오는 창 가까이로 갔다. 안에서는 아버지가, 두번 다시 그런 눈치만 뵀단 봐라, 죽여 없애구 말 테니, 꼭대기 피두 안 마른 년이 누굴 망신시킬려구 하는 품이 누이 때문에 여간 노한 게 아닌 것 같았다. 좀한 일에는 노하는 일이 없는 아버지가 이렇도록 노함에는 심상치 않은 일이 일어났음에 틀림없었다. 의붓어머니의 조심스런 음성으로, 좌우간 그편 집안을 알아보시구레, 하는 말이 들려 나왔다. 이어서 여전히 아버지의, 알아보긴 쥐뿔을 알아봐! 하는 노기찬 음성이 뒤따랐다. 이번엔 누이의 나직이 떨리는 음성이 한 번, 동무의 오래비야요, 했다. 이젠 학교두 고만둬라, 하는 아버지의 고함에, 누이 아닌 아이가 등골이 서늘해짐을 느꼈다. 그러면서 얼마 전에 누이가 호리호리한 키에 흰 얼굴을 한 청년과 과수노파가 살고 있는 골목 안에 마주서 있는 것을 본 일이 생각났다. 그때 누이는 청년이 한 반 동무의 오빠인데 심부름을 왔었다고 변명하듯 말했고, 아이는 아이대로 그저 모른 체하고 있었으나, 속으로는 누이 같은 여자와 좋아하는 청년의 마음을 정말 모르겠다고 생각했었다. 그 청년과 누이가 만나는 것을 집안에서도 알았음이 틀림없었다. 지금 안에서 의붓어머니의 낮으나 힘이 든 음성으로, 얘 넌 또 웬 성냥 장난이가! 하는 것만은 이제는 유치원에 다니게 된 이복동생을 꾸짖는 소리리라. 요사이 차차 의붓어머니가 어렵고 두렵기만 한 게 아니고 진정으로 자기네를 골고루 위해 주고 있다는 것을 깨닫게 된 아이는, 동복인 누이의 일로 의붓어머니를 걱정시키는 것이 아버지에게보다 더 안됐다고 생각됐다. 다시 의붓어머니의 조심성 있고 은근한 음성으로, 넌두 생각이 있갔디만 이제 네게 잘못이라두 생기믄 땅 속에 있는 너의 어머니한테 어떻게 내가 낯을 들겠니, 자 이젠 네 방으루 건너가그라, 함에 아이는 이번에는 의붓어머니의 애정에 얼굴이 달아오르면서, 정말 누이가 돌아간 어머니까지 들추어 내게 하는 일을 저질렀다가는 용서 않는다고 절로 주먹이 쥐어졌다. 어디서 스며 오듯 누이의 흐느끼는 소리가 들려 왔다. 두번 다시 그런 일만 있었단 봐라, 초매(치마)루 묶어서 강물에 집어넣구 말디 않나, 하는 아버지의 약간 노염은 풀렸으나 아직 엄한 음성에, 아이는 이번에는 또 밤바람과 함께 온몸을 한 번 부르르 떨었다.

꽤 쌀쌀한 어떤 날 밤이었다. 의붓어머니가 아버지에게 애걸하다시피 하여 학교만은 그냥 다니게 된 누이보고 아이가, 우리 산보 가, 했다. 누이는 먼저 뜻하지 않았던 일에 놀란 듯 흐린 눈을 크게 떠보이고 나서 곧 아이를 따라 나섰다. 밖은 조각달이 달려 있었다. 그리고 수많은 별들이 빛나고 있었다. 싸늘한 바람이 불어왔다. 바람이 불어 올 적마다 별들은 빛난다기보다 떨고 있는 것만 같았다. 아이는 앞서 대동강 쪽으로 난 길을 접어들었다. 누이는 그저 아이를 따랐다. 어둑한 속에서도 이제 누이를 놀래어 주리라는 계교 때문에 아이의 얼굴은 미소가 떠올라 있었다. 강둑을 거슬러 오르니까 더 써느러웠다. 전에 없이 남동생이 자기를 밖으로 이끌어 낸 것을 의아하게 여기는 눈치로, 그러나 즐거운 듯이 누이가 아이에게, 춥디 않니? 했다. 아이는 거칠게 머리를 옆으로 저었다. 젓고 나서 어둠으로 해서 누이가 자기의 머리 저음을 분간치 못했으리라고 깨달았으나 아이는 그냥 잠자코 말았다. 아이는 혹시 집에서 누이의 연애사건을 알게 된 것이 자기가 아버지나 의붓어머니에게 고자질한 것으로 잘못 알고 있지나 않나 하는 생각이 들자, 누이를 쓸어안고 변명이나 할 듯이 홱 돌아섰다. 누이도 섰다. 그러나 아이는 계획해 온 일을 실현할 좋은 계기를 바로 붙잡았음을 기뻐하며 누이에게, 초매 벗어라! 하고 고함을 치고 말았다. 뜻밖에 당하는 일로 잠시 어쩔 줄 모르고 섰다가 겨우 깨달은 듯이 누이는 어둠 속에서 조용히 저고리를 벗고 어깨치마를 머리 위로 벗어 냈다. 아이가 치마를 빼앗아 땅에 길게 폈다. 그리고 아이는 아버지처럼 엄하게, 가루 눠라! 했다. 누이는 또 곧 순순히 하라는 대로 했다. 그러나 아이는 치마로 누이를 묶어 강물에 집어넣는 차례에 이르러서는 자기의 하는 일이면 누이가 죽는 한이 있더라도 아무 항거 없이 도리어 어머니다운 애정으로 따라 할 것만 같은 생각이 들며, 누이가 돌아간 어머니와 같은 애정을 베풀어서는 안 된다고 치마 위에 이미 죽은 듯이 누워 있는 누이를 그대로 남겨 둔 채 돌아서 그곳을 떠나고 말았다.

누이는 시내 어떤 실업가의 막내아들이라는 작달막한 키에 얼굴이 검푸른, 누이의 한 반 동무의 오빠라는 청년과는 비슷도 안 한 남자와 아무 불평 없이 혼약을 맺었다. 그리고 나서 얼마 안 되어 결혼하는 날, 누이는 가마 앞에서 의붓어머니의 팔을 붙잡고는 무던히나 슬프게 울었다. 아이는 골목에 몸을 숨기고 있었다. 누이는 동네 아낙네들이 떼어 놓는 대로 가마에 오르기 전에 젖은 얼굴을 들었다. 자기를 찾고 있음에 틀림없다고 생각하면서도, 아이는 그냥 몸을 숨기고 있었다. 그리고 누이가 시집간 지 또 얼마 안 되는 어느 날, 별나게 빨간 놀이 진 늦저녁때 아이네는 누이의 부고를 받았다. 아이는 언뜻 누이의 얼굴을 생각해 내려 하였으나 도무지 떠오르지가 않았다. 슬프지도 않았다. 그러다가 아이는 지난날 누이가 자기에게 만들어 주었던, 뒤에 과수노파가 사는 골목 안에 묻어 버린 인형의 얼굴이 떠오를 듯함을 느꼈다. 아이는 골목으로 뛰어갔다. 거기서 아이는 인형 묻었던 자리라고 생각히는 곳을 손으로 팠다. 흙이 단단했다. 손가락을 세워 힘껏힘껏 파댔다. 없었다. 짐작되는 곳을 또 파보았으나 없었다. 벌써 썩어 흙과 분간치 못하게 된 지가 오래리라. 도로 골목을 나오는데 전처럼 당나귀가 매어 있는 게 눈에 띄었다. 그러나 전처럼 당나귀가 아이를 차지는 않았다. 아이는 달구지채에 올라서지도 않고 전보다 쉽사리 당나귀 등에 올라탔다. 당나귀가 전처럼 제 꼬리를 물려는 듯이 돌다가 날뛰기 시작했다. 그리고 아이는 당나귀에게나처럼, 우리 눌 왜 쥑엔! 왜 쥑엔! 하고 소리질렀다. 당나귀가 더 날뛰었다. 당나귀가 더 날뛸수록 아이의, 왜 쥑엔! 왜 쥑엔! 하는 지름 소리가 더 커갔다. 그러다가 아이는 문득 골목 밖에서 누이의, 데런! 하는 부르짖음을 들은 거로 착각하면서, 부러 당나귀 등에서 떨어져 굴렀다. 이번에는 어느 쪽 다리도 삐지 않았다. 그러나 아이의 눈에는 그제야 눈물이 괴었다. 어느새 어두워지는 하늘에 별이 돋아났다가 눈물 괸 아이의 눈에 내려왔다. 아이는 지금 자기의 오른쪽 눈에 내려온 별이 돌아간 어머니라고 느끼면서, 그럼 왼쪽 눈에 내려온 별은 죽은 누이가 아니냐는 생각에 미치자 아무래도 누이는 어머니와 같은 아름다운 별이 되어서는 안 된다고 머리를 옆으로 저으며 눈을 감아 눈 속의 별을 내몰았다.

작가 황순원은 1915년 3월 26일 평안남도 대동군에서 평양 숭덕학교 고등과 교사였던 찬영의 맏아들로 태어났다. 일본 와세다대학 영문과를 졸업하고 고향에서 작품 활동을 하다 1946년 월남하였다. 흔히 시적 문체라고 불리는 소설적인 표현 방식으로 대상을 형상화하는 방법에 있어 압축이나 생략보다는 서정적인 감성을 불러일으키는 표현 방식으로 서술하는 방법을 택하여 서정적인 감정이 풍부하게 전달된다. 성장을 통한 여러 감흥을 불러일으키는 소설도 많이 발표하였고, 생명에 대한 관심으로 주로 대상의 상처를 응시하면서 대상을 포용하고 그 고통의 견딤, 치열한 자기반성의 정신을 함께 드러내어 삶을 고귀한 것, 아름다운 것으로 인식하는 가치관을 드러낸다. 비극적 세계 인식 위에 서 있는 황순원 문학이 독자들에게 포근하고 따뜻한 느낌을 주는 것은 이 때문이다. 2000년에 영면하였다.

〈별〉에서 '나'는 '누이'에 대한 추억을 기억한다. 기억은 좋은 것만 있는 것도 아니고 긍정적이지만도 않다. 사실 '나'는 어머니에 대한 그리움이 절대적이다. 어릴 적 돌아가신 어머니에 대한 기억이 남아있지 않은 소년은 어머니는 매우 아름다웠을 것이라고 생각하며 현실 속에서 어머니의 영상을 찾으려는 강한 집념에서 벗어나지 못한다. 그런 까닭에 어머니와 닮지 않은 누이는 나와 어머니를 잇게 만드는 역할을 하지 못하는 오히려 방해하는 존재라는 생각에서 '나'는 누이를 미워하게 된다. 어머니에 대한 그리움과 누이에 대한 애증(愛憎)의 심리는 항상 대비되어 나의 불안한 심리 상태를 보여준다. 환상 속의 아름다운 이미지인 어머니와 현실 속의 추한 모습을 지닌 누이의 모습이 대비될수록 누이를 더욱더 미워하게 된다. 그런데 그 누이가 죽게 되자 말할 수 없는 후회와 회한이 밀려오게 된다. 어떤 경우에도 나를 보듬고 나를 지켜주었던 누이의 부재를 확인하는 순간 소년인 나는 더 성숙한 인간으로 발전하게 된다. 그런데 이런 누이의 참사랑을 누이가 죽어서야 깨닫게 된 것이다. 당나귀에서 일부러 떨어지면서 누이의 목소리를 들은 것과 같이 행동하는 주인공의 심리는 이 소설이 드러내고자 하는 목표를 뚜렷하게 제시한다. 그러면서도 작가는 눈 속에 있는 두 개의 별 중 못생긴 별 하나를 몰아내고자 하는 행동을 같이 제시함으로써 사람이라는 것이 갖는 욕망과 정서의 충돌을 보여주고 행위에 있어서의 소년다운 정당성을 드러낸다고 하겠다.

한 발 더 다가서기

1 아래와 같이 자신이 겪은 일들에 대해 자세하게 기억하는 놀이를 적어보자.

아이는 옆집 애와 길가에서 땅따먹기를 하고 있었다. 옆집 애의 땅한테 아이의 땅이 거의 잠식당하고 있었다. 한쪽 금에 붙어 꼭 반달처럼 생긴 땅과 거기에 붙은 한 뼘 남짓한 땅이 남았을 뿐이었다. 그것마저 옆집 애가 새로 말을 맞히고 한 뼘 재먹은 뒤에는 반달에 붙은 땅이 또 줄었다. 이번에는 아이가 칠 차례였다. 옆집 애가 말을 놓았다. 그것은 아이의 반달 땅 끝에서 한껏 먼 곳이었다. 그러나 아이는 기어코 반달 끝에다 자기의 말을 놓았다. 옆집 애는 아이의 반달 땅에 달린 다른 나머지 땅에서가 자기의 말이 제일 가까운데 왜 하필 반달 끝에서 치려는지 이상히 여기는 눈치였다.

---

2 소년이 반달 근처에 말을 갖다 놓은 이유와 유사한 대목을 소설에서 찾아보자.

3 읽은 단편과 비슷한 경험이나 다른 재미있는 작품을 읽은 것이 있다면 무엇인지 말해 보자.

4 "누이가 돌연 혼자말처럼, 사실 나 혼자였다믄 벌써 죽구 말았어, 죽구 말디 않구, 살믄 멀 하노…… 그래두 네가 있어 그렇디, 둘이 있다 하나가 죽으믄 남는 게 더 불쌍할 것 같애서…… 난 정말 그래, 하며 바람 때문인지 약간 흐느끼는 듯했다."에서처럼 자신만의 비밀 혹은 감추어두었던 견해를 글로 써 보자.

2. 〈유자소전(兪子小傳)〉

1

한 친구가 있었다.

그냥 보면 그저 그렇고 그런 보통사람에 불과한 친구였다.

그러나 여느 사람처럼 이 땅에 그런 사람이 있는지 마는지 하게 그럭저럭 살다가 제물에 흐지부지하고 몸을 마친 예사 허릅숭이는 아니었다.

그의 이름은 유재필(兪裁弼)이다. 1941년 홍성군 광천에서 태어나 보령군 대천에 와서 자라고 배웠다. 그리고 그 나머지는 서울에서 살았다. 그는 어려서부터 타고난 총기와 슷기로 또래에서 별쭝맞고 무리에서 두드러진 바가 있어, 비색한 가운과 불우한 환경 속에서도 여러 모로 일찍 터득하고 앞서 나아감에 따라 소년 시절은 장히 숙성하고, 청년시절은 자못 노련하고, 장년에 들어서서는 속절없이 노성하였으니, 무릇 이것이 그가 보통사람 가운데서도 항상 깨어 있는 삶을 살게 된 바탕이었다.

그의 생애는 풀밭에서 뚜렷하고 쑥밭에서 우뚝하였다.

그는 애초에 심성이 밝고 깔끔하였다. 매사에 생각이 깊고 침착하였으며, 성품이 곧고 굳은 위에 몸소 겪음한 바와 힘써 널리 보고 애써 널리 들은 것을 더하여, 스스로 갖추어진 줏대와 나름껏 이루어진 주견으로 갈피 있는 태도를 흐트리지 아니하였다.

그러므로 주변머리 없이 기대거나 자발머리 없이 나대어서 남을 폐롭히거나 누를 끼치는 자는 반드시 장마의 물걸레처럼 쳐다보기를 한결같이 하였고, 분수없이 남을 제끼거나 밟고 일어서서 선불리 무엇인 척하고 으스대는 자는 「삼국지」에서 조조 망하기를 기다리듯 미워하며 매양 속으로 밑줄을 그어 두기에 소홀함이 없었다. 또 모름지기 세상의 일에 알면 아는 대로 힘지게 말하고, 모르면 모르는 대로 숫지게 말하여 마땅한 자리임에도 불구하고 어딘지 떳떳지 못하게 주눅부터 들어서 좌우의 눈치에 딱부러지게 흑백을 하지 못하는 자가 있으면, 마치 말만한 딸을 서울 가게 하는 데에 힘입어 그날로 이잣돈을 놓는 매몰스런 구두쇠를 보듯이 으레 가래침을 멀리 뱉기에 이력이 난 터이었다.

그의 됨됨이는 물론 그것이 전부는 아니었다. 체취는 그윽하고 체온은 따뜻하며 체질이 묵중한 사내였다. 또한 남의 아픔이 자신의 아픔임을 깨달아 아픔을 나누고 눈물을 나누되, 자기가 아는바 사람 사는 도리에 이르기를 진정으로 바라던 위인이었으니, 짐짓 저 옛말을 빌려서 말한다면 그야말로 때아닌 특립독행(特立獨行)의 돌출이요, 이른바 "세상 사람들의 걱정거리를 그들보다 앞서서 걱정하고, 세상 사람들이 즐거워함을 본 연후에야 즐거움을 누린다.(先天下之憂而憂 後天下之樂而樂)"고 말한 선비적인 덕량의 본보기라 하지 않을 수 없는 친구였다.

"이간감? 나 유가여."

그가 내게 전화를 할 때마다 매번 거르지 않던 첫마디였다.

그렇지만 유가는 이미 다른 사람을 이르는 말이었다. 그는 유자(兪子)였다.

2

유자는 직업적인 문필가에 못지않은 뛰어난 어휘 감각으로 이 나라 문단의 제자백가들과 교유를 하면서도 언제나 대화의 선도(鮮度)를 유지했거니와, 그 중에서도 보령지방의 방언 구사에서는 그와 겨룰 만한 사람이 드물다고 해도 과언이 아니었다.

대개 일정한 지역의 방언은 그 유통 구조적인 한계에 따라 자연스럽게 시르죽어서 종당에는 용도 폐기를 면치 못하기가 쉽고, 그로부터 호흡이 끊기고 박제화(剝製化)하여 사전(辭典)에 정리되고 나면 한갓 현장을 잃은 고어나 은퇴어가 되고 말아서, 모처럼 어디에 갔다가 만나더라도 뜨악하고 서먹해지게 마련인 것이었다.

그러나 아무리 잊은 지가 언젠지조차 모르는 귀꿈맞은 방언이라고 해도, 그것이 유자의 입에서 흘러나올 때는 그 말이 지닌 본래의 숨결까지도 고스란히 살아있어서 생각지도 않은 신선한 느낌마저 덤을 얹는 것이었다. 그만큼 일상적으로 즐겨 사용해 온 탓이었다.

보령지방의 독특한 방언 가운데 지금도 흔히 쓰이는 것은 '개갈 안 난다'는 말이 있다. 이것은 요즈음 산하의 국어연구원에서 의례적인 용어부터 정립해 주기를 독려하고 있는 이어령 문화부장관도 사석에서는 자기도 모르게 곧잘 튀어나오던 방언이기도 한 것이다.

이 '개갈 안 난다'는 말은 보통 '말이' 맺고 끊는 맛이 없다거나, 섞갈리거나, 요령부득이다. '뜻이' 가당치 않거나, 막연하거나, 어림도 없다. '일이' 매동그려지지 않거나, 매듭이 나지 않거나, 마무리가 없다. '짓이' 칠칠치 못하거나, 갈피가 없거나, 결과가 예측불허다, 따위와 비스름한 의미로 쓰이고 있거니와, 나도 그 어원이 '가결(可決) 안 나다'에 있는지 어떤지는 아직도 모르고 있는 터이다.

한 번은 내가 짐짓 해보는 말로,

"대관절 그 개갈 안 난다는 말이 무슨 뜻이라나?"

유자더러 물었더니, 유자 대답하여 가로되,

"아, 그 개갈 안 난다는 말처럼 개갈 안 나는 말이 워디 있간 됩세 나버러 개갈 안 나게 묻는다나."

하고 사뭇 퉁명을 부리는데, 그러는 그의 표정을 읽으니 말이 난 계제에 아예 어원까지 캐서 적실하게 밝혀 줄 수만 있다면 작히나 좋을까만, 하나 말인즉 원체가 '개갈 안 나는' 말인지라 당최 종잡을 수가 없어서 유감이라는 내색이 역연하였다.

재주가 메주인 이런 삼류작가에게는 유자만큼 소중하고 요긴한 위인도 드물었다. 그는 내 직업에도 여러 가지로 도움이 되었는데, 이를테면 1950년대부터 고향과 멀어진 까닭에 '잊은 지가 언젠지조차 모르는', 그래서 모처럼 한 번이나 들어 보더라도 뜨악하고 서먹할 수밖에 없는 궁벽한 방언들을 아주 새삼스럽게, 그것도 그 말이 지닌 본래의 숨결까지 고스란히 살아 있는 그대로 재생시켜 주면서 '말하는 방언사전' 노릇을 톡톡히 해주었던 것도 그 중의 하나였다.

그것은 비단 방언만도 아니었다. 그가 사무적으로 왕래하는 각계각층의 전문적인 용어를 비롯하여, 가령 벌면 먹고 놀면 굶는 뜨내기들, 빈손이 큰손이요 끗발이 맨발인 따라지들, 심지어는 보다보다 볼장 다본 막살이들의 헙헙한 허텅지거리와 종작없는 결말들까지도 나는 거의가 그를 통하여 얻어들었으며, 또 무슨 말이든지 일단은 힘 하나 안 들이고 주워 대는 그의 입을 거쳐야만 비로소 제대로 실감이 나고, 나중에 용도를 가름하는 데에도 수나로울 수가 있었던 것이다.

유자는 그가 아니면 안 되는 그 걸찍한 입담뿐 아니라 그 자신의 모든 것이 바로 신선한 소재이기도 하였다. 한 예를 들면 중진작가 천승세 씨의 장편소설 「사계의 후조」도 곧 유자를 모델로 하여 이룩한 작품이었던 것이다.

내가 오래 전에 쓴 「그가 말했듯」이란 졸작의 주인공도 유자가 모델이었다. 주인공이 일인칭인 이 소설을 본 사람들은, 읍내에 말시바위(곡마단)가 들어와서 악사들이 말에 원숭이를 태워 앞세우고 트럼펫 가락도 심란스럽게 가두선전에 나설 때마다 철딱서니없이 단기(團旗)의 기수가 되어 우쭐거리는 주인공을 나의 과거사로 짐작하고 실소를 금치 못했다는 거였지만, 실은 유자가 그렇게 보낸 소년 시절이야말로 한쪽은 하릴없는 허드레 웃음거리였고, 한쪽은 공연히 웃어 넘길 수만도 없는 애틋한 대목이 안팎을 이루고 있었던 것이다.

유자는 육이오 난리 이듬해에 한내(대천)의 구장태로 이사오면서 대남국민학교에 전학하였다. 그는 전학하고 며칠이 안 되어서부터 스스로 존재를 드러내었다. 아무 데서나 주워 대는 그 입담이 밑천이었다. 다른 아이들이 밥 먹을 때 모이를 먹고, 다른 아이들이 죽 먹을 때 여물을 먹었는지, 나이답지 않게 올되고 걸었던 그 입은, 상급생이나 선생님들 앞에서도 놓아 먹인 아이처럼 조심성이며 어렴성이라곤 없이 넉살좋게 능청을 떨어 대었던 것이다.

일테면 여선생님이 쉬는 시간에 교문 밖에 나가서 딴전을 보다가 늦게 들어온 그를 불러 세우고 왜 늦었느냐고 다잡으며 따끔하게 혼내 줄 기미를 보이면,

"일학년짜리 지집애가 오재미루 찜뿌를 허다가 사리마다끈이 째서 끊어져 흘렀는디, 그냥 보구 말 수가 읎어서 그것 좀 나우 잇어 주다 보니께 이냥 늦었번졌네유."

하고 '힘 하나 안 들이고' 넌덕스럽게 너스레를 떨며 둘러방치기를 하는 것이었다.

그럼 그대로 두었나?

그대로 두었다. 학교에서도 초저녁에 싸가지 없는 아이로 치부하여 매를 들고 성화대거나, 어머니까지 오너라가너라 하면서 닦달하느니보다, 숫제 배냇적부터 마치 우진마불경(牛嗔馬不耕)의 원진살이라도 타고난 녀석인 양 내놓아 버리는 것으로써 차라리 속이나 편키를 도모한 셈이었으니, 마침내 교감선생님의 이름은 몰라도 그의 이름을 모르면 대남학교 아이가 아닌 줄로 여기게끔 명물이 되기에 이르렀다.

명물은 되잖게 입만 되바라졌다고 해서 아무나 되는 것도 아니었다.

그는 보매보다 반죽이 무름하고 너울가지가 좋아 붙임성이 있었고, 싸움난 집에서 누룽지를 얻어먹을 만큼이나 두룸성이 있었으며, 하다못해 엿장수를 상대로 엿치기를 해도 따먹은 엿토막이 앞에 수북할 정도로 눈썰미와 손속이 뛰어난 터수였다. 나이가 한참이나 위인 중학생들과 예사로 너나들이를 하고, 가는 데마다 시답지 않은 성님과 대가리 굵은 아우가 수두룩했던 것이 다 그와 같은 사실을 증명하던 일이었다.

그 천연덕스럽고 숫기 좋던 붙임성은 말시바위가 들어올 적마다 맡아 놓고 모갑이(우두머리)를 찾아가서 단기의 기수로 자원하는 데에도 단단히 한몫했을 것은 두말할 나위가 없다.

그는 깃광목이나 무색 인조견 바탕에 '뉴—서울 써커쓰' 따위가 쓰인 깃대를 들고, 그 모양나던 뒤듬발이 걸음으로 가두 선전반을 이끌었다. 바람이라도 있어서 기장폭이 펄럭거리는 날은 깃대를 가누기는 고사하고 제 몸뚱이조차 고루잡기에도 힘이 부쳐 엎드러질지 곱드러질지 모르게 비칠거리면서 땀으로 미역을 감게 마련이었다. 그는 땀으로 미끈거리며 주책없이 자꾸 벗겨져 주천스럽던 고무신은 일찌감치 벗어서 허리춤에 차기를 잊지 않았지만, 그러나 그러고 까불거리면서 장터를 휘젓는 풍신이 바로 한내 사람들의 좋은 구경거리가 됐던 사실은 알고 있을 까닭이 없었다.

그가 번번이 기를 쓰고 기수가 되고자 안달을 했던 것은, 겨우 무료봉사에 한해서 무료입장을 보장했던 그 지지한 미끼에 눈이 가린 탓이었다.

하지만 그것도 초엽 어름에 잠깐이었다. 하루는 난리 때 노무자로 갔다 와서 육장 싸전머리에 노박이로 나앉아 지겟벌이를 하던 이웃집 논규아배가 보다못해 한 마디 나무랄 요량으로 핀잔을 하였다.

"이녀리 자슥은 밤나…… 너넌 뭣 땜이 말시바우만 들왔다 허면 그리구 혹해서 사죽을 못 쓰구 댕긴다네?"

그는 서슴없이 대꾸하였다.

"그게 워디 그냥 싸카쓰간유. 사리마다만 입은 지집애덜이 사까다찌를 해쌓는디, 기도 보는 이가 여간 사람이 아닝께 그거래두 해주구서 봐야 션허지 워치기 그냥 만대유."

대남학교 사학년 때의 대답이었다.

그는 싸전마당 한복판에 빙둘러 쳐놓은 포장 어디에 혹 개구멍이라도 없나 하여 우물쭈물 쭈삣거리면서 이리 기웃 저리 기웃 얼씬거리다가 막대기로 삿대질을 하며 지키는 단원에게 걸리적거리고 성가시다며 지청구를 얻어먹어 풀이 죽은 아이들 앞에서 여봐란 듯이 무료 입장을 하였다. 그리고 깔아 놓은 멍석 귀퉁이에 옹송그리고 앉아서 이따가 그 쥐 잡아먹은 것 같은 입술의 해반주그레한 계집애가 나와서 재주 부리는 차례를 기다렸다. 그러나 공구경도 속이 든든해야 보이는 것이 있는 법이었다. 여린 삭신에 저보다 서너 길이 넘는 깃대에 시달려 옷이 척척하도록 땀을 흘리며 읍내를 헤맨 터에, 점심 굶고 저녁 걸러 곤할 대로 곤하고 허기진 몸이, 기름독에 빠졌다 나온 사내가 버나(접시 돌리기)를 한들 보이고, 쥐 잡아먹은 입술이 통 굴리기를 한들 보일 리가 없었다.

"인마, 어여 집이 가서 자빠져 자."

그는 매양 소스라치면서 눈을 떴다. 깨어 보면 막은 아까아까 내린 뒤였고, 구경꾼이 두고 간 쓰레기와 썩음썩음한 멍석에 쌓인 답쌔기를 쓸던 단원이 대빗자루로 등짝을 냅다 갈기는 바람에, 저도 모르게 앉은 채로 곯아떨어져 있다가 그렇게 실없이 혼이 났을 따름이었다.

야간 통행금지 시간이 다 되어 집집이 불을 끄고 찬바람만 휑하던 골목길은 만날 그 앞으로 지나다니는 가겟집들의 굴뚝 모퉁이마다 왜 그렇게도 껄쩍지근하고 떨떠름하니 무서웠는지 몰랐다. 그렇지만 아무리 오금탱이가 저리고 당겨도 뜀박질은 하지 않았다. 졸음이 쏟아져서 반도 넘게 놓친 것도 그리 억울하지가 않았다. 그는 오히려 캄캄한 오밤중임에도 별을 보고 점을 치는 페르샤 왕자, 어쩌고 하며 그 무렵에 한창 유행하던 노래를 콧소리로 흥얼거렸다. 밤길에 노래를 하면서 가다 보면 무섬증이 훨씬 덜했으니까. 그리고 다음날도 기수를 맡아서 보다가 못 본 것들을 마저 보게 되려니 하면 다시금 신이 나지 않을 수 없었으니까.

판문점에서 정전회담이 오락가락하던 무렵에는 싸전마당에 화면이 홑이불만 한 '대한 뉴—스'나 '리버티 뉴—스'가 고작이던 한내에도, 난리가 시나브로 꺼끔해진 뒤로는 가끔 가다 활동사진(극영화)도 들어오기 시작하였다. 되게 수리목지른 변사가 혼자서 열두 가지 소리를 내던 벙어리영화(무성영화)가 들어오고, 확성기가 끌탕이어서 차라리 벙어리영화가 낫던 발성영화도 들어오고, 그런가 하면 어쩌다가 천연색영화까지도 들어오는 것이었다. 말이 천연색이지 영화에서는 어리중천에 해가 쨍쨍한데 화면에서는 영화가 다 끝날 때까지 가랑비가 줄창 쏟아지고, 그러고도 모자라서 바야흐로 볼 만한 대목에 이르렀다 싶으면 제멋대로 필름이 툭 하고 끊어졌다가, 앞에 앉은 영감이 독한 파랑새 담배 한 대를 거진 다 태운 뒤에야 아까 그 대목은 홀짝 건너뛰고 생판 딴 장면이 튀어나오던 서부활극이 그 주종이었다.

천연색 서부활극에도 변사가 따랐다.

"아, 저 인디안을 잡아라, 놓치면 영화 끝난다. 그러자 그때 저 인디안을 향하여 마상에 높이 앉아 황야를 달려가는 한 사나이가 있었던 것이였었으니, 자, 그는 과연 누구라는 사나이였었던 것이였었더냐. 그렇다, 그 사나이는 바로 우리의 톰이라는 사나이였었던 것이였었던 것이였었다……."

목통이 다 닳아 버린 목소리로 '것이였었던 것이였었다'를 즐기던 변사가 그렇게 따라다녔던 것은, 그때까지도 우리나라엔 화면에 자막을 넣는 기술이 없었기 때문이었을 터이었다. 일제 때 지은 농업 창고에서처럼 한동안 가마니때기를 깔고 볼 수밖에 없었던 면공관조차 아직 생기기 전이었으므로, 장터의 한 골목을 양쪽으로 막은 노천 가설극장에서 그나마 어중간하여 비라도 오는 날이면 초장에 구경을 품메는 편이 나을 성싶은데도 본전 생각에 못내 자리를 못 뜬 채, 보면서 젖고 가면서 얼고 해도 별로 흉이 아니었던 시절의 일이었다.

구경이라면 제백사하던 취미에 하물며 활동사진이 들어올 때였겠는가. 유자는 영화가 들어올 때에도 남에 없는 부지런을 떨어서 이른바 샌드위치맨이 되기를 자원하고 나섰다. 앞뒤로 포스터를 붙인 널빤지 거지게를 짊어지고, 일껏 다려 입힌 바짓가랑이를 양잿물에 삶아도 소용이 없도록 휘지르면서, 걸어다니는 광고판 노릇으로 골목골목을 쏘다니기에 숙제 한 번을 제대로 해간 적이 없는 학생이었던 것이다. 역시 웃느라고 짜장면 한 그릇 먹어 보란 말이 없었던 생고생을 사서 하는 일이었으니, 무료봉사에 무료입장의 원칙은 개똥 모자 비껴 쓰고 사람을 돌려 먹는 흥행업자나, 중절모자 제껴 쓰고 기계를 돌려 먹는 흥행업자나 매양 그 사람이 그 사람이었던 모양이었다.

비록 걸어다니는 광고판 노릇이었을망정 무더운 여름철에는 엄벙덤벙하고 덤벙거리다가 더러는 남의 손에 빼앗기는 날도 없지가 않았다. 그가 점심시간이나 보건시간(체육시간)에 학교에서 빠져나와 아수꾸리(아이스케이크)통을 메고 돌아다니다가 쇠전마당 근처에 전을 벌이고 떠드는 약장수 구경에 넋을 놓아 한참씩이나 충그리게 된 결과가 그것이었다.

그래도 영화는 빠뜨리지 않고 구경을 할 수가 있었다. 면공관에 문지기나 들무새로 있던 상이군인 아저씨의 연애편지 배달원으로 선발되어, 주막 강아지 부엌드나들듯이 꺼먹고무신이 달창이 되도록 들락거리고 다닌 보람이었다. 성냥 하면 천안 조일표, 고무신 하면 군산 만월표밖에 몰랐던 시절, 그러니까 지금은 우둥퉁한 노파가 되어 십중팔구 하염없이 추억이나 되새기고 있을 조미령이 일쑤 새파란 과부로 분장하고 나와서, 밥만 먹고 잠만 자던 촌사람들의 무딘 가슴을 이리 집적 저리 집적하여, 육백을 치면서 조인다고 조여도 국진 열끗이 목단 열끗으로밖에만 안 보였던 어수룩하던 시절의 일이었다.

3

내가 유자를 처음 본 것은 중학교에 들어가고 한 달포나 됐나 해서였다.

그날은 첫시간이 수학시간이었는데 수학선생이 결근을 하는 바람에 옆반하고 합반으로 수업을 하게 되어 있었다. 나는 국민학교에서도 내내 셈본만큼은 50점을 넘어 본 적이 한 번도 없었으므로, 기하고 대수고 간에 수학시간이라고 하면 으레 지옥도 그런 지옥이 없이 걱정이 태산이었다. 그러니 수학선생의 결근은 선생의 사정 여하를 떠나서 무슨 경사를 만난 것이나 진배없이 반가워하였고, 그날은 단지 수학시간을 까먹게 되었다는 사실 하나만으로도 온종일 흐뭇한 기분에 젖어서 지내는 것이 보통이었다.

그런데 그날은 무턱대고 그리 좋아만 하고 있을 형편이 아니었다. 옆반의 시간표에 맞추어 합반으로 때워야 할 시간이 하필이면 실업시간이었기 때문이었다. 실업선생은 싸낙배기였다. 성질이 벼락인데다가 툭하면 불러내서 덮어놓고 매질을 해대는 것이었다.

"어금니 꽉 다물어, 안 그러면 이빨 안 남어나."

실업선생은 불러낸 아이에게 그렇게 미리 겁을 준 다음, 두 주먹으로 두 볼을 번갈아 가면서 사정없이 쳐돌리는 것이 장기였다. 손도 여간 맵지가 않았다. 한 대만 맞아도 눈에 불티가 일면서 머리가 휘둘리어 어질어질하였다. 그래서 실업시간만 되면 죄다 지레 얼겁이 들어서 선생이 수업을 마치고 나갈 때까지는 교실에 실업선생 외에는 아무도 없었던 것처럼 허망할 뿐 아니라 공기도 끄무러진 날씨처럼 한없이 무거울 뿐이었다.

그날의 그 시간도 예외가 아니었다. 그렇잖아도 한 반이 70여 명이나 되어 여유가 없는 교실에, 두 반이 뒤섞이어 둘씩 앉기에도 빠듯한 걸상에 넷씩이나 엉겨붙으니 앞이고 옆이고 복잡하여 옴나위를 할 수가 없을 지경이었다. 그래도 수업이 시작되자 먼지가 자욱하던 교실이 이내 없는 집 장광처럼 조용해졌다. 누군들 잡음 한 마디라도 새어나갈세라 감히 조심하지 않을 수 있을손가.

그런 와중에도 수업이 시작된 지 한 5분쯤 하여 드르륵 하는 문짝 소리도 요란하게 뒷문을 밀고 들어오는 지각생이 있었다. 재빨리 훔쳐보니 키는 중간 키요, 두툼하고 너부데데한 얼굴에 눈은 까닭 없이 작고 코는 쓸데없이 크막한 옆반 아이, 지금 이야기하고 있는 그 유자였다.

너는 죽었다…… 나는 그렇게 줄을 치면서 나부터 숨을 죽이고 뻔한 순서를 기다렸다.

"실…… 저놈의 자식은 또 왜 지각이여?"

실업선생은 성깔을 있는 대로 얼굴에 모으면서 뱃성 있는 억양으로 물었다. 나는 나더러 물은 것이나 다름없이 숨이 막힐 지경인데 그 아이는 뜻밖에도 전혀 그렇지가 않은 것이었다.

"거시기, 저 교문 앞서 자즌거포집 가이가 워떤 집 수캐허구 꿀붙었는디, 여적지 안 떨어져서 늦었슈."

"나불거리지 말구 들어가 앉어."

실업선생은 불러내어 주먹을 쓰기는커녕 금이빨을 반짝이면서 웃기까지 하는 것이었다. 그가 호랑이선생에게서도 간단히 면허를 따던 순간이었다.

저 선생님도 왕년에 누구한테 이빨이 안 남아나서 저렇게 금니를 한 것인가, 나는 얼핏 그런 엉뚱한 생각도 들었으나, 그 시간이 다 가도록 내 머릿속을 떠나지 않고 있었던 것은, 저런 천둥벌거숭이가 어떻게 하여 3대 1이나 되었던 경쟁을 이기고 중학교에 들어올 수 있었을까 하는 의문이었다.

나는 그 뒤로도 선생의 출석부가 그의 머리통에 떨어지는 것을 심심치 않게 구경할 수가 있었다. 누구하고 다툰다거나 선생이 발끈하도록 일을 저질러서가 아니었다. 그는 운동신경이 젬병이어서 아이들과 툭탁거리는 일 따위는 애초에 엄두도 내지 못하던 둔발이었다. 그러므로 출석부가 그의 머리통에서 둔탁한 소리를 냈던 것은, 기껏 해서 처녀선생님을 '우리 아줌니'라고 부른다거나, 교감선생님을 '꼬깜(곶감)'으로 부르다가 들켰을 때뿐이었다.

호랑이선생에게서까지 면허를 딴 터였으니 다른 선생님들의 이야기는 하나마나한 일이다.

그는 정학 한 번 맞아 본 일이 없이 학교를 마쳤다.

나하고는 물론 가까운 사이가 아니었다. 서로가 시들하게 지낸 것이 오히려 당연한 일이었다. 첫째는 3년 동안에 단 한 번도 같은 반이 되어 본 일이 없었다. 게다가 나는 그 번잡하고 어수선한 아이와 한반이 되지 않은 것을 늘 다행으로 여기고 있었고, 그는 또 그 나름으로, 지지리 못나 터져서 아무 존재도 없이 한갓 소설책 나부랭이나 들여다보는 것이 일이던 나를 처음부터 쳐주려고 하지 않았던 것이다.

존재라는 말이 나올 때마다 지금도 불현듯 생각나는 일이 있다. 2학년도 다 돼서였다. 하루는 무슨 일인가로 담임선생의 호출을 받아 교무실에 갔더니, 입학하고부터 줄곧 생물과 미술을 담당하여 일 주일에도 너더댓 시간씩이나 교실에 들어왔던 백모선생이 내 얼굴과 명찰을 번갈아 가며 쳐다보고 나서, 암만 봐도 처음 보는 아이란 듯이 이러고 묻는 것이었다.

"야, 너는 워느 반 애냐?"

"일반인디유."

"니가 왜 일반여?"

"기유."

"일반에 너 같은 애가 워딨어?"

"있슈."

"원제 전학 왔는디?"

"입학허구버터 여태 댕겼는디유."

"집이 워딘디?"

"대천유."

"그럼 대천국민핵교 댕겼게?"

"그렇지유."

"그려? 그런디 왜 그렇게 통 존재가 읎어?"

이태 동안이나 두 과목을 가르친 선생도 못 알아보던 무존재였으니, 그 유명하던 아이가 나 같은 것쯤 안중에도 없었을 것은 열 번 당연한 일이었다.

나는 일제고사니 기말고사니 하는 것에 한 번도 긴장해 본 적이 없었다. 그리고 시험시간 직전까지 손에서 놓지 못하던 것이 소설책이었다. 어린것이 소설책을 읽으면 어려서부터 사람 되기 다 틀린 줄로 알고 눈 밖으로 보던 어지간히 무식했던 시절의 일이었다.

유자와 나는 중학교 입학으로 만나고 중학교 졸업으로 헤어졌다.

가는 길도 달랐다.

그는 한내에 주저앉아 직업을 생각하고 있었다. 숙부가 주관하여 지어 주는 농사가 있었으니 사는 것이 급해서가 아니었다. 대남학교 3학년 때 점심시간마다 몰래 나가서 아이스케키통 메었던 것으로 알 수 있듯이, 그가 미처 뼈도 여물기 전에 학업보다 직업을 먼저 생각했던 것은 오직 유별난 장난기와 호기심, 그리고 하루도 진드근히 앉아 있지 못하는 왕성한 활동의지의 작용이었다.

호기심의 첫 대상은 면공관의 영사기였다. 곡마단의 기수와 걸어다니는 광고판에서 한 걸음 나아간 것이었다.

그는 면공관의 영사기사처럼 부러운 것이 없어서 그 조수가 되기를 자원했다. 역시 무료봉사였다. 그러나 영사기사의 꿈은 끝끝내 이루어지지 않았다. 그때만 해도 영사기가 한 번 고장나면 근방에서는 고칠 데가 없어서 행여 함부로 만질세라 기계 근처에는 얼씬도 못 하게 하였으니, 얼마를 쫓아다녀도 영사기에 대한 요리를 익힐 기회는 도무지 가망성이 없었다. 한내 장날은 여전히 자동차보다 소달구지가 붐벼서 교통이 복잡하던 시절이라 전축은 그만두고 유성기조차 드물었고, 그리하여 명문당 옆댕이에 있는 기쁜소리사를 아무리 주살나게 드나들어도 영사기 비슷한 것은 고사하고 일껏 고쳐 봤자 며칠이 안 돼서 도로 바글대는 제니스 라디오 따위나 구경하고 말 뿐이었다.

그래도 한 가지 보아 둔 것은 있었다. 노천 가설극장에서나 쓰이던 확성기의 배선 요령이 그것이었다. 하지만 그것은 어디까지나 요령이었지 기술은 아니었다. 그러니 기술 축에도 못 드는 그까짓 것을 장차 무엇에 써먹는단 말인가.

그런데 그런 것만도 아니었다. 꼭 한 군데 필요한 경우가 있었다.

때는 어언간에 자유당이 말기증상을 보이기 시작하던 때였다. 국회의원 선거가 다가오자 민주당에 대한 탄압이 벌건 대낮에도 버젓이 벌어졌다. 민주당 지구당 위원장 겸 후보의 개인 유세장마다 직업적인 선거꾼이 몰려다니며 확성기 줄부터 끊어 놓고 난장판을 벌였다.

유자는 그럴 때마다 확성기 줄을 손보아 주었다. 쇳덩이나 다름없이 무거운 확성기를 걸머메고 생쥐들도 미끄러워서 꺼려하던 가가의 함석 지붕을 아슬아슬하게 오르내리며 확성기를 설치하는 일도 그가 자청하고 나선 일이었다. 어린 소견에도 여당의 횡포에 반감이 일었던 것이며, 그에 대한 반사작용으로 야당의 일손을 거들게 된 것이었다.

위원장은 그의 올바른 심성과 용기를 기특하게 여겨 동지로서 대하였다. 전례에 따라 무료봉사에 무자격 입당이 이루어졌다. 천진난만한 정의감이 미성년 선거 운동원으로 이어진 것이었다.

위원장과 함께 지프를 타고 관내를 누비는 동안에 그 유별난 장난기와 호기심이 다시금 들먹이기 시작했다. 선거 운동원들이 비계 한 점에 막걸리 한 사발로 요기를 하면, 그도 덩달아서 비계와 막걸리로 끼니를 에우게 되었다. 같은 또래의 아이들이 겨우 사춘기의 문턱에 이르렀을 무렵 그는 단계를 건너뛰어 성인들의 세계를 넘성거리게 된 것이었다.

지프를 타고 다니다 보니 그의 호기심은 텁텁하고 트릿한 막걸리에만 머물지 않고 자동차 운전으로 옮겨 갔다. 운전은 기술에 속하는 것이었다.

운전수가 되기로 작정하니 이번에는 오던 기회가 달아났다. 선거는 끝나고 위원장은 낙선이었다. 기를 펴볼 날이 갈수록 멀어지는 것이었다.

작가 이문구는 1941년 충청남도 보령군 대천면 대천리(현재 보령시 대천2동) 387번지 갈머리(冠村)에서 농 · 어업과 사법대서사를 겸했던 부친의 5남 1녀 중 넷째 아들로 태어났다. 부친이 남로당 보령지역 총책이었던 까닭에 한국전쟁 때에 부친과 둘째, 셋째 형을 잃었다. 첫째 형은 강제 징용된 후 돌아오지 못했기에, 대천중학교를 졸업한 후 상경하여 소년 가장 노릇을 하며 학업과 생계를 이어갔다. 서라벌예술대학에서 창작 공부를 하였고 작가 활동을 하면서도 여러 잡지의 편집에 관여하였다. 생전에 문단 내에서 가장 인맥이 풍부한 작가라고 알려졌으며 2003년 작고했을 때 장례식이 문단사상 처음으로 '문예 4단체 합동 문인장'으로 거행되었다.

〈유자소전〉(1991)은 작품의 앞머리에 애초에 심성이 맑고 깨끗하였으며 매사에 생각이 깊고 침착했던, 많은 문인들의 친구였고 충청도 어휘의 보고였다는 유재필의 생애를 요약하여 "그의 생애는 풀밭에서 뚜렷하고 쑥밭에서 우뚝하였다." 라고 기술하고 있다. 그것이 무엇일까. 아마도 같이 있는 소나무나 뒷동산에 가면 숲에서 혹은 길가에서 느끼는 존재감 있는 나무가 아닐까 한다. 십 몇 년 만에 고향에 돌아온 작가는 다른 작품을 통해 동구 밖에 서 있던 토정 이지함이 심었다는 사백 년 전의 왕소나무가 베어져 없어진 것을 보고서야 비로소 고향의 몰락을 실감한다. 다른 작품 제목이나 소제목을 통해 작가는 줄곧 나무에 대한 애정이나 이미지를 뚜렷하게 드러낸 바가 적지 않다.

> "두구 보니께 이 고욤나무만이나 쓸다리 읎는 나무두 드물레 그려. 과일나문가 허면 그게 아니구, 그게 아닌가 허면 그것두 아니구…… 어린것 같으면 감나무 접목허는 대목으로나 쓴다건만, 그두저두 아니게 늙혀 노니께 까치나 꾀들어서 시끄럽지 천상 불땔감이더먼." (〈장곡리 고욤나무〉)

아무짝에도 쓸모없는 고욤나무를 바라보며 굽은 나무가 선산을 지킨다는 내용으로 서술된 것을 보면 농민의 처지가 그것에 덧대어 있다는 것을 발견하는 것은 어렵지 않다. 유자를 통한 인물 묘사에는 지주이건 농민이건, 심지어는 남로당 위원장이건 관계없이 나무의 상상력이 덧보태져 있다. 땅이 곧 하늘인 미분리의 세계의 중심에 서 있는 나무, 계절의 변화에도 견디고 인간보다 더 오래 살 수 있다는 나무가 상징하는 안정성과 불변성, 향일성(向日性)과 수직성은 '풀밭에서 뚜렷하고 솔밭에서 우뚝'한 유재필을 형상화하고 있다.

작가가 그리는 사회는 순박함과 진실함이 아직까지도 최고의 미덕으로 존중되어야 하는 공동체일 뿐이며, 각종 문명의 이기나 제도도 천박한 것에 지나지 못한다. 정작 안타까워하는 것은 농업 생산물의 가격이나 당국의 처사가 아니라 신뢰감을 잃어가는 삶과 사회에 대한 현실이다. 전통적인 질서의 해체 과정을 통해 현재의 사회상이 주는 삭막함이나 이기적인 삶의 태도 속에서도 자신의 정체성을 잃지 않고 살아가는 유자의 삶은 단면 그대로 우리에게 시사하는 바가 작지 않다. 그가 정작 보여 주고자 하는 바는 인간의 도리에 대한 재각성, 시세의 변화에 흔들리지 않고 나름의 주견을 가지고 살아야 한다는 가르침이다.

한편 대개의 평론가들이 공통으로 지적하는 점은 사농공상으로 대표되는 질서의 와해, 농촌 총각이 제 나이에 장가조차 들지 못하는 것 등등의 자연의 체질을 위반한 인공적인 질서에 대한 반감 등을 표현하는 그의 소설적 기법이다. 그리고 작가는 이를 만연체로 대표되는 문체적 힘과 소소한 것들로부터 출발하는 해학성과 풍자적인 면을 담은 서술로 묘사하고 있다. 그리고 반감은 대부분 전통적인 문맥으로 치환하면 군자와 소인 간의 대립처럼 형상화되는데 이때 작가가 인정하고 바람직하게 생각하는 자리는 바로 군자의 자리이다.

한 발 더 다가서기 1

1 이 소설을 읽으면서 잘 몰랐던 단어를 골라 그 의미를 사전 속에서 찾아 정리해 보자. 그리고 이런 단어와 유사한 우리 고장의 말이 있다면 무엇인지 같이 찾아 보자.

2 아래의 대화를 통해 드러나는 면은 무엇인지 토론해 보자. 그리고 이런 대화의 다른 예를 조별로 발표해 보자.

"야, 너는 워느 반 애냐?" / "일반인디유." / "니가 왜 일반여?"
"기유." / "일반에 너 같은 애가 워딨어?" / "있슈."
"원제 전학 왔는디?" / "입학허구버터 여태 댕겼는디유." / "집이 워딘디?"
"대천유." / "그럼 대천국민핵교 댕겼게?" / "그렇지유."
"그려? 그런디 왜 그렇게 통 존재가 읎어?"

---

3 이 소설의 특징에 대해 구체적인 사례를 들어 논의해 보자.

4 기억에 남는 친구가 있다면 그 친구를 어떤 사건으로 기억하는지 노트에 적어 보자.

한 발 더 다가서기 2

별똥

정지용

별똥 떠러진 곳,

마음해 두었다.

다음날 가 보려

벼르다 벼르다

인젠 다 자랐오.

'벼르다 벼르다'에서 보여주는 심정과 유사한 대목을 작품 〈별〉이나 〈유자소전〉에서 찾고, 그 의미를 토론해 보자.

제2장 젊은 날의 고뇌와 방황

'인간은 노력하는 한 방황하기 마련이다.' 독일의 대문호 괴테가 〈파우스트〉에 남긴 말이다. 이 세상에는 아무런 노력 없이 성취되는 일은 없기에 우리는 저마다 주어진 환경 속에서 자신의 삶을 살아내기 위해 쉼 없이 도전하고 치열하게 고민한다. 불확실한 삶을 살아가는 인간은 매순간 스스로 선택하고 결정하는 과정을 겪게 될 수밖에 없는데, 그 과정에서 불안과 번민에 노출되는 것은 어쩌면 당연한 일인지도 모른다.

그러나 방황한다는 것은 다른 한편으로는 노력하고 있다는 말과도 같다. 모든 방황에는 의미가 있으며 그 과정이야말로 진정한 자기 삶을 찾아가는 길이기 때문이다. 그런 의미에서 방황은 삶의 여정에서 겪는 시행착오이자 자신의 한계를 극복하기 위한 일종의 자기 실험 과정과도 같다고 할 수 있다. 우리가 살아가면서 경험하는 갖가지 위기와 역경을 이겨내기 위한 고뇌의 시간은 한 개인이 경험하는 성장의 계기이자 새로운 도약을 위한 자극제가 될 수도 있다.

오늘날 우리 사회의 젊은이들은 자신의 개성을 발견하고 정체성을 확립하는 데 시간을 보내기보다는 스펙 쌓기라는 소모전에 많은 에너지를 소진하고 있다. 과도한 입시 경쟁, 취업을 위한 스펙 쌓기라는 현실적인 과업 아래 끊임없이 희망고문을 감당해야 하는 오늘날의 청춘들은 치열한 경쟁 구도 속에서 주체적인 삶을 영위하기보다는 수동적이고 소극적으로 삶을 유지해 나가는 경우가 많다.

더욱이 가시적인 업적만이 중요시되는 성과 중심의 사회, 치열한 경쟁을 부추기는 서열 중심의 사회구조는 많은 청춘들을 좌절감에서 헤어나지 못하게 만들기도 한다. 부모의 능력이 곧 나의 능력으로 이어지는 이른바 '수저계급론'으로 불리는 신계급사회가 대두된 것이나, 갈수록 가중되는 취업난과 경기 악화로 'N포 세대'라는 신조어가 탄생한 것도 오늘날 우리 사회의 분위기와 무관하지 않다.

이런 시대를 살아가는 젊은이들일수록 사회가 규정해 놓은 세속적인 잣대에다 목표를 둘 것이 아니라 자신만의 철학을 가지고 뜻을 세울 필요가 있다. 말하자면 스스로가 가치 있는 존재임을 자각하고 자기 존중감을 갖기 위한 노력을 더욱 기울일 필요가 있는 것이다.

인생의 그 어떤 시기보다 자신의 정체성에 대한 고민으로 긴장과 불안이 증폭되는 때가 청춘의 시기이지만, 다른 한편으로는 자신이 추구하는 삶의 길을 찾기 위해 새로운 환경에 도전하고 적극적으로 행동할 수 있어 아름다운 시기가 청춘이기도 하다. 그러므로 실패에 대한 불안감, 불확실성으로 인한 고뇌로 번민하기보다 내가 궁극적으로 원하는 것이 무엇인지를 항상 스스로에게 물어야 한다.

한편으로는 주위의 유혹하는 손길을 뿌리치기 어려운 시기가 청춘이기도 하다. 공자의 『논어』에는 "청년기에는 혈기가 넘치므로 색을 경계해야 하고, 장년에는 혈기가 굳으므로 다툼을 경계해야 하고, 노년에는 혈기가 쇠하므로 욕심을 경계해야 한다."(少之時 血氣未定 戒之在色 及其壯也 血氣方剛 戒之在鬪 及其老也 血氣旣衰 戒之在得)라는 구절이 있다. 이는 다른 어느 때보다 욕망에 사로잡히기 쉬운 때가 청춘의 시기라는 의미일 것이다. 이는 부질없는 욕망에 사로잡혀 무절제한 생활에 빠지게 됨을 경계하라는 말이기도 하다. 또한 인간은 본질적으로 채워지지 않은 결핍된 욕망을 항상 느끼며 사는 존재이기에 진정한 자유와 행복을 누리기 위해서는 명예나 부귀 등 타자 욕망의 메커니즘에서 벗어나 자유로워질 필요가 있다. 그러기 위해서는 자신이 진정으로 원하는 것이 무엇인지 자신의 내면에 진지하게 귀 기울일 줄 알아야 한다.

아무튼 삶이란 어디까지나 우리가 스스로 선택하고 결정하는 과정에서 얻어지는 것이다. 실존주의 철학자 사르트르는, 인간이라는 존재는 개념에 의해 규정되기 전에 먼저 실존하고 그 다음에 스스로 생각하고 행위함으로써 자기 자신을 만들어가는 존재라고 언급한 바 있다. 이 역시 주체적인 삶의 중요성을 강조한 말이다. 그는 인간에게는 미리 정해져 있는 길은 없으므로 자신의 선택에 따라 지향점이나 가치를 만들어가야 함을 강조하였다. 그것은 스스로 참된 의미를 창조하는 것이야말로 인간 존재의 본질이라는 뜻이다.

실존주의적 관점에 의하면, 원하지도 않았지만 재앙처럼 태어난 인간은 고독과 번민의 고통을 당하게 될 수밖에 없는 존재이다. 따라서 고독과 허무로 굴러 떨어지지 않으려면 자신의 고유한 의미를 만들어가야 한다. 본능과 타성에 젖어 살아가는 삶은 자기를 기만하는 것이므로 우리는 현실에 안주하기보다는 창조적이며 미래지향적인 자아가 되기 위해 끊임없이 노력해야 한다.

그러기 위해서는 우리 앞에 놓인 작은 시련을 외면하거나 무시하지 말고 극복해 나가야 한다. 어떤 문제이든 그 문제의 원인을 분석하고 하나하나 해결해야 기회라는 결과도 찾아오기 때문이다. 이때 중요한 것은 실천이다. 또 구체적인 행동으로 옮기기 전에 목표를 세우는 것도 중요하다. 그러므로 나를 돌아보고 내가 진정으로 원하는 목표를 세우고 사색하는 시간을 가져야 스스로의 꿈을 펼칠 수 있는 기회를 만들 수 있을 것이다.

대학이라는 세계에 발을 들여놓은 청춘들은 다양한 사람들을 만나고 그들과 더불어 부대끼고 생활해 보는 경험이 필요하다. 이때 사람들과의 만남 못지않게 중요한 것이 독서와 사색의 시간이다. 독서를 하는 동안 우리는 자신을 되돌아보는 시간을 가질 수 있기 때문이다. 진정한 성장은 자기 자신을 돌아봄으로써 이루어지기에 대학 시절의 독서 체험은 그 어느 때보다 세상을 진지하고도 새롭게 바라보는 개성적인 안목을 제공해 줄 것이다.

특히 문학은 다양한 사람들의 삶을 추체험할 수 있는 공간이므로 타자의 서사를 공감하며 이해하는 과정에서 자기 서사의 변화를 도모할 수 있도록 이끌어 준다. 이는 문학이 오늘날 자기 성찰과 치유에 긴요한 매개가 되는 이유이기도 하다.

이 장에서는 청춘의 시기에 누구나 겪게 되는 불확실한 미래에 대한 고뇌, 그리고 삶에 대한 회의와 방황을 고스란히 담아내고 있는 두 편의 소설을 감상하고자 한다. 황석영의 〈개밥바라기별〉과 괴테의 〈젊은 베르터의 고뇌〉를 대상으로 하여 이들 서사에 투영된 타자의 삶을 마주함으로써 자신의 삶을 되돌아보는 계기를 마련해 보도록 하자.

1. 〈개밥바라기별〉

그해 겨울에 나의 베트남 파견이 결정되었다.

처음에는 내가 전출간 대대가 베트남 증파부대로 정해진 것을 까맣게 모르고 있었다. 얼마 안 가서 우리 대대는 전원이 정글전 특수학교에 입교하도록 결정이 났다. 훈련이 끝난 뒤에 우리가 어디로 향하게 될지는 뻔한 일이었다. 나는 별로 억울하게 생각하지도 않았다. 오히려 나 자신을 어디엔가 막연하지 않은 데다 걸어볼 좋은 기회라고 여겼다. 죽거나 아니면 살아남거나 둘 중의 하나였으니까.

전투교육이 끝나고 마지막 군장검열이 있고 나서 장교와 하사관들은 사흘간의 특박을 받았고 사병들은 하루 동안의 외출만 허락되었다. 높은 놈들은 집에 가고 아랫것들은 나가서 술이나 퍼마시라는 소리였다. 나는 동기생인 특교대의 행정병에게 정확한 출동날짜를 물었다.

다음주 월요일 새벽이야. 그날 아침 여섯 시에 출동사열을 받으면 된다.

이어서 그가 속삭였다.

네 기록카드는 벌써 베트남의 여단본부로 넘어갔다구. 이젠 여기서 소속두 없어졌는데 전쟁터에 가기만 하면 되지 않겠냐? 하여튼 일요일 밤까지는 지구가 두 쪽 나두 돌아와야 해.

동기생 행정병은 장교나 하사관들과 똑같은 특박증을 내게 만들어주었다. 그가 가짜 증명서를 만들어주지 않았어도 나로서는 전쟁터로 나가는 병사를 누가 건드리기만 해봐라, 하는 심사였을 것이다.

나는 그날 밤 철조망을 통과하여 면소재지까지 삼십 분쯤 걸어나가서 시외버스를 탔다. 대구에 도착할 때까지 웬일인지 헌병은커녕 군인의 씨알머리도 보이질 않았다. 서울행 특급열차에 무임승차했던 터여서 좌석이 있을 리 없었다. 찬바람이 비집고 들어오는 승강구에 걸터앉아 소주를 한 병 반쯤 마셨다. 어스름 속에 낯익은 도시가 갑자기 나타났다. 서울역에 도착한 것은 어둠이 걷히기 시작한 새벽녘이었다.

이 짧은 밤의 여행은 군인이 되기 전 나의 온갖 외로움과 방황을 모아놓은 것과도 같았고, 언제나 취해 있거나 흐리거나 비 오는 날 같았던 육십년대의 축축한 습기가 배어 있는 듯했다.

…… (중략) ……

학교에서의 경쟁은 치열한 것이었다. 어떤 친구는 지금도 그 학교의 학력평가 시험을 치르던 나날이 꿈에 보인다고 했다. 다른 애들은 부지런히 쓰고 있는데 자기만 한 문제도 몰라서 백지를 쥐고 땀을 흘리다가 깨어난다는 식이었다.

아이들은 서로간에 냉정하고 예의가 바른 편이었으며 속을 내보이거나 남에게 약하게 취급당하는 것을 원치 않았다. 초급 학년에서 서투른 짓으로 반 아이들의 비웃음을 몇 번 샀던 아이를 기억하는데, 그는 고학년이 되기까지 끝내 자존심을 회복하지 못했고 친구도 없이 지내다가 어디론가 전학을 갔다.

나도 월말 학력평가 시험에 관해서는 원한이 깊은 사람이다. 전 학년의 학생들 이름을 점수대로 석차를 매겨서 교실 앞 복도에 붙여놓고는 했는데 어느 달엔가 성적이 떨어져서 어머니를 격노시켰다. 나는 한 시간이 넘게 걸리는 학교까지 되돌아가 캄캄한 복도에 서서 성냥불을 그어대며 나보다 앞순위에 있는 아이들의 이름과 점수와 석차를 베껴와야만 했다. 그 캄캄한 어둠 속에서 떠오르던 수많은 아이들의 이름은 실체가 없는 글씨에 지나지 않았지만, 그들은 뒤에 어떤 삶을 살게 되었을까.

중학교도 그랬지만 고등학교에 가서도 나는 학급에 정을 붙이지 못했다. 아니 거의 죽을 맛으로 학교에 다녔다고나 할까. 겉으로는 태연했지만 날마다 학교에 불이 나거나 전쟁으로 폭격에 무너져내리는 교사 건물을 떠올렸다.

나는 교실 안의 공상가였다. 창밖의 빈 운동장과 아카시아나무를 바라보든가 책상 밑에 다른 책을 감춰두고 읽거나 노트에 춘화를 그리면서 선생이 쓸데없는 소리만 떠든다고 여겼다. 나는 아이들의 관심을 끌기 위해서 점심시간마다 재담으로 아이들을 웃기거나 광댓짓을 벌이곤 했다. 그래서 하루라도 이 교실 안의 피에로가 결석하면 아이들이 하루 종일 뭔가 빠진 것 같더라는 말에 만족했다.

아침에 등교할 적마다 두발검사에 복장검사를 하질 않나 어떤 교장은 부임하자마자 전교생의 바지 호주머니를 꿰매도록 지시했다. 추우면 참되 호주머니에 손을 찌르고 다니면 단정해 보이지 않는다나 뭐라나. 우리는 교복이 일제 시대에 생겨난 것도 알고 있었고, 교모를 쓰고 목까지 올라오는 높은 칼라에 학년 표지와 배지를 꽂고 금속 단추를 달고 이름표를 붙이는 복장이 십구세기 유럽 제국주의 시대의 군복을 베낀 것이라는 사실도 알았다. 그런데다 매주 월요일엔 군대처럼 열병식으로 조회를 했다. 당연히 학생회장은 대대장이고 우리는 졸병인 셈이었다. 머리털은 죄수들같이 언제나 하얗게 속살이 보이도록 박박 깎아야 했다. 어떤 애들은 공연히 모자를 찢고는 재봉실로 여러 겹 꿰매기도 하고 바짓가랑이를 나팔 모양으로 늘렸다가 홀태바지로 줄이기도 했다.

…… (중략) ……

어른들이 우리에게 바라는 게 고작 뭔지 생각해 봐라. 우리 어머니는 내가 의사가 되어주기를 바라구 있어. 네 아버지는 아마도 검판사나 무슨 변호사라두 되기를 바라지 않을까? 자기들이 겪은 인생이 어렵고 무서웠으니까, 고작 신사처럼 살아갔으면 하는 거야. 이런 초라한 소망은 어른이 되어서두 변하지 않아. 늘 쫄리구 두렵구 그러니까 별의별 수단을 다 해서 더 출세할라구 평생 몸부림이지. 나는 그런 줄에서 빠질 거야.

하아, 정말 미치겠더군. 준이 녀석의 마지막 한 마디, 자기는 그런 줄에서 빠지겠다고 하던 말이 나를 온통 뒤흔들어놓은 거야.

그래 까짓거…… 나두 간다.

나는 새벽까지 살금살금 집 안을 돌아다니며 짐을 꾸렸어. 돈은 그 동안 모아놓은 것이 있으니까 동대문시장에서 레이션 깡통들이며 식량을 사면 되겠다고 생각했지. 그렇게 우리는 늘 가던 길인 것처럼 설악산을 향해 떠났어.

그런데 말이지, 나야 뭐 아버지가 언제나 집에 없었으니까 신경쓸 일도 없었는데, 준이는 내게 말은 하지 않았지만 은근히 제 어머니 걱정을 하는 것 같더라. 열흘쯤 되었을 때에 엽서 한 장을 인제우체국에선가 보냈다구 그러더군.

우리는 단풍이 짙게 물들기 시작한 산등성이와 계곡을 누비면서 마음에 드는 장소가 있으면 텐트를 치고 사나흘씩 머물고는 했다. 설악동에서 신흥사로 하여 천불동계곡 지나 소청봉 대청봉을 오르는 코스를 돌고는 오세암을 돌아서 가야동계곡이니 귀때기골이며를 돌아다녔지. 남설악으로 나갔다가 내설악으로 되돌아와 곰골을 지나 마등령을 탔다가 이십여 일이 지나서 비선대 부근으로 나왔어. 아직도 성이 차지 않았는지 준이는 속초로 나가자고 했고 우리는 속초에서 강릉까지 내려가 일주일을 더 머물다가 거의 한 달을 채우고서야 서울로 돌아왔다.

…… (중략) ……

일정한 시간을 규율에 묶여서 견디어야 한다는 것은 그 누구도 어길 수 없는 법입니다. 규율을 어긴 자는 학교에서뿐만 아니라 사회에서도 쫓겨나야 합니다. 쫓겨나지 않을까 하는 두려움 때문에 사회는 규율을 유지할 수가 있는 것입니다. 우리는 언제든지 규율을 어기면 학교에서 퇴학 당함으로써 더 좋은 직업이나 사회적 지위를 누릴 기회를 박탈 당할 우려가 있지요. …(중략)… 내 인생의 대부분이 이런 충족된 시간들이 아니라 제도를 재생산하는 규율의 시간 속에서 영향 받고 형성된다는 것에 저는 놀랐습니다. 이것이 바로 나의 성장기라니요. 어느 책에 보니까 감옥이나 정신병원은 그러한 기구를 통하여 교정하려고 했던 바로 그런 비정상적인 행동을 오히려 조장하고 있다고 합니다. 이십 년 이상이나 정신병원에 수용되어 있다가 거의 치료가 불가능하다는 판정을 받았던 정신이상자들이 정상적인 환경에 놓인 지 불과 몇 달 만에 대부분이 완치되었다지요. 자연스럽게 그냥 놓아두는 것의 힘을 여기서 보게 됩니다.

저는 월말 학력고사의 피해자가 저 한 사람이 아니리라 믿고 있습니다. 복도에 석차와 점수가 공개되어 붙을 때마다 수치심이나 모욕감은커녕 모두 부질없다는 비웃음이 입가에 떠오르지요. 숫자 몇 개나 부호 또는 단어 몇 마디를 적어나가던 시험지의 빈칸을 기억하고 있거든요. 이것은 적응시키기 위한 끊임없는 훈련에 지나지 않습니다. 성장기에 얼마나 잘 순응하는가에 따라서 직업의 적성이 결정되고 어느 등급의 학교를 어느 때까지 다녔는가에 따라 사회적 힘이 결정되겠지요. 이러한 위계질서가 권력과 재산의 기초가 될 것입니다.

이를테면 저는 고등수학을 배우는 대신 일상생활에서의 셈을 하는 것으로 충분하며 주입해주는 지식 대신에 창조적인 가치를 터득하게 되기를 바랍니다. 어느 책에 보니까 인식은 통일적이고 총체적인 것이며 이것저것으로 나눌 수 없다고 하던데요, 자유로운 독서와 학습 가운데서 창의성이 살아난다고도 합니다. 결국 학교교육은 모든 창의적 지성 대신 획일적인 체제 내 인간을 요구하고 그 안에서 지배력을 재생산한다는 것입니다.

어른들은 모두가 신사의 직업을 우리들 앞에 미끼로 내세우지만 빵 굽는 사람이나 요리사가 되는 길은 또한 얼마나 아름다운지요. 독 짓는 이는, 목수는, 정원사는, 또는 아무 일도 택하지 않는 것은, 피아노 배우기에서 여러 단계의 기계적인 손동작을 강조하는 교본들 대신에 예를 들면 처음부터 직접 '등대지기'라든가 슈베르트의 '연가곡'같은 노래를 연습하면 안 되는 것인지. 굳어져버린 코 큰 외국인의 석고상을 그리기보다는 학급 친구나 아우의 얼굴 또는 늙으신 고향의 할머니를 그리면 안 되는 것인지. 이것들은 제도 안의 최소한의 변화인데도 허용되지 않습니다.

…… (중략) ……

나는 용산역에서 인호와 만나 호남선 야간 완행열차에 올랐다. 물론 철조망을 통과하여 수하물창고가 보이는 곳을 멀찍이 돌아서 철로를 횡단했다. 빈 객차가 행선지를 붙이고 정차해 있었지만 우리는 먼저 올라가 자리를 잡지 않고 그냥 플랫폼에 배낭을 벗어놓고 앉아서 개찰시간을 기다리기로 했다.

시간이 되자 방송이 역 구내에 울려퍼지고 구름다리로 물밀 듯 몰려오는 승객들이 보였다. 그들이 달려오는 것은 좋은 자리를 먼저 차지하기 위해서였을 것이다.

인호가 좋은 생각이 났다며 먼저 객차에 올라탔고 우리는 출입구 바로 첫 번째 자리를 점령했다. 각자 긴 의자 하나씩을 차지하고 배낭을 옆자리에 놓고는 다리를 떡 벌리고 앉아 있었다.

객차에 오른 승객들은 두리번거리며 일단 빈자리를 찾아서 다투어가며 앉았고 어느새 통로는 사람들로 꽉 메워졌다. 우리가 버티고 앉은 기세에 자리가 있느냐고 변변히 묻는 이도 없었다. 그들은 대개들 안으로만 몰려 들어갔다.

호남선 완행열차는 가장 값싼 노선이라 의자 하나에 세 사람이 조여 앉아야만 했는데, 서울 와서 물건을 해가는 가난한 보따리장수들이 대부분이고 짐도 많았다. 승객이 별로 많지 않은 평일인데도 통로까지 사람들로 북적댔다.

우리는 동석하기에 적당한 사람들을 살피다가 딸인 듯한 젊은 여자와 동행인 나이든 시골 아낙네와 봇짐장수 같은 중년의 아저씨를 불러서 여기 빈자리니까 앉으라고 했다. 그들은 이게 웬 떡이냐는 표정으로 반색을 하면서 앉았고, 더구나 우리가 오가는 사람들 때문에 걸치적거리고 피곤한 통로 쪽에 앉겠다니까 더욱 고마워하는 눈치였다.

우리는 그제야 의자에 놓아두었던 배낭을 선반에 얹었다. 기차가 덜컹거리면서 움직이기 시작했지만 그야말로 자전거가 천천히 달리는 정도의 속도였다. 짧은 구간의 작은 역들을 모두 거쳐가는 기차라서 속도를 내지 않는 모양이었다.

비어 있던 자리에는 아저씨가 통로에 서 있던 일행 중의 하나를 불러다 앉혔다. 그이는 남자처럼 머리를 짧게 자르고 몸뻬바지에 흰 남방을 걸친 사십대쯤의 아줌마였다.

총각들 워디…… 등산 가아?

아줌마는 앉자마자 우리에게 물었다.

세상 구경하러 갑니다.

인호가 넉살 좋게 대답하자 옆자리의 일행 아저씨가 말했다.

무전여행 가는 거 아녀? 작년 여름에는 무전여행하는 학생덜이 아주 장을 섰더만.

나는 어른들이 학생들의 무전여행에 대하여 너그럽게 생각하는 줄은 알고 있어서 얼른 대답했다.

네, 맞습니다.

워느 대학이여?

내가 머뭇거리는데 인호가 말했다.

대학 떨어져서 재수하구 있어요. 두 분은 서울 다녀오세요?

하자마자 아저씨가 서슴없이 얘기하기 시작했다. 그들은 논산 사는데 약초상이라는 것, 청양 논산 일대에서 약초를 수집해다가 서울 경동시장에 내가는데 일주일에 세 번은 왕복하게 된다고, 인삼 구기자 대목 때가 바쁘지 요새는 산과 들에서 채취된 것들이라 별로 큰 재미는 못 본다고, 올라갈 때 짐은 수하물칸에 싣고 같이 올라갔다가 내려올 때는 빈 몸이 된다는 것까지 성큼성큼 건너뛰어가며 말했다. 구절초, 복령, 육모초라든가, 모란, 당귀, 천궁 같은 약초 이름을 늘어놓고 효능에 대하여 말하는 데서 아줌마가 다행스럽게 중동무이를 시켜버렸다.

앗따 동상, 누가 약장시 아니랄까바 청산유수여. 그란디 그댁 엄니덜은 아들이 길갓으루 나와두 말리지 않은개벼?

예, 건강하게 잘 다녀오라구 하셨어요.

내가 고분고분 얌전하게 말하자 아저씨가 손을 내저으며 말했다.

요사이는 고등핵교만 나오면 으른이여. 군대 나가보라고, 대번에 술 주고 담배 주고 안 한가. 가만있자아…… 한숨 자야 헐텐께 슥 잔은 먹어두어야 써.

그가 일어서더니 선반에 얹었던 비닐백을 내려서 소주 두 병과 오징어포를 꺼냈다. 그가 작은 비닐컵도 두 개를 꺼내어 하나는 우리에게 내밀어주었다. 술잔이 돌아가자 인호가 슬슬 궁금한 것을 묻기 시작했다.

아저씨, 검표는 어느 역쯤 가서 시작하나요?

검표? 자네덜 표 안 샀지야?

아저씨가 껄껄 웃으니 아줌마가 핀잔을 주었다.

뭔 표? 깝깝하기는, 무전여행이란디. 총각덜 가구자픈 목적지가 워디여?

어디가 좋겠어요?

내가 되묻자 아줌마 대신 아저씨가 고개를 끄덕이며 말했다.

우리 게서야 계룡산허구 공주 부여 그런 디가 볼 만헐 테지. 여그가 순전히 백제 땅이거던.

아줌마가 말했다.

그란께 조치원서 내려야겠구먼.

공주 갈라문 어중간혀도 그쯤에서 내레야제. 검표 싹 잊어부러도 돼야. 완행 똥찬디 밤중에 무슨 노무 검표여. 쩌어기서 차장이 떴다 하믄 슬슬 앞질러나가다 다음 정차역에서 내리란 말여. 그라고 기차 떠날 때 표검사 마친 칸으루 옮겨타믄 돼야. 우리두 소싯쩍에 많이 해봤거던.

…… (중략) ……

천안을 지나자마자 인호와 나는 선반에서 배낭을 내려 짊어졌다. 옆칸에서 검표를 하는 것을 보고 통로에 서 있던 사람이 얼른 알려주었기 때문이다. 그는 자리가 났으니 좋겠고 우리도 그 동안 안심하고 눈을 붙이고 쉬었으니 미련이 없었다.

안녕히들 가세요.

함께 앉아 있던 사람들에게 내가 인사를 하자 꾸벅이며 졸던 약초상 아저씨가 먼저 물었다.

워찌…… 내릴라고?

인호가 말없이 웃으면서 엄지로 옆칸을 가리켜 보였더니 아저씨는 목을 빼고 기웃해보고는 고개를 끄덕였다. 창가에 앉은 아줌마가 말했다.

논산 오믄 나가 밥이라두 한끼 멕에줄 텐께 꼭 찾아와. 놀뫼약초라고 시장 안에 있네.

그려어, 나두 있은께.

우리는 논산 아줌마와 아저씨에게 손을 흔들어 보이고는 통로를 걸어갔다. 계속해서 객차 몇 칸을 멀찍이 건너뛰어 중간 층계참에 가서 일단 배낭을 벗어두고 대기했다. 전의역을 통과할 즈음 차장 일행이 가까이 와서 다시 앞으로 전진했고 조치원에 도착하자 홈의 반대편으로 내렸다. 기차의 꽁무니를 향하여 철로를 따라서 걷다가 왼편으로 꺾어져서 여러 겹의 철로를 건너 허리쯤에 이르는 철조망 앞에 당도했다. 우리는 가볍게 그곳을 뛰어넘어 역사를 멀찍이 돌아서 읍내로 들어갔다. 이미 열 시가 가까워진 한밤중이었다. 우리는 사실 대전쯤에서 내릴 작정이었으나 형편을 알고는 훨씬 못 미쳐서 내렸던 것인데, 까짓 그래도 기분은 괜찮았다.

행인들에게 물어 금강 쪽으로 방향을 잡고 신작로를 따라 밤길을 걸었다. 읍내를 빠져나가면 강변 백사장에 텐트를 치고 하룻밤을 지낼 작정을 했던 것이다. 깊은 밤 사위가 적막하고 먼 데서 개 짖는 소리만 가끔씩 들려오더니 들판에 나오자 개구리 울음소리가 온 천지에 가득 찼다. 하늘에는 손에 잡힐 듯한 별빛이 초롱초롱한데 드디어 물비린내가 코끝에 닿았고 벌써 바람이 달라졌다. 여름밤을 걷노라니 배낭을 짊어진 등짝에 땀이 배었지만 목덜미는 서늘했다.

…… (중략) ……

나는 플랫폼에 서서 공연히 주위를 두리번거렸다. 누군가 그곳에 있을까 하는 기대가 있는 것도 아니면서 선뜻 기차를 타지 못하고 서성대고 있었다. 주말 마지막 밤이고 군용칸이 달려 있어선지 군인들이 많이 보였다. 나는 왜 미아에게 새삼스럽게 전화했을까. 미아는 공원에 나오기는 했던 걸까. 이제 서로의 시간은 어긋나버렸다.

출발한다는 안내방송이 흘러나왔다. 플랫폼에서 서성대던 승객들이 오르고 남겨진 사람들은 손을 흔들며 눈바라기를 했고 기차가 천천히 움직이기 시작했다.

나는 승강구에서 난간을 잡고 매달려 있었다. 한 여자가 종종걸음으로 열차를 쫓아서 뛰었다. 짧은 머리가 아래위로 흔들렸다. 내 옆칸의 승강구에 매달린 청년이 몸을 앞으로 빼면서 뒤로 점점 멀어지는 여자를 향하여 손을 흔들었다. 여자는 나를 향해서도 손을 흔드는 것처럼 보인다. 저들은 나에게 시선을 던지지도 않았고 지나쳐가는 플랫폼의 외등 불빛이나 바퀴의 소음과 함께 나를 기억조차 하지 않을 것이다. 헤어지며 다음을 약속해도 다시 만났을 때는 각자가 이미 그때의 자기가 아니다. 이제 출발하고 작별하는 자는 누구나 지금까지 왔던 길과는 다른 길을 갈 것이다.

도심지의 불빛들이 멀어지면서 어두운 들판이 다가왔다. 베트남으로 떠나는 여정에서 문득 이제야말로 어쩌면 영원히 돌아올 수 없는 출발점에 서 있음을 깨달았다. 그렇다고 불확실한 세계에 대한 두려움도 없었으며 살아 돌아올 수 있을지 없을지 따위의 생각조차 하지 않았다. 그렇다, 대위의 말대로 사람은 누구든지 오늘을 사는 거니까. 기차는 요란한 굉음과 함께 어둠 속에서 터널을 통과하는 중이었다.

미래의 불확실성에 대한 불안감과 초조함은 청춘들이라면 누구나 공통적으로 느끼는 감정일 것이다. 설령 확실한 꿈과 목표를 가지고 있는 사람일지라도 때로는 내가 선택한 이 길이 과연 옳은가, 지금 내가 그 길을 제대로 가고 있는 것인가 하는 문제로 수많은 고뇌와 방황을 거듭한다. 특히 우리 시대의 청춘들은 오로지 성공만을 강요하는 경쟁적인 사회 구조, 기계적인 인간을 재생산하는 교육 시스템으로 인해 끊임없이 억압 받고 있다. 무엇이든 빨리빨리 해내야 한다는 부담감, 스펙이라는 정량적 기준만을 최고의 가치로 내세우는 일종의 획일화된 성과주의는 무수한 젊은이들을 좌절과 절망으로 내몰고 있다.

그러나 정작 중요한 것은 자신이 어떤 삶을 원하는지 스스로를 성찰하여 주체적인 삶을 살아가는 것이다. 사회가 정해 놓은 잣대나 타인이 일방적으로 규정해 놓은 획일화된 가치보다는 자기만의 독자적인 삶의 방향을 설정하는 것이 중요하다. 거듭되는 시행착오 속에서 때로는 좌절하고 절망하더라도 뚜렷한 주관을 가지고 주체적인 선택을 하다보면 자기 나름의 가치 체계를 정립할 수 있을 것이다. 〈개밥바라기별〉은 이처럼 새로운 무언가를 찾고 도전하기를 끊임없이 반복하는, 용기와 패기를 가진 청춘들의 이야기를 그린 소설이다.

〈개밥바라기별〉의 작가 황석영은 일찍이 학창 시절부터 문필 활동을 시작하였다. 그는 고등학교 재학 당시 청소년 잡지 『학원』의 문예 현상 공모를 비롯하여 각종 공모전에 입상함으로써 일찍이 문단의 명성을 얻었다. 본격적인 문학 활동은 1962년 단편소설 〈입석부근〉을 『사상계』에 투고하여 신인문학상을 수상하면서부터 시작되었다.

그는 고등학교 시절 휴학과 자퇴로 학교 바깥을 떠돌면서 남도지방을 방랑하는 한편, 1966년에는 해병대에 입대하여 베트남전에 참전하였다. 1970년에는 『조선일보』 신춘문예에 〈탑〉이 당선됨으로써 새로운 도약을 시도하였다. 이후 〈객지〉 〈삼포 가는 길〉 〈장길산〉 등으로 1970년대 리얼리즘을 대표하는 작가로 부상하게 되었다.

1989년 북한 방문 사건으로 오랜 수감 생활을 거친 그는 1998년 사면 후 다시 창작에 몰두하여 〈오래된 정원〉〈심청〉〈바리데리〉 등 한국을 대표하는 역작들을 지속적으로 발표하였다. 그동안 만해문학상, 단재상, 이산문학상, 대산문학상 등 국내의 유수한 문학상을 수상한 바 있으며 프랑스, 미국, 독일, 이태리, 스웨덴 등 세계 각지에 그의 작품이 번역 출간되어 국외에서도 많은 독자를 확보하고 있다.

〈개밥바라기별〉은 황석영 자신의 젊은 시절 이야기를 해체하여 재구성한, 한 편의 성장소설이다. 성장소설이란 주인공이 자아를 의식하고 차츰 외부 세계와 접촉 또는 대결을 해 나가는 중에 성숙한 인간으로 성장해 가는 과정을 그린 소설을 말한다. 주로 기억과 회상의 방식을 차용하여 고백의 담론 형태를 취하는 성장소설은 미성숙하고 불완전한 존재가 변화하게 되는 계기와 과정을 담는 경우가 많다. 이 소설은 성장소설이기도 하지만, 작가의 말에서도 밝히고 있듯이 사춘기 시절부터 스물한 살 무렵까지 작가 스스로가 경험했던 길고 긴 방황에 대하여 술회하고 있는, 자전적 성격이 농후한 한 편의 자기 고백 서사이다.

작가는 2008년 2월 27일부터 7월 26일까지 5개월에 걸쳐 이 소설을 인터넷 블로그에 연재함으로써 독자들과의 적극적인 대화를 시도한 바 있다. 총 102회에 걸친 연재로 180만 회의 조회 수를 기록한 〈개밥바라기별〉은 그 뒤에 인터넷에 연재했던 소설을 묶어 단행본으로 출간되었다. 작가의 이러한 시도는 독자 및 세상과의 소통을 지향하는 새로운 문학의 장을 열었다는 점에서 신선한 의미를 찾을 수 있다. 그러나 다른 무엇보다도 궤도를 이탈한 한 젊은 영혼이 자기 정체성을 찾기 위해 고민하고 방황하는 과정을 진솔하게 담아내고 있다는 점은 이 소설이 오늘날의 숱한 청춘들에게 공감을 얻고 있는 진정한 이유일 것이다.

이 소설에서 작가는 유준이라는 인물의 10대 후반에서 20대 초반에 이르는 삶의 여정을 고스란히 펼쳐 보여주고 있다. 1967년 겨울, 준이 베트남 파병 결정 후 입대 전 일을 회고하는 것에서부터 소설은 시작된다. 베트남으로 떠나기 전 준은 사흘간의 특박을 받고 서울 집을 다녀간다. 집에 도착한 준은 '잠수함'이라 불리었던 천장 위 다락방에서 과거의 경험과 기억을 환기한다.

명문고등학교 재학생인 준과 그의 친구들은 초등학교 시절부터 입시 준비를 하여 어려운 관문을 통과한, 소위 말하는 영재들이다. 당시는 학교라는 울타리가 정해 놓은 궤도를 이탈하지만 않는다면 그들의 미래는 보장되어 있는 것이나 다름없는 시대였다. 그러나 철저한 자기관리는 물론, 내부 구성원들끼리 치열한 경쟁을 거쳐야 하는 시스템에 그들은 쉽게 적응하지 못한다. 모범생으로 칭찬을 들어왔던 준 역시 마찬가지다. 그는 교실 안의 공상가로 재담꾼의 역할을 담당하지만 학업을 게을리한 바람에 결국 낙제하고 만다.

다시 1학년을 다니게 된 준은 학교에서의 등급과 위계질서가 권력의 기초가 될 수밖에 없는 현실을 갈수록 받아들이기 어려워한다. 결국 그는 과감하게 제도권으로부터의 일탈을 감행한다. 학교라는 울타리는 일정한 시간을 규율이라는 틀 속에 가두어 두고 그것을 견디게 함으로써 제도를 재생산하는 데 기여할 뿐이라는 생각 때문이다. 성장기에 얼마나 잘 순응하는가에 따라 직업과 사회적 힘이 결정된다는 사실에 준은 환멸감을 느낀다. 그리하여 그는 제도와 학교가 공모한 틀에서 벗어나 자신만의 방식으로 삶을 살아갈 것을 결심한다.

체제 밖에서 자신의 길 찾기란 주인공에게 막연한 동경의 대상이었지만 그것이 주는 자유만큼이나 그는 훨씬 가혹한 시련을 겪어 내야만 했다. 주어진 궤도에서 이탈한 준과 그의 친구 인호는 산속의 어느 동굴에 파묻혀 몇 달간 지내기도 하고, 정처 없이 무전여행을 떠나 전국 각지를 방황하기도 한다.

한일회담 반대 시회를 하다가 잡혀간 준은 경찰서 유치장에서 만난 대위 장씨와 함께 일터를 찾아 한동안 떠돌이 생활을 하게 된다. 거기서 그는 생생한 삶의 현장을 온몸으로 체험하고 비로소 자신이 살아 있음을 깨닫는다. 그 후 절에 들어가 행자 노릇을 하며 출가를 결행했다가 결국 어머니의 손에 이끌려 다시 집으로 돌아온다.

집으로 돌아온 그는 글을 쓰지 못한 채 우울증을 앓게 되고, "글을 쓸 수 없다면 내 존재는 없는 거나 마찬가지다. 잘못 돌아왔다"고 판단한다. 이내 그는 자살을 결심하고 실행에 옮기지만 닷새 만에 깨어난다. 그 후 그는 '이제 출발하고 작별하는 자는 누구나 지금까지 왔던 길과는 다른 길을 갈 것'이라고 생각하며 새로운 출발을 다짐한다. 숱한 절망과 방황의 여정을 끝낸 준은 성장통을 겪어내고 다시금 새로운 출발을 인식하게 된 것이다.

우리는 누구나 어떤 선택을 앞두고 어떻게 하는 것이 좋을까에 대하여 고민한다. 그러나 그 어떤 선택이라도 무의미한 것은 없다. 자신이 선택한 삶이라면 어떤 것이건 낭비일 수 없고, 그 어떤 방황도 무익하지 않다. 그런 점에서 볼 때 〈개밥바라기별〉은 기존 질서와 기성 세계에의 편입을 거부하고 자신의 삶을 바꾸려고 안간힘을 썼던 청춘들의 방황기이자 세상을 살아가는 과정에서 겪는 고민의 흔적이라 할 수 있다. 작가가 언급했듯이 삶의 막다른 골목에 서 있더라도 미지의 암흑을 향해 나아갈 때, 그때야 비로소 한 젊은 영혼이 꿈꾸는 새로운 세상은 생겨날 수 있다. 그런 의미에서 〈개밥바라기별〉은 불확실성이라는 안개에 둘러싸여 있는 우리 시대의 어느 방황하는 영혼이 꿈꾸는 새로운 세상에 대한 염원이라 할 수 있을 것이다.

한 발 더 다가서기 1

1 이 소설의 제목 '개밥바라기별'의 의미는 무엇인가? 또 개밥바라기별이 상징하는 바는 무엇이라고 생각하는지 이야기해 보자.

2 주인공은 인생의 많은 부분이 제도를 재생산하는 규율의 시간 속에서 영향을 받고 형성된다고 하고 있다. 이때 '제도를 재생산하는 규율의 시간'이 의미하는 바는 무엇인가? 지금 나의 일상에서 그와 같은 경우가 있다면 언제인지 생각해 보자.

3 유준이 담임선생님께 보낸 편지에 "학교교육은 모든 창의적 지성 대신 획일적인 체제 내 인간을 요구하고 그 안에서 지배력을 재생산한다."라고 쓴 말에 대한 개인적인 견해를 제시해 보자.

4 이 소설의 주인공은 성장통을 겪어내는 과정에서 문예반에 가입하여 문학에 대한 열정을 꽃피우기도 하고, 친구들과 산속에서 여러 날 지내기도 한다. 또 전국 각지를 돌아다니며 무전여행을 감행하는 한편, 노동의 현장에서 땀의 진정한 의미를 경험하기도 한다. 나의 경우 절망적인 상황이나 방황의 시기를 어떻게 극복하였는지 지난 기억을 환기시켜 보고, 무엇이 나의 성장통을 극복하게 해주었는지 글로 써 보자.

2. 〈젊은 베르터의 고뇌〉

1771년 5월 4일

이렇게 떠나오게 되어서 얼마나 기쁜가! 친구여, 사람의 마음이란 알다가도 모르겠다! 자네가 너무 좋아서 도저히 헤어질 수 없을 것 같았는데, 자네 곁을 떠나와서는 이렇게 기뻐하다니! 그래도 나의 이런 모습을 용서해주리라 믿네. 내가 누군가를 사귀면 언제나 운명이 심술을 부려서 내 마음을 괴롭히지 않았던가? 불쌍한 레오노레! 하지만 내 잘못은 아니었어. 그녀의 여동생이 독특한 매력으로 내 마음을 들뜨게 했었지. 그런데 불쌍한 레오노레의 가슴에 나에 대한 연정이 달아올랐으니 난들 어쩌겠나? 그런데 과연 내 잘못이 조금도 없다고 할 수 있을까? 내가 그녀의 감정을 키운 것은 아닐까? 그녀가 속마음을 숨김없이 진실하게 드러내면 나 자신도 즐거워하지 않았던가? 그러면 우리는 전혀 우습지 않은 일에도 마냥 웃음을 터뜨렸지. 그리고 또 나는…… 이렇게 자기 자신을 책망하다니 인간이란 대체 어떤 존재일까! 여보게, 자네한테 다짐하건대 나 자신을 고쳐가도록 노력하겠네. 운명이 우리에게 부과한 사소한 불행을 더 이상 곱씹지 않겠네. 지금까지는 늘 그래왔지만 말이야. 이제 나는 현재만을 즐기려고 하네. 이미 지나간 일은 과거지사로 접어야지. 사람들은 너무나 극성맞게 상상에 몰입하여 지나간 불행의 기억에 휘둘리는데, 인간이 왜 이렇게 만들어졌는지 누가 알겠나. 확실히 자네 말이 맞아. 그럴 게 아니라 평정심을 갖고 현재를 감당해간다면 사람들 사이에 고통이 훨씬 줄어들겠지.

5월 15일

이 고장의 서민들은 벌써 나와 친해져서 나를 좋아하는데, 특히 어린아이들이 그렇다. 그런데 한 가지 서글픈 일을 겪기도 했다. 처음에는 이들과 어울려서 이것저것 다정하게 물어보기도 했는데, 그러자 어떤 이들은 내가 놀리는 줄 알고 퉁명스럽게 말을 자르는 경우도 있었던 것이다. 그렇다고 화가 나지는 않았다. 다만 지금까지 종종 경험했듯이 지체 높은 사람들은 마치 하층민을 가까이하면 손해라도 본다고 생각하는지 그들을 차갑게 경원시한다는 것을 너무나 생생히 느꼈을 뿐이다. 그런가 하면 겉으로는 겸손한 체하면서 오히려 자신의 오만함을 불쌍한 사람들에게 더 민감하게 느끼게 하는 경박한 자들과 짓궂은 자들도 있다.

나는 우리가 평등하지 않으며 평등할 수도 없다는 것을 잘 안다. 그렇지만 이른바 천민들에게는 거리를 두어야 존경받을 수 있다고 생각하는 자는 패배가 두려워서 적 앞에서 자신을 숨기는 비겁한 자와 마찬가지로 비난받아 마땅하다고 생각된다.

5월 22일

인생이 한바탕 꿈에 불과하다는 것은 대개 누구나 실감하게 마련이지만 나 역시 그런 느낌이 가시지 않는다. 인간의 활동력과 탐구정신을 가두는 갑갑한 제약을 접하면 그런 느낌이 든다. 또한 모든 활동이 오로지 생존 욕구의 충족만을 추구하는 것을 볼 때도 그러하다. 그런 욕구 충족은 우리의 한심한 생존을 더 연장시키는 것 말고는 다른 아무런 목적도 없는 것이다. 그리고 온갖 위안이라는 것도 조금만 곰곰이 생각해보면 그저 꿈꾸듯이 체념하는 것에 지나지 않는다는 사실을 확인할 때도 인생이 꿈만 같다는 느낌이 든다. 우리는 사방의 벽에 갇혀 있는데도 벽에다 형형색색의 형태와 화사한 전망을 그리는 것이다. 빌헬름, 이 모든 걸 생각하면 할 말이 없어진다네. 그러면 나는 나 자신의 내면으로 돌아가서 하나의 세계를 발견하는 것이지! 마음을 드러내거나 생생한 활동력을 표출하기보다는 알 수 없는 소망과 예감에 휩싸인 채로. 그러면 모든 것이 나의 감각에 어른거리고, 나는 꿈꾸듯이 그 내면의 세계를 향해 마냥 미소를 보내는 것이다.

어린아이들은 무언가를 원해도 왜 원하는지 그 이유를 모른다고들 하는데, 이 점에 관해서는 학식 높은 교사와 스승의 견해가 모두 일치한다. 그런데 어른들도 어린아이처럼 이 땅에서 허우적거리며 살아가고, 어디에서 와서 어디로 가는지 모르며, 참된 목적에 따라 행동하는 법이 없고 비스킷이나 자작나무 회초리에 휘둘리기는 마찬가지다. 누구도 이런 사실을 믿고 싶지는 않겠지만, 내 생각에는 너무나 명백한 사실이다.

내가 이런 말을 하면 자네가 뭐라고 할지 잘 알기에 기꺼이 고백을 하겠네. 사실 어린아이처럼 아무 생각 없이 그날그날 살아가는 사람들이 가장 행복한 법이지. 어린아이처럼 인형을 끌고 다니며 옷을 입혔다 벗겼다 하고, 엄마가 과자를 넣어두고 잠근 서랍 주위를 조심스럽게 살금살금 맴돌고, 그러다가 마침내 원하던 것을 낚아채면 한입 가득 먹을 것을 물고도 "더 줘요!"라고 보채는 것이다. 그렇게 사는 자야말로 행복한 것이다. 그런가 하면 자신이 수행하는 허접한 업무나 정열을 바치는 일에 거창한 명분을 달아서 그것이 곧 인류의 구제와 복지를 위한 막중한 사업이라고 눙치는 자들도 나름대로 잘산다고 할 수 있을 것이다. 그렇게 할 수 있는 자에게 복이 있을지니! 하지만 그 모든 일이 과연 어떻게 끝날지 겸손하게 깨닫고 있는 사람, 자신의 소박한 정원을 낙원처럼 가꾸는 일에 만족하는 평범한 시민이면 누구나 행복하다는 걸 아는 사람, 그런가 하면 불행한 사람도 무거운 짐을 지고 아무런 불평 없이 자신의 길을 꿋꿋이 개척해간다는 걸 아는 사람, 그리고 누구나 똑같이 이 햇빛을 단 몇분이라도 더 오래 보고 싶어한다는 것을 아는 사람—그런 사람은 조용히 자신의 내면으로부터 하나의 세계를 만들어가는 것이다. 그런 사람도 행복하다. 그 역시 한 사람의 인간이므로. 그런 사람은 아무리 제한된 환경에 처하더라도 스스로 원할 때는 언제라도 이 감옥 같은 세상을 떠나버릴 수 있다는 달콤한 자유의 감정을 항상 가슴속에 품고 있는 것이다.

7월 20일

자네와 어머니는 내가 공사(公使)를 모시고 ○○○로 가도록 주선할 모양인데, 나는 아직 그럴 생각이 없네. 나는 얽매이는 것이 싫고, 게다가 우리 모두가 알다시피 그 양반은 역겨운 인간이지. 자네 말로는 어머니께서 내가 뭔가 활동을 하기를 원하신다고 하는데, 그 말을 듣고 나는 웃었네. 그럼 내가 지금은 아무런 활동도 하지 않는다는 말인가? 내가 완두콩을 헤아리든 편두를 헤아리든 결국 마찬가지 아닌가? 세상만사는 결국 허황된 놀음에 지나지 않아. 자기 자신의 정열이나 욕구와는 아무런 상관도 없이 다른 사람들을 위해 돈과 명예 또는 그밖의 것을 얻으려고 자신을 혹사시키는 사람은 확실한 바보야.

8월 30일

불행한 자여! 너는 바보가 아닌가? 너 자신을 속이는 것은 아닌가? 이렇게 광분하는 끝없는 격정을 어찌할 것인가? 나는 오로지 그녀만을 위해 기도한다. 나의 상상에는 오로지 그녀의 모습만 떠오를 뿐이고, 내 주위의 세상 전부를 오로지 그녀와의 관계 속에서만 바라본다. 그러면 나는 얼마 동안 행복한 시간을 가질 수 있다. 그러다가도 결국 그녀로부터 벗어나지 않으면 안 된다. 아, 빌헬름! 어쩌자고 내 가슴은 이다지도 나를 몰아붙이는지! 두세 시간 동안 그녀 곁에 앉아서 그녀의 자태와 몸가짐, 천상의 목소리에 도취되어 모든 감각의 긴장이 점차 고조되어 눈앞이 캄캄해지고, 거의 아무 소리도 들리지 않게 되어 마침내 무도한 살인자에 의해 목이 졸리는 듯 숨이 막히면 내 가슴을 거칠게 뛰면서 짓눌린 감각의 숨통을 틔워주려 하지만, 그럴수록 혼란은 더욱 커지기만 한다. 빌헬름, 나는 종종 내가 과연 이 세상에 살고 있는지조차 분간할 수 없다네! 그리고 때로는 슬픔에 사로잡혀 로테의 손에 얼굴을 묻고 갑갑한 심정을 눈물로 달래는 비참한 위안이라도 그녀가 허락해주지 않으면 나는 그녀의 곁에서 떠날 수밖에 없다. 그러면 나는 집 밖으로 나와 들판을 정처없이 멀리까지 헤매고 다닌다. 그럴 때면 가파른 산을 기어오르거나, 내 몸에 상처를 내는 산울타리와 내 몸을 찌르는 가시덤불을 헤치며 길도 없는 숲 속으로 길을 내며 나아가는 것을 낙으로 삼는다! 그러면 기분이 조금 나아진다! 그저 조금만! 그러다가 지치고 목이 마르면 도중에 드러눕기도 한다. 때로는 보름달이 높이 떠 있는 한밤중에 고즈넉한 숲에서 구부정하게 자란 나뭇가지에 걸터앉아 상처가 난 발바닥을 얼마간 풀어주기도 하며, 그러고는 어스름한 달빛 아래 기진맥진하여 휴식을 취하다가 스르르 잠이 들어버릴 때도 있다! 아, 빌헬름! 수도사의 외로운 독방, 뻣뻣한 염소털로 만든 수도복, 가시

돋친 허리띠야말로 내 영혼이 갈구하는 청량제라네. 잘 있게! 이 비참한 상태는 무덤 속이 아니면 끝나지 않을 것 같네.

1771년 12월 24일

서로 곁눈질이나 하는 한심한 족속들 사이에서 겉만 번지르르한 비참함과 이런 권태를 맛보아야 하다니! 이들은 출세욕에 사로잡혀 한발짝이라도 더 앞서가겠다고 서로 경계하고 주시한다. 그러면서 참담하고 한심하기 짝이 없는 야욕을 노골적으로 드러낸다. 예를 들면 바로 그런 여자가 한 사람 있다. 그녀는 누구한테나 자신이 귀족 집안 출신이라며 고향 자랑을 늘어놓는다. 그러면 그녀를 잘 모르는 사람은 누구나 이렇게 생각한다. 한심한 여자로군. 그까짓 귀족 나부랭이와 고향 자랑이 무슨 대단한 위세라고 착각하다니. 그런데 더 고약한 것은 그 여자가 이 근방에 사는 관청서기의 딸에 지나지 않는다는 사실이다. 그렇게도 지각없이 천박하게 누워서 침을 뱉다니 그런 족속은 도저히 이해할 수 없다.

여보게 친구, 날이 갈수록 더욱 실감하는 일이지만, 사람들은 얼마나 어리석은지 자기 기준을 내세워서 다른 사람을 재단하지. 그렇지 않아도 내 할 일도 많고 내 가슴은 이렇게 격정에 휩싸이니 남들이야 어느 길로 가든 상관하지 않겠다. 그들도 제발 내 일에는 상관하지 말았으면 좋겠다.

무엇보다 거슬리는 것은 시민사회에 팽배한 숙명적인 신분 차별이다. 물론 나도 신분의 구별이 필요하고 나 자신에게도 득이 된다는 것을 누구 못지않게 잘 알고 있다. 다만 내가 이 땅에서 얼마간의 기쁨과 일말의 행복을 누리는 데 그러한 차별이 방해가 되지는 않았으면 좋겠다.

1772년 1월 8일

형식적인 의례에만 정신이 팔려 있고, 어떻게 하면 식탁에서 한 자리라도 더 상석을 차지할 수 있을까 하고 아무리 해가 바뀌어도 오로지 그런 궁리만 하는 인간들은 도대체 어떻게 생겨먹은 것일까! 그들은 달리 할 일이 없어서 그런 것이 아니다. 할 일은 산더미처럼 쌓여가는데, 그런 역겨운 짓거리에 골몰하느라 정작 중요한 일은 챙기지 못하는 것이다. 지난주에는 썰매를 타러 갔다가 실랑이가 벌어져서 흥이 완전히 깨지고 말았다.

그런 얼간이들은 본래 지위가 중요한 것은 아니며 맨 윗자리에 있는 사람이 가장 중요한 역할을 하는 경우도 좀처럼 드물다는 사실을 직시하지 못하는 것이다! 얼마나 많은 왕들이 대신들에 의해 다스려지고, 또 얼마나 많은 대신들이 그 비서들에 의해 다스려지는가! 그렇다면 대체 누가 최고 일인자란 말인가? 내 생각에는 다른 사람들을 굽어살피고, 자신의 계획을 실행하기 위하여 그들의 힘과 정열을 끌어낼 수 있는 능력이나 지략을 갖춘 사람이 곧 최고 일인자일 것이다.

5월 9일

나는 경건한 순례자의 심경으로 고향 순례를 마쳤고, 예기치 않게 이런저런 감회에 사로잡혔다. 시내에서 교외로 십오 분 떨어진 곳에 커다란 보리수나무가 있는데, 나는 그 근처에서 우편마차를 세우게 하여 내린 다음 마차는 그대로 보냈다. 걸어가면서 이 보리수에 얽힌 온갖 추억을 하나씩 생생하게 되살려서 가슴으로 음미해보았다. 이윽고 보리수 아래에 다다랐다. 바로 이 나무가 어릴 적에 산책을 나오는 목표지이자 경계선이기도 했다. 그 사이에 이렇게 변하다니! 그 시절 나는 행복한 무지 상태에서 미지의 넓은 세상을 선망했다. 넓은 세상으로 가면 내 가슴에 풍부한 자양분을 얻고, 그리하여 뭔가를 추구하고 동경하는 내 가슴을 흡족하게 가득 채우는 크나큰 기쁨을 맛볼 수 있을 거라 기대했다. 이제 나는 그 넓은 세상에서 돌아왔다. 아, 친구여, 그 사이에 얼마나 많은 희망이 무산되었고, 얼마나 많은 계획이 수포로 돌아갔던가! 눈앞에 솟은 저 산들을 바라보며 일찍이 얼마나 많은 소원을 빌었던가! 나는 이 자리에 몇 시간이고 앉아서 저 산 너머의 세계를 동경했고, 너무나 정겹게 아스라이 시야에 들어오는 숲과 골짜기를 애틋한 마음으로 넋을 잃고 바라보곤 했다. 그러다가 다시 집으로 돌아갈 시간이 되면 이 정겨운 장소를 떠나기가 얼마나 싫었던가! 시내가 가까워지자 어린 시절부터 익히 알던 오래된 별장들이 나를 반갑게 맞아주었다. 새로 지은 별장들은 마음에 들지 않았고, 그밖에도 새로 짓거나 개조한 것들은 무엇이든 죄다 거슬렸다. 성문 안으로 들어서자 금방 어린 시절의 나로 온전히 되돌아온 느낌이 들었다. 너무 세세한 이야기는 생략하는 것이 좋겠다. 이곳에 돌아와 느끼는 감회는 너무나 매력적이어서 이야기로 늘어놓으면 오히려 단조로워질 테니까. 나는 예전에 우리가 살던 집 근처에 있는 시장 언저리에 숙소를 정하기로 했다. 그쪽으로 가면서 보니 예전에 정직한 노부인 선생님이 어린 시절 우리를 꼼짝 못하게 가두어놓았던 교실이 잡화점으로 변해 있었다. 그 소굴 같은 곳에서 견뎌내야 했던 초조와 눈물, 먹먹한 감각과 불안한 심정이 새삼 되살아났다. 발걸음을 한 걸음씩 옮길 때마다 기묘한 감정에 사로잡혔다. 설령 성지를 찾아가는 순례자라 하더라도 유서 깊은 종교적 추념의 장소를 이렇게 많이 접하지는 못할 것이며, 그의 영혼이 이렇게 신성한 감동으로 충만하지는 못할 것이다.

〈젊은 베르터의 고뇌〉는 괴테가 1774년에 남긴 서간체 소설로, 출간되자마자 젊은 세대에게 큰 공감을 불러일으키며 세계적인 베스트셀러가 되었다. 총 82편의 편지로 구성된 이 소설은 베르터가 빌헬름이라는 친구에게 자신의 심경을 토로하는 고백 형식을 띠고 있다. 작품에 묘사된 베르터의 노란색 조끼와 푸른색 연미복은 당대 유럽 젊은이들의 패션 아이콘으로 부상되었을 정도로 이 소설의 파급 효과는 엄청났다. 심지어 베르터를 모방한 자살이 유럽 전역에 퍼져나가 일명 '베르테르 효과'라는 모방 자살 신드롬을 일으키기도 하였다.

무엇보다 당시 사회 전체에 당연하게 인정되던 가치관에 대해 재고하게 하는 이 소설은 18세기 전 유럽을 떠들썩하게 만들었던, 당대 사회에서는 하나의 충격적인 사건이었다. 시대의 반항아 베르터가 왜 그토록 고뇌하는 존재가 되었는가, 또 그는 어떠한 이유로 죽음에까지 이르게 되었나 하는 물음들에 대한 대답을 통해 작가는 독자들로 하여금 진정으로 인간다운 삶의 의미란 무엇인가를 일깨워 주고 있다.

프랑크푸르트의 부유한 중산층 가문에서 태어난 요한 볼프강 폰 괴테(Johann Wolfgang von Goethe)는 단테, 셰익스피어와 함께 세계 3대 시성으로 불린다. 라이프치히와 슈트라스부르크에서 법학을 공부한 그는 1771년 고향으로 돌아와 프랑크푸르트 배심 재판소에서 변호사로 활동할 수 있는 허가를 받는다. 1772년 법률 실무 견습차 베츨라에 소재한 고등법원에서 일할 당시 괴테는 자신의 친구 케스트너의 약혼녀인 샤를로테 부프를 사랑하지만 이룰 수 없는 사랑으로 인해 비애감에 빠진 채 고향 프랑크푸르트로 돌아온다. 그 무렵 상관의 부인인 헤르트를 사랑하는 카를 예루잘렘이 권총으로 목숨을 끊었다는 소식을 케스트너로부터 듣게 된다. 예루잘렘이 자살에 사용한 권총을 빌려준 이는 자신이 그토록 사랑한 샤를로테의 약혼자 케스트너였던 것이다. 괴테는 자신이 직접 경험한 이런 사건들을 토대로 〈젊은 베르터의 고뇌〉를 탄생시켰다.

고향을 떠나 발하임으로 이주한 베르터는 그곳에서 만난 로테에게 첫눈에 반한다. 로테에 대한 사랑의 감정이 깊어질 즈음 그녀의 약혼자 알베르트가 여행에서 돌아오게 되고, 베르터는 공사관 비서를 자청하여 마을을 떠난다. 그 사이 로테는 알베르트와 결혼을 하고, 공사관 비서로 일하던 베르터는 귀족사회의 폐해를 경험하고 다시 발하임으로 돌아온다. 가정을 꾸린 로테를 찾아간 베르터는 그녀 주위를 맴돌면서 고통스러워한다. 로테 역시 베르터에게 호감을 느끼면서도 남편을 위해 그와 거리를 두게 된다. 베르터는 로테에 대한 희망 없는 사랑과 귀족사회에 대한 울분에 휩싸여 결국 권총 자살로 생을 마감하고 만다.

이 소설의 배경이 되는 18세기는 유럽 역사에서 격변의 시기였다. 봉건적 질서가 붕괴되고 왕권이 무너지기 시작하면서 귀족 계층의 퇴폐성과 허례허식에 시민 계층이 직접 맞서게 되었던 것이다. 귀족사회에 대한 반감을 가지고 있었던 베르터 역시 시민사회의 가치척도인 신분이나 계급, 능력, 도덕성 등과 충돌을 겪고 갈등할 수밖에 없었다. 이 소설에는 그 속에서 겪는 베르터의 슬픔과 번뇌, 방황의 편린이 사실적으로 묘사되어 있다.

무엇보다도 베르터는 자신만의 존재 방식에 근거한 자유로운 삶을 지향한다. 빌헬름에게 보낸 편지의, "그렇게 떠나오고 나니 얼마나 행복한지 모르겠네!"라는 첫 구절에 드러나 있듯 그는 새로운 자아 탐색을 위해 고향을 떠나 사색과 휴식을 스스로 찾아 나선다. 베르터는 성공이라는 획일화된 가치, 제도가 규정해 놓은 일률적인 삶의 방식에 얽매이지 않는다. 모두가 그에게 활동하기를 권하지만 정작 그가 원하는 것은 자연에 몰입하고 느림을 지향하는 일상이다. 그는 의도적으로 궤도에서 이탈한 삶을 선택함으로써 자신만의 온전한 삶의 방식을 추구한 것이다.

'제 열정이나 욕구를 위해서가 아니라 그저 남이 시키는 대로 돈이나 명예, 그 밖의 무엇인가를 움켜쥐려고 뼈 빠지게 일하는 자들은 언제나 바보 소리를 듣는 거.'라고 한 베르터의 목소리에는 보편적 규범과 획일적 가치를 강요하는 사회 관습에 저항하는 그의 태도가 여실히 드러난다. 그러기에 그는 '자신의 정원을 낙원처럼 가꿀 줄 알며', '무거운 짐을 지긴 했지만 꾸준히 자신의 길을 걸어가고 있고', '묵묵히 자신의 세계를 일궈 나가는 과정에서 전정한 행복을 느낄 수' 있는 주체적이고도 자유로운 삶의 방식을 지향한다.

그의 이와 같은 기존 사회질서에 대한 거부는 다양성과 개별성을 외면한 채 성공만을 최선의 가치로 삼는 오늘날의 제도권적 교육에 진지한 성찰을 제공한다. 베르터는 과거, 자신이 거주했던 고향 마을을 순례하면서 '그 당시 고지식하고 나이 많던 여선생이 거기에 우리의 어린 시절을 가두어 놓았다'고 회고하면서 '그 소굴 같은 교실에서 견뎌내었던 불안과 눈물, 막막함과 두려움'을 떠올린다. 그것은 제도가 정해 놓은 규율에 순응하면 정상, 그렇지 않으면 비정상으로 규정하는 현 사회의 반인간적 교육 시스템을 연상시키기에 충분하다. 삭막한 경쟁 논리가 지배하고, 효율성과 성공만이 중시되는 왜곡된 교육 시스템 속에서는 개별성과 다양성을 존중 받기 어렵고, 인간적인 가치는 파편화될 수밖에 없다. 이 소설에서 베르터가 제도권 교육이 보증하는 장밋빛 인생보다는 의도적으로 비정상의 삶을 선택하는 것도 이와 같은 이유에서이다.

어머니의 간청에 따라 공사관 서기직을 맡았을 때도 베르터는 누구에게든 종속되는 것을 별로 좋아하지 않았기에 사사건건 공사와 충돌한다. 뿐만 아니라 백작의 집에서 귀족들로부터 치욕적인 모멸까지 당하자 그는 과감히 사직서를 제출하고 공직사회를 떠난다. 이는 신분 질서를 중시하던 당시 귀족사회에 대한 베르터의 반감에서 비롯된 분노의 표출이다. 그는 '어떻게든 상석을 차지하려고 고군분투하는 인간들'을 한심하게 여기며 신분상의 차별이나 세속적인 삶이 지배하는 사회 분위기에 시종일관 대립한다.

이는 오늘날 우리 사회의 청춘들로부터 폭넓은 공감대를 얻고 있는 '수저 계급론'을 연상시키는 대목이기도 하다. 가진 것 없는 서민층에서 태어난 사람을 지칭하는 소위 '흙수저'는 아무리 노력해도 그 상태를 벗어나기 힘들다. 부모의 재력에 따라 미래가 결정되는 이러한 구조에서는 사회적 불평등 관계가 끊임없이 재생산된다. 이른바 '신계급사회'를 자조적으로 지칭하는 수저 계급론이나 'N포 세대'와 같은 용어가 등장하는 오늘날 한국 사회의 분위기에서 절대 다수의 사람들은 상대적 박탈감을 느낄 수밖에 없다.

이 소설에서 계급사회가 불러온 신분상의 한계와 그로 인한 베르터의 고뇌는 로테와의 이루어질 수 없는 사랑에서 첨예하게 드러난다. 18세기에 접어들면서 진보적인 시민계층에서 연애결혼이라는 새로운 현상이 나타나기 시작한다. 그러나 귀족계층은 여전히 정략결혼이라는 틀에 갇혀 있었고, 이러한 질서 속에서 결혼 그 자체는 변화 불가능한 질서를 의미하였다. 베르터에게 로테는 삶의 의미를 부여하는 유일한 존재였으며, 따라서 그의 사랑은 열정 그 자체였다. 그러나 베르터는 그의 열정이 금기나 윤리와 같은 문화적 규범에 길들여질 수밖에 없는 현실로 인해 숱한 고뇌와 방황의 시간을 보낸다. 베르터의 순수하고도 정신적인 사랑은 관습과 의무감에 따라 주어진 현실에 순응하는 로테, 이성이 지배하는 세속적인 인간 알베르트라는 현실의 벽을 넘어서지 못한다. 결국 베르터는 윤리적 규율에 강요받을 수밖에 없는 세상에서 탈출하기 위해 자살을 선택하고 만다.

이렇듯 〈젊은 베르터의 고뇌〉는 자연과의 일체감에서 오는 행복만으로도 삶의 활기를 느낄 수 있었던 어느 순수한 영혼이 한 여인과의 만남을 통해 사랑의 소용돌이 속에 빠지게 되지만 결국 사회와의 불화로 세상을 등지게 된다는 비극적인 내용을 담고 있는 작품이다. 이는 단순히 실연을 다루었다기보다는 한 젊은 영혼의 자연에 대한 열정, 개인과 사회 질서 간의 갈등과 방황을 폭넓고 생생하게 담아내고 있다는 점에서 우리 시대 청춘들에게 힐링 에너지를 제공할 수 있는 한 편의 공감의 서사라 할 만하다.

한 발 더 다가서기 1

1 이 소설에서 베르터가 고뇌하고 방황하게 된 여러 가지 요인은 무엇인지 말해 보자.

2 베르터가 빌헬름에게 보내는 편지에서 '불행을 겪는 사람들도 무거운 짐을 지긴 했지만 꾸준히 자신의 길을 걸어가고 있고, 저 밝은 햇살을 단 1분이라도 더 바라보길 원하는 것이 인지상정임을 아는 사람, 그런 사람이라면 묵묵히 자신의 세계를 일궈나가는 과정에서 진정한 행복을 느낄 수 있을 것'이라고 하고 있는 구절을 참고하여 내가 경험한 행복했던 순간을 떠올려 보자. 그리고 진정한 행복은 어떤 것인지 토론해 보자.

3 〈젊은 베르터의 고뇌〉를 통해 괴테가 청춘들에게 보내는 메시지는 무엇이라고 생각하는가?

4 〈젊은 ○○○의 고뇌〉라는 주제로 한 통의 편지를 써 보자.

〈별똥 떨어진 데〉

윤동주

밤이다.

하늘은 푸르다 못해 농회색으로 캄캄하나 별들만은 또렷또렷 빛난다. 침침한 어둠뿐만 아니라 오삭오삭 춥다. 이 육중한 기류 가운데 자조(自嘲)하는 한 젊은이가 있다. 그를 나라고 불러 두자.

나는 이 어둠에서 배태(胚胎)되고 이 어둠에서 생장하여서 아직도 이 어둠 속에 그대로 생존하나 보다. 이제 내가 갈 곳이 어딘지 몰라 허우적거리는 것이다. 하기는 나는 세기의 초점(焦点)인 듯 초췌하다. 얼핏 생각하기에는 내 바닥을 반듯이 받들어 주는 것도 없고 그렇다고 내 머리를 갑박이 내려 누르는 아무것도 없는 듯하다마는 내막은 그렇지도 않다. 나는 도무지 자유스럽지 못하다. 다만 나는 없는 듯 있는 하루살이처럼 허공에 부유하는 한 점에 지나지 않는다. 이것이 하루살이처럼 경쾌하다면 마침 다행할 것인데 그렇지를 못하구나!

이 점의 대칭 위치에 또 하나 다른 밝음[明]의 초점이 도사리고 있는 듯 생각킨다. 덥석 움키었으면 잡힐 듯도 하다.

마는 그것을 휘잡기에는 나 자신이 둔질(鈍質)이라는 것보다 오히려 내 마음에 아무런 준비도 배포치 못한 것이 아니냐. 그리고 보니 행복이란 별스러운 손님을 불러들이기에도 또 다른 한 가닥 구실을 치르지 않으면 안 될까 보다.

이 밤이 나에게 있어 어릴 적처럼 한낱 공포의 장막인 것은 벌써 흘러간 전설이오. 따라서 이 밤이 향락(享樂)의 도가니라는 이야기도 나의 염원에선 아직 소화시키지 못할 돌덩이다. 오로지 밤은 나의 도전(挑戰)의 호적(好敵)이면 그만이다.

이것이 생생한 관념 세계에만 머무른다면 애석한 일이다. 어둠 속에 깜박깜박 조을며 다닥다닥 나란히 한 초가들이 아름다운 시의 화사(華詞)가 될 수 있다는 것은 벌써 지나간 제너레이션의 이야기요, 오늘에 있어서는 다만 말 못하는 비극의 배경이다.

이제 닭이 홰를 치면서 맵짠 울음을 뽑아 밤을 쫓고 어둠을 짓내몰아 동켠으로 훠언히 새벽이란 새로운 손님을 불러온다 하자. 하나 경망스럽게 그리 반가워할 것은 없다. 보아라 가령 새벽이 왔다 하더라도 이 마을은 그대로 암담하고 나도 그대로 암담하고 하여서 너나 나나 이 가랑지길에서 주저주저 아니치 못할 존재들이 아니냐.

나무가 있다.

그는 나의 오랜 이웃이요, 벗이다. 그렇다고 그와 내가 성격이나 환경이나 생활이 공통한 데 있어서가 아니다. 말하자면 극단과 극단 사이에도 애정이 관통할 수 있다는 기적적인 교분의 표본에 지나지 못할 것이다.

나는 처음 그를 퍽 불행한 존재로 가소롭게 여겼다. 그의 앞에 설 때 슬퍼지고 측은한 마음이 앞을 가리곤 하였다. 마는 돌이켜 생각컨대 나무처럼 행복한 생물은 다시 없을 듯하다. 굳음에는 이루 비길 데 없는 바위에도 그리 탐탁지는 못할망정 자양분이 있다 하거늘 어디로 간들 생(生)의 뿌리를 박지 못하며 어디로 간들 생활의 불평이 있을소냐, 칙칙하면 솔솔 솔바람이 불어오고, 심심하면 새가 와서 노래를 부르다 가고, 촐촐하면 한 줄기 비가 오고, 밤이면 수많은 별들과 오손도손 이야기할 수 있고—보다 나무는 행동의 방향이란 거추장스런 과제에 봉착하지 않고 인위적으로든 우연으로서든 탄생시켜 준 자리를 지켜 무진무궁한 영양소를 흡취하고 영롱한 햇빛을 받아들여 손쉽게 생활을 영위하고 오로지 하늘만 바라고 뻗어질 수 있는 것이 무엇보다 행복스럽지 않으냐.

이 밤도 과제를 풀지 못하여 안타까운 나의 마음에 나무의 마음이 점점 옮아오는 듯하고, 행동할 수 있는 자랑을 자랑치 못함에 뼈저리는 듯하나 나의 젊은 선배의 웅변에 왈(曰) 선배도 믿지 못할 것이라니 그러면 영리한 나무에게 나의 방향을 물어야 할 것인가.

어디로 가야 하느냐 동이 어디냐 서가 어디냐 남이 어디냐 북이 어디냐. 아차! 저 별이 번쩍 흐른다. 별똥 떨어진 데가 내가 갈 곳인가 보다. 하면 별똥아! 꼭 떨어져야 할 곳에 떨어져야 한다.

한 발 더 다가서기 2

1 이 글은 시인 윤동주가 가야 할 방향을 찾기 위해 고뇌하던 끝에 마침내 '별똥 떨어진 데'를 찾아내었다는 내용의 에세이이다. 그는 이 글에서 별똥은 꼭 떨어져야 할 곳에 떨어져야 한다는 것, 꼭 갈 곳으로 가야 한다고 강조하고 있다. 그렇다면 그가 꼭 가야 할 곳은 어디이며 왜 그곳으로 가야한다고 생각했는지 토론해 보자.

2 본문에서 "닭이 홰를 치며 맵짠 울음을 뽑아 밤을 쫓고 어둠을 짓내몰아 동켠으로 훤히 새벽이란 새로운 손님을 불러온다 하자. 하나 경망스럽게 그리 반가워할 것은 없다."라고 한 이유가 무엇인지 생각해 보자.

3 이 글의 '어둠'과 소설 속의 '고뇌'가 각각 작가에게 어떤 의미를 갖는지 토론해 보자.

제3장 사랑과 그 이후에 대한 성찰

사랑은 수많은 감정들이 세분화되고 재배열되며 결집된 감정의 총체로서 드러난다. 그렇기에 하나의 개념으로 설명하기에는 어려움이 있다. 그 어려움을 겪음과 동시에 우리는 소설, 시와 같은 작품을 통해 사랑에 관한 다양한 주제를 접해왔다. 인간은 사랑의 실현을 꿈꾸고 또 실현하려고 노력한다. 많은 작가들이 작품을 통해 사랑에 대해 이야기하고 사랑을 노래해 왔다. 그러나 사랑은 눈에 보이지 않고 손에 잡히지도 않는 심리적 형태이며 정신적 과정이기 때문에 그것의 실체나 논리적 형식을 표현하거나 체계화하는 것에 어려움이 따른다.

그렇다면 사랑이 무엇이며 사랑이 생겨나는 이유는 무엇이기에 이토록 중시되는 것일까. '사랑이란 무엇인가'라는 물음은 오래 전부터 늘 새로운 주제를 던져주고 있으며 이러한 주제를 다루지 않은 시대는 없었다. 의미 있는 사람과 인간관계를 맺는다는 것은 나의 삶과 성장에 있어서 매우 중요한 부분이다. 사랑에 관한 논의는 심리학, 사회학, 철학 등 광범위한 영역에서 다루어져 왔다. 더불어 미디어 발달에 의해 이제는 책이나 잡지, 텔레비전, 영화와 인터넷 등에서 다양한 방법으로 사랑을 다루고 있고 마치 사랑 전성시대에 살고 있다는 느낌마저 들게 한다. 사랑은 일상적으로 매우 보편적일 뿐만 아니라, 가족과의 사랑, 친구와의 사랑, 동료와의 사랑, 사제 간의 사랑, 이성과의 사랑과 같은 다양한 관계에서 파생될 수 있다.

사랑은 철학자와 정신분석학자들에게 불안과 고독을 이겨내기 위한 본능으로 여겨져 왔다. 덴마크 철학자 키에르케고르(S. Kierkegaard)는 인간은 불안으로부터 벗어나기 위해 사랑을 찾게 되며 이를 통해 자아가 갖고 있는 결핍을 충족시키고자 한다고 주장하였다. 또한 사회심리학자 버시드와 월스터(Berscheid & Walster, 1974)는 대인관계 친밀감 연구에서 여러 가지 유형의 인간관계 가운데서 연인관계, 즉 이성과의 관계를 가장 친밀한 관계로 꼽았으며 친구나 가족 관계보다도 우선시 되는 것으로 서술하고 있다. 이처럼 사랑이라는 감정은 서로에 대한 관심과 지지를 통해 자아 존중감을 강화시키는 등 긍정적인 경험을 제공한다.

우리는 일반적으로 행복하기 위해서 사랑을 하고, 사랑하면 행복해야 한다고 생각한다. 그러나 현실의 사랑은 그와 반대로 사람들을 끊임없이 괴롭히며 특히 이성 관계에서 발생하는 갈등과 그로 인한 이별 경험은 신체적·정신적으로 큰 스트레스를 주고받는 등 부정적인 효과를 야기하기도 한다.

'왜 사랑 후에 따르는 고통을 알면서도 사람들은 사랑을 시작하는가?', '왜 한 사람을 사랑하는 동안에도 새로운 사랑의 설렘을 기대하는가?' 또 '왜 나는 그(녀)를 사랑하나?', '어떻게 사랑이 변할 수 있나?', '남녀 간의 이해관계는 사랑에 얼마만큼 작용하는가?' 등의 질문들이 제기되고 있지만 정작 그 누구도 시원스레 답을 하기는 어렵다. 두 남녀가 서로의 마음을 확인하고 사랑을 시작하면 동화의 마지막처럼 '오래오래 행복하게 살았다'고 해피엔딩을 약속하면 좋을 텐데, 현실의 사랑은 갈등과 오해, 설렘과 고민이 뒤섞여 혼란스러움을 야기하기도 한다.

성인 미혼 남녀는 이성교제를 통해서 다양한 성격의 이성을 경험하고 이성에 대한 관심을 표현하는 방법을 배우게 되며 이것은 결국 배우자 선택의 기초과정으로 이어진다. 전통사회에서는 결혼을 결정하거나 배우자를 선택하는 데 있어서 가족과 가문이 큰 비중을 차지했지만, 현대 사회에서는 당사자 간의 사랑과 합의가 중요한 요소로 작용하고 있는 것처럼 연애 풍속도는 시대에 따라 급속도로 변화하고 있다. 사랑하는 남자와 여자 두 사람은 자라온 환경, 성격, 생각들이 다르기 때문에 입장 차이가 생길 수밖에 없고 그 입장 차이라는 것을 빌미로 싸우기도 하고, 때로는 이별을 하기도 한다. 그리고 시간이 많이 지난 후 사랑과 이별을 통해 우리는 사람을 이해하고 배려할 줄 알게 된다. 사랑은 결국 인간에 대한 공부라 부를 만하지 않을까.

인간이 아름다운 이유는 슬프거나 상처를 받아도 사랑으로 서로를 위로할 줄 알기 때문이다. 이런 맥락에서 이 장에서는 사랑을 주제로 한 문학작품을 통해 우리의 삶을 다시 한 번 성찰하는 계기를 마련해 줄 것이다. 예컨대, 함께 사랑을 나누기 위해서는 자신이 누구이며, 현재 자신이 어디까지 와 있는가를 돌이켜 보고 진정한 사랑의 의미를 찾아보는 시간이 되어 줄 것이다. 우리는 삶이라는 터전에서 사랑을 통해 어른답고 인간답게 사는 법을 배우고 사랑을 통해 가장 따뜻한 언행으로 바람직한 인간관계를 맺고 있다. 또한 그러한 관계를 맺고 지켜나가고자 하는 마음의 움직임이 사랑이다. 그래서 사랑은 배워야 하는 것이라고 사회학자나 인류학자, 심리학자도 망설임 없이 주장한다.

사랑은 적어도 자신의 보다 깊은 내면에서 출발하고 다른 사람의 인격 중심에까지 영향을 미친다. 사랑의 감정은 기본적으로 대상에 대한 관심과 돌봄 그리고 헌신적인 마음의 감정을 내포하고 있기 때문에 치유의 원천적인 동기가 된다.

우리가 어떤 모습으로 살아가든 어떤 대상을 사랑하든 우리는 끊임없이 사랑을 하고 있다. 반드시 이성에게 끌려야만 사랑이라고 부르고 동성에게 연심을 느낀다고 해서 그것이 사랑이 아닐 수는 없다. 마치 미남 미녀의 사랑만이 아름답고 그렇지 않은 연인들의 사랑은 추하다고 할 수는 없는 것처럼 사랑의 가치는 누가 어떤 대상을 향해서 하든지 진실한 마음만 있다면 모두 아름답다.

사랑을 제대로 배우지 못한 사람들을 위한 사랑 교과서라고 불리는 벨 훅스의 『올 어바웃 러브(All about Love)』에서 사랑은 '빠지는' 것이 아니라 스스로의 의지와 선택으로 '행하는' 것이며, 사랑에 대한 교육은 사랑이라는 말에 대한 올바른 정의를 내리는 것에서부터 시작되어야 한다고 강조한다.

벨 훅스가 "우리는 사랑 없이는 살아갈 수 없다. 사랑에는 치유하고 위로하고 조화를 이루는 힘이 있다."라고 언급했듯이 인간은 사랑을 통해 부족한 부분들을 채워감으로써 완전함을 느낄 수 있는 존재이다. 사랑은 타인과 소통하고 관계를 유지함으로써 자아의 확장을 가능하게 하며 이를 통해 인간은 존재에 대한 인식이 가능해진다. 따라서 사랑은 인간이 존재하기 위한 필수적인 조건이며 근본적인 가치이자 인간을 가장 인간답게 하는 감정이라고 할 수 있다.

이 장에서는 나쓰메 소세키의 〈몽십야〉와 김유정의 〈동백꽃〉이라는 작품을 통해 사랑이라는 키워드에 대한 날카로운 통찰과 섬세한 관찰로 사랑에 대한 진정한 의미를 되짚어 볼 수 있을 것이다.

1. 〈몽십야(夢十夜)〉

제1야(第一夜)

이런 꿈을 꾸었다.

팔짱을 끼고 베갯머리에 앉아 있는데 곁에 반듯한 자세로 누워 있던 여자가 조용한 목소리로 말한다. 저는 곧 죽게 됩니다, 라고. 여자는 긴 머리를 베개 위에 늘어뜨리고 계란형의 갸름한 얼굴을 그 속에 감추고 있다. 새하얀 뺨에는 따뜻한 혈색이 돌아 발그스름하다. 입술의 색깔은 물론 붉은색이다. 나는 그녀가 도저히 죽을 사람이라고는 믿어지지 않았다. 그러나 여자는 조용한 목소리로 다시 말한다. 저는 이제 곧 죽습니다, 라는 목소리가 또렷이 들려왔다. 나 역시 여자가 이제 확실히 죽게 되는구나, 하는 생각이 들었다. 그 순간 나는 여자에게 그래, 이제 죽게 된다고, 라고 여자를 내려다보며 물었다. 물론 죽습니다, 라고 말하며 여자는 감겨져 있던 눈을 떴다. 그녀의 눈은 빛이 나고 있고, 긴 속눈썹으로 둘러싸여 있다. 오직 가운데 한 점만이 새까맸을 뿐이다. 그 새까만 눈동자 한구석에 내 모습이 선명하게 떠올라 있었다.

나는 투명할 정도로 깊어 보이는 그녀의 검은 눈동자를 바라다보며, 이런 상태의 눈동자를 갖고 있는 사람이 죽을 수 있는지 의심스러웠다. 그래서 나는 베개 주위에 입을 갖다 대고, 죽는 건 아니겠지? 괜찮겠지? 하고 물어 보지 않을 수 없었다. 그러자 여자는 졸린 듯한 눈을 크게 뜨며 조용한 목소리로 말을 이었다. 그러나 죽을 수밖에 없는 걸요. 제게는 방법이 없답니다, 라고 말한다.

자. 내 얼굴이 보여? 나는 필사적으로 그녀에게 물었다. 보이냐고요? 아. 거기 비추어지고 있지 않아요? 라고 말하며 여자는 빙긋이 웃어 보인다. 나는 더 이상 말이 필요 없다는 생각이 들어 베개로부터 얼굴을 들었다. 다시 팔짱을 끼며 나는 그녀가 죽을 수밖에 없다는 생각을 했다.

한참 시간이 흐른 뒤, 여자가 입을 열었다.

"제가 죽으면 묻어 주세요. 큰 진주조개 껍데기로 구멍을 파서요. 그런 뒤에 하늘에서 떨어진 별 조각을 주워 묘비를 세워 주시고요. 제 묘지 옆에서 저를 기다려 주세요. 당신을 만나러 올테니까요."

나는 그녀에게 나를 언제 만나러 오겠느냐고 물었다.

"해는 매일 뜨지요. 그리고 다시 지게 되지요. 다시 해는 뜨고 지지요. 붉은 해가 동쪽에서 서쪽으로, 동에서 서로 떨어져갈 동안에… 저를 기다려 줄 수 있나요?

나는 잠자코 그녀의 말에 수긍했다. 여자는 조용한 태도를 바꾸어 목소리에 힘을 실으며 말을 이었다.

"백 년 동안 저를 기다려 주세요."

여자의 말에 결단의 빛이 역력했다.

"백 년 동안 묘 곁에서 저를 기다려 주세요. 반드시 당신을 만나러 올 테니까요."

나는 기다리겠노라고 대답했다.

이윽고 검은 눈동자 속에서 선명하게 보였던 내 모습이 사라졌다. 잔잔한 물살에 반사된 모습이 물살의 흔들림에 흐트러지듯 눈동자에서 내 모습이 사라지자 여자는 눈을 감았다. 그녀의 긴 속눈썹 사이로 눈물이 흘러내렸다. 그녀는 이미 죽어 있었다.

나는 여자가 죽자마자 정원으로 내려가서 진주조개 껍데기로 구멍을 팠다. 진주조개 껍데기는 겉은 매끈매끈하지만 가장자리가 날카로웠다. 흙을 퍼 올릴 때마다 진주조개 껍데기에 달빛이 반사되어 번쩍번쩍 빛이 났다. 습한 땅의 냄새도 났다. 구멍은 얼마 되지 않아 파였다. 나는 여자를 그 구멍 안에 뉘였다. 부드러운 흙을 여자 위에 뿌렸다. 흙을 뿌릴 때마다 진주조개 위로 달빛이 반짝였다.

그리고 별 조각을 주워 와서 가볍게 흙 위에 올렸다. 별 조각은 동그란 모양이었다. 아마도 오랫동안 허공을 떨어져 내려오며 모난 가장자리가 매끈하게 다듬어졌으리라는 생각이 들었다. 별 조각을 보듬어 안고, 묘 위에 놓는 순간 내 가슴과 손이 조금씩 따뜻해졌다.

나는 이끼 위에 앉았다. 지금부터 백 년을 이런 자세로 기다려야 한다는 생각을 하며 팔짱을 끼고 동그란 묘비를 바라보았다. 그 사이 여자가 말한 대로 해가 동쪽에서 떠올랐다. 크고 붉은 해였다. 그 상태에서 역시 여자가 말한 대로 해는 서편으로 졌다. 둥근 그 상태에서 떨어졌다. 나는 "하나" 하고 헤아렸다.

시간이 흐르자 해는 다시 느릿느릿 떠올랐다. 그러고는 아무 소리도 없이 서편으로 잠겨 갔다. 나는 "둘" 하고 수를 헤아렸다.

이런 식으로 헤아려 가다 보니 붉은 해를 몇 번이나 보았는지 알 수 없게 되었다. 아무리 헤아려도 해는 그치지 않고 내 머리 위를 지나쳐갔다. 그래도 아직 백 년은 오지 않았다. 마지막에는 이끼가 낀 둥근 돌을 바라보며 자신이 여자에게 속은 게 아닌가 하는 생각이 들었다.

그런 생각을 하는 순간, 돌 아래에서 파란 줄기가 내 쪽을 향해 뻗어 왔다. 주시하고 있는 동안에도 줄기는 계속 자라서 내 가슴 부분에 와서 멈췄다. 흔들리는 가늘고 긴 줄기 끝에 한 송이 꽃봉오리가 꽃잎을 열었다. 새하얀 백합 한 송이가 내 코앞에서 진한 향기를 풍겼다. 먼 하늘에서 이슬 한 방울이 떨어지자 꽃은 자기 무게를 견디지 못하고 흔들렸다. 나는 고개를 앞으로 내밀고 찬이슬을 맞은 백합에 입을 맞추었다. 그리고 백합에서 입을 떼며 먼 하늘을 바라보니 새벽 별 하나가 자기 혼자서 깜박이고 있었다.

백 년은 이미 와 있었구나, 라는 생각이 들었다.

제5야(第五夜)

이런 꿈을 꾸었다.

상당히 오래된 일로, 신화 시대에 가까운 옛날에 있었던 이야기다. 나는 군인이었다. 그러나 운이 나빠서 전쟁터에서 적의 포로가 되었다. 나는 적장 앞으로 끌려갔다.

그 당시 사람들은 모두 키가 컸다. 모든 사람들은 긴 수염을 기르고 있었다. 그들은 모두 가죽신을 단단히 조였으며, 마치 봉과도 같은 길다란 칼을 차고 있었다. 그들이 어깨에 메고 있는 활은 굵은 등나무 모양을 원형대로 살린 듯했다. 활에 옻칠이 되어 있지도 않았고, 곱게 간 흔적도 없었다. 그야말로 소박함 그 자체였다.

적장은 오른손으로 활 중앙을 움켜쥐고, 그 활을 지팡이 삼아 술 단지를 엎어 놓은 듯한 물건 위에 걸터앉아 있다. 적장은 코 위에 양 눈썹이 맞붙어 있는 듯한 모습이었다. 그 당시 면도기라는 건 물론 존재하지 않았다.

나는 당시 포로였다. 포로이기 때문에 걸터앉아 있을 수는 없다. 나는 풀밭 위에 무릎을 꿇고 앉아 있었다. 큰 짚신을 신고 말이다. 이 당시 짚신은 장화와도 같이 목이 길었다. 일어서면 신발의 끝이 무릎까지 왔다. 또 그 끝자락에는 짚을 늘어뜨려서 걸으면 출렁거리게 장식이 되어 있었다.

대장은 화톳불을 비추어 내 얼굴을 바라보고, 살고 싶은지 아니면 죽음을 택할 것인지를 물었다. 이는 당시의 관습으로 어떤 포로에게나 이런 질문을 하게 되어 있었다. 살고 싶다는 대답은 항복을 의미했다. 죽음을 택한다는 대답은 굴복하지 않는다는 것을 의미했다. 나는 망설임 없이 죽음을 택했다. 대장은 풀 위를 짚고 있던 활을 내팽개쳤다. 그리고 허리에 차고 있던 검을 빼 들었다. 바람에 흔들린 화톳불이 세차게 일었다. 나는 오른손을 단풍잎 모양으로 편 다음, 대장 쪽을 향해 보인 후, 눈 위로 높이 추켜올렸다. 기다려 달라는 의사표시였다. 대장은 나를 베기 위해 뽑은 칼을 도로 칼집에 집어 넣었다.

그 당시에도 남녀간의 연애는 존재했다. 나는 죽기 전에 사랑하는 여인을 만나고 싶다고 말했다. 대장은 새벽이 와서 닭이 울 때까지라면 기다려 주겠다고 말했다. 닭이 울 때까지 사랑하는 여인을 이곳까지 불러오지 않으면 안 된다. 닭이 울어도 여인이 오지 않는다면 나는 그녀를 만나지 못한 채 죽음을 맞이해야 한다.

대장은 걸터앉은 자세로 화톳불을 바라보고 있다. 나는 큰 짚신을 신고 무릎을 꿇고 풀밭 위에서 그녀를 기다리고 있다. 밤은 점점 깊어간다.

때때로 화톳불이 타 들어가 불무더기가 넘어지는 소리가 들린다. 그때마다 불길이 대장 쪽으로 몰린다. 새까만 눈썹 아래에서 대장의 눈이 번쩍번쩍 빛난다. 그럴 때마다 누군가가 나뭇가지를 가지고 와서 불 속에 던져 넣고 간다. 잠시 후, 불이 더욱 거세게 타 들어가기 시작했다. 이 어둠을 몰아내려는 듯 맹렬한 기세였다.

이때 여자는 뒤뜰 졸참나무에 묶여 있는 백마를 끌어냈다. 여자는 말의 갈기를 세 번 쓰다듬고는 말의 잔등에 올라탔다. 안장이 없는 야생마 그대로였다. 여자가 길고 흰 발로 말의 배를 후려 차자, 말은 순식간에 내달리기 시작했다. 사람들이 화톳불을 이곳저곳에 지펴 놓았기 때문에 먼 하늘은 밝은 빛을 띠고 있다. 말은 이 밝음을 표지로 삼아 어둠을 뚫고 맹렬하게 내달렸다. 말은 코에서 두 줄기 불꽃을 뿜으며 빠르게 달리고 있었다. 말이 미친 듯이 내달리고 있음에도 불구하고 여인은 가냘픈 발로 말의 배를 사정없이 내지르고 있다. 말은 자신의 말굽 소리가 허공에서 울릴 정도의 놀라운 속도로 달려오고 있다. 여인의 긴 머리카락이 어둠 속에서 번개 같이 꼬리를 틀었다. 그러나 아직 말은 화톳불 근처에는 도달하지 못하고 있었다.

그때 어둠 속 길가에서 꼬끼오 하는 닭 울음소리가 들렸다. 여인은 몸을 반듯하게 세우고 양손에 움켜쥐고 있던 고삐를 잡아 당겼다. 말의 앞발굽이 단단한 바위에 부딪쳤다. 꼬끼오 하고 닭이 다시 한 번 울었다.

아아! 여인은 비명을 지르며 힘주어 쥐고 있던 말고삐를 늦추었다. 말의 양 무릎이 꺾였다. 그런 후 타고 있던 여인과 함께 앞으로 고꾸라졌다. 바위 아래는 깊은 연못이었다.

말굽 흔적은 지금도 바위 위에 남아 있다. 실제로 닭은 울지 않았다. 닭이 우는 흉내를 낸 것은 아마노자쿠(天探女, 일본의 전설에 주로 등장하는 악녀의 화신—옮긴이)였다. 이 말굽 흔적이 남아 있는 한 아마노자쿠는 나의 적이다.

제9야(第九夜)

세상이 어쩐지 술렁이기 시작했다. 당장이라도 전쟁이 일어날 듯한 분위기다. 불탄 마구간에서 뛰쳐나온 야생마가 밤낮 가리지 않고 미친 듯이 집 주위를 난폭하게 돌아다닌다. 그 미친 말을 따라 사람들이 웅성거리며 거리를 질주하는 듯한 안정되지 못한 분위기라고나 할까. 그러나 집 안은 쥐 죽은 듯 조용하다.

집에는 젊은 어머니와 세 살 난 아이가 있다. 아버지는 어딘가로 갔다. 아버지가 어딘가로 떠난 것은 달 없는 한밤중이었다. 아버지는 방 안에서 짚신을 신고, 검은 두건을 쓴 다음, 부엌문을 통해서 떠났다. 그때 어머니가 들고 있던 초롱불은 가늘고 길게 어둠을 밝혀 주었다. 울짱 안 고목 아랫길까지 어머니는 호롱불을 밝혀 주고 있었다.

아버지는 그 길로 돌아오지 않았다. 어머니는 매일 세 살 난 아이에게 "아버지는?" 하며 묻고 있다. 처음에 아이는 어머니의 질문에 어떤 대답도 하지 않았다. 시간이 흐르자 "저기"라고 말할 수 있게 되었다. 어머니가 "언제 돌아오시지?"라고 물어도 아이는 "저기"라고 말하며 웃고 있었다. 그때는 어머니 역시 웃었다. 그리고 "아버지는 곧 돌아오셔." 하는 말을 몇 번씩 되풀이하며 가르쳤다. 그러나 아이는 "곧"이라는 말만을 기억했을 뿐이었다. 때때로 "아버지는 어디 계시지?"라고 물으면 "곧"이라는 대답이 돌아왔다.

밤이 되어 사방이 고요해지면 어머니는 치마끈을 고쳐 맸다. 단도를 치마폭에 감추고 아이를 가는 띠로 업은 상태에서 가만히 쪽문을 나섰다. 어머니는 늘 짚신을 신고 있었다. 아이는 어머니의 짚신 소리를 들으며 어머니의 등에서 잠들어 버리는 경우도 있었다. 어머니는 토담이 이어진 마을길을 서쪽에서부터 내려가기 시작했다. 그 길이 길게 뻗어 내린 비탈길에 닿으면 그 곳에 큰 은행나무가 있다. 이 은행나무를 표지로 삼아 오른쪽으로 방향을 바꾸면 공터가 보이고, 그 한구석에 돌로 만든 도리이(鳥居, 신사 입구에 있는 기둥. 일본 신사를 상징함. ─옮긴이)가 있다. 한쪽은 논, 또 다른 쪽은 푸른 대나무 숲인 길을 따라 나오다 보면 검은 삼나무가 눈에 띈다. 그곳에서 스무 칸 정도 돌길을 따라 걸으면 막다른 길에 이른다. 거기에 낡은 신사(神社) 계단이 나타난다. 신사에는 쥐색 새전함이 있다. 그 위에 큰 방울이 달린 동아줄이 늘어져 있다. 낮에 보면 그 동아줄 옆에는 하치만궁이라는 휘호가 쓰여 있었다. 하치(八)라는 글자는 비둘기 두 마리가 서로를 마주보는 듯한 글씨체여서 재미있다. 그 이외에도 여러 가지 휘호가 있다. 대개는 집안의 명예를 빛낸 사람의 업적을 칭송하는 휘호와 그 사람의 이름이 적혀 있는 것이 많았다. 어떤 것은 큰 칼을 넣은 것도 있다.

도리이를 빠져나가 삼나무 숲에 이르면 언제나 올빼미가 울고 있다. 어머니의 짚신에서 저벅저벅 소리가 난다. 어머니의 발길은 늘 신사 앞에서 멈춘다. 어머니는 종을 흔들어 울려 놓고, 두 손을 모아 박수를 친다. 대개 이때는 올빼미도 울음을 그친 후다. 그로부터 어머니는 온 정성을 바쳐 아버지의 안전을 기도 드린다. 어머니가 하치만궁에 오는 이유는 나름대로 근거가 있다. 아버지가 사무라이니까 활의 신인 하치만에게 간절히 빌면 자신의 소원을 들어줄 것이라는 기대감이 있었다.

아이는 이 종소리에 눈을 뜬다. 일어나서 주변을 바라보면 암흑과도 같은 밤이어서 어머니의 등에 업혀 울음을 터뜨리고는 했다. 그럴 때면 어머니는 입으로 무언가를 중얼거리며 등에 업은 아이를 달랬다. 그러면 아이는 울음을 그칠 때도 있다. 그와 반대로 더욱 세차게 울음소리를 높이는 경우도 있다. 어느 경우에도 어머니는 자신의 기도를 쉽게 포기하지 않았다.

아버지의 안전을 빌고 나면 이번에는 가는 포대기를 풀었다. 그리고 등에 업힌 아이를 앞으로 돌려 안아, 양손으로 아이를 받쳐들고 신사 마루 위로 올라갔다. "넌 착한 아이란다. 잠시만 기다려요."라고 말하며 자신의 뺨으로 아이 뺨을 문질러댄다. 어머니는 가는 띠를 길게 늘어뜨리고, 그 끈으로 아이를 동여맨 다음 끈의 끝을 난간에 묶는다. 이 일을 마치고 어머니는 계단을 내려간다. 길게 뻗은 돌길을 오가며 어머니는 '백 번 밟기'(御百度, 일본의 전통적 풍습으로 백 번 밟으면 소원이 성취된다고 믿는다 —옮긴이)를 시작한다.

난간에 묶인 아이는 어머니가 '백 번 밟기'를 하는 동안, 끈의 길이가 허용하는 한도 내에서 신사 마루 위를 마음대로 오가고 있다. 이런 날은 어머니의 마음도 편했다. 그러나 아이가 어둠을 참지 못하고 우는 날은 어머니 역시 제정신이 아니었다. '백 번 밟기'를 하는 발걸음이 보통 때보다 빨라진다. 숨이 가빠진다. 아이가 너무 울어서 더 이상 할 수 없을 때에는 도중에 마루 위로 올라와 아이를 달래 놓고 다시 시작한 적도 있다.

어머니는 이런 방식으로 아버지에 대한 사랑을 표시했다. 어머니는 날밤을 새며 아버지의 안전을 기원했다. 그러나 아버지는 이미 살해 당한 후였다. 아버지는 자신의 주군이 없는 떠돌이 사무라이였기 때문이다.

나는 이런 슬픈 이야기를 꿈속에서 어머니에게 들었다.

제10야(第十夜)

쇼다로우는 여자와 사라진 지 칠 일째 되는 밤에 돌아왔다. 돌아온 뒤 갑자기 열이 나서 자리에 누웠다고 겐(健)씨가 전해 왔다.

쇼다로우는 마을에서 최고의 미남자로 지극히 선량하고 정직한 인물이다. 단지 한 가지 문제가 있다면 방탕하다는 점이다. 저녁때면 파나마모자를 쓰고, 과일가게 앞에 걸터앉아 지나가는 여자를 바라보고 있다. 그리고 하루에 몇 번이고 감탄사를 연발한다. 그 이외에 쇼다로우에게는 이렇다 할 특색이 없다.

여자들이 그다지 지나다니지 않을 때에는 통행인을 보지 않고 과일을 보고 있다. 과일은 종류가 다양하다. 복숭아나 사과, 비파, 바나나 등을 손님들이 즉시 선물용으로 가져갈 수 있도록 바구니에 예쁘게 포장해서 두 줄로 진열해 놓았다. 쇼다로우는 이 바구니를 보고 아름답다고 한다. 만일 자신이 장사를 하게 된다면 과일가게 이외에는 생각할 수조차 없다고 말한다. 이런 말을 하고 있음에도 불구하고 쇼다로우 자신은 항상 파나마모자를 쓰고 빈둥거리는 나날을 보내고 있다.

밀감을 들고는 역시 이 빛깔이 최고야, 라고 평가를 내릴 때도 있다. 그렇지만 지금까지 자신의 돈으로 과일을 산 적이 없다. 지금도 물론 사지 않는다. 빛깔만을 칭찬할 뿐이다.

어느 저녁 무렵의 일이다. 한 여자가 불쑥 가게 앞으로 다가왔다. 높은 신분의 여자로 보였다. 옷맵시가 훌륭했다. 그녀의 옷 색깔이 쇼다로우의 마음을 흔들었다. 옷은 물론이고 쇼다로우가 더욱 감격한 것은 그녀의 얼굴이었다. 쇼다로우는 소중히 여겨서 여간해서는 벗지 않던 파나마모자를 벗고 정중하게 인사를 했다. 여자는 바구니 중에서 제일 큰 것을 가리키며 이걸 주세요, 라고 말한다. 쇼다로우는 곧 여자가 점찍은 과일 바구니를 건넸다. 그러자 여자는 쇼다로우가 건네

준 바구니를 들어 보더니 굉장히 무겁다고 말한다.

쇼다로우는 원래부터 한가한 사람이다. 또 싹싹한 성격이다. 여자가 무겁다고 하자, 쇼다로우는 그럼 댁까지 갖다드리겠다고 말하고, 여자와 함께 과일가게를 나선다. 쇼다로우는 그 길로 돌아오지 않았다.

아무리 쇼다로우라고 해도 이건 너무 무책임하다. 이건 예삿일이 아니라고 친척과 친구들이 떠들어대던 칠 일째 되던 밤에 쇼다로우는 돌아왔다. 많은 사람들이 모여들어 어딜 갔었느냐고 묻자 쇼다로우는 전차를 타고 산에 갔었다고 대답했다.

아무튼 쇼다로우가 말한 전차는 굉장히 긴 전차임에 틀림없다. 쇼다로우의 말에 의하면 전차에서 내리자 큰 벌판이 나타났다고 한다. 넓은 평원으로 사방 어디를 둘러보아도 푸른 풀밭이 끝없이 펼쳐져 있었다. 여자와 함께 풀밭 위를 걸어가자, 갑자기 상황이 급변하여 두 사람은 절벽 꼭대기에 서 있었다. 그때 여자가 쇼다로우에게 이곳에서 뛰어내려 보라고 말했다. 절벽 아래를 내려다보니 절벽의 모양은 눈에 들어왔으나 밑바닥이 보이지 않았다. 쇼다로우는 파나마모자를 벗으며 자신은 뛰어내릴 수 없다고 말했다. 그러자 여자는 당신이 만일 과감하게 뛰어내리지 않는다면 돼지에게 온갖 수모를 당할 것인데 그래도 괜찮겠느냐고 물었다. 쇼다로우는 돼지와 쿠모에몽(雲右衛門, 메이지 시대의 대중가수 —옮긴이)을 제일 싫어했다. 그렇지만 목숨과도 바꿀 수 없는 일이기에 뛰어내리기를 주저하고 있었다. 마침 그 순간 돼지 한 마리가 코를 씩씩대며 다가왔다. 쇼다로우는 가지고 있던 몽둥이로 돼지의 코 부분을 강하게 후려쳤다. 돼지는 비명을 지르며 맥없이 자빠지더니 곧 벼랑 아래로 굴러 떨어졌다. 쇼다로우가 위기를 넘긴 안도감에 한숨을 내쉬고 있을 때, 또 한 마리의 돼지가 쇼다로우를 향해 돌진해 왔다. 쇼다로우는 이번에도 어쩔 수 없이 몽둥이를 휘둘렀다. 돼지는 비명을 지르며 절벽 아래로 떨어졌다. 그러자 다시 한 마리가 나타났다. 이때 쇼다로우는 정신이 퍼뜩 들어서 건너편을 바라보았다. 끝없이 펼쳐진 초원에는 수만 마리의 돼지들이 일직선으로 서서 절벽 위의 쇼다로우를 목표로 코를 씩씩대며 달려오고 있었다. 쇼다로우는 두려웠다. 그러나 대처할 방법이 없었다. 단지 다가오는 돼지를 몽둥이로 후려칠 뿐이었다. 신기한 일은 이제 몽둥이가 돼지 코에 닿기만 하면 돼지들은 비명을 지르며 절벽 아래로 굴러 떨어지는 것이었다. 밑을 내려다보니 절벽 아래로 수없이 많은 돼지들이 몸이 뒤집힌 채 떼지어 떨어지고 있었다. 자신이 이렇게도 많은 돼지들을 절벽 아래로 떨어뜨렸다는 생각을 하자 자기 자신이 두려워졌다. 그러나 돼지는 끊임없이 돌진해 왔다. 검은 구름에 발이라도 달린 듯 돼지의 행렬은 그침이 없었다. 푸른 풀밭을 요절내고야 말겠다는 굉장한 기세로 돼지들은 달려오고 있었다.

쇼다로우는 필사적으로 돼지의 코를 후려쳤다. 칠 일 동안 한 잠도 자지 못했다. 그렇지만 종국에는 기력이 다해 손의 힘이 빠지자 돼지에게 온갖 수모를 당하게 되었다. 돼지들은 쇼다로우를 혀로 핥고 코로 비비며 온갖 수모를 안겼다. 마침내 쇼다로우는 절벽 위에 쓰러졌다.

겐씨는 쇼다로우의 이야기를 여기까지 듣고는 여자에게 지나친 관심을 보이는 건 좋지 않다고 말했다. 나도 겐씨의 말이 맞는다고 생각했다. 그렇지만 겐씨는 쇼다로우의 파나마모자를 갖고 싶다고 말했다.

쇼다로우는 살아나지 못할 것이다. 파나마모자는 겐씨의 것이 되리라. (1908년)

나쓰메 소세키(夏目漱石, 1887-1916)는 일본 근대문학의 성숙과 발전을 도모해낸 작가의 한 사람으로서 오늘날까지 많은 관심과 사랑을 받고 있다. 현재 사용되는 일본 천엔(千円)권에는 세균학자인 노구치 히데오(野口英世)의 초상화가 들어가 있지만 2004년까지만 해도 나쓰메 소세키의 초상화가 들어가 있었다. 나쓰메 소세키 문학에 많은 사람들이 매혹 당하는 이유는 100여 년이 지난 지금도 동감할 수 있는 근대화의 모순과 그늘, 죄의식, 소외된 지식인들이 처한 제반의 문제, 삼각관계의 사랑 문제, 에고이즘 추구로 몸부림치는 고독한 인간의 모습 등을 작품을 통해 설득력 있는 문장으로 묘사했기 때문이다.

그가 태어난 시기는 일본이 근세에서 근대로 전환하는 메이지유신(明治維新)이 일어나기 바로 한 해 전인 1867년이었다. 격동이 휘몰아치는 시대에 태어난 그의 삶은 일본의 근대화가 시작되는 메이지(明治)와 함께 시작되었다고 볼 수 있다. 이것은 그가 시대의 격변으로부터 무관할 수 없다는 사실을 말해주는 것이다. 실제로 나쓰메 소세키의 50여 년의 생애는 서양의 근대 문명이 물밀듯이 들어오고 문명 개화가 시작되는 시기였다. 따라서 그는 갑자기 서양화되어 가는 일본 근대의 빛과 그림자를 누구보다도 가까이에서 체험하고 느낄 수밖에 없었다. 나쓰메 소세키는 고령의 부모에게서 태어나 잠시 양자로 보내어진 뒤 다시 본가로 귀환하는 등 부모로부터 애정을 받지 못한 불우한 어린 시절을 보냈다. 또한 성장해서는 영국에서의 유학생활에서 적지 않은 생활고와 격심한 심리적 불안 등을 체험하였으며, 가정 내에서도 부인 쿄코(鏡子)와의 불협화음, 만년에 이르러서는 건강 악화로 인한 고난의 삶을 살았다.

이러한 배경을 갖고 있는 나쓰메 소세키는 비교적 늦은 나이인 39세에 『호토토기스(ホトトギス)』에 〈나는 고양이로소이다(1905)〉를 발표하면서 작가로서의 삶을 시작하였고, 이후의 다양한 작품들을 통해 당대 최고의 작가로서의 위치를 확보했다. 초기에는 풍자적이고 문명 비판적인 작품을, 그리고 후기에는 인간 내면의 문제로 주제를 옮겨 윤리적 문제를 작품화하였다.

나쓰메 소세키의 작품으로는 〈도련님(1906)〉, 〈풀베개(1906)〉, 〈우미인초(虞美

人草, 1907)〉를 시작으로 초기 3부작 〈산시로(三四郎, 1908)〉, 〈그 후(1909)〉, 〈문(1910)〉과 후기 3부작 〈피안이 지날 때까지(彼岸過迄, 1912)〉, 〈행인(1916)〉, 〈마음(1914)〉이 있다. 그리고 마지막 미완의 장편인 〈명암(1916)〉 등에 이르기까지 많은 작품이 있다. 나쓰메 소세키는 작품들을 통해서 근대화를 추구하는 과정에서 나타나는 문제들을 고발하고, 당시를 살아가는 지식인의 고뇌 등을 묘사하였으며, 대부분의 많은 작품에서는 사랑을 모티프로 한 인간의 윤리의식을 나타내고 있다.

나쓰메 소세키의 〈몽십야〉는 1908년 7월 25일부터 8월 5일까지 10회에 걸쳐서 아사히신문에 연재되었던 작품이다. 7월 말과 8월 초 한 여름날에 도쿄 신주쿠구 와세다 대학 부근에 있는 나쓰메 소세키의 자택에서 〈몽십야〉가 쓰여졌다. 1908년 6월에 오사카 아사히신문은 〈문조(文鳥)〉를 발표한 나쓰메 소세키에게 잇따라 짧은 단편을 써 달라는 주문을 한다. 이 주문에 의해 쓰여진 작품이 〈몽십야〉이다.

제1야부터 제10야까지 열 개의 장으로 구성된 것은 원래 이 작품이 이와 같은 신문연재소설이었다는 점과 무관하지 않다. 한 개의 장이 정확히 신문연재의 일회분에 해당된다. 각 장마다 비슷한 분량의 각기 다른 꿈이 이야기되고 있는 〈몽십야〉는 꿈 하나하나가 독립된 내용을 이루고 있다. 그만큼 〈몽십야〉는 어떻게 읽느냐에 따라 다양하게 재해석, 재창출할 수 있다는 의미에서 신선하고 흥미로운 작품이다.

〈몽십야〉는 열 개의 꿈 이야기로 이어진 짧은 단편으로 작가인 나쓰메 소세키의 상상력의 원천이 드러나 있는 작품이다. 또한 〈몽십야〉에는 나쓰메 소세키 문학의 핵심 테마를 이루고 있는 인간의 사랑 외에 희망에 의한 기대, 공포, 불안, 애욕, 허무, 아집, 죽음 등이 나타나 있다. 특히 이 장에서 살펴볼 〈몽십야〉 중 제1야, 제5야, 제9야, 제10야는 사랑이라는 키워드와 깊은 연관성이 있다.

2008년에 〈몽십야〉는 소설 발표 100주년을 기념해서 일본의 감독과 젊은 배우들에 의해 영화로도 제작이 되었다. 〈주온〉의 시미즈 타카시(清水崇), 〈유레루〉의 니시카와 미와(西川美和), 〈개구리 왕눈이〉, 〈독수리 오형제〉, 〈파이널 판타지〉

캐릭터 디자이너인 아마노 요사타카(天野喜孝), 〈마을에 부는 산들바람〉의 야마시타 노부히로(山下敦弘) 등 여러 감독들이 참여해 각자 자신만의 개성을 담아 원작의 독특한 분위기를 다양한 영상미로 재미를 제공한다. 또한 작품 속 다양한 캐릭터들은 '과거와 현재를 이어주는, 일본 천재감독들의 10가지 꿈'이라는 카피와 만나 영화로 제작되어 나쓰메 소세키라는 작가를 재조명하는 계기를 마련하기도 했다.

제1야(第一夜)는 순수하고, 아름다운 죽음을 초월한 영원한 남녀의 사랑 이야기다. '나'는 아무리 봐도 죽을 것 같아 보이지 않는 여자의 머리맡에 입을 가까이 대고는 "죽는 건 아니겠지? 괜찮은 거지?"라고 묻는다. 그러자 여자는 졸린 듯한 검은 눈을 크게 뜬 채로 여전히 조용한 목소리로 "죽는 걸요. 어쩔 수가 없어요."라고 대답한다. 여자는 "죽으면 묻어 줘요. 커다란 진주조개로 구멍을 파고, 그리고 하늘에서 떨어져 내린 별의 파편을 묘비로 세워 놓아 주세요."라고 '나'에게 부탁한다. '나'는 고개를 끄덕이면서 그렇게 하겠다고 동의를 한다. 여자는 조용한 태도를 바꾸어서 "100년을 기다려 주세요."라고 단호한 목소리로 말한다. 그리고는 다시 한 번 "100년, 내 무덤 옆에서 기다려 주세요. 꼭 만나러 올 테니까요."라고 다짐을 한다. '나'는 여자의 의견을 받아들여 "기다리고 있겠다."라고 대답한다.

여자가 죽고 난 이후 '나'는 죽은 여자를 진주조개로 판 구멍 안에 눕혔다. 그리고 부드러운 흙을 위에서 뿌렸다. 조개 뒷면에 달빛이 비쳐 반짝반짝 빛나는 어두운 달밤에 '나'는 여자를 묻어 준다. 여자의 무덤 옆에서 100년을 기다리며 '나'는 여자에게 속은 것은 아닐까 하고 생각하던 바로 그때에 돌 아래서 비스듬히 '나' 쪽을 향해 초록빛 줄기가 뻗어 나왔다. 흔들리는 가늘고 긴 줄기 끝에 한 송이의 꽃봉오리가 탐스럽게 꽃잎을 열었다. 새하얀 백합이 코끝에서 뼛속까지 스며들 정도로 향기를 풍겼다. '나'가 백합에서 얼굴을 떼려다가 문득 먼 하늘을 바라보니, 새벽 별이 오직 하나 깜박이고 있었다는 환상의 세계 속에 펼쳐져 있다.

이러한 내용의 전개를 볼 때 작중 세계의 주요 사건은 여자의 죽음과 '나'의 기다림으로 이루어진다고 할 수 있다. 여기서 여자가 말한 대로 무덤을 만들고 그

옆에서 묵묵히 기다리는 한 남자의 사랑에 대한 태도를 읽을 수 있다. 더불어 제1야에서 "별 조각을 주워 와서 가볍게 흙 위에 올렸다. 별 조각은 동그란 모양이었다. 아마도 오랫동안 허공을 떨어져 내려오며 모난 가장자리가 매끈하게 다듬어졌으리라는 생각이 들었다. 별 조각을 보듬어 안고, 묘위에 놓는 순간 내 가슴과 손이 조금씩 따뜻해졌다."라는 부분은 모난 돌처럼 각자 개성이 다른 사람들이 만나서 싸우고, 화해하며 맞춰 가기까지는 오랜 시간이 요구된다는 것을 알게 해 준다. 더불어 모난 모양에서 동그란 모양으로 다듬어가면서 서로 이해하고 배려하며 잘 맞춰가는 것 그것이 진정한 사랑일 것이다.

제5야(第五夜)에서는 일본의 신화시대와 가까운 옛날에 전쟁에 패하여 포로가 된 사람이 죽기 전에 한 번만이라도 사랑하는 여인을 만나고 싶다고 염원한다. 적장은 날이 새고 첫닭이 울 때까지라면 기다리겠노라고 말했다. 첫닭이 울어도 여자가 오지 않으면 '나'는 연인을 만나 보지 못하고 죽게 되는 운명이다. 이 때 여자는 뒤뜰의 졸참나무에 매어 놓은 백마를 끌어내 올라타고는 포로가 되어 있는 '나'를 만나러 오는 중이었다. 하지만 그 때 갑자기 '꼬끼오' 하는 닭 울음소리가 들렸다. 백마를 탄 여자는 몸을 휘청 하면서 양손에 쥔 고삐를 힘껏 잡아당겼다. 말은 앞발굽을 단단한 바위에 힘차게 박았다. 이때 '꼬끼오' 하고 닭이 또 한 번 울었다. 말은 다리가 부러졌으며, 여자는 말 위에서 떨어졌다. 말발굽 자국은 아직까지 바위 위에 남아 있다. 닭의 흉내를 낸 것은 아마노쟈쿠라는 도깨비이며, 그 아마노쟈쿠는 '나'의 원수라고 한다. 제5야는 죽음을 앞둔 포로의 처지에서 마지막 소원인 사랑하는 여인을 만나고 싶어하는 '나'의 희망이 도깨비의 장난에 의해 이루어지지 못한다는 이야기를 중심으로 전개된다. 우리의 사랑도 때로는 마치 도깨비가 장난을 한 것처럼 그것을 운명으로 받아들여 행복감을 주기도 하지만 때로는 후회를 안겨주기도 한다. 그래서 내가 의도치 않았음에도 사랑하는 사람으로부터 상처를 받거나 혹은 상대에게 슬픔을 주기도 한다.

제9야(第九夜)는 세상은 언제부터인지 어수선해지기 시작했고 금방이라도 전쟁이 일어날 것 같은 분위기였다. 불난 집에서 뛰쳐나온 안장 없는 말이 밤낮없이 집 주위를 날뛰며 돌아다니고, 졸개들이 서로 밀쳐대며 역시 밤낮없이 그 말들을 쫓아다니고 있다. 세 살 된 아이를 가진 젊은 엄마는 달이 뜨지 않은 한밤중에 뒷문으로 나가 돌아오지 않고 있는 남편을 기다린다. 엄마는 세 살짜리 아이에게 "아빠는?" 하고 매일 묻는다. 아이는 처음에는 아무 소리도 하지 않았지만 시간이 흐르자 "저기"라고 대답하고는 웃는다. 가끔 엄마가 "아빠는 어디?"라고 물으면 아이가 이제 "곧" 하고 대답할 때도 있었다. 밤이 되어 사방이 정적에 휩싸이면, 엄마는 단도를 허리띠 사이에 꽂고 아이를 등에 업은 채 삼나무가 있고 부엉이가 우는 배전(拝殿) 계단 아래로 나온다. 엄마는 마음을 모아서 남편의 무사를 빌었다. 아내는 남편이 사무라이이기 때문에 활의 신을 모신 신사에 와서 이렇게 간곡히 기도를 하면 아마도 효험이 있을 것이라고 생각하고 있다. 이렇게 아내가 며칠 밤 잠 못 이루며 마음 졸여 걱정하고 있던 남편은 이미 무사에 의해 죽은 뒤였다. "이런 슬픈 이야기를 꿈속에서 엄마한테 들었다."라는 내용으로 작품은 끝난다.

이처럼 제9야는 사랑하는 남편을 향한 아내의 슬픈 이야기를 꿈속에서 어머니로부터 듣는다는 내용이다. 아내의 백 번 밟기와 남편이 살아 돌아오기를 염원하는 기도와 같은 행위를 통해 아내의 남편에 대한 진정한 사랑을 읽을 수 있다. 매일 기도를 하며 끝없이 남편을 기다리는 아내의 모습을 보면 제9야의 사랑의 의미는 간절함이 담겨져 있다고도 할 수 있다. 또한 아내가 남편을 기다리는 모습은 남편에 대한 그리움, 간절함이 담긴 사랑을 통해 과거와 현대의 변화하고 있는 부부간의 모습, 남편과 아내의 모습을 생각해 보게 한다.

제10야(第十夜)에 등장하는 남자 주인공 쇼다로우는 동네에서 제일 가는 미남 청년이며 지극히 선량하고 정직한 사람이다. 쇼다로우의 취미는 저녁이 되면 파나마 모자를 쓰고 과일 가게 앞에 걸터앉아 길 가는 여자의 얼굴을 바라보는 것이었다. 어느 날 저녁 한 여자가 불쑥 과일 가게로 들어섰다. 지체 있어 보이고 값비싼 복장을 한 여자였다. 옷 색깔은 물론이고 그녀의 외모는 무척이나 쇼다로우의 마음에 들었다. 쇼다로우는 파나마모자를 벗고 정중하게 그녀에게 인사를 하고 그녀가 산 과일 바구니를 "댁까지 들어다 드리지요."라면서 그 여자와 함께 전차를 타고 어디론가 갔다. 전차에서 내려다보니 파란 들판이 나왔고 갑자기 절벽 꼭대기에서 여자가 쇼다로우에게 "뛰어내려 보세요."라고 말했다. 쇼다로우는 죽는 것이 싫어서 파나마모자를 벗어 보이며 사양했지만 여자는 뛰어내리지 않으면 돼지에게 온갖 수모를 당할 것인데 그래도 괜찮겠느냐고 물었다. 그러는 사이 많은 돼지들이 쇼다로우에게 다가왔다. 몽둥이로 돼지 콧등을 치자 돼지는 '꿀' 하며 벼랑 아래로 떨어졌는데 쇼다로우가 기운이 빠지자 결국 돼지에게 당하고 말았다. 그리고 벼랑 위에 쓰러졌다. 겐 씨는 쇼다로우의 이야기를 여기까지 말하고는 여자를 너무 쳐다보는 것은 좋지 않다고 말했다.

제10야는 사랑은 겉으로 보이는 것만이 전부가 아닌 것을 쇼다로우를 통해 느끼게 해준다. 상대방의 외모만으로 첫눈에 사로잡혀 사랑에 빠져버리는 경우나 '만약 앞으로 그렇게 된다면 사랑하겠노라'고 하는 사랑은 조건적이고 계산적인 사랑이다. 이런 사랑은 위험하기 짝이 없다. 그 조건이 충족되지 않으면 언제든지 변절할 수 있는 사랑이기 때문이다.

이처럼 〈몽십야〉는 대략적으로 꿈을 꾸는 장본인인 '나'의 시점에 의해 '이런 꿈을 꾸었다'로 시작하고 있다. 〈몽십야〉의 제1야, 제5야, 제9야, 제10야에서처럼 사랑의 대상은 다양하다. 따라서 사랑의 의미를 한 마디로 표현하기는 어렵지만 기본적으로는 상대에 대한 진실한 마음이 담기지 않으면 진정한 사랑이라고 부를 수 없을 것이다. 제10야의 쇼다로우를 통해 지금 우리는 겉모습만으로 상대를 평가하고 눈에 보이는 것, 내가 믿고 싶은 것만 믿는 확증편향적인 태도로 상대방을 제대로 알기도 전에 그것을 사랑이라고 착각을 하고 있는 것은 아닌지 생각해 볼 만하다.

한 발 더 다가서기

1 제1야에서 여자는 '나'에게 "죽으면 묻어 줘요. 커다란 진주조개로 구멍을 파고 그리고 하늘에서 떨어져 내린 별의 파편을 묘비로 세워 놓아 주세요." 그리고 "100년, 내 무덤 옆에서 기다려 주세요. 꼭 만나러 올테니까요."라고 한다. 이처럼 맹세가 때로 불가능한 것으로 이야기되는 까닭은 무엇인지 말해 보자.

2 제5야에서 '나'는 포로가 되어 오직 자신의 상관, 자신의 국가만을 위해 목숨을 바치는 전형적인 사무라이 정신을 발휘해 죽음을 선택한다. 그럼에도 '그 당시에는 남녀간의 연애는 존재했다'에서처럼 과거의 연애관과 현대의 연애관에 대해 자유롭게 이야기해 보자.

3 제9야에서 남편을 향한 아내의 사랑의 의미와 그 이후의 이야기가 어떻게 전개될 것인지에 대해 이야기해 보자.

4 제10야에서 주인공은 한눈에 빠지는 사랑이 문제 있음을 보여준다. 그럼에도 우리가 외모에 끌리는 이유는 무엇이라고 생각하는지 토론해 보자.

2. 〈동백꽃〉

오늘도 또 우리 수탉이 막 쫓기었다. 내가 점심을 먹고 나무를 하러 갈 양으로 나올 때이었다. 산으로 올라서려니까 등뒤에서 푸르득 푸드득, 하고 닭의 횃소리가 야단이다. 깜짝 놀라서 고개를 돌려보니 아니나다르랴, 두 놈이 또 얼리었다.

점순네 수탉(은 대강이가 크고 똑 오소리같이 실팍하게 생긴 놈)이 덩저리 작은 우리 수탉을 함부로 해내는 것이다. 그것도 그냥 해내는 것이 아니라 푸드득 하고 면두를 쪼고 물러섰다가 좀 사이를 두고 또 푸드득 하고 모가지를 쪼았다. 이렇게 멋을 부려 가며 여지없이 닦아 놓는다. 그러면 이 못생긴 것은 쪼일 적마다 주둥이로 땅을 받으며 그 비명이 킥, 킥 할 뿐이다. 물론 미처 아물지도 않은 면두를 또 쪼이어 붉은 선혈은 뚝뚝 떨어진다.

이걸 가만히 내려다보자니 내 대강이가 터져서 피가 흐르는 것같이 두 눈에서 불이 번쩍 난다. 대뜸 지게 막대기를 메고 달려들어 점순네 닭을 후려칠까 하다가 생각을 고쳐먹고 헛매질로 떼어만 놓았다.

이번에도 점순이가 쌈을 붙여 놨을 것이다. 바짝바짝 내 기를 올리느라고 그랬음에 틀림없을 것이다.

고놈의 계집애가 요새로 들어서서 왜 나를 못 먹겠다고 고렇게 아르렁거리는지 모른다.

나흘 전 감자 조각만 하더라도 나는 저에게 조금도 잘못한 것은 없다.

계집애가 나물을 캐러 가면 갔지 남 울타리 엮는 데 쌩이질 하는 것은 다 뭐냐. 그것도 발소리를 죽여 가지고 등뒤로 살며시 와서,

"얘! 너 혼자만 일하니?"

하고 긴치 않은 수작을 하는 것이다.

어제까지도 저와 나는 이야기도 잘 않고 서로 만나도 본 척 만 척하고 이렇게 점잖게 지내던 터이련만 오늘로 갑작스레 대견해졌음은 웬일인가. 황차 망아지만 한 계집애가 남 일하는 놈보구.

"그럼 혼자 하지 떼루 하디?"

내가 이렇게 내배앝는 소리를 하니까,

"너 일하기 좋니?"

또는,

"한여름이나 되거든 하지 벌써 울타리를 하니?"

잔소리를 두루 늘어놓다가 남이 들을까 봐 손으로 입을 틀어막고는 그 속에서 깔깔댄다. 별로 우스울 것도 없는데 날씨가 풀리더니 이놈의 계집애가 미쳤나 하고 의심하였다. 게다가 조금 뒤에는 제 집께를 할금할금 돌아보더니 행주치마의 속으로 꼈던 바른손을 뽑아서 나의 턱밑으로 불쑥 내미는 것이다. 언제 구웠는지 아직도 더운 김이 확 끼치는 굵은 감자 세 개가 손에 뿌듯이 쥐였다.

"느 집엔 이거 없지?"

하고 생색 있는 큰소리를 하고는 제가 준 것을 남이 알면은 큰일날테니 여기서 얼는 먹어 버리란다. 그리고 또 하는 소리가,

"너 봄감자가 맛있단다."

"난 감자 안 먹는다, 너나 먹어라."

나는 고개도 돌리려지 않고 일하던 손으로 그 감자를 도로 어깨너머로 쑥 밀어 버렸다.

그랬더니 그래도 가는 기색이 없고 뿐만 아니라 쌔근쌔근 하고 심상치 않게 숨소리가 점점 거칠어진다. 이건 또 뭐야, 싶어서 그때서야 비로소 돌아다보니 나는 참으로 놀랐다. 우리가 이 동리에 들어온 것은 근 삼 년째 되어 오지만 여태껏 가무잡잡한 점순이의 얼굴이 이렇게까지 홍당무처럼 새빨개진 법이 없었다. 게다 눈에 독을 올리고 한참 나를 요렇게 쏘아보더니 나중에는 눈물까지 어리는 것이 아니냐. 그리고 바구니를 다시 집어 들더니 이를 꼭 악물고는 엎어질 듯 자빠질 듯 논둑으로 횡허케 달아나는 것이다.

어쩌다 동리 어른이,

"너 얼른 시집가야지?"

하고 웃으면,

"염려 마서유. 갈 때 되면 어련히 갈려구!"

이렇게 천연덕스레 받는 점순이었다. 본시 부끄럼을 타는 계집애도 아니려니와 또한 분하다고 눈에 눈물을 보일 얼병이도 아니다. 분하면 차라리 나의 등허리를 바구니로 한 번 모질게 후려쌔리고 달아날지언정.

그런데 고약한 그 꼴을 하고 가더니 그 뒤로는 나를 보면 잡아먹으려고 기를 복복 쓰는 것이다.

설혹 주는 감자를 안 받아 먹은 것이 실례라 하면, 주면 그냥 주었지 '느 집엔 이거 없지'는 다 뭐냐. 그렇잖아도 저희는 마름이고 우리는 그 손에서 배재를 얻어 땅을 부치므로 일상 굽실거린다. 우리가 이 마을에 처음 들어와 집이 없어서 곤란으로 지낼 제 집터를 빌리고 그 위에 집을 또 짓도록 마련해 준 것도 점순네의 호의였다. 그리고 우리 어머니 아버지도 농사 때 양식이 달리면 점순네한테 가서 부지런히 꾸어다 먹으면서 인품 그런 집은 다시없으리라고 침이 마르도록 칭찬하곤 하는 것이다. 그러면서도 열일곱씩이나 된 것들이 수군수군하고 붙어다니면 동리의 소문이 사납다고 주의를 시켜 준 것도 또 어머니였다. 왜냐하면 내가 점순이하고 일을 저질렀다가는 점순네는 노할 것이고, 그러면 우리는 땅도 떨어지고 집도 내쫓기고 하지 않으면 안 되는 까닭이었다.

그런데 이놈의 계집애가 까닭 없이 기를 복복 스며 나를 말려죽이려고 드는 것이다.

눈물을 흘리고 간 담날 저녁 나절이었다. 나무를 한짐 잔뜩 지고 산을 내려오려니까 어디서 닭이 죽는 소리를 친다. 이거 뉘 집에서 닭을 잡나, 하고 점순네 울 뒤로 돌아오다가 나는 고만 두 눈이 뚱그래졌다. 점순이가 저희 집 봉당에 홀로 걸터앉았는데 이게 치마 앞에다 우리 씨암탉을 꼭 붙들어 놓고는,

"이놈의 닭! 죽어라, 죽어라."

요렇게 암팡스레 패주는 것이 아닌가. 그것도 대가리나 치면 모른다마는 아주 알도 못 낳으라고 그 볼기짝께를 주먹으로 콕콕 쥐어박는 것이다.

나는 눈에 쌍심지가 오르고 사지가 부르르 떨렸으나 사방을 한 번 휘돌아보고

야 그제서 점순이 집에 아무도 없음을 알았다. 잡은 참 지게막대기를 들어 울타리의 중턱을 후려치며,

"이놈의 계집애! 남의 닭 알 못 낳으라구 그러니?"

하고 소리를 빽 질렀다.

그러나 점순이는 조금도 놀라는 기색이 없고 그대로 의젓이 앉아서 제 닭 가지고 하듯이 또 죽어라, 죽어라, 하고 패는 것이다. 이걸 보면 내가 산에서 내려올 때를 겨냥해 가지고 미리부터 닭을 잡아 가지고 있다가 너 보란 듯이 내 앞에 줴지르고 있음이 확실하다.

그러나 나는 그렇다고 남의 집에 뛰어들어가 계집애하고 싸울 수도 없는 노릇이고 형편이 썩 불리함을 알았다. 그래 닭이 맞을 적마다 지게막대기로 울타리나 후려칠 수밖에 별도리가 없다. 왜냐하면 울타리를 치면 칠수록 울섶이 물러앉으며 뼈대만 남기 때문이다. 하나 아무리 생각하여도 나만 밑지는 노릇이다.

"야, 이년아! 남의 닭 아주 죽일 터이냐?"

내가 도끼눈을 뜨고 다시 꽥 호령을 하니까 그제야 울타리께로 쪼르르 오더니 울 밖에 섰는 나의 머리를 겨누고 닭을 내팽개친다.

"에이, 더럽다! 더럽다!"

"더러운 걸 널더러 입때 끼고 있으랬니? 망할 계집애년 같으니!"

하고 나도 더럽단 듯이 울타리께를 힝하니 돌아 내리며 약이 오를 대로 다 올랐다. 라고 하는 것은 암탉이 풍기는 서슬에 나의 이마빼기에다 물찌똥을 찍 깔겼는데 그걸 본다면 알집만 터졌을 뿐 아니라 골병은 단단히 든 듯싶다.

그리고 나의 등뒤를 향하여 나에게만 들릴 듯 말 듯한 음성으로,

"이 바보 녀석아!"

"얘! 너 배냇병신이지?"

그만도 좋으련만,

"얘 너 느 아버지가 고자라지?"

"뭐? 울 아버지가 그래 고자야?"

할 양으로 열벙거지가 나서 고개를 홱 돌리어 바라봤더니 그때까지 울타리 위로 나와 있어야 할 점순이의 대가리가 어디 갔는지 보이지를 않는다. 그러다 돌아서서 오자면 아까에 한 욕을 울 밖으로 또 퍼붓는 것이다. 욕을 이토록 먹어 가면서도 대거리 한마디 못 하는 걸 생각하니 돌부리에 채어 발톱 밑이 터지는 것도 모를 만치 분하고 급기야는 두 눈에 눈물까지 불끈 내솟는다.

그러나 점순이의 침해는 이것뿐이 아니다.

사람들이 없으면 틈틈이 제 집 수탉을 몰고 와서 우리 수탉과 쌈을 붙여 놓는다. 제 집 수탉은 썩 험상궂게 생기고 쌈이라면 홰를 치는 고로 으레 이길 것을 알기 때문이다. 그래서 툭하면 수탉이 면두며 눈깔이 피로 흐드르하게 되도록 해놓는다. 어떤 때에는 우리 수탉이 나오지를 않으니까 요놈의 계집애가 모이를 쥐고 와서 꾀어 내다가 쌈을 붙인다.

이렇게 되면 나도 다른 배차를 차리지 않을 수 없다. 하루는 우리 수탉을 붙들어 가지고 넌지시 장독께로 갔다. 쌈닭에게 고추장을 먹이면 병든 황소가 살모사를 먹고 용을 쓰는 것처럼 기운이 뻗친다 한다. 장독에서 고추장 한 접시를 떠서 닭 주둥아리께로 들이밀고 먹여 보았다. 닭도 고추장에 맛을 들였는지 거스르지 않고 거진 반 접시 턱이나 곧잘 먹는다.

그리고 먹고 금세는 용을 못 쓸 터이므로 얼마쯤 기운이 들도록 홰 속에다 가두어 두었다.

밭에 두엄을 두어 짐 져내고 나서 쉴 참에 그 닭을 안고 밖으로 나왔다. 마침 밖에는 아무도 없고 점순이만 저희 울 안에서 헌옷을 뜯는지 혹은 솜을 터는지 웅크리고 앉아서 일을 할 뿐이다.

나는 점순네 수탉이 노는 밭으로 가서 닭을 내려놓고 가만히 맥을 보았다. 두 닭은 여전히 얼리어 쌈을 하는데 처음에는 아무 보람이 없다. 멋지게 쪼는 바람에 우리 닭은 또 피를 흘리고 그러면서도 날갯죽지만 푸드득푸드득 하고 올라 뛰고 뛰고 할 뿐으로 제법 한 번 쪼아 보도 못 한다.

그러나 한 번은 어쩐 일인지 용을 쓰고 펄쩍 뛰더니 발톱으로 눈을 하비고 내려오며 면두를 쪼았다. 큰 닭도 여기에는 놀랐는지 뒤로 멈씰하며 물러난다. 이 기회를 타서 작은 우리 수탉이 또 날쌔게 덤벼들어 다시 면두를 쪼니 그제는 감때사나운 그 대강이에서도 피가 흐르지 않을 수 없었다.

옳다 알았다, 고추장만 먹이면은 되는구나, 하고 나는 속으로 아주 쟁그라워 죽겠다. 그때에는 뜻밖에 내가 닭쌈을 놓는 데 놀라서 울 밖으로 내다보고 섰던 점순이도 입맛이 쓴지 눈살을 찌푸렸다.

나는 두 손으로 볼기짝을 두드리며 연방,

"잘한다! 잘한다!"

하고 신이 머리끝까지 뻗치었다.

그러나 얼마 되지 않아서 나는 넋이 풀리어 기둥같이 묵묵히 서 있게 되었다. 왜냐하면 큰 닭이 한 번 쪼인 앙갚음으로 호들갑스레 연거푸 쪼는 서슬에 우리 수탉은 찔끔 못 하고 막 곯는다. 이걸 보고서 이번에는 점순이가 깔깔거리고 되도록 이쪽에서 많이 들으라고 웃는 것이다.

나는 보다 못하여 덤벼들어서 우리 수탉을 붙들어 가지고 도로 집으로 들어왔다. 고추장을 좀 더 먹였더라면 좋았을 걸 너무 급하게 쌈을 붙인 것이 퍽 후회가 난다. 장독께로 돌아와서 다시 턱밑에 고추장을 들이댔다. 흥분으로 말미암아 그런지 당최 먹질 않는다.

나는 하릴없이 닭을 반듯이 누이고 그 입에다 궐련 물부리를 물리었다. 그리고 고추장 물을 타서 그 구멍으로 조금씩 들이부었다. 닭은 좀 괴로운지 킥킥 하고 재채기를 하는 모양이나 그러나 당장의 괴로움은 매일같이 피를 흘리는 데 댈 게 아니라 생각하였다.

그러나 한 두어 종지 가량 고추장 물을 먹이고 나서는 나는 그만 풀이 죽었다. 싱싱하던 닭이 왜 그런지 고개를 살며시 뒤틀고는 손아귀에서 빠드러지는 것이 아닌가. 아버지가 볼까 봐서 얼른 홰에다 감추어 두었더니 오늘 아침에서야 겨우 정신이 든 모양 같다.

그랬던 걸 이렇게 오다 보니까 또 쌈을 붙여 놓으니 이 망할 계집애가 필연 우리

집에 아무도 없는 틈을 타서 제가 들어와 홰에서 꺼내 가지고 나간 것이 분명하다.

나는 다시 닭을 잡아다 가두고 염려는 스러우나 그렇다고 산으로 나무를 하러 가지 않을 수도 없는 형편이었다.

소나무 삭정이를 따며 가만히 생각해 보니 암만해도 고년의 목쟁이를 돌려놓고 싶다. 이번에 내려가면 망할년 등줄기를 한 번 되게 후려치겠다 하고 싱둥겅둥 나무를 지고는 부리나케 내려왔다.

거지반 집에 다 내려와서 나는 호드기 소리를 듣고 발이 멈추었다. 산기슭에 널려 있는 굵은 바윗돌 틈에 노란 동백꽃이 소보록하니 깔리었다. 그 틈에 끼어 앉아서 점순이가 청승맞게끔 호드기를 불고 있는 것이다. 그보다도 더 놀란 것은 그 앞에서 또 푸드득푸드득 하고 들리는 닭의 횃소리다. 필연코 요년이 나의 약을 올리느라고 또 닭을 집어 내다가 내가 내려올 길목에다 쌈을 시켜 놓고 저는 그 앞에 앉아서 천연스레 호드기를 불고 있음에 틀림없으리라.

나는 약이 오를 대로 다 올라서 두 눈에서 불과 함께 눈물이 픽 쏟아졌다. 나무 지게도 벗어 놀 새 없이 그대로 내동댕이치고는 지게 막대기를 뻗치고 허둥지둥 달려들었다.

가까이 와보니 과연 나의 짐작대로 우리 수탉이 피를 흘리고 거의 빈사 지경에 이르렀다. 닭도 닭이려니와 그러함에도 불구하고 눈 하나 깜짝 없이 고대로 앉아서 호드기만 부는 그 꼴에 더욱 치가 떨린다. 동리에서도 소문이 났거니와 나도 한때는 걱실걱실히 일 잘하고 얼굴 예쁜 계집애인 줄 알았더니 시방 보니까 그 눈깔이 꼭 여우새끼 같다.

나는 대뜸 달려들어서 나도 모르는 사이에 큰 수탉을 단매로 때려 엎었다. 닭은 푹 엎어진 채 다리 하나 꼼짝 못 하고 그대로 죽어 버렸다. 그리고 나는 멍하니 섰다가 점순이가 매섭게 눈을 홉뜨고 닥치는 바람에 뒤로 벌렁 나자빠졌다.

"이놈아! 너 왜 남의 닭을 때려죽이니?"

"그럼 어때?"

하고 일어나다가,

"뭐 이 자식아! 누 집 닭인데?"

하고 복장을 떼미는 바람에 다시 벌렁 자빠졌다. 그리고 나서 가만히 생각하니 분하기도 하고 무안도 스럽고 한편 일을 저질렀으니 인젠 땅이 떨어지고 집도 내쫓기고 해야 될는지 모른다.

나는 비슬비슬 일어나며 소맷자락으로 눈을 가리고는 얼김에 엉 하고 울음을 놓았다. 그러다 점순이가 앞으로 다가와서,

"그럼, 너 이 담부턴 안 그럴 테냐?"

하고 물을 때에야 비로소 살 길을 찾은 듯싶었다. 나는 눈물을 우선 씻고 뭘 안 그러는지 명색도 모르건만,

"그래!"

하고 무턱대고 대답하였다.

"요 담부터 또 그래 봐라, 내 자꾸 못살게 굴 테니."

"그래 그래, 인젠 안 그럴 테야."

"닭 죽은 건 염려 마라. 내 안 이를 테니."

그리고 뭣에 떠다밀렸는지 나의 어깨를 짚은 채 그대로 퍽 쓰러진다. 그 바람에 나의 몸뚱이도 겹쳐서 쓰러지며 한창 피어 퍼드러진 노란 동백꽃 속으로 폭 파묻혀 버렸다.

알싸한 그리고 향긋한 그 냄새에 나는 땅이 꺼지는 듯이 온 정신이 고만 아찔하였다.

"너 말 마라?"

"그래!"

조금 있더니 요 아래서,

"점순아! 점순아! 이년이 바느질을 하다 말구 어딜 갔어?"

하고 어딜 갔다 온 듯싶은 그 어머니가 역정이 대단히 났다.

점순이가 겁을 잔뜩 집어먹고 꽃 밑을 살금살금 기어서 산 아래로 내려간 다음 나는 바위를 끼고 엉금엉금 기어서 산 위로 치빼지 않을 수 없었다.

김유정(金裕貞, 1908-1937)은 강원도 춘성에서 출생하여 휘문고보를 거쳐 연희전문학교 문과를 중퇴하였다. 1933년『신여성』에 〈총각과 맹꽁이〉를 발표하여 문단에 등단하였으며 1935년『조선일보』에 〈소낙비〉가,『중외일보』에 〈노다지〉가 당선되었다. 순문예 단체인 구인회(九人會) 회원으로 활동하였고 해학적인 필치와 사실적인 묘사로 주옥같은 단편소설의 세계를 추구했으며, 선의의 인간에 대한 애정을 형상화한 작가로 평가되고 있다.

김유정은 29세의 짧은 나이로 세상을 떠났지만 1930년대 한국의 대표적인 소설가 중의 한 사람이다. 그는 병고와 가난에 시달리면서도 장·단편소설, 수필, 서간문, 일기, 번역 작품 등 다수의 작품을 남겼다. 단지 2년여의 문단 활동을 하고 작고한 김유정은 1930년대의 소설이나 한국 현대소설을 논하는 자리에서 늘 주목 받는 작가로 인정받고 있다. 김유정의 소설은 어둡고 삭막한 농민들의 삶을 때로는 회화적으로, 때로는 해학적으로 그려냄으로써 농민들의 끈질긴 생명력의 저변을 질박하게 펼쳐놓고 있다. 주요 작품으로는 〈봄봄〉, 〈노다지〉, 〈금 따는 콩밭〉, 〈산골 나그네〉, 〈따라지〉, 〈동백꽃〉, 〈가을〉, 〈땡볕〉 등이 있다.

〈동백꽃〉은 1936년『조광(朝光)』5월호에 발표된 작품이며 향토색 짙은 농촌을 배경으로 인생의 봄을 맞이하여 성장해 가는 충동적인 청춘 남녀의 애정을 해학적으로 그리고 있다. 특히, 여러 번의 닭싸움을 통하여 두 사람의 갈등, 화해의 관계가 이루어지는 심리적 전개가 소설적 재미를 더해 주며, 마름의 딸과 소작인의 아들이라는 신분적 차이를 웃음으로 처리하는 기법이 두드러진다. 〈동백꽃〉은 시골의 소년, 소녀가 이성을 인식하고 사랑에 눈을 뜨는 과정을 김유정 특유의 서정성과 해학성으로 그리고 있는 작품이다. 우둔한 '나'가 점순이의 마음을 알아차리지 못하고 거절해버리자 점순이는 닭싸움을 통해 역설적인 애정표현을 한다. 이때 두 주인공은 남성다움과 여성다움의 관습적인 틀을 벗어나는 모습을 보여준다. 즉 소극적이고 수동적인 남성인 '나'는 적극적이고 능동적인 여성 점순이의 끊임없는 관심과 적극적인 애정의 표현으로 성의 본질을 인식하게 된다.

작품의 대략적인 내용은 다음과 같다. '나'가 점심을 먹고 나무를 하러 갈 양으로 산으로 올라서려는데, 점순이네 수탉이 아직 상처가 아물지도 않은 '나'의 닭을 다시 쪼아서 선혈이 낭자했다. '나'는 작대기를 들고 헛매질을 하여 떼어 놓았다. 나흘 전에 점순이는 울타리를 엮는 '나'의 등 뒤로 와서 더운 김이 확 끼치는 감자를 내밀었다. '나'는 그녀의 손을 밀어 버렸다. 이상한 낌새에 뒤를 돌아본 '나'는 쌔근쌔근 하고 독이 오른 점순이가 '나'를 쳐다보다가 나중에는 눈물까지 흘리는 것을 보고 깜짝 놀랐다. 다음날 점순이는 자기 집 봉당에 홀로 걸터앉아 '나'의 집 씨암탉을 붙들어 놓고 때리고 있었다. 점순이는 사람들이 없으면 수탉을 몰고 와서 '나'의 집 수탉과 싸움을 붙였다. 하루는 '나'도 우리 집 수탉에게 고추장을 먹이고 용을 쓸 때까지 기다려서 점순이네 닭과 싸움을 붙였다. 그 보람으로 우리 닭은 발톱으로 점순이네 닭의 눈을 후볐다. 그러나 점순이네 닭이 한 번 쪼인 앙갚음으로 '나'의 닭을 쪼았다. 점순이가 싸움을 붙일 것을 안 '나'는 우리 닭을 잡아다가 가두고 나무하러 갔다. 소나무 삭정이를 따면서 '나'는 점순이의 목쟁이를 돌려놓고 싶은 충동을 느낀다. 점순이가 바윗돌 틈에 소복이 깔아 놓고 앉아서 닭싸움을 보며 청승맞게 호드기를 불고 있다. 약이 오른 '나'는 지게 막대기로 점순이네 큰 수탉을 때려 죽였다. 그러자 점순이가 눈을 홉뜨고 내게 달려든다. 다음부터는 그러지 않겠다는 다짐을 받아내는 점순이에게 '나'는 그러겠다고 약속한다. 노란 동백꽃 속에 함께 파묻힌 '나'는 점순이의 향긋한 냄새에 정신이 아찔해진다. 이때 점순이는 어머니가 부르자 겁을 먹고 꽃 밑을 살금살금 기어서 내려가고 '나'는 산으로 내빼며 작품은 끝난다.

이 작품의 발단은 과거의 사건 속에서 시작된다. 절정을 향해 가는 사건의 진행 과정에서 가장 핵심을 이루고 있는 것은 닭싸움인데 첫 장면에서부터 닭싸움이 나온다. 닭싸움은 '나'와 점순이의 갈등의 표면화이면서 감정선의 교차이기도 하다. 며칠 전 감자 사건으로 점순이의 비위를 건드린 것이 발단이 되어 오늘의 닭싸움이 생기게 된 것이다.

소작인의 아들과 마름의 딸은 쉽게 어울릴 수 없다는 소극적인 생각을 가진 '나'는 아직 성적(性的)으로 미숙하다. 반면에, 점순이는 남녀의 애정에 일찍 눈을 떠서 '나'에게 관심을 보인다. 이들의 갈등은 닭싸움을 매개로 하여 점진적으로 고조되어 가다가 점순이의 닭이 죽음으로써 절정을 맞게 되고, 이 사건을 계기로 대립적 관계에 있던 두 사람은 화해하게 된다. 이러한 두 사춘기 남녀의 대비적 성격이 맞부딪혀서 갈등을 자아내고 희극적 분위기를 연출하게 된다. 이를테면, 닭싸움은 '나'와 '점순이'의 심리적 관계를 드러내는 구성적 장치이다. 닭싸움을 통한 두 남녀의 대립은 긴장된 느낌을 주기도 하지만, 닭의 죽음에서 보여 주는 '나'의 순박함과 점순이의 영악함의 대비이기도 하다.

'나'는 매우 순박하고 우직한 성격을 지닌 남자아이다. '나'는 점순이의 적극적인 애정 공세에도 그 속내를 파악하지 못한다. 요즘 세대의 시선에서 볼 때는 상당히 답답하고 그거 하나 눈치 못 채느냐고 생각할 수도 있겠지만, 요즘처럼 인간관계와 연애사에 대해서 조명하는 콘텐츠를 접할 수 없는 옛날 사람들에겐 충분히 그럴 듯한 설정이다.

'나'는 아직 성적으로 미성숙한 상태이다. 그래서 "얘! 너 혼자만 일하니?"라며 관심을 끌고자 하는 점순이의 의도를 알아차리지 못한다. '나'는 '너 혼자만 있니, 같이 놀자'라는 점순이의 숨은 의도를 파악하지 못하는 것이다. 이러한 점순이의 행동에 대해 '계집애가 미쳤나' 하고 생각하기까지 한다.

김유정의 〈동백꽃〉은 그냥 읽기만 해도 입가에 웃음이 도는 사랑 이야기이다. 우리가 공감할 수 있을 정도로 진솔하고 순수한 사랑 이야기, 말로는 표현되지 않을 만큼 아름답지만 어쩐지 투박한 느낌도 드는 사랑 이야기이다. 소년과 소녀가 만나서 말다툼으로 시작하여 나중엔 사랑이란 감정을 느낄 때까지의 감정과 갈등을 숨김없이 표현해 놓았다. 이런 과정 속에서 '나'와 점순이의 사랑이라는 감정이 좀 더 구체적으로 형상화된다.

이와 같은 형상화의 요소로는 우선 '나'의 집이 점순이의 땅을 부쳐 먹고 산다는 점을 들 수 있다. 그뿐 아니라 집터를 빌렸으며, 양식을 자주 꾸기도 하는 처지이므로 '나'의 집 사람들은 점순이 집에 늘 굽신거린다. 그렇기 때문에 '나'의 어머니는 점순이와 붙어 다니지 않도록 특히 주의를 준다. 어느 날 '나'가 울타리를 엮고 있을 때 평소 서로 말을 않고 지내던 점순이가 살며시 와서 괜스레 말을 건다. "느 집엔 이거 없지?" 하며 구운 감자 세 알을 내놓는 것이다. '나'는 "안 먹는다." 하며 고개도 안 돌리고 감자를 도로 밀어버린다. 점순이는 '나'를 독하게 쏘아보고 눈물까지 흘리며 이를 악물고 가버린다.

그 후로 점순이는 기를 쓰고 '나'를 괴롭히기 시작한다. 본격적으로 밀고 당기기식 표현이 나타나기 시작하는 것이다. '나'를 괴롭힘으로 인해 '나'의 관심을 끌려는 점순이의 속셈이 우둔한 '나'의 시점으로 펼쳐져 독자들을 즐겁게 하기도 하고, 긴장감 속으로 몰아넣기도 한다. '나'의 집 암탉을 때려 알집을 터뜨려 놓았을 뿐만 아니라, '나'를 '바보', '배냇병신'이라고 놀리다 못해 "느 아버지 고자라지?"라고 말하기도 하고, 툭하면 사나운 자기네 집 수탉과 '나'의 작은 수탉을 싸움 붙여 놓는 등 얄미운 짓만 골라서 하는 점순이의 행동은 우둔한 성격인 '나'의 시점으로 인해 더욱 해학적인 면을 극대화시킨다. 그리고 점순이의 본심을 파악하지 못하고 닭에게 고추장을 먹여서까지 점순이에게 기를 쓰고 이기려는 '나'의 모습에서는 남녀 관계에서 나타나는 밀고 당기기식 사랑싸움의 묘미마저 느끼게 해준다.

어느 날 늘어진 수탉을 홰에 가두고 일을 갔다 오니 수탉이 보이지 않는다. 알고 보니 점순이가 그 수탉을 꺼내다가 자기 집 수탉과 산기슭 동백꽃 속에 또 싸움을 붙여 놓고 저는 천연스레 호도기를 불고 있다. 역시 '나'의 수탉은 거의 죽을 지경으로 헤매고 있다. '나'는 화가 나 점순이네 수탉을 때려죽이고 만다. 그러고는 스스로 저지른 일에 놀라 울기 시작한다. 점순이는 다음부터 그러지 말라고 하며 수탉 죽인 것을 비밀로 해주겠다고 한다. 여기서 진짜 점순이의 본심이 나오기 시작하는 것이다. 겉으로 표현하기엔 쑥스럽고, 표현 안 하자니 속만 타는 점순이 나름대로의 사랑법이 종지부를 찍게 되는 순간이다.

이런 점순이의 모습은 사랑 앞에서 솔직하지 않은 새침떼기들의 모습과 무척이나 닮았다. 누군가를 좋아하면서도 내색은 하기 싫고, 다가가기는 힘드니까 괜히 시비 걸고, 장난치며 마음과는 반대로 표현하는 사랑의 방식을 적나라하게 드러내 주는 형상을 취하고 있다. 그럼으로써 더욱 이 소설은 우리에게 사랑의 심리상태에 대해 공감을 느끼게 해준다. 즉 직접적으로 표현은 못하면서, 눈길을 한 번 끌어볼까 하고 일부러 과장되게 웃거나, 그 사람 앞에서 실수를 연발하거나 하며 자신을 어필하는 사람들의 사랑 방식이 바로 그러한 것이다.

그래서인지 점순이의 마음은 이해하기가 쉬운 건지도 모른다. 그리고 그런 구성은 점순이와 '나'의 사랑이 그 이후 어떻게 이루어질까 하는 궁금증을 낳기도 한다. 점순이의 구애를 이해하지 못하고 거절하기만 하는 '나'의 모습은 독자들로 하여금 가슴을 답답하게 만들기도 하고, 오히려 얄미운 짓만 골라 하는 점순이보다 '나'라는 존재의 우둔함에 순박함을 느끼게 한다. 독자들은 점순이의 행동에 민감한 행동을 보이는 '나'에게 "점순이가 널 좋아하니까 그렇잖아!" 하고 한 마디 해주고 싶기까지 할 것이다. 〈동백꽃〉의 시골 소년 소녀들의 순박하고 소박한 그런 사랑, 그리고 그런 식의 순박한 사랑 방식을 통해 새삼 요즘 각박한 우리의 사랑은 어떠한지를 생각해 보게 된다.

한 발 더 다가서기 1

1 만약 내가 '점순이' 혹은 '나'라면 사건의 전개 양상이 어떻게 달라졌을 것인지에 대해 이야기해 보자.

2 〈동백꽃〉에서 사랑의 감정을 비유적으로 표현한 부분을 찾아보고 그 방법에 대해서 말해 보자.

3 '나'와 '점순이'는 향후 사이가 좋아지거나 다시 갈등을 빚게 될 수도 있다. 그렇다면 두 상황 중에서 하나를 선택하여 글로 표현해 보자.

한 발 더 다가서기 2

나룻배와 행인

한용운

나는 나룻배
당신은 행인

당신은 흙발로 나를 짓밟습니다.
나는 당신을 안고 물을 건너갑니다.
나는 당신을 안으면 깊으나 얕으나 급한 여울이나 건너갑니다.

만일 당신이 아니 오시면 나는 바람을 쐬고 눈비를 맞으며 밤에서 낮까지 당신을 기다리고 있습니다.
당신은 물만 건너면 나를 돌아보지도 않고 가십니다그려.

그러나 당신이 언제든지 오실 줄만은 알아요.
나는 당신을 기다리면서 날마다 날마다 낡아갑니다.

나는 나룻배
당신은 행인.

위의 시에서 '당신은 물만 건너면 나를 돌아보지 않고 가십니다그려'에 준하는 소설의 대목은 무엇이라고 생각하는가?

제4장 자아 발견과 도전의 가치

시대를 막론하고 청춘은 희망의 이름이어야 하지만 우리 시대의 청춘은 불안함과 고단함을 껴안고 살아간다. 불확실성이 지배하는 시대에 자신의 정체성과 삶의 좌표를 찾아야 하는 고단함이 이들의 숙명이기 때문이다.

혼란과 방황 속에서 생존의 치열함과 경쟁의 냉혹함을 견뎌내야 하는 청춘 세대들에게 절망감은 하나의 집단 정서로 자리 잡았다. 개인의 절망은 개인적인 아픔에 그치지만, 한 세대의 절망은 공동체 전체의 위기를 초래한다.

그렇다면 오늘날 우리 사회의 청춘은 왜 이런 부정적인 감정에 굴복하게 되었는가? 왜 그들은 자기 착취를 부추기는 '피로사회'에서 스스로가 가해자이자 피해자로 살아가고 있는가?

이번 장에서는 '자아 발견과 도전의 가치'를 통해 이 물음의 답을 찾아보고자 한다. 삶의 행복과 의미는 참다운 자아 발견에서 시작된다는 말은 동서고금을 막론한 보편적 진리라 할 수 있다. 자아 발견이란 현재 자신이 어떤 환경과 조건에 놓여 있고, 어떤 이상과 잠재력을 가지고 있으며, 타인들과의 관계는 어떤지를 제대로 인식하는 것이다. 자신의 내면의 풍경을 들여다보고, 삶의 지향점을 모색한다는 점에서 자아 발견은 자아 성찰과 자아실현의 개념과도 겹친다. 자아 발견을 위해서는 무엇보다 나의 정체성을 확인하는 과정이 중요하다.

내가 진정으로 원하는 것이 무엇이며, 어떤 능력과 성격과 욕망과 가치관을 가지고 있는지를 냉정하게 자문해 봐야 한다. 사회시스템 안에서 우리에게 부여된

다양한 지위와 역할을 수행하는 데 절대적 좌표가 되어주는 것이 바로 자아 정체성이기 때문이다.

자아 정체성을 확립하고 이를 통해 자아 발견의 길로 들어서기 위해서는 진정한 나를 만나려는 마음가짐이 필요하다. 이를 통해 자신만의 고유성과 개별성을 인식하고 그에 맞는 삶의 지향점을 찾아나서야 한다.

하지만 오늘날 대부분의 청춘들은 자신이 좋아하는 분야를 찾지 못하고, 자신의 재능을 발견하지 못한 채 살아간다. 한 마디로 자아 발견의 과정을 도외시한 채 살아가고 있는 것이다. 그 까닭은 무엇일까? 아마도 타인의 취향과 욕망을 무비판적으로 따라하려는 이른바 모방 욕망에 휘둘리고 있기 때문이리라. 오늘날 너나 할 것 없이 명품이나 스펙을 추구하는 사회적 현상, 외모지상주의라는 집단 주술에 빠져 있는 병리 현상도 바로 이 모방 욕망의 메커니즘으로 바라볼 수 있다.

삶의 가치를 스스로 만드는 것이 아니라 다른 누군가의 가치관을 그대로 복사하려는 타율적 욕망이 꿈틀대는 한 자아 발견의 길은 요원하다. 이처럼 자아 발견과 자아실현에 가장 큰 장애물은 다름 아닌 타인의 시선과 사회적 요구이다. 사회는 끊임없이 획일화되고 정형화된 인간의 모습을 강요한다. 하지만 미국의 심리학자 매슬로우(Maslow)는 '욕구 발전 5단계론'에서 진정한 자아실현은 타인의 욕망과 사회적 요구를 뛰어넘을 때 비로소 성취되는 것이라 조언한다. 모방욕망의 유혹과 외부의 가치판단으로부터 자유로워지는 곳에서 자아실현의 길은 시작된다고 일러준다.

자아 발견과 자아실현의 여정은 때론 도전과 모험을 필요로 한다. "배는 항구에 정박해 있을 때 가장 안전하다. 그러나 그것이 배의 존재 이유는 아니다."라는 괴테의 말을 음미해 보라. 세상이라는 바다로 출항하는 것에는 항상 위험이 뒤따르는 법이다. 그렇다고 항해라는 배의 존재 의미를 부정할 수는 없다.

인생에서 가장 큰 위험은 전혀 위험을 감수하지 않는 것일지도 모른다. 익숙한 것이 편하다고 해서 마냥 그것에 안주해 있다면, 바로 그 익숙한 것들이 도리어 나의 발목을 잡는 족쇄가 될 수도 있다. 도전에서 오는 위험과 모험에서 오는 두려움을 가능한 한 최소화하려고만 하면 결국 최소화된 삶을 살 수밖에 없을 것이다.

'3포 세대'를 넘어 '7포 세대'라는 말로 호명되고 있는 게 우리 시대 청춘의 쓰라린 현실이다. 취업, 결혼, 출산에 이어 연애, 인간관계, 꿈, 그리고 희망까지 포기하기에 이르렀기 때문이다. 그렇다면 무엇이 그들의 삶을 자포자기의 무기력함에 빠져들게 만들었는가? 무엇이 그들을 모험과 도전을 거부할 수밖에 없는 상황으로 내몰았는가?

이 장에서 소개할 헤르만 헤세의 〈황야의 늑대〉와 리처드 바크의 〈갈매기의 꿈〉은 이 시점에서 우리 시대 청춘들에게 자아 발견과 자아실현, 그리고 도전의 가치를 환기시켜 줄 것이다.

청춘은 저마다 자아실현의 에너지를 품고 있다는 메시지를 통해, 아무리 참아내기 힘든 고독과 방황, 좌절도 참된 자아를 만나는 여정에서 우리가 감내해야 할 소중한 경험이라 귀띔해 준다. 아울러 상처와 슬픔, 좌절 등을 극복하기 위한 방법으로 포기와 망각이 아닌 자유에의 의지와 자기 존중감을 권유한다. 그리고 자유에의 의지와 자기 배려에 이르는 길은 먼저 현재의 삶을 충실히 사는 일이라고 말해 준다. 그럼으로써 '힐링'과 '치유'의 항체는 타인에 의해 강제된 음성이 아니라 자신의 목소리에 귀 기울일 때 비로소 생겨나는 것이라고 조언한다. 그렇게 우리 안의 낡은 서사와의 건강한 이별을 통해 과거의 나를 죽이고 새롭게 태어날 수 있도록 이끌어 줄 것이다.

결국 기존의 질서를 따라 주어진 환경에 순응하며 살기보다는 자신이 진정으로 하고 싶은 것, 해야만 하는 것, 할 수 있는 것을 찾아 실행하는 일이야말로 진정한 자아 발견과 자아실현의 방식이 될 것이다.

1. 〈황야의 늑대〉

어쨌거나 황야의 늑대는 인간과 늑대라는 두 개의 본성을 갖고 있다. 그런 그의 운명은 어쩌면 매우 특별하고 드문 것이 아닐지도 모른다. 그러한 운명은 이미 많은 사람들에게서 목격되고 있다. 개나 여우, 물고기나 뱀 등의 속성을 가진 사람들이 있는 것이다. 그들은 대체로 그런 점으로 인해 별다른 어려움은 겪지 않는다. 그들 안에 인간과 여우, 인간과 물고기가 공존해도 그 각자가 서로에게 아픔을 주지는 않으며, 외려 도움을 주기도 한다. 소위 성공해서 부러움을 사는 사람들에게 행복을 가져다 준 것은 인간이 아니라 여우나 원숭이인 경우가 많다. 이것은 누구나 다 아는 사실이다. 하지만 하리의 경우는 달랐다. 그의 안에서 인간과 늑대는 사이좋게 나란히 걷지 않고 서로 돕기는커녕 항상 철천지원수처럼 지낸다. 서로는 서로에게 고통만 안겨 준다. 하나의 몸, 하나의 영혼 속에 사는 두 존재가 서로 원수처럼 지낸다면 그보다 최악인 삶이 있겠는가. 게다가 두 존재는 각각 자신의 운명을 갖고 있는데 그 어느 쪽도 호락호락하지 않다.

우리의 황야의 늑대의 경우 모든 잡종 존재들이 그러하듯 때론 늑대로 때론 인간으로 살아왔지만, 일단 늑대가 되면 내면에 잠복해 있는 인간은 그 늑대를 끊임없이 관찰하고 판단하며 비판한다. 인간으로 살아갈 때는 반대로 늑대가 그런 역할을 떠맡는다. 예를 들어 하리가 인간으로서 아름다운 사고를 하고 섬세하고 고결한 감성을 유지하며 소위 선행을 행할 때면, 내면의 늑대는 으르렁거리며 이빨을 드러내 보인다. 심지어 그 모든 건 고상한 척하는 연극이라고, 홀로 황야를 누비며 다른 짐승들의 피나 빨아 먹고 암컷 꽁무니나 쫓아다니는 늑대가 그런 일을 하는 건 우스꽝스럽다고 비웃기까지 한다. 늑대의 입장에서 보자면 모든 인간적인 행동은 지독히 코믹하고 황당하며 멍청하고 덧없는 것처럼 보이리라. 그러나 하리가 자신을 늑대로 느끼며 다른 사람에게 이빨을 드러낼 때에도, 그가 모든 사람들과 그들의 가식적이고 타락한 행동방식과 윤리에 증오심과 적대감을 품을 때에도 경우는 마찬가지다. 즉 내면에 잠복해 있는 늑대를 감시하는 인간이 그를 짐승, 야수라고 부르며 단순하고 건강하며 야성적인 늑대기질이 느낄 수 있는 모든 기쁨을 망쳐놓고 훼방을 놓는 것이다.

황야의 늑대는 그런 인물이다. 그러므로 우리는 하리가 평안하고 행복한 삶을 영위하지 못한다고 상상할 수 있다. 하지만 그렇다고 그가 철저히 불행한 존재라고는 할 수 없다. 물론 하리 자신은 그렇다고 생각할 것이다. 누구나 다 자신의 고통이 최악의 고통이라고 여기는 법이니까. 우리는 다른 사람의 불행에 대해 가타부타 얘기 할 수 없을 지도 모른다. 자신 안에 늑대가 살고 있지 않은 사람이라고 해서 다 행복하다는 법은 없다. 또한 아무리 지독히 불행한 삶을 사는 사람이라 해도 나름의 행복이 있는 법이다. 모래와 자갈 사이에서도 작은 행복의 꽃이 필 수 있다는 말이다. 황야의 늑대도 마찬가지다. 그가 대체로 불행하다는 건 부인할 수 없는 사실이다. 그는 다른 사람들, 말하자면 그가 사랑하는 사람들이나 그를 사랑하는 사람들까지 불행하게 만들기도 했다. 그들 모두가 그의 한쪽 면만 보았기 때문이다. 그를 좋아하게 된 사람들 대부분은 그를 섬세하고 현명하며 독특한 사람이라고 여겨 좋아하게 되었다가, 갑자기 그 안에 살고 있는 늑대를 발견하면 놀라서 실망하게 되었다. 그럴 수밖에 없었던 것이, 누구나 그러하듯 하리도 자신의 전부를 사랑받고 싶었고, 따라서 자신이 매우 중요하게 여기는 사람들 앞에서 자기 안의 늑대를 숨기거나 늑대가 아닌 것처럼 둘러댈 수는 없었기 때문이다. 물론 그의 안에 살고 있는 늑대를 사랑하는 사람들도 있었다. 그 자유로움, 야성, 길들여지지 않음, 위험함 그리고 강인함 등을. 하지만 그들은 그 거칠고 사나운 늑대 역시 인간일 뿐이라는 것, 친절과 다정함을 동경하고 모차르트의 음악을 들으며 시를 읽고 인류의 이상을 추구하고자 한다는 사실을 알게 되면 극도로 실망하며 고통스러워했다. 대체로 이런 부류의 사람들이 더 많이 실망하고 분노하는 편이었다. 이렇게 황야의 늑대는 자기 고유의 이중성과 분열성을 자신이 접촉한 모든 사람들의 운명 속에 주입시켰다.

그렇지만 위의 내용으로 황야의 늑대를 다 파악했다고, 그의 비참하고 염세적인 삶을 상상할 수 있다고 감히 말하는 사람이 있다면 유감스럽게도 그는 착각하고 있는 것이다. 하리의 모든 것을 알기에는 아직 갈 길이 멀다. 예외 없는 법칙이 없듯이, 또 경우에 따라서는 하나님이 아흔아홉 명의 죄 없는 사람보다 한 사람의 죄인을 더 사랑해 주듯이, 하리에게도 예외적으로 행복한 때가 있었다. 때로는 늑대로, 또 때로는 인간으로 독립적으로 호흡하고 생각하며 삶을 누릴 수 있는 때가 있었다. 매우 드물긴 하지만 두 존재가 평화를 유지하면서 서로에게 애정을 갖고 살아가는, 한 존재가 깨어있는 동안 다른 존재는 잠자고 있는 것이 아니라 서로 기운을 북돋워 주고 역량을 배가시켜주는 때가 있었다. 이 사내의 삶 속에도 익숙한 것과 일상적인 것, 누구나 다 아는 규칙성 같은 것들이 가끔 특이한 것, 기적, 은총 등에 자리를 양보하는 때가 있었던 것이다. 이처럼 짧고 드문 행복의 시간들이 황야의 늑대의 고약한 운명을 상쇄시켜주고 진정시켜줌으로써 행복과 불행이 결국에는 균형을 이루게 될지, 혹은 그 짧지만 강렬한 행복감이 모든 불행을 흡수하는 결과를 낳을지는 한가한 사람들이나 곰곰이 생각해 볼 문제이다. 황야의 늑대도 가끔 그 문제를 생각한다. 아무것도 손에 잡히지 않는 한가한 날에만.

여기에 한 가지 더 덧붙여야 할 것이 있다. 하리와 유사한 방식으로 살아가는 사람들이 제법 많다는 사실이다. 이를테면 대다수의 예술가들이 그렇다. 이러한 유형의 인간들은 모두가 두 개의 영혼, 두 개의 존재를 자기 안에 가지고 있다. 그들 속에는 신성한 것과 악마적인 것, 어머니적인 피와 아버지적인 피가 흐르고 있다. 행복의 능력과 불행의 능력이 하리 속의 늑대와 인간처럼 적대적으로 대치해 있거나 혼란스레 뒤섞여 있기도 하다. 그리고 그런 불안한 삶을 사는 인간들은 그들에게 주어진 드문 행복의 순간에 강렬하고 형언할 수 없는 아름다움을 경험하게 된다. 때로는 그런 행복한 순간의 물거품이 매혹적인 자태로 고뇌의 바다 위로 높이 솟구쳐 오르기도 하는데, 그럴 때면 그 짧은 행복의 빛은 다른 사람들까지도 매혹시키며 감동을 준다. 그렇게 덧없이 스쳐가는 소중한 행복의 포말이 고통의 바다를 건너게 될 때, 비로소 예술 작품들이 탄생하게 되는 것이다. 그런 예술 작품 안에 등장하는 고통 받는 인간들은 잠시나마 자신의 타고난 운명을 극복할 수 있고, 그렇게 되면 별처럼 빛나는 그들의 행복은 그것을 창작한 예술가들의 눈에 영원하고도 이상적인 행복으로 비치게 된다. 그런 예술가들은 자신들의 행위와 작품을 스스로 어떻게 부르든 상관없이, 자신의 고유한 삶은 누리지 못하는 사람들이다. 다시 말해 그들의 삶은 실체가 없으며 어떠한 형상도 갖지 못한다. 다른 사람들은 판사나 의사나 구두수선공이나 교사의 삶을 가지지만, 그들은 영웅이나 사상가나 예술가의 삶을 가질 수 없는 것이다. 그들의 삶은 그저 고뇌에 차있는 영원한 동요(動搖)이자 부서지는 파도이다. 그래서 다른 사람들이 삶의 카오스를 비춰주는 그들의 흔치 않은 경험과 행위와 사고와 작품에서 의미를 찾을 준비가 되어있지 않다면, 그들의 삶은 불행하고 고통스러우며 찢겨진, 아무 의미 없는 몸짓에 불과하다. 모든 인간의 삶은 어쩌면 지독한 오류일 뿐이며, 인류 최초의 어머니가 유산시킨 다혈질의 실패작이자, 거칠고 소름끼치는 자연의 헛된 실험에 불과하다는 위험천만하고 무시무시한 생각도 이러한 유형의 인간들 속에서 생겨났다. 하지만 인간은 어느 정도 이성적인 동물일 뿐만 아니라 신의 아들이자 불멸의 특성도 부여받았다는 사상 역시 그들 중 누군가가 제시한 것이다.

…… (중략) ……

헤르미네는 애정 어린 표정으로 나를 바라보았다. 하지만 눈빛은 전에 몇 번 본 적이 있는 음울한 기색을 띠고 있었다. 한마디로 경외감을 불러일으키는 눈빛이었다. 그녀는 하나하나 적절한 단어를 찾아 나란히 배열하듯 천천히 얘기를 꺼냈다. 나지막한 목소리였기에 그녀의 말을 알아듣기 위해 신경을 곤두 세워야 했다.

"오늘 당신에게 얘기하고 싶은 게 있어요. 내가 오래전부터 알고 있었던 것에 대해서요. 어쩌면 당신도 이미 알고 있을지 몰라요. 하지만 당신이 그것을 당신 자신에게 터놓고 얘기해 보지는 않았을 거예요. 나와 당신, 그리고 우리의 운명에 대해 내가 알고 있는 것을 말해 줄게요. 하리, 당신은 예술가이자 사상가예요. 기쁨과 믿음으로 가득 차 언제나 위대함과 영원함을 좇으려 하는 반면, 귀엽고 소소한 것에는 만족할 줄 모르는 사람이죠. 그러나 삶이 당신의 의식을 깨워 당신에게 자기 성찰의 기회를 주면 줄수록 당신이 겪는 고난도 커져 가서, 당신은 깊은 고뇌와 공포와 절망 속에 빠져들었어요. 한계 상황에 다다를 때까지. 그래서 당신이 여태껏 아름답고 신성한 것으로 여겨 사랑하고 존경해온 모든 것, 인간의 천성과 인간의 지고한 운명에 대한 모든 믿음이, 당신에게 아무런 도움이 되지 못하는 무가치한 것이 되어버렸죠. 말하자면 풍비박산이 난 거예요. 그래서 결국 당신의 믿음은 호흡곤란을 겪게 된 거예요. 질식이라는 가혹한 죽음을 겪고 있는 거예요. 내 말이 맞나요, 하리? 이것이 당신의 운명이 아닌가요?"

나는 고개를 끄덕이고 또 끄덕였다.

"당신은 마음속에 삶의 그림을 한 장 그려 놓고 있었어요. 믿음과 요구라는 그림이었죠. 당신은 행동과 고뇌와 희생을 위한 만반의 준비를 하고 있었어요. 하지만 점차 깨닫게 되었죠. 세상은 나의 행동이나 희생 따위를 요구하지 않는다는 것을요. 삶이란 건 영웅이 필요한 서사시가 아니라, 음식과 음료수와 커피와 양말과 타로게임과 라디오음악 같은 것들로도 충분히 만족을 느낄 수 있는 별실과도 같다는 걸요. 때문에 영웅적인 것과 아름다운 것을 추구하는 자는, 위대한 시인이나 성인에 대한 존경심을 가지고 있는 자는, 바보나 돈키호테가 될 뿐이죠. 나 또한 그런 식의 삶을 살아왔어요. 다방면에서 탁월한 재능을 가진 소녀였죠. 존경할 만한 인물을 본보기로 삼아 원대한 목표하에 가치 있는 일을 수행할 운명이었죠. 나는 그 거대한 운명을 받아들일 능력이, 왕비나 혁명가의 애인이나, 천재의 누이나 순교자의 어머니가 될 능력도 있었어요. 하지만 삶은 내게 그런대로 괜찮은 취미를 가진 고급 화류계 여인이 될 것을 주문했어요. 아니, 그런 여인도 겨우 될 수 있었어요. 아무튼 내 삶의 과정은 그랬어요. 난 한동안 절망 속에서 살면서 모든 책임을 나에게로 돌렸어요. 삶은 정당하고, 내게 문제가 있는 거라고 생각했죠. 삶이 내 아름다운 꿈을 조롱하는 것도, 내 꿈 자체가 어리석고 터무니없기 때문이라고 생각했어요. 하지만 그런 생각도 위로가 되진 못했어요. 나는 좋은 눈과 귀를 가졌고 호기심도 많은 편이라, 그 '삶'이라는 걸 면밀히 검토해 봤어요. 지인들과 이웃들을 포함해 50명 이상의 인간들과 그들의 운명을 지켜본 거죠. 하리, 그때 난 알게 되었어요. 내 꿈이 옳았다는 것을, 천 번 만 번 옳았다는 것을요. 당신의 꿈도 마찬가지로 옳아요. 반면에 삶은, 현실은 틀린 것이었어요. 나와 같은 처지의 여자들은 재산가에게 고용되어 타자기나 두드리며 초라하고 무가치하게 늙어가거나, 돈 때문에 재산가들과 결혼하거나, 일종의 창녀로 전락하는 것 외에는 다른 선택의 여지가 없다는 건 타당하지 않아요. 당신처럼 고독하고 소심하며 절망에 빠진 사람들은 면도칼을 잡을 수밖에 없다는 논리만큼이나 터무니없는 거죠. 나의 불행은 물질적이고 도덕적인 면에서의 불행이지만, 당신의 불행은 정신적인 면이 강할 거예요. 하지만 둘 다 불행이라는 길에 놓여 있는 건 마찬가지죠. 그러니 당신이 폭스트롯을 배우기를 두려워했다는 것, 바와 댄스주점에 반감이 있었다는 것, 재즈 음악과 기타 잡동사니 같은 음악에 대해 치를 떨었다는 사실을, 내가 모를 수가 있었겠어요? 난 그 모든 걸 너무도 잘 이해하고 있어요. 당신의 정치에 대해 혐오감도, 정당과 언론의 허튼소리와 무책임한 행동에 대한 비통도, 이전 전쟁과 다음 전쟁에 대해 느끼는 절망감도, 요즘 사람들의 사고방식과 독서 방식과 건축 방식, 음악하는 태도와 축제의 행태, 교양 축적의 방식 등에 대한 절망적인 시각도 잘 알고 있었어요. 당신이 옳아요, 황야의 늑대 씨. 절대적으로 옳아요. 하지만 당신은 파멸할 수밖에 없어요. 당신은 단순하고 나태하며 너무도 사소한 것에 만족해하는 오늘날의 세계에 지나치게 많은 것을 요구하며 불평했어요. 당신은 다른 차원을 가지고 있어서 이 세계가 받아들이기에는 너무도 큰 사람이고, 그래서 세계는 당신을 토해 버릴 거예요. 이 시대에 유쾌한 삶을 살려면 당신이나 나 같은 인간이 되어서는 안 돼요. 졸렬한 음악이 아니라 제대로 된 음악을, 향락이 아니라 기쁨을, 돈이 아니라 영혼을, 장사가 아니라 진정한 노동을, 유희가 아니라 진정한 열정을 갈망하는 사람에겐 지금의 이 매력적인 세계는 고향이 될 수 없죠…"

…… (중략) ……

파블로가 정감어린 작은 목소리로 말을 이었다.

"부족하나마 오늘 당신을 접대할 수 있게 되어 기쁩니다, 하리. 당신은 종종 당신의 삶에 넌더리가 났기에 현실로부터 벗어나려고 몸부림을 쳐왔습니다, 그렇죠? 당신은 이 시대와 이 세계와 이 현실을 버리고, 당신에게 더 잘 어울리는 다른 현실, 즉 시간을 초월한 세계로 들어가길 갈망하고 있습니다. 이제 그렇게 하십시오, 사랑하는 친구. 바로 그 세계를 보여 주려고 당신을 초대한 거니까요. 당신이 찾고 있는 그 세계가, 다름 아닌 당신 자신의 영혼의 세계임을 이제는 아시겠지요? 당신이 동경하는 저 다른 세계란 오로지 당신 내면에만 깃들어 있다는 말입니다. 때문에 나는 당신 자신 안에 존재하지 않는 것은 그 어떤 것도 당신에게 보여 줄 수 없습니다. 당신 영혼의 갤러리 말고는 다른 갤러리는 열어 줄 수 없다는 말입니다. 내가 줄 수 있는 것이라곤 단지 기회와 동기와 열쇠뿐입니다. 나는 당신을 도와, 당신만의 세계를 보여 주고자 합니다. 이것이 전부입니다."

그는 다시 자신의 화려한 색의 재킷 주머니에 손을 넣더니 둥근 손거울 하나를 꺼냈다.

"보십시오. 지금까지 당신은 자신의 모습을 이렇게만 봐왔습니다."

그는 그 작은 거울을 내 눈앞에 바싹 갖다 댔다. 〈거울아, 내 손안에 있는 거울아〉라는 동요가 생각났다. 다소 희미하고 불분명해 보였지만, 거울 속에서 누군가의 섬뜩한 모습이 보였다. 자아에 사로잡혀 격렬하게 일하며 분노를 삭이지 못하고 있는 자, 그자는 바로 나 자신, 하리 할러였다. 그리고 그 하리 속에 들어있는 황야의 늑대도 보였다. 수줍고 아름답지만 길을 잃어 겁먹은 눈빛의 늑대였다. 그 눈은 때로는 음흉하게 때로는 우수에 젖어 빛나고 있었다. 그런 늑대의 형상이 하리 속에서 끊임없이 흘러나오고 있었다. 마치 한 강물에 다른 빛깔의 지류가 섞이면서 강물 전체가 불분명한 색깔로 변하며 서로를 잠식하면서도, 또한 서로가 완전히 하나가 되기를 바라는 모습 같았다. 완전한 형상을 갖추지 못한 채 부유하고 있는 그 늑대는 아름답고 수줍은 눈으로 슬프게 나를 쳐다보고 있었다.

"이렇게 해서 당신은 당신 자신의 모습을 보았습니다." 파블로는 다정한 목소리로 그 말을 반복한 후 거울을 다시 주머니에 집어넣었다.

…… (중략) ……

"자, 이제 아주 간단하고도 흥미로운 의식 하나만 더 치르면 됩니다. 당신은 개성이라는 안경은 이미 벗어버린 셈이니. 이번에는 이쪽으로 와서 제대로 된 거울을 한 번 쳐다보세요. 재미있을 겁니다."

그는 장난스럽게 나를 껴안으며 웃으면서 나를 돌려세웠다. 그러자 나는 거대한 벽거울과 마주보게 되었다. 그 속에 들어 있는 나를 쳐다보았다.

그 찰나에 나는 내게 너무도 익숙한 하리의 얼굴을 보았다. 다만 평소와 다르게 밝게 웃고 있는 것이 기분이 매우 좋은 듯했다. 하지만 내가 그를 알아보자마자 곧 그의 형상은 해체되어 버렸다. 그러고는 그에게서 제2의 영상이 떨어져 나오는가 싶더니 계속해서 세 번째, 열 번째, 스무 번째의 영상들이 연이어 생겨났다. 그렇게 해서 거대한 거울 전체가 온통 수많은 하리의 영상 또는 하리의 조각들로 채워졌다. 아주 짧은 시간이었지만 나는 그들 하나하나를 유심히 들여다보았다. 그 많은 하리들 중 몇몇은 나와 비슷한 나이였고, 또 몇몇은 나보다 나이가 많았으며, 심지어는 아주 늙은 하리도 있었다. 그런가 하면 아주 젊은 하리들도 있었는데, 그들은 청년, 소년, 초등학생, 개구쟁이, 어린아이들이었다. 오십 먹은 하리와 스무 살의 하리가 서로 뒤엉켜 뜀박질을 하며 놀았다. 서른 살의 하리와 다섯 살의 하리도 그런 식으로 어울렸고, 진지한 하리와 쾌활한 하리, 위엄 있는 하리와 익살스런 하리, 옷을 잘 차려입은 하리와 너덜너덜한 옷차림의 하리와 벌거벗은 하리, 대머리 하리와 긴 곱슬머리의 하리가 장사진을 치고 있었다. 그 모두가 바로 나였다. 나는 섬광처럼 스쳐지나가는 그 각각의 영상들을 관찰하고 파악했다. 그것들은 이내 온 사방으로 흩어졌다. 왼쪽, 오른쪽, 거울 속 깊은 곳, 거울 바깥으로.

헤세의 문학을 관통하는 일관된 주제는 자신의 정체성 추구와 그 과정에서 겪게 되는 내적 갈등이다. 청소년 시절에 겪은 내적 갈등을 해소 시키는 데 도움이 된 심리 분석과의 만남은 헤세의 인생에서 중요한 전환점이 된다. 헤세는 대부분의 소설에서 주인공들의 내적 성장 과정을 기술하고 있는데 그 과정은 한결같이 정신의 세계와 자연의 세계를 두루 거쳐 궁극적으로는 두 세계의 융합과 화해를 이끌어 내는 단계로 나아간다.

헤세에게 있어 인간에게 부여된 첫 번째 과제는 진정한 나를 만나는 것이었다. '내가 진정 원하는 것이 무엇인가?'는 고통스런 현실에서 자기 영혼을 구원하기 위해 필요한 절대적 물음이었다. 헤세의 이른바 '자기 실현의 3단계론'은 바로 그런 치열한 물음의 결과물이라 할 수 있다.

헤세 스스로가 자신의 작품을 '영혼의 전기'라고 규정했듯이 그의 작품들에는 자전적 삶의 궤적이 오롯이 담겨 있다. 헤세의 창작 시기는 작품 경향에 따라 크게 세 단계로 나누어 볼 수 있다. 첫 번째 단계는 〈페터 카멘친트〉와 〈수레바퀴 밑에〉로 대표되는 대략 1900년부터 1차 세계대전까지의 시기로, 이 무렵 헤세는 주로 서정적이고 전원적인 자연 묘사와 낭만적 감상성을 추구했다. 무엇보다 낭만주의와 동양 사상의 세례를 받은 헤세가 일차적으로 '자연' 속에서 교양화의 원리를 발견한 시기이기도 하다. 두 번째 단계는 1차 세계대전에서 1930년까지 이어지는 이른바 '내면화의 시기'이다. 이 시기 헤세의 작품 세계를 특징짓는 중심 테제는 '양극성'과 '조화'라고 할 수 있다. 헤세는 〈데미안〉, 〈싯다르타〉, 〈황야의 늑대〉 등의 작품을 통해 자연과 정신, 감성과 이성, 남성적인 것과 여성적인 것, 육체와 영혼 등의 양극은 서로를 부정하는 관계가 아니라, 상호 보완의 과정을 거쳐 궁극적으로 조화의 단계로 나아가게 된다는 세계관을 드러내보였다.

〈황야의 늑대〉는 헤세의 창작 활동의 원숙기라 할 수 있는 50세 때 발표된 소설로 1946년 헤세가 노벨상을 수상하는 데 결정적인 계기가 된 작품이다. 1960년대 미국을 중심으로 한 세계 문학계에 헤세 르네상스를 불러일으키는 데 직접적인 도화선이 된 이 소설은 당시 헤세와 같은 전쟁 세대가 공통적으로 겪은 영혼의 초상이며, 그들이 앓던 마음의 병을 감동적으로 그려낸 이른바 '공감 서사'였다.

두 개의 영혼을 가진 한 개인의 환희와 부침(浮沈)의 이야기를 다룬 소설 〈황야의 늑대〉는 온전한 인간이 되기 위한 길이 얼마나 험난한 를 잘 보여준다. '일상이라는 지옥 속을 살아가는 한 천재적인 인간의 수기'라고 평가받는 이 소설을 통해 헤세는 시대의 아픔과 개인의 고뇌를 그려보고자 했다.

주인공 할러가 아웃사이더로의 방황을 마치고, 25년 이상 살았던 도시로 귀향하는 것으로 시작되는 이 소설은 「편집자의 서언」과 「하리 할러의 수기」 그리고 「황야의 늑대에 관한 소논문」 등 세 가지 관점에서 전개된다. 집주인의 조카인 편집자는 「편집자의 서언」을 통해 할러의 외모와 인상을 비롯해서 그의 행동 방식과 생활 패턴까지도 객관적인 타인의 시선으로 묘사한다. 그럼으로써 앞으로 독자가 대면하게 될 할러라는 인물이 기인에 가까운 지식인이라는 사실을 사전에 환기시켜준다. 그런가 하면 「하리 할러의 수기」와 「황야의 늑대에 관한 소논문」은 시민적 삶을 비판하면서도 동경할 수밖에 없는 한 인간의 딜레마적 상황을 한편의 파노라마처럼 펼쳐 보여준다. 할러의 뿌리는 시민 세계지만 그는 시대 전체가 '시민성'이라는 획일화된 집단 정체성 안에 갇히는 것을 경계하는 인물이기도 하다. 그가 시민 세계에 거리감을 두는 주된 이유는 절대적 가치와 정의가 붕괴되고 신앙과 이상도 사라져 버렸으며 온갖 기만과 부조리가 판치는 위기의 시대 속에서 시민 사회가 보이는 무기력감 때문이다. 아울러 자유를 최고의 가치로 여기는 할러로서는 질서와 안정을 중시하는 시민 세계가 불가피하게 자유를 구속할 수밖에 없다는 점도 불편한 진실로 여겨진다. 자유와 열정, 그리고 창조적 일탈 행위 등이 통제 받게 되는 자리에서 부르주아적 속물근성이 싹트게 될 것이라는 게 할러의 시각이다. 괴테의 초상화가 있는 교수의 집을 방문해 자기 안의 시민적 성향을 재확인하려 했던 할러가 결국 자신이 시민 사회의 영원한 아웃사이더일 수밖에 없음을 깨닫게 되는 것도 이러한 맥락에서 이해할 수 있다.

시민 사회의 갈등 구조는 〈황야의 늑대〉 안에서 주류와 비주류의 문제로 조명된다. 이러한 대립 구도는 무엇보다 지식과 가치관의 지평 위에서 논의된다. 교수는 전쟁에 대한 입장이나 문화적 취향에 있어서 당시의 주류 사회를 대변한다. 그리고 주류 사회 안에서 통용되는 지배적인 지식 코드를 위반하는 '소수 견해'는 비정상이자 불온한 것으로 매도한다. 이러한 주류 담론에 기대어 교수가 내세우는 것이 사회적 지식과 상식이라면, 할러는 그러한 가치들이 철저히 무력화되는 영역에 서있다.

교수 부부가 자의적으로 왜곡된 괴테의 초상화를 통해 시민 사회의 질서 안에서 요구되는 합리적인 형태의 '삶의 가치'를 옹호할 때, 할러가 그 편의적이고 속물적인 취향에 역겨워하는 것도 그 때문이다.

시민 사회를 견인하는 문화적 허영과 도구적 지식에 환멸을 느끼게 된 할러는 자살만이 자기 구원의 유일한 수단이라 여긴다. 할러의 자살 의지는 정상 혹은 시민성이라 불리는 질서에 맞서 비정상적이고 비시민적 개인이 벌인 가장 강력한 '인정 투쟁'의 의지라고 볼 수 있다.

헤세에게 문학은 삶과 죽음, 자연과 문명, 선과 악, 정신과 육체 등의 이분법을 극복하고 양자의 화해와 조화를 추구하는 것이었다. 주인공 할러의 고뇌 또한 본질적으로 이러한 대립적 구도 안에 놓여있다. 인간과 늑대라는 두 개의 영혼이 깃들어 있는 할러의 존재는 한 세계 안에 공존하는 질서와 카오스의 대결을 상징한다. 한쪽은 이성과 교양을 추구하는 데 반해, 다른 한쪽은 광기와 향락, 그리고 거친 폭력성을 드러낸다. 그가 고민하고 절망하는 이유는 내 안에 존재하는 이러한 '타자' 때문이다. 결국 인간의 내면에서 갈등을 일으키는 정신성(이성)과 자연성(감성)의 길항 구조를 최대한 객관적 시각으로 들여다봄으로써, 궁극적으로 두 영역의 합일을 이끌어 내려는 것이 이 소설의 핵심 주제라 할 수 있다.

이 소설에서 가장 핵심적인 이성의 타자 역할을 하는 것은 광인이다. 할러를 마술극장으로 안내한 파블로는 인간의 개성이란 하나의 통일된 인격체가 아님을 강조하면서, 어쩌면 진정한 인간의 모습은 과학의 눈으로 볼 때 '정신분열증'이라 불릴 만큼 다양한 영혼으로 결합되어 있다는 주장을 펼친다. 그가 주도하는 마술극장의 모든 프로그램들은 비이성적이고 비체계적이기에 그곳에 들어가기 위해서는 이성을 지불해야 한다. 즉 광인이 되어야 한다. 광기는 그 자체의 내재적 속성에 의해서가 아니라 단지 '이성적이 아닌 어떤 것'으로 규정되기에 '천재'마저도 비정상으로 간주되는 현실이라고 파블로는 지적한다.

광기를 한 사회의 평균적 가치와 정상성을 얼마만큼 결여하고 있는가를 드러내는 위반의 코드로 규정하는 시민 사회 속에서 할러는 스스로가 이미 광인이었다. 문명사회에서 문명성을 등지고 살아가는 삶, 차가운 이성보다는 열정에 귀 기울이는 삶에 '비정상'의 굴레를 씌우는 사회 속에서 역설적이게도 할러는 광인이 됨으로써 이성을 회복하고자 했다.

〈황야의 늑대〉의 서사 공간 안에는 사랑을 매개로 한 에로스와 타나토스(죽음 충동)의 팽팽한 긴장 관계가 존재한다. 헤르미네와 마리아, 그리고 파블로는 할러에게 에로스와 관능의 영역을 일깨워 주는 역할을 맡는다. 죽음 충동을 늘 마음에 품고 다니는 할러는 이들을 통해 에로스와 타나토스의 경계를 넘나든다. 헤르미네와 마리아를 만나기 전까지만 해도 할러의 삶의 의미, 즉 에로스의 대상은 존재하지 않았다. 연인인 에리카가 있긴 하지만 그녀는 할러에게 생의 의지를 북돋워 줄 만큼 열정적이고 친화적인 존재는 아니다. 교수의 왜곡된 시민성에 실망한 할러가 처음 만나게 되는 여성은 헤르미네이다. 그녀는 자살 직전의 할러에게 '어머니' 같은 존재로 다가온다. 낙천적이고 쾌활한 성격의 헤르미네와의 만남은 할러에게는 일종의 구원이자 새로운 삶의 계기가 된다. 그녀는 할러의 고독한 정신의 삶에 감성과 관능의 에너지를 불어넣어 줌으로써 그를 '교육'시킨다. 헤르미네를 통해 할러는 억압되어 있던 자신의 다양한 모습들을 표현할 수 있게 된다. 어린아이처럼 순종하는 법, 사랑하고 웃는 법, 춤추는 법 등을 가르쳐줌으로써 그녀는 할러의 교양화에 결정적인 역할을 하게 된다. 하지만 할러는 자신의 또 다른 자아라고 할 수 있는 헤르미네를 질투심 때문에 결국 살해하고 만다. 상대와의 리비도 호환이 거부될 때 에로스는 타나토스라는 정반대의 에너지를 활성화시키게 되는데, 헤르미네의 죽음 또한 이러한 시각에서 이해할 수 있다.

헤세의 대부분의 소설이 그렇듯 〈황야의 늑대〉에서도 자기 실현의 3단계는 '순진무구'의 단계, '죄와 절망'의 단계, '구원'의 단계 등으로 형상화되어 있다. 순진무구의 단계는 인생의 유년기에 해당된다. 이 시기는 다분히 충동적이며 비합리적 판단 능력을 갖춘 시기인 만큼 발전적인 삶의 비전을 제시할 능력이 없는 미성숙의 단계이다. 그리고 '죄와 절망'의 단계를 지배하는 것은 이성과 분별력이다. 문제 해결을 위해 종교, 도덕, 이상 등을 추구하게 되지만, 결국엔 죄를 짓고 절망과 체념으로 끝나게 된다는 것이 헤세의 생각이다. 1단계를 거쳐 2단계로 들어선 대부분의 인간들이 분열된 세계에서 방황하게 되는 것도 그 때문이다. 진정한 인간화의 길이라 할 수 있는 '구원'의 단계는 헤세 문학의 지향점이 된다. 이 단계에서는 절망감을 극복하고 조화와 균형을 추구하는 더 높은 정신 영역으로 진입할 수 있게 된다. 이러한 경지에 들어서게 되는 선택된 사람들은 모든 갈등에서 벗어나 세상과 화해하면서 살 수 있게 된다. 〈황야의 늑대〉에서 '구원'의 단계는 유머와 웃음을 터득하는 과정으로 제시된다. 그리고 유머를 통한 초월성은 괴테와 모차르트와 같은 불멸의 위인들을 통해 구현된다. 이들은 시·공간이라는 물리적 한계뿐만 아니라 정신과 감각의 갈등 구조로부터도 초월해 있는 존재들로서 경건함과 숭고함의 대상이 된다.

〈황야의 늑대〉 안의 사건들은 현실과 허구 사이를 넘나들기도 한다. 현실적 인물과 비현실적 인물들이 공존하는 구성 방식을 통해 실재와 가상을 동시에 끌어안는다. 〈황야의 늑대〉 안의 초실재적 환경은 무엇보다 마술극장에 의해 구축된다. 마술극장은 그 자체로 한 편의 판타지 텍스트를 보여준다. 마술극장이라는 가상공간은 할러 자신의 내면 풍경을 비추어주는 거울 역할을 하기도 하지만, 허위의식에 물든 문명 세계에 대한 자기 비판적 계기를 환기시키는 기능도 한다. 마술극장에서 할러는 자신의 분열된 모습을 목격하게 되지만 다른 한편으론 그곳은 할러에게 절망적 현실로부터의 해방의 공간이자 억압된 욕망을 표출할 수 있는 대리 충족의 공간으로 기능하기도 한다.

한 발 더 다가서기

1 "물론 그의 안에 살고 있는 늑대를 사랑하는 사람들도 있었다. 그 자유로움, 야성, 길들여지지 않음, 위험함 그리고 강인함 등을. 하지만 그들은 그 거칠고 사나운 늑대 역시 인간일 뿐이라는 것, 친절과 다정함을 동경하고 모차르트의 음악을 들으며 시를 읽고 인류의 이상을 추구하고자 한다는 사실을 알게 되면 극도로 실망하며 고통스러워했다."와 관련된 대목을 본문에서 찾아 이야기해 보자.

2 〈데미안〉에 나오는 다음의 문장과 〈황야의 늑대〉에 나오는 '거울' 모티프와의 연관성을 알아보자.

> "새는 알에서 나오려고 투쟁한다. 알은 새의 세계다. 태어나려고 하는 자는 하나의 세계를 깨뜨려야 한다."

3 "삶이란 건 영웅이 필요한 서사시가 아니라, 음식과 음료수와 커피와 양말과 타로게임과 라디오음악 같은 것들로도 충분히 만족을 느낄 수 있는 별실과도 같다는 걸요."의 대목이 의미하는 바에 대해 토론해 보자.

2. 〈갈매기의 꿈〉

갈매기들은, 알다시피 결코 비틀거리지 않으며, 중심을 잃고 속도를 늦추는 법도 없다. 공중에서 비틀거린다는 것은 갈매기들에게는 수치이며 불명예스러운 일이다. 그러나 조나단 리빙스턴 시걸은 조금도 부끄러워하지 않고, 몸이 떨리는 그 힘든 선회를 하기 위해 다시금 날개를 뻗었다. 천천히, 천천히, 그러다가 또다시 중심을 잃고 비틀거렸다. 그는 결코 평범한 갈매기가 아니었다. 대부분의 갈매기들은 비행의 가장 단순한 사실, 즉 먹이를 찾아 해변을 떠났다가 되돌아오는 방법 이상의 것을 배우는 것에는 신경 쓰지 않았다. 대부분의 갈매기에게 중요한 것은 나는 것이 아니라 먹는 것이었다. 하지만 이 갈매기에게는 먹는 것이 아니라 나는 것이 더 중요했다. 그 어떤 것보다도 조나단 리빙스턴 시걸은 나는 것을 사랑했다. 그러나 이러한 생각은 다른 갈매기들과 친하게 어울릴 수 있는 방법이 아님을 그는 알게 되었다. 그의 부모조차도 조나단이 하루 종일 혼자서 저공 활공을 수 백 번씩 시도하며 보내자 당황해했다. 이를테면 그는 자신이 수면에서부터 날개 길이의 반도 안 되는 높이로 날 때는 왜 다른 때처럼 힘을 덜 들이고 좀 더 오래 공중에 머물 수 없는가를 이해하지 못했다. 그가 원하는 것은 다른 갈매기들이 흔히 하듯 공중에서 두 발을 내려 바다에 물보라를 일으키며 떨어지는 것이 아니라, 몸체에 단단히 붙인 두 발이 수면에 닿으면서 길고도 일정한 자국을 남기며 착륙하는 것이었다. 그는 그런 식으로 미끄러지듯 해변에 착륙해서는 자기가 활강한 길이만큼 모래 위를 걸어 그 거리를 재어 보기도 했다. 그의 부모님은 그런 그의 어처구니없는 행동에 몹시 당황했다.

"왜 그러니, 조나단? 도대체 왜 그러는 거니?" 그의 어머니가 물었다. "왜 넌 다른 갈매기들처럼 되는 게 그렇게 힘든 거니? 저공비행 따윈 펠리컨이나 알바트로스에게 맡겨두면 되잖니? 그리고 넌 왜 통 뭘 먹질 않니? 바짝 말라 뼈와 깃털뿐이잖아!"

"뼈와 깃털뿐이라도 괜찮아요, 엄마. 저는 다만 제가 공중에서 무얼 할 수 있고,

무얼 할 수 없는가를 알고 싶을 뿐이에요. 그게 전부예요."

"내 말을 들어 봐라, 조나단" 그의 아버지가 타이르듯 말했다.

"머지않아 겨울이 닥쳐온다. 그렇게 되면 어선도 적어질 것이고, 수면에서 놀던 물고기들도 점점 깊이 헤엄쳐 들어갈 것이다. 만약 네가 꼭 배우고자 한다면, 먼저 먹이를 구하는 법부터 배우거라. 물론 네가 원하는 그 비행술인가 하는 것도 좋지만, 나는 것만으론 먹고살 수가 없다는 걸 너도 잘 알 것이다. 우리가 나는 이유는 어디까지나 먹기 위해서라는 걸 잊지 말아야한다."

조나단은 반항하지 않고 고개를 끄덕였다. 그리고 그 후 며칠 동안 그는 정말로 다른 갈매기들처럼 행동해 보려고 노력했다. 선창가와 어선 주위에서 다른 갈매기 떼와 함께 꽥꽥 소리 지르고 다투기도 하고, 빵 조각과 물고기를 향해 급강하해 보기도 했다. 그는 진정으로 마음을 다해 그렇게 하려고 시도했다. 하지만 그는 그렇게 살 수가 없었다.

이건 정말 무의미한 짓이야. 그렇게 생각하면서 애써 잡은 멸치를 자기를 뒤쫓아 오는 굶주린 늙은 갈매기에게 일부러 떨어뜨려 주었다. 이런 시간을 모두 나는 연습을 하는 데 쓸 수 있다면 얼마나 좋을까. 배울 것이 너무도 많은데!

조나단은 다시금 갈매기 떼를 떠났다. 혼자서 바다 멀리 나가 굶주리면서도 행복한 마음으로 연습을 다시 시작했다. 당면한 과제는 스피드였다. 1주일 남짓한 연습으로 그는 세상에서 가장 빠르게 나는 그 어떤 갈매기보다도 스피드에 관해서 더 많은 것을 터득하게 되었다.

그는 300미터 상공에서 있는 힘을 다해 격렬히 날갯짓 하면서 파도를 향해 눈이 아찔할 정도로 급강하를 했다. 그 결과 어째서 보통 갈매기들이 이처럼 강렬한 속도로 급강하를 못하는지 그 이유를 알게 되었다.

급강하를 하면 불과 6초 만에 시속 110킬로미터에 다다르게 되는데, 그 정도의 스피드는 날개를 위로 쳐들리게 해 금방 중심을 잃게 되는 것이다.

몇 번을 다시 시도해도 마찬가지였다. 세심한 주의를 기울이고 자신의 능력을 최고로 발휘했지만, 매번 고속에서는 균형을 잃었다. 먼저 300미터까지 날아오른다. 그리고 처음에는 전력을 다해 수평으로 직진하다가, 이내 날개를 치면서 수직으로 급강하한다. 그럴 때마다 번번이 왼쪽 날개가 위로 젖혀지면서 속도를 잃고 왼쪽으로 격렬하게 회전하곤 했다. 그래서 오른쪽 날개도 위로 치켜 올려 균형을 잡으려하면, 번개처럼 몸이 격렬히 요동치며 마구 공중제비를 돌며 떨어져 내리는 것이었다.

아무리 주의를 기울여도 날개가 위로 쳐들리는 문제를 해결할 수 없었다. 열 번을 시도했지만, 열 번 모두 시속 110킬로미터를 넘어선 순간, 깃털이 엉망으로 휘감겨 버리고 결국 바다 속으로 처박히고 말았다.

물에 흠뻑 젖은 채 마침내 그는 생각했다. 열쇠는 고속 강하하는 동안에 날개를 움직이지 않고 있는 것이었다. 그렇다. 시속 80킬로미터까지는 날개를 치더라도 그 이상이 되었을 때는 날개를 편 채로 가만히 놓아두면 된다!

600미터 상공에서 그는 다시 시도해 보았다. 부리를 곧장 아래로 향한 채 급강하를 하다가, 시속 80킬로미터를 돌파하는 순간 날개를 완전히 펼친 채 가만히 두는 것이다. 이렇게 하기에는 굉장한 힘이 필요했지만, 효과는 만점이었다. 10초 안에 시속 140킬로미터라는 눈부신 속도로 날 수가 있었다. 바로 그 순간, 조나단 리빙스턴은 갈매기의 세계에서 신기록을 세우고 있었던 것이다.

그러나 그 승리는 한 순간에 불과했다. 급강하한 후 수면과 평행으로 날기 위해 양쪽 날개의 각도를 바꾸는 순간 지난번과 같은 그 위험한 조종 불능의 상황에 빠져든 것이다. 그것은 시속 140킬로미터라는 스피드 속에서 흡사 다이너마이트 같은 충격을 그에게 안겨 주었다. 그리하여 조나단은 공중 한가운데서 폭발해 벽돌처럼 단단한 해면에 세차게 곤두박질치고 말았다.

그가 의식을 되찾았을 때는 날이 완전히 어두워져 있었고, 그는 달빛을 받으며 바다 위를 표류하고 있었다. 찢어진 날개는 납덩이처럼 무거웠다. 그러나 실패의 중압감이 더욱 무겁게 등을 내리눌렀다.

그는 좌절된 심정으로 "차라리 그 무게가 자기를 바다 밑까지 부드럽게 끌어내려 그것으로 만사가 끝나게 해주었으면 얼마나 좋을까" 하고 생각했다. 그가 물에 잠겨 떠다니고 있을 때, 낯설고 공허한 어떤 목소리가 그의 안에서 울려왔다. 어쩔 도리가 없다. 난 한 마리의 갈매기일 뿐이다. 난 나의 본성에 의해 한계를 지니고 있다. 만약 내가 나는 일에 그토록 많은 걸 배우도록 태어났다면, 눈을 감고도 정확히 날 수 있을 것이다. 만일 내가 더욱 빨리 날 수 있도록 타고났다면, 매 같은 짧은 날개를 갖고 물고기 대신 쥐를 먹고 살았을 것이다. 아버지 말씀이 옳았다. 이 어리석음을 잊어야 한다. 갈매기 떼가 있는 곳으로 돌아가서 있는 그대로의 자신에 만족해야 한다. 능력에 한계가 있는 불쌍한 갈매기로서의 자신에게 말이다.

그 목소리는 점차 흐려져 갔지만, 조나단은 정말 그렇다고 생각했다.

밤에 갈매기에게 어울리는 곳은 해변이다. 지금 이 순간부터 나는 평범한 갈매기가 되어 보겠다. 이렇게 그는 마음속으로 다짐했다. 그것이 모두를 더 행복하게 만드는 일이 될 것이다.

그는 어두운 수면으로부터 간신히 날아올라 육지로 향했다. 힘들이지 않고 낮게 나는 법을 배워 두기를 잘했다고 생각했다. 그러자 곧 그는 "아 이래서는 안 되겠다"라고 생각을 고쳐먹었다. 나는 지금까지의 자신과는 인연을 끊어야 해. 지금까지 배워둔 비행법과도 작별을 해야 해. 이제 나는 다른 갈매기들과 똑같은 갈매기이고, 그들처럼 날아야만 해.

그래서 그는 고통을 견디며 30미터 상공까지 올라갔고, 다시 세차게 날개를 파닥이며 해변으로 향했다.

갈매기 떼 중의 평범한 한 마리가 되어야겠다고 결심해 버리니, 마음이 한결 편해졌다. 이제부터는 자신을 비행 연습에로 몰아붙인 그 맹목적 충동으로부터도 해방되고, 두 번 다시 한계에 도전하는 일도 없을 것이다.

또한 생각에서 해방된다는 것도 기분 좋은 일이었다. 해변 너머의 불빛들을 향해 어둠 속으로 날아가자 몹시 상쾌한 기분이 들었다.

'어둠!' 그때 공허한 목소리가 경고하듯 들려 왔다. '보통 갈매기는 결코 어둠 속을 날지 않는다!' 조나단은 멍해져서 그 목소리에 주위를 기울이지 않았다. 정말 기분 좋은데, 하고 그는 생각하며 황홀해져 있었다.

달빛과 불빛들이 물 위에서 반짝이며 흔들리며, 등대가 어둔 밤 속으로 희미한 빛줄기를 던지고 있었다.

모든 것이 평화롭고 고요했다.

'내려가라!' 또다시 공허한 목소리가 들려왔다. '갈매기는 결코 어둠 속을 날지 않는다! 만약 네가 어둠 속을 날도록 타고났다면, 올빼미 같은 눈을 가졌을 것이다! 눈을 감고도 정확히 날 수 있어야 한다! 그리고 매의 짧은 날개를 갖고 있었을 것이다!'

그곳, 한밤중 30미터 상공에서 조나단은 갑자기 눈을 깜빡거렸다. 조금 전까지의 고통과 결심이 순식간에 사라져 버렸다. 짧은 날개, '매의 짧은 날개!' 그것이 해답이다! 아, 난 얼마나 어리석었던가! 내게 필요한 것은 짧은 날개뿐이다. 날개의 대부분을 접고, 오직 날개 끝으로만 나는 것이다! '짧은 날개!'

그는 어두운 바다 위를 단숨에 600미터 상공까지 날아올랐다.

그리고 실패나 죽음에 대한 생각을 할 겨를도 없이, 앞날개를 몸에 착 붙이고는 오로지 칼날처럼 좁고 굽은 날개 끝만을 바람 속에 펼친 채 수직으로 급강하를 하기 시작했다.

바람이 괴물처럼 으르렁거리며 그의 머리에 부딪쳐 왔다.

시속 110킬로미터, 140킬로미터, 190킬로미터 … 속도는 점점 더 빨라졌다. 이윽고 시속이 220킬로미터까지 달했지만 날개의 긴장은 시속 110킬로미터로 날 때만큼 그렇게 심하지 않았다. 그래서 날개 끝을 아주 조금만 틀어서도 쉽게 하강 속도를 늦춰서 달빛 아래 회색 대포알처럼 파도속에 내리 꽂히지 않을 수 있었다. 조나단은 눈을 가늘게 뜨고 바람에 맞서면서 기쁨에 겨워 온몸을 떨었다. 시속 224킬로미터! 그것도 훌륭하게 균형을 유지하면서! 만약 600미터가 아니라 1, 500미터 상공에서 하강한다면 과연 얼마나 빠른 속도가 될 것인가!

조금 전에 했던 맹세는 잊혀졌다. 그것은 세찬 바람결에 휩쓸려 사라져 버렸다. 그렇다고 자신이 스스로 한 약속을 깨트리는 것에 대해 죄책감을 느끼지는 않았다. 그러한 약속은 오직 평범한 삶을 받아들이는 갈매기들을 위한 것이다. 배움에 있어서 최고의 경지에 오른 자에겐 그런 약속 따위는 필요하지 않았다.

태양이 떠오를 무렵, 갈매기 조나단은 다시금 나는 연습을 하고 있었다. 1,500미터 높이에서 바다를 내려다보니 고기잡이배들은 파란 수면 위에 박힌 작은 점에 불과했고, 아침먹이를 찾아 날아드는 갈매기 떼도 자욱하게 맴도는 희미한 먼지 구름에 지나지 않았다.

그는 살아 있었고, 환희에 약간 몸을 떨면서 자신이 두려움을 이겨낸 것에 자부심을 느꼈다. 그런 다음 격식을 차리지 않고 자신의 앞날개를 꼭 껴안은 채 짧고 굽은 날개 끝만을 펼친 채 바다를 향해 수직으로 곧장 내리꽂혔다. 1,200미터 상공을 날 때쯤 그는 이미 한계 속도에 이르렀음을 알았다. 바람이 단단한 소리의 벽이 되어 그의 얼굴을 때려 더 이상 빨리 움직일 수가 없었다. 그는 이제 시속 340킬로미터로 수직 낙하 비행을 하고 있었다. 만일 이 같은 속도에서 날개가 펼쳐진다면 자신의 몸뚱이가 수천 개의 파편으로 산산조각 날 것이라는 것을 알면서도 그는 낙하를 감행했다.

그에게 있어서 속도는 힘이었고, 속도는 환희였으며, 속도는 순수한 아름다움이었다.

300미터 높이까지 내려왔을 때 그는 수평 비행으로 전환했다. 날개 끝은 강한 바람 속에서 격렬하게 떨며 형체가 흐릿해지고, 고기잡이배와 갈매기 무리들이 비스듬히 기울어지며 유성처럼 빠르게 그의 곁을 스쳐지나갔다. 그는 멈출 수가 없었다. 그런 속도에서 어떻게 방향을 바꾸는지조차 그는 아직 알지 못했다. 다른 갈매기와 충돌한다면, 그것은 곧 죽음을 의미했다. 그래서 그는 눈을 감아 버렸다. 그리하여 그날 아침, 태양이 떠 오른 직후, 조나단 리빙스턴 시걸은 눈을 감은 채 바람이 날개깃에 부딪쳐 윙윙거리며 금속성 울음을 우는 가운데 시속 340킬로미터의 속도로 '아침먹이를 찾아다니는 갈매기 떼' 한가운데로 곧장 내리꽂혔다. 이번만은 '운명을 주관하는 갈매기의 여신'이 그에게 미소를 보냈고, 그래서 아무도 죽지 않았다. 그가 부리를 하늘로 향하고 수직으로 날아오를 때쯤 그는 아직도 시속 250킬로미터로 맹렬히 날고 있었다. 시속 30킬로미터까지 속도를 줄이고 마침내 날개를 다시 폈을 때, 고기잡이배는 1,200미터 아래의 바다 위에 한 조각 빵 부스러기처럼 떠 있었다.

그의 생각은 승리감 그 자체였다. 한계속도! '시속 340킬로미터'로 나는 갈매기! 그것은 한계를 뛰어넘은 것이었고, 갈매기 떼의 역사에서 단 한 번밖에 없는 가장 위대한 순간이었다. 그리고 바로 그 순간 갈매기 조나단에게는 새로운 시대가 열린 것이다.

다시금 자신의 외로운 연습장으로 날아가 2,400미터 상공에서 급강하를 시도하기 위해 날개를 접으면서 조나단은 당장에 회전하는 법을 알아내려고 애를 썼다.

단 하나의 날개 끝 깃털을 아주 조금 움직이는 것만으로도 엄청난 속도에서 매우 유연하고 완벽하게 방향 전환을 할 수 있다는 사실을 그는 발견했다. 하지만 그것을 알기 전에 그는 그가 온 속도에서 하나 이상의 깃털을 움직이면 몸이 총알처럼 핑핑 돌게 된다는 것을 먼저 경험해야만 했다. 그리하여 조나단은 지상의 어떤 갈매기보다도 먼저 곡예비행을 경험해야만 했다.

그날 그는 다른 갈매기들과 잡담하는 데 시간을 낭비하지 않고 해가 저문 뒤에도 계속해서 나는 연습을 했다. 그는 공중회전, 저속 회전, 바람개비 돌기, 몸을 뒤집으며 회전하기, 순간 방향 바꾸기, 회전하며 낙하하기 등을 터득했다.

조나단 시걸이 해변의 갈매기 떼에게로 돌아왔을 때는 밤 깊은 시각이었다. 그는 머리가 어지럽고 몹시 피곤했다. 그럼에도 그는 기쁨에 넘쳐 둥글게 원을 그리며 착륙을 하면서 땅에 닿기 직전에는 한 바퀴 공중회전을 했다. 다른 갈매기들이 그의 한계 돌파에 대해 듣는다면 모두들 기뻐서 날뛸 것이라고 그는 생각했다. 이제 삶에는 얼마나 많은 의미가 있게 되었는가! 하찮은 먹이를 얻기 위해 끝없이 고기잡이배와 해변 사이를 단조롭게 오가는 대신, 삶의 이유를 갖게 된 것이다! 우리는 우리 스스로 무지에서 벗어날 수가 있다. 우리 자신이 탁월하고 지성적이며 뛰어난 재능을 지닌 존재임을 발견할 수 있다. 우리는 자유로워질 수가 있다!

나는 법을 배울 수가 있다.

앞으로 다가올 날들이 희망으로 빛나고 기쁨에 넘쳐 있었다.

조나단이 해변에 도착했을 때, 갈매기들은 회의를 하기 위해 모여 있었다. 그들은 그렇게 한참 동안 모여 있었던 게 틀림없었다. 사실 그들은 기다리고 있었다.

"조나단 리빙스턴 시걸, 한가운데로 나와 서라!"

연장자 갈매기의 목소리가 의식을 행할 때처럼 형식적으로 울려 퍼졌다. 갈매기 사회에서 한가운데 나와 선다는 것은 오직 중대한 잘못, 또는 크나큰 명예를 의미했다. 명예롭게 한가운데 서는 것은 갈매기들의 최고 지도자를 임명할 때의 방식이었다. 조나단은 생각했다. 물론 오늘 아침 먹이를 찾으러 나왔을 때 그들은 나의 한계 돌파를 목격했겠지. 하지만 난 명예 같은 건 바라지 않아. 지도자가 되고 싶지도 않아. 난 오직 내가 발견한 것을 나눠 주고 싶을 뿐이야. 우리 모두 앞에 펼쳐져 있는 무한한 수평선을 보여주고 싶어.

조나단은 앞으로 걸어 나갔다.

"조나단 리빙스턴!" 연장자 갈매기가 말했다.

"한가운데로 나와 그대의 동료 갈매기들이 지켜보는 앞에서 명예롭지 못한 심판을 받으리라."

조나단은 마치 널빤지로 한 대 얻어맞은 기분이었다. 무릎에 힘이 빠지고, 깃털이 축 늘어지고, 귀속에선 윙윙거리는 소리가 들렸다. 심판을 받기 위해 가운데로 나오라고? 있을 수 없는 일이다! 그 놀라운 한계 돌파를 그들은 이해할 수 없단 말인가! 그들은 틀렸어! 그들은 잘못한 거야!

"무책임하고도 무모한 행동을 하여…"

근엄한 목소리가 선고문을 낭독하듯 말했다.

"그대는 갈매기 족의 존엄성과 전통을 파괴하였으며…"

명예롭지 못한 일로 한가운데 나와 선다는 것은 갈매기 사회에서 추방되어 '멀리 떨어진 절벽'에서 고독하게 살아야 함을 의미했다.

"조나단 리빙스턴, 어느 날엔가 그대는 무책임한 행동은 보상받을 수 없다는 사실을 배우게 될 것이다. 삶은 미지의 것이며, 또한 알 수도 없는 것이다. 우리는 먹기 위해 이 세상에 던져졌으며, 가능한 한 오래 생을 유지해야 한다는 것만을 알 뿐이다."

단 한 마리의 갈매기도 이 부족 회의의 결정에 항의하지 않았다. 조나단의 목소리만이 높게 울려 퍼졌다.

"무책임이라니요? 나의 형제들이여!" 그는 크게 외쳤다.

"삶의 의미와 더 차원 높은 목적을 추구하고 따르는 자보다 더 책임 있는 갈매기가 대체 누구란 말입니까? 우리는 수천 년 동안 물고기 대가리나 찾아다녔습니다. 그러나 이제 우리는 삶의 이유를 갖게 되었습니다. 배우고, 발견하고, 자유로워지는 것! 저에게 한 번 기회를 주십시오. 제가 발견한 것을 여러분에게 보여줄 수 있게 해주십시오."

갈매기들은 모두 돌이 되어 버린 듯했다.

"형제 관계는 이제 깨어졌다." 갈매기들은 다 함께 선언했다. 그리고는 일제히 엄숙하게 귀를 막으며 그에게서 등을 돌렸다.

〈갈매기의 꿈〉은 비행사 출신의 리처드 바크(1936-)가 자신의 비행 경험과 갈매기에 대한 지식을 바탕으로 1970년에 발표한 소설이다. 따라서 이 책에 등장하는 갈매기들의 갖가지 비행 모습은 바로 지은이의 경험을 반영한 것이라 할 수 있다.

리처드 바크는 어느 날 밤 바닷가를 산책하던 중 이상한 소리를 듣고 신비로운 영감을 얻어 이 책을 쓰게 되었다고 한다. 〈갈매기의 꿈〉에 등장하는 갈매기와 바다, 그리고 드높은 창공은 작가가 성장하면서 늘 걷고 바라본 해변과 하늘인 셈이다.

〈갈매기의 꿈〉은 비행에 대한 꿈과 신념을 실현하고자 끝없이 노력하는 갈매기 조나단 리빙스턴의 일생을 통해 모든 존재의 초월적 능력을 일깨운 우화 형식의 신비주의 소설이라는 평가를 받고 있다. 출간 당시 성직자들로부터 신의 영역에 도전하는 오만한 소설이라는 비난을 받기도 했지만 출판되자마자 〈바람과 함께 사라지다〉의 판매 기록을 뛰어넘는 세계적 베스트셀러가 되었다.

그 외의 작품으로 〈우연은 없다〉 〈환상〉 〈영원을 건너는 다리〉 〈인간의 꿈〉 〈하나〉 〈영혼의 동반자〉 등 다수가 있으며, 대부분 국내에서도 번역 출판되었다. 리처드 바크가 그의 작품들을 통해 일관되게 보여주고자 하는 것은 삶의 숭고한 목적을 찾으려는 끊임없는 노력과 인간이 가진 무한한 힘에 대한 사랑이라 할 수 있다.

국내 번역소설 중 최근작에 속하는 〈영혼의 동반자〉는 신비주의적 색채를 띤 장편 연애소설로, 시간과 공간을 초월한 한 왕자의 사랑 찾기를 통해 사랑과 환상이 부재하는 현대인의 가슴에 훈훈한 연가(戀歌)를 들려주는 아름다운 작품이다. 특히 이 작품은 작가의 자전적 소설로, 배우 출신의 아내 레슬리 패리쉬에 대한 사랑의 감정이 작품 전체에 깔려 있음을 느끼게 한다.

〈갈매기의 꿈〉은 자유의 참의미를 깨닫기 위해 비상(飛翔)을 꿈꾸는 한 마리 갈매기를 통해 인간 삶의 본질을 상징적으로 그린 감동적인 소설이다. 특히 갈매기들의 따돌림에도 흔들림 없이 꿋꿋하게 자신의 꿈에 도전하는 갈매기 조나단의 인상적인 모습에서 우리는 자기 완성의 소중함을 깨닫게 된다. 자아실현은 몇

몇 선택된 자들만의 몫이 아니라 인간이라면 누구나 그 가능성을 내면에 간직하고 있다는 메시지를 전해 준다.

작가는 '가장 높이 나는 새가 가장 멀리 본다.'는 삶의 진리를 일깨우며, 우리 인간들에게 눈앞에 보이는 일에만 매달리지 말고 멀리 앞날을 내다보며 저마다 마음속에 자신만의 꿈과 이상을 간직하며 살아가라고 이야기해 준다. '높고, 멀리'를 추구하는 마음은 현재에 만족하지 않는 자아실현의 꿈을 소중하게 여기는 마음이다. 여기에는 도전 정신과 용기가 필요하다.

주인공 갈매기인 조나단 리빙스턴 시걸은 다른 갈매기들과 사뭇 '다른' 생각을 갖고 있는 존재이다. 대부분의 갈매기들은 단순한 비상(飛翔) 이상의 것에는 관심과 노력을 기울이지 않는다. 해변을 기웃거리며 먹이를 구해오는 것 이상의 기술은 배우려 하지 않는다. 하지만 조나단은 다르다. 단순한 '먹이 사냥'보다 하늘을 날아오르는 것 그 자체를 삶의 목적으로 삼는다. 가장 낮은 단계의 욕구인 '생존'이 아니라 가장 이상적인 욕망이라 할 수 있는 자아실현의 꿈을 간직하고 있기 때문이다.

조나단의 꿈과 욕망은 갈등의 시발점이 된다. 자신이 원하는 삶이 부모가 기대하는 삶, 다른 갈매기들이 추구하는 삶의 목표와 다르다는 사실은 주인공의 내적 갈등을 불러일으킨다.

이는 오늘날 대부분의 20대가 겪는 문제일 수도 있다. 우리 시대의 청춘들은 새로운 가치관을 형성하고, 자신만의 새로운 길을 찾기보다는 기성세대가 정해놓은 성공의 법칙을 따를 것을 강요받는다. 사회적 관습과 기성세대가 제시하는 좌표를 거부할 경우 낙오자나 일탈자로 낙인찍히는 사회에서 '청춘 예찬'은 공염불에 불과하다.

도전과 모험에 관용을 베풀지 못하는 사회는 경직된 사회이고, 열정과 패기를 외면하는 사회는 '닫힌 사회'이다. 그러한 사회에서는 어떠한 창의적 사유도, 건강한 비판정신도 쉽사리 휘발되고 만다. 자아 발견을 향해 있는 청춘의 도전정신, 그것은 그들의 자유를 부정하는 기존 체계에 대해 합리적 의심을 품는 것에서 시작되어야 한다.

조나단 역시 기존의 권위와 가치 체계를 무비판적으로 공급 받기를 거부한다. 하늘 높이 날아오르는 것에서 존재의 의미를 찾는 조나단에게 전통과 관습은 벽이 되지 못한다. 날개가 찢어지는 각고의 노력 끝에 조나단은 마침내 수직 급강하와 초고속 비상에 성공한다. 다른 갈매기들은 시도조차 해보지 못한 도전이었다.

문제는 선지자, 선각자란 언제나 그 사회의 이단아로 찍힐 수밖에 없는 씁쓸한 현실이다. 갈매기 사회는 조나단의 '갈매기답지 않은 비행'을 추궁하는 청문회를 열고 '무책임하고 무분별하게 갈매기족의 존엄과 전통을 거역한 죄'를 물은 뒤 그의 추방을 명령한다. 조나단은 기성 질서와 인습의 불합리성을 거론하며 추방의 부당함을 역설하지만 한계를 느낀다. 그럼에도 조나단은 자신의 의지를 굽히지 않는다. 공동체와의 심한 갈등으로 결국 '소외'되고 배제되지만 이러한 갈등이 조나단에게는 앞으로 닥쳐올 더 큰 시련을 견뎌내고 자아를 단련할 원동력이 된다.

남들이 무모한 일에 목숨을 거느냐고 회의적인 물음을 던지고 유별나게 행동한다며 곱지 않은 시선으로 볼 때도 조나단은 의연히 자신의 꿈을 향해 나아간다. 위험을 무릅쓰고 자신의 한계를 뛰어넘는 속도로 창공을 날아오름으로써 조나단은 도전과 자유의 아름다운 조합을 만들어 낸다.

모름지기 발전과 성공이란 가치는 모험과 도전의 자양분을 먹고 자라는 법이다. 불투명한 미래에 지레 겁먹고 주저앉기보다는 점진적으로 나아질 자신을 머릿속에 그리며 지금 도전하고 싶은 일을 찾아 나설 때 '평범함'은 '비범함'으로 거듭날 수 있을 것이다.

조나단의 한결같은 꿈을 향한 도전은 자신의 자아를 발견하는 과정이자 인생의 목적을 찾아가는 여정이었다. 조나단이 자신의 내면의 욕망에 귀 기울인 채 매일 조금씩 자아를 실현해갔듯이, 진정한 행복은 '자신이 하고 싶은 일'을 하면서, 어려운 상황을 극복해 냈을 때 비로소 도달할 수 있는 것이리라. '진정한 자신이야말로 자신의 스승'이라는 작가의 말을 음미해보라. 조나단은 도전과 모험이야말로 삶을 보다 가치 있고 풍성하게 만들어준다는 사실을 온몸으로 증명해준다.

삶이란 성공과 실패, 성취와 좌절, 신뢰와 불신, 칭찬과 비난 등의 양극단 사이를 오가는 과정이며, 그 과정을 거쳐야 비로소 삶의 균형 감각이 생겨난다는 이치를 깨우쳐 준다.

물론 이 작품을 비판적으로 바라보는 시각도 존재한다. 자아실현을 추구하는 조나단의 모습이 지나치게 엘리트주의적으로 그려져 있다는 게 비판의 핵심이다. 꿈과 이상, 그리고 깨달음을 대변하는 조나단의 지혜로움과, 그의 가치관과 삶의 철학에 동의하지 않는 다른 갈매기들의 어리석음을 이분법적으로 대비시킴으로써 깨달음과 지혜로움이 현실적 욕구나 대중의 이해를 초월한 몇몇 선각자들만의 전유물인 양 묘사하고 있다는 것이다.

하지만 조나단이 '자신은 결코 특별한 갈매기가 아니며, 자신이 얻은 깨달음의 경지는 누구나 도달할 수 있는 것'이라 말하는 대목만 보더라도 이 작품은 엘리트주의보다는 외려 성장소설로 간주하는 것이 더 설득력 있어 보인다.

조나단은 자아실현을 이룬 후에 자기를 버린 옛 친구들을 찾아와 '비상'의 꿈이 왜 소중한지를 전해준다. 자아실현을 위한 과정에서 우정과 사랑의 본질을 깨우쳤고 그것을 더불어 사는 삶으로 승화시킨다. 조나단에게는 멘토와 멘티의 역할을 하는 갈매기들이 있다. 설리반과 치앙은 조나단이 목표하는 것을 이룰 수 있도록 자극하는 지도자의 역할을 맡아주었고, 플레처는 조나단의 가르침을 열정적으로 받아들인 재능 있는 갈매기이다. 설리반이 떠나기 전 조나단에게 남긴 한 마디는 '끊임없이 주변인을 사랑하라.'였고 조나단은 이를 실천에 옮긴다.

그는 높이 날아 먼 곳을 바라 볼 안목도 가졌지만 낮게 날아 약자의 삶을 둘러보는 따뜻한 눈도 지녔다. 조나단의 진정한 위대함은 여기에 있다.

너나 할 것 없이 서로를 잠재적 경쟁자로 인식하는 성과주의 사회에서 자신이 일궈낸 성취의 비결을 다른 갈매기와 기꺼이 공유한다는 것은 쉽지 않은 일이기 때문이다. 조나단은 홀로 높이 날고자 하는 출세 지향적 욕망을 키운 것이 아니라 더불어 사는 삶의 미덕을 실천한다. 그는 자신의 멘티들에게 꿈과 희망, 그리고 건강한 도전정신을 북돋워주면서도, 다른 한편으론 채 다듬어지지 않은 그들의 욕망을 슬기롭게 다스릴 수 있는 합리적 방법을 차근차근 들려준다.

〈갈매기의 꿈〉을 통해 조나단이 들려주는 한계 극복의 스토리는 저마다의 콤플렉스와 결핍감을 안고 살아가는 우리들에게 용기와 공감의 엔돌핀을 선사해 주기에 충분하다. 아울러 조나단은 우리에게 다음과 같은 질문을 던지고 싶었을지도 모른다. 당신은 자아실현을 위해 어떤 도전과 모험을 하고 있는가? 당신은 멀리 보기와 자세히 보기의 균형 감각을 갖추기 위해 어떤 노력을 하고 있는가?

한 발 더 다가서기 1

1 "갈매기들은, 알다시피 결코 비틀거리지 않으며, 중심을 잃고 속도를 늦추는 법도 없다. 공중에서 비틀거린다는 것은 갈매기들에게는 수치이며 불명예스러운 일이다. 그러나 조나단 리빙스턴 시걸은 조금도 부끄러워하지 않고, 몸이 떨리는 그 힘든 선회를 하기 위해 다시금 날개를 뻗었다."는 대목이 우리에게 시사하는 바가 무엇인지 생각해 보자.

2 "그는 좌절된 심정으로 '차라리 그 무게가 자기를 바다 밑까지 부드럽게 끌어내려 그것으로 만사가 끝나게 해 주었으면 얼마나 좋을까' 하고 생각했다. 그가 물에 잠겨 떠다니고 있을 때, 낯설고 공허한 어떤 목소리가 그의 안에서 울려 왔다. 어쩔 도리가 없다. 난 한 마리의 갈매기일 뿐이다. 난 나의 본성에 의해 한계를 지니고 있다."에 드러난 주인공 갈매기의 심정에 대해 말해 보자.

3 '낮게 나는 새가 자세히 본다.'라는 말이 있다. 작품에서 이와 관련된 상황을 찾아 이야기해 보자.

한 발 더 다가서기 2

취업 선배들과의 대화 행사 뒤풀이는 신촌에 있는 놀부 부대찌개 집에서 열렸다.

나는 처음부터 이 행사가 마음에 들지 않았다. 요즘 같은 때 취직한다는 게 얼마나 힘든지는 나도 안다. 취직한 사람들의 요령을 배우자는 취지도 좋다. 그러나 취직한 게 존경할 일이라고까지는 생각하지 않는다. 그런데 '취업 선배들'은 그런 존경을 강요했다.

우습게도, 부대찌개 집에 모인 대학생 대부분이 실제로 그런 존경의 눈빛을 직장 초년병들에게 보내고 있었다. 특히 H그룹 인사부에 있다는 선배와 K그룹 채용 담당이라는 선배 두 명이 그런 눈빛을 집중적으로 받았다.

채용담당 대리의 힘이 도대체 얼마나 크기에?

H그룹 인사부 선배는 요즘 대학생들에게는 도전 정신이 없다는 이야기를 한참 늘어놓았다.

"요즘 학생들 보면 이렇게들 패기가 없어서야 참 걱정이다 싶을 때가 있어. 세세한 스펙 따위 별 상관도 없으니 거기에 목숨 걸고 그러지 말고 큰 꿈을 가져봐."

"그런데 왜 청년들한테 도전 정신이 있어야 하는 거죠?"

내 물음에 H그룹 과장은 황당하다는 표정을 지었다.

"그러면 늙은이들더러 도전 정신을 가지라고 하겠니?"

숭배자들 -A대학 경영학과 학생들- 의 웃음.

"도전 정신이 그렇게 좋은 거라면 젊은이고 나이든 사람이고 할 것 없이 다 가져야지, 왜 청년들한테만 가지라고 하나요?"

"젊을 때는 잃을 게 없고, 뭘 해도 다시 일어설 수 있으니까 그럴 때 여러 가지 기회를 다 노려봐야 한다는 얘기지. 그러다가 뭐가 되기라도 하면 대박이잖아."

"오히려 오륙십 대의 나이든 사람들이야말로 인생 저물어 가는데 잃을 거 없지 않나요. 젊은 사람들은 잃을 게 얼마나 많은데…. 일례로 시간을 2, 3년만 잃어버리면 H그룹 같은 데에서는 받아주지도 않잖아요. 나이 제한을 넘겼다면서."

"대신에 그에 상응하는 경험이 남겠지."

"무슨 경험이 있든 간에 나이를 넘기면 H그룹 공채에 서류도 못 내잖아요."

"얘가 원래 좀 삐딱해요."

누군가 끼어들어 제지하려 했으나 나는 멈추지 않았다. 나는 술을 마시면 멈추는 법이 없었다.

"저는요, 젊은이들더러 도전하라는 말이 젊은 세대를 착취하려고 하는 말이라고 생각해요. 뭣 모르고 잘 속는 어린애들한테 이것저것 시켜봐서 되는지 안 되는지 알아보고 되는 분야에는 기성세대들도 뛰어들겠다는 거 아닌가요? 도전이라는 게 그렇게 수지맞는 장사라면 왜 그 일을 청년의 특권이라면서 양보합니까? 척 보기에도 승률이 희박해 보이니까 자기들은 안 하고 청년의 패기 운운하는 거잖아요."

"이름이 뭐랬지? 넌 우리 회사 오면 안 되겠다."

그 말을 듣고 나는 빈정대는 말투로 한 마디 내뱉었다.

"거 봐, 아까는 도전하라고 훈계하더니 내가 막상 도전하니까 안 받아주잖아."

위의 글은 제16회 한겨레 문학상 수상작이면서 젊은이들의 깊은 공감을 이끌어 내며 열렬한 인기를 얻어온 장강명의 장편소설 〈표백〉의 한 부분이다. 이 글을 〈갈매기의 꿈〉과 비교해서 우리 시대의 도전 혹은 모험의 의미와 가치를 생각해 보자 .

한 발 더 다가서기 3

담쟁이

도종환

저것은 벽
어쩔 수 없는 벽이라고 우리가 느낄 때
그때
담쟁이는 말없이 그 벽을 오른다.
물 한 방울 없고 씨앗 한 톨 살아남을 수 없는
저것은 절망의 벽이라고 말할 때
담쟁이는 서두르지 않고 앞으로 나아간다.
한 뼘이라도 꼭 여럿이 함께 손을 잡고 올라간다.
푸르게 절망을 다 덮을 때까지
바로 그 절망을 잡고 놓지 않는다.
저것은 넘을 수 없는 벽이라고 고개를 떨구고 있을 때
담쟁이 잎 하나는 담쟁이 잎 수천 개를 이끌고
결국 그 벽을 넘는다.

"담쟁이는 서두르지 않고 앞으로 나아간다. 한 뼘이라도 꼭 여럿이 함께 손을 잡고 올라간다."는 부분이 〈갈매기의 꿈〉에서 어떻게 형상화되어 있는지 찾아보고 그 의미를 논의해 보자.

제5장 만남과 이별에 대한 해석

우리는 일상에서 무수한 만남을 경험하면서 살아간다. 사람은 물론 자연, 종교, 학문, 각종 문화 현상, 심지어 자기 자신과의 만남 등 인간의 실존은 그야말로 만남 속에서 드러난다 해도 과언이 아닐 정도로 우리는 다양한 만남 속에서 살아간다. 때문에 타자와의 만남은 인간의 삶을 규정하는 하나의 조건이 되기도 한다. 인간 존재는 타자와의 만남을 계기로 상호 관계를 형성하며, 어떤 관계를 형성하느냐에 따라 삶의 양상도 다양해질 수 있다.

여러 만남 가운데 가장 일반적인 만남은 사람과 사람과의 만남이다. 오늘날은 전통적인 인간관계의 상식이었던 면대면 만남에서 디지털 매체를 통해 소통하는 방식으로 패러다임이 바뀌게 되면서 만남의 양태도 다양해졌다. 모든 것이 스마트로 환원되는 이 시대는 가상공간에서의 만남이 일상화되고 속도의 빠름으로 엄청난 편리함을 구가하게 되었다.

그러나 이와 같은 새로운 커뮤니케이션 환경은 사람과 사람 간의 관계를 쉽게 단절시킴으로써 인간을 소외시키고 극단적 이기주의를 파생시키는 결과를 초래하고 말았다. 인간이 도구적 존재로 전락하는 이러한 비인격적 사회 체제 속에서 많은 현대인은 존엄성을 상실할 수밖에 없다. 이는 오늘날 타자와의 만남, 그리고 타자와의 관계에 대한 문제를 우리가 다시금 진지하게 성찰해야 하는 이유이기도 하다.

실존주의 철학자 마르틴 부버(Martin Buber)에 의하면 '나'와 '너'의 인격적 관계가 무너질수록 인간은 더 비현실적으로 타락하게 된다고 한다. 그는 기계화 시대에 소멸해 가는 인간의 존엄성과 상실된 자아의 회복은 '나'와 '너'의 만남에 의해 극복되어야 함을 강조한다. 오늘날 기계 문명 속에서 인간성을 잃고 고독에 빠진 현대인들은 타자들과의 참된 관계에 의해서만 자신의 진정한 휴머니티를 성취할 수 있을 것이다.

이처럼 문명사회라는 거대한 질서로부터 소외되어 있는 현대인의 절망감과 상실감을 묘사하여 오늘을 살아가는 우리에게 성찰의 계기를 제공해 주는 소설이 바로 김승옥의 〈서울 1964년 겨울〉이다. 이 장에서는 1960년대 산업사회의 도시인의 특징을 사실적으로 묘사하면서도 그것을 단절과 소외라는 인간의 숙명적 한계로 확장시키고 있는 〈서울 1964년 겨울〉을 통해 진정한 관계 회복을 희구하는 현대인들의 만남의 문제에 대해 고민해 보고자 한다.

한편, 이별은 우리 삶의 일부분이고, 헤어짐에 따른 상실의 고통은 삶의 보편적인 체험이다. 그것은 삶이 지속되는 한, 끊임없이 경험하는 일이기에 그 시련과 고통은 누구나 겪을 수밖에 없는 삶의 과정이기도 하다. 그러나 사람들은 이별을 경험한 후 어떻게 해야 하는지 모르는 경우가 많다. 가장 보편적인 태도가 이별의 상황을 받아들이려 하지 않는 것, 즉 부정과 부인이다.

이별 후 대상에 대한 상실을 받아들이지 못하면 평소와는 다른 어둡고 부정적인 자신의 모습과 만나게 된다. 특히 가족이나 친구, 연인 등 나와 친밀한 사람의 죽음이나 이별은 우리에게 감당하기 어려운 시련을 가져다준다. 애착의 감정을 품었던 대상을 잃게 되면 극심한 비탄의 감정에 빠지게 되고 때로는 정신적 외상을 초래하기도 한다. 이때 슬픔을 소화해 내고 상처를 치유하는 과정을 애도라고 한다. 말하자면 애도란 이별 후에 경험하는 상실감과 아픔을 객관화시켜 건강한 자아로 거듭나게 하는 자기 치유의 과정을 이르는 것이다.

스위스의 심리학자 베레나 카스트(Verena Kast)는 애도를 '충격 받은 사람의 삶에 새로운 질서를 부여하고 새로운 자기와 세계에 대한 체험을 이루게 하는 감정'이라고 언급한 바 있다. 즉 애도는 내면에 자리하고 있는 과거의 자기를 떠나보내고 상실의 현실을 받아들임으로써 건강한 자아로 거듭나게 하는 것을 말한다. 그 과정에서 치유와 성장이 자연스럽게 뒤따르게 된다. 정신분석학자 데이비드 로젠(David Rosen)이 애도의 핵심을 '과거의 자기 죽이기와 새롭게 태어나기'라고 지적한 것도 이와 같은 맥락이다.

애도 작업을 잘 이행하게 되면 자기 자신에 대한 배려는 물론 타인에 대한 이해와 공감 능력도 커진다. 이때 유용한 도구가 되는 것이 바로 문학이다. 간접 경험을 통해 공감을 유도하고 모방을 함으로써 스스로가 치유의 길에 들어설 수 있기 때문이다.

이 장에서는 영원한 이별인 죽음, 그 중에서도 1인칭(나)의 죽음과 그 애도과정을 문학이라는 공간 속에서 사실적으로 그려내고 있는 톨스토이의 중편소설 〈이반 일리치의 죽음〉을 통해 죽음이란 무엇인가, 인생이란 무엇인가 하는 문제에 대하여 진지하게 접근해 보고자 한다. 그리하여 인간 내면에 자리하고 있는 보편적인 이기심, 덧없는 것에 열중하고 그저 맹목적으로 삶에 투신하는 것만이 뛰어난 삶처럼 여겨지는 오늘날 우리들이 살아가는 모습을 거듭 성찰해 보기로 한다.

1. 〈서울 1964년 겨울〉

1964년 겨울을 서울에서 지냈던 사람이면 누구나 알 수 있겠지만, 밤이 되면 거리에 나타나는 선술집 — 오뎅과 군참새와 세 가지 종류의 술 등을 팔고 있고, 얼어붙은 거리를 휩쓸며 부는 차가운 바람이 펄럭거리게 하는 포장을 들치고 안으로 들어서게 되어 있고, 그 안에 들어서면 카바이드 불의 길쭉한 불꽃이 바람에 흔들리고 있는, 염색한 군용 잠바를 입고 있는 중년 사내가 술을 따르고 안주를 구워 주고 있는 그러한 선술집에서, 그날 밤, 우리 세 사람은 우연히 만났다. 우리 세 사람이란 나와 도수 높은 안경을 쓴 '안'이라는 대학원 학생과 정체는 알 수 없지만 요컨대 가난뱅이라는 것만은 분명하여 그의 정체를 꼭 알고 싶다는 생각은 조금도 나지 않는 서른대여섯 살짜리 사내를 말한다.

먼저 말을 주고받게 된 것은 나와 대학원생이었는데, 뭐 그렇고 그런 자기 소개가 끝났을 때는 나는 그가 안씨라는 성을 가진 스물다섯 살짜리 대한민국 청년, 대학 구경을 해보지 못한 나로서는 상상이 되지 않는 전공을 가진 대학원생, 부잣집 장남이라는 걸 알았고, 그는 내가 스물다섯 살짜리 시골 출신, 고등학교를 나오고 육군사관학교를 지원했다가 실패하고 나서 군대에 갔다가 임질에 한 번 걸려 본 적이 있고 지금은 구청 병사계에서 일하고 있다는 것을 아마 알았을 것이다.

자기 소개들은 끝났지만 그러고 나서는 서로 할 얘기가 없었다. 잠시 동안은 조용히 술만 마셨는데 나는 새카맣게 구워진 군참새를 집을 때 할 말이 생겼기 때문에 마음속으로 군참새에게 감사하고 나서 얘기를 시작했다.

"안 형, 파리를 사랑하십니까?"

"아니요, 아직까진……." 그가 말했다. "김 형은 파리를 사랑하세요?"

"예."라고 나는 대답했다. "날 수 있으니까요. 아닙니다. 날 수 있는 것으로서 동시에 내 손에 붙잡힐 수 있는 것이니까요. 날 수 있는 것으로서 손안에 잡아 본 적이 있으세요?"

"가만 계셔 보세요." 그는 안경 속에서 나를 멀거니 바라보며 잠시 동안 표정을 꼼지락거리고 있었다. 그리고 말했다. "없어요, 나도 파리밖에는……."

낮엔 이상스럽게도 날씨가 따뜻했기 때문에 길은 얼음이 녹아서 흙물로 가득했었는데 밤이 되면서부터 다시 기온이 내려가고 흙물은 우리의 발밑에서 다시 얼어붙기 시작했다. 소가죽으로 지어진 내 검정 구두는 얼고 있는 땅바닥에서 올라오고 있는 찬 기운을 충분히 막아 내지 못하고 있었다. 사실 이런 술집이란, 집으로 돌아가는 길에 잠깐 한잔하고 싶은 생각이 든 사람이나 들어올 데지, 마시면서 곁에 선 사람과 무슨 얘기를 주고받을 만한 데는 되지 못하는 곳이다. 그런 생각이 문득 들었지만 그 안경잡이가 때마침 나에게 기특한 질문을 했기 때문에 나는 '이놈 그럴듯하다'고 생각되어 추위 때문에 저려드는 내 발바닥에게 조금만 참으라고 부탁했다.

"김 형, 꿈틀거리는 것을 사랑하십니까?" 하고 그가 내게 물었던 것이다.

"사랑하구 말구요."나는 갑자기 의기양양해서 대답했다. 추억이란 그것이 슬픈 것이든지 기쁜 것이든지 그것을 생각하는 사람을 의기양양하게 한다. 슬픈 추억일 때는 고즈넉이 의기양양해지고 기쁜 추억일 때는 소란스럽게 의기양양해진다.

…… (중략) ……

그때 우리의 대화는 또 끊어졌다. 이번엔 침묵이 오래 계속되었다. 나는 술잔을 입으로 가져갔다. 내가 잔을 비우고 났을 때 그도 잔을 입에 대고 눈을 감고 마시고 있는 게 보였다. 나는 이젠 자리를 떠나야 할 때가 되었다고 다소 서글픈 기분으로 생각했다. 결국 그렇고 그렇다. 또 한 번 확인된 것에 지나지 않다고 생각하면서 "자, 그럼 다음에 또……."라고 말할까 "재미있었습니다."라고 말할까, 궁리하고 있는데 술잔을 비운 안이 갑자기 한 손으로 내 한쪽 손을 살그머니 잡으면서 말했다.

"우리가 거짓말을 하고 있었다고 생각하지 않으십니까?"

"아니요." 나는 좀 귀찮은 생각이 들었다. "안 형은 거짓말을 했는지 모르지만 내가 한 얘기는 정말이었습니다."

"난 우리가 거짓말을 하고 있었던 것 같은 느낌이 듭니다." 그는 붉어진 눈두덩을 안경 속에서 두어 번 끔벅거리고 나서 말했다. "난 우리 또래의 친구를 새로 알게 되면 꼭 꿈틀거림에 대한 얘기를 하고 싶어집니다. 그래서 얘기를 합니다. 그렇지만 얘기는 5분도 안 돼서 끝나 버립니다."

나는 그가 무슨 얘기를 하고 있는지 알 듯 하기도 했고 모를 것 같기도 했다.

"우리 다른 얘기 합시다." 하고 그가 다시 말했다.

나는 심각한 얘기를 좋아하는 이 친구를 골려 주기 위해서, 그리고 한편으로는 자기의 음성을 자기가 들을 수 있는 취한 사람의 특권을 맛보고 싶어서 얘기를 시작했다.

"평화시장 앞에 줄지어 선 가로등들 중에서 동쪽으로부터 여덟 번째 등은 불이 켜 있지 않습니다……." 나는 그가 좀 어리둥절해하는 것을 보자 더욱 신이 나서 얘기를 계속했다.

"……그리고 화신백화점 6층의 창들 중에서는 그중 세 개에서만 불빛이 나오고 있었습니다……."

그러자 이번엔 내가 어리둥절해질 사태가 벌어졌다. 안의 얼굴에 놀라운 기쁨이 빛나기 시작했기 때문이다.

그가 빠른 말씨로 얘기하기 시작했다.

"서대문 버스 정거장에는 사람이 서른두 명 있는데 그중 여자가 열일곱 명이었고, 어린애는 다섯 명 젊은이는 스물한 명 노인이 여섯 명입니다."

"그건 언제 일이지요?"

"오늘 저녁 7시 15분 현재입니다."

"아." 하고 나는 잠깐 절망적인 기분이었다가 그 반작용인 듯 굉장히 기분이 좋아져서 털어놓기 시작하였다.

…… (중략) ……

우리는 각기 계산하기 위해서 호주머니에 손을 넣었다. 그때 한 사내가 우리에게 말을 걸어왔다. 우리 곁에서 술잔을 받아 놓고 연탄불에 손을 쬐고 있던 사내였는데, 술을 마시기 위해서 거기에 들어온 것이 아니라 불을 쬐고 싶어서 잠깐

들렀다는 꼴을 하고 있었다. 제법 깨끗한 코트를 입고 있었고 머리엔 기름도 얌전하게 발라서 카바이드등의 불꽃이 너풀댈 때마다 머리 위의 하이라이트가 이리저리 움직이고 있었다. 그러나 어디선지는 분명하지는 않았지만 가난뱅이 냄새가 나는 서른대여섯 살짜리 사내였다. 아마 빈약하게 생긴 턱 때문이었을까, 아니면 유난히 새빨간 눈시울 때문이었을까. 그 사내가 나나 안 중의 어느 누구에게라고 할 것 없이 그냥 우리 쪽을 향하여 말을 걸어온 것이다.

"미안하지만 제가 함께 가도 괜찮을까요? 제게 돈은 얼마 있습니다만……."이라고 그 사내는 힘없는 음성으로 말했다.

그 힘없는 음성으로 봐서는 꼭 끼어 달라는 건 아니라는 것 같았지만 한편으로는 우리와 함께 가고 싶은 생각이 간절하다는 것 같기도 했다. 나와 안은 잠깐 얼굴을 마주 보고 나서

"아저씨 술값만 있다면……."이라고 내가 말했다.

"함께 가시죠."라고 안도 내 말을 이었다.

"고맙습니다." 하고 그 사내는 여전히 힘없는 음성으로 말하면서 우리를 따라왔다.

…… (중략) ……

우리는 근처의 중국요리집으로 들어갔다. 방으로 들어가서 앉았을 때 아저씨는 또 한 번 간곡하게 우리가 뭘 좀 들 것을 권했다. 우리는 또 한 번 사양했다. 그는 또 권했다.

"아주 비싼 걸 시켜도 괜찮겠습니까?"라고 나는 그의 권유를 철회시키기 위해서 말했다.

"네, 사양 마시고." 그가 처음으로 힘 있는 목소리로 말했다. "돈을 써 버리기로 결심했으니까요."

나는 그 사내에게 어떤 꿍꿍이속이 있는 것만 같은 느낌이 들어서 좀 불안했지만, 통닭과 술을 시켜 달라고 했다. 그는 자기가 주문한 것 외에 내가 말한 것도 사환에게 청했다. 안은 어처구니없는 얼굴로 나를 보았다. 나는 그때 마침 옆방에

서 들려오고 있는 여자의 불그레한 신음 소리를 듣고만 있었다.

"이 형도 뭘 좀 드시죠."라고 아저씨가 안에게 말했다.

"아니 전……." 안은 술이 다 깬다는 듯이 펄쩍 뛰고 사양했다.

우리는 조용히 옆방의 다급해져 가는 신음 소리에 귀를 기울이고 있었다. 전차의 끽끽거리는 소리와 홍수 난 강물 소리 같은 자동차들의 달리는 소리도 희미하게 들려오고 있었고, 가까운 곳에서는 이따금 초인종 울리는 소리도 들렸다. 우리의 방은 어색한 침묵에 싸여 있었다.

"말씀 드리고 싶은 게 있는데요." 마음씨 좋은 아저씨가 말하기 시작했다. "들어 주셨으면 고맙겠습니다…… 오늘 낮에 제 아내가 죽었습니다. 세브란스병원에 입원하고 있었는데……." 그는 이젠 슬프지도 않다는 얼굴로 우리를 빤히 쳐다보며 말하고 있었다. "네에에." "그거 안되셨군요."라고 안과 나는 각각 조의를 표했다. "아내와 나는 참 재미있게 살았습니다. 아내가 어린애를 낳지 못하기 때문에 시간은 몽땅 우리 두 사람의 것이었습니다. 돈은 넉넉하진 못했습니다만 그래도 돈이 생기면 우리는 어디든지 같이 다니면서 재미있게 지냈습니다. 딸기 철엔 수원에도 가고, 포도 철엔 안양에도 가고, 여름이면 대천에도 가고, 가을엔 경주에도 가 보고, 밤엔 함께 영화 구경, 쇼 구경하러 열심히 극장에 쫓아다니기도 했습니다.……."

"무슨 병환이셨던가요?" 하고 안이 조심스럽게 물었다.

"급성 뇌막염이라고 의사가 그랬습니다. 아내는 옛날에 급성맹장염 수술을 받은 적도 있고, 급성 폐렴을 앓은 적도 있다고 했습니다만 모두 괜찮았었는데 이번의 급성엔 결국 죽고 말았습니다…… 죽고 말았습니다."

사내는 고개를 떨구고 한참 동안 무언지 입을 우물거리고 있었다. 안이 손가락으로 내 무릎을 찌르며 우리는 꺼지는 게 어떻겠느냐는 눈짓을 보냈다. 나 역시 동감이었지만 그때 사내가 다시 고개를 들고 말을 계속했기 때문에 우리는 눌러 앉아 있을 수밖에 없었다.

…… (중략) ……

"아내의 시체를 병원에 팔았습니다. 할 수 없었습니다. 난 서적 월부판매 외판원에 지나지 않습니다. 할 수 없었습니다. 돈 4,000원을 주더군요. 난 두 분을 만나기 얼마 전까지도 세브란스병원 울타리 곁에 서 있었습니다. 아내가 누워 있을 시체실이 있는 건물을 알아보려고 했습니다만 어딘지 알 수 없었습니다. 그냥 울타리 곁에 앉아서 병원의 큰 굴뚝에서 나오는 희끄무레한 연기만 바라보고 있었습니다. 아내는 어떻게 될까요? 학생들이 해부 실습하느라고 톱으로 머리를 가르고 칼로 배를 찢고 한다는데 정말 그러겠지요?"

우리는 입을 다물고 있을 수밖에 없었다. 사환이 단무지와 파가 담긴 접시를 갖다 놓고 나갔다.

"기분 나쁜 얘길 해서 미안합니다. 다만 누구에게라도 얘기하지 않고서는 견딜 수 없었습니다. 한 가지만 의논해 보고 싶은데, 이 돈을 어떻게 하면 좋을까요? 저는 오늘 저녁에 다 써 버리고 싶은데요."

"쓰십시오." 안이 얼른 대답했다.

"이 돈이 다 없어질 때까지 함께 있어 주시겠어요?" 사내가 말했다. 우리는 얼른 대답하지 못했다. "함께 있어 주십시오." 사내가 말했다. 우리는 승낙했다.

"멋있게 한 번 써 봅시다."라고 사내는 우리와 만난 후 처음으로 웃으면서 그러나 여전히 힘없는 음성으로 말했다.

중국집에서 거리로 나왔을 때는 우리는 모두 취해 있었고, 돈은 1,000원이 없어졌고 사내는 한쪽 눈으로 울고 다른 쪽 눈으로는 웃고 있었고, 안은 도망갈 궁리를 하기에도 지쳐 버렸다고 내게 말하고 있었고, 나는 "악센트 찍는 문제를 모두 틀려 버렸단 말야, 악센트 말야."라고 중얼거리고 있었고, 거리는 영화에서 본 식민지의 거리처럼 춥고 한산했고, 그러나 여전히 소주 광고는 부지런히, 약 광고는 게으름을 피우며 반짝이고 있었고, 전봇대의 아가씨는 '글쎄 그래요.'라고 웃고 있었다.

…… (중략) ……

우리는 꽤 오랫동안 불꽃이 튀는 탁탁 소리에 귀를 기울이고 있었다. 한참 후에 안이 사내에게 말했다.

"결국 그 돈은 다 쓴 셈이군요…… 자, 이젠 그럼 약속이 끝났으니 우린 가겠습니다."

"안녕히 계십시오."라고 나도 아저씨에게 작별 인사를 했다.

안과 나는 돌아서 걷기 시작했다. 사내가 우리를 쫓아와서 안과 나의 팔을 한 쪽씩 붙잡았다.

"나 혼자 있기가 무섭습니다." 그는 벌벌 떨며 말했다.

"곧 통행금지 시간이 됩니다. 난 여관으로 가서 잘 작정입니다." 안이 말했다.

"난 집으로 갈 겁니다." 내가 말했다.

"함께 갈 수 없겠습니까? 오늘 밤만 같이 지내 주십시오. 부탁합니다. 잠깐만 저를 따라와 주십시오." 사내는 말하고 나서 나를 붙잡고 있는 자기의 팔을 부채질하듯이 흔들었다. 아마 안의 팔에 대해서도 그렇게 했으리라.

…… (중략) ……

우리는 여전히 고개를 숙이고 어두운 골목길을 걸어서 거리로 나왔다. 적막한 거리에는 찬바람이 세차게 불고 있었다.

"몹시 춥군요."라고 사내는 우리를 염려한다는 음성으로 말했다.

"추운데요. 빨리 여관으로 갑시다." 안이 말했다.

"방을 한 사람씩 따로 잡을까요?" 여관에 들어갔을 때 안이 우리에게 말했다.

"그게 좋겠지요?"

"모두 한 방에 드는 게 좋겠지요."라고 나는 아저씨를 생각해서 말했다.

아저씨는 그저 우리 처분만 바란다는 듯한 태도로 또는 자기가 서 있는 곳이 어딘지도 모른다는 태도로 멍하니 서 있었다. 여관에 들어서자 우리는 모든 프로가 끝나 버린 극장에서 나오는 때처럼 어찌할 바를 모르고 거북스럽기만 했다. 여관에 비한다면 거리가 우리에게는 더 좁았던 셈이었다. 벽으로 나누어진 방들, 그것이 우리가 들어가야 할 곳이었다.

"모두 같은 방에 들기로 하는 것이 어떻겠어요?" 내가 다시 말했다.

"난 지금 피곤합니다." 안이 말했다. "방은 각각 하나씩 차지하고 자기로 하지요."

'혼자 있기가 싫습니다."라고 아저씨가 중얼거렸다.

"혼자 주무시는 게 편하실 거예요." 안이 말했다.

우리는 복도에서 헤어져서 사환이 지적해 준, 나란히 붙은 방 세 개에 각각 한 사람씩 들어갔다.

"화투라도 사다가 놉시다." 헤어지기 전에 내가 말했지만

"난 아주 피곤합니다. 하시고 싶으면 두 분이나 하세요."라고 안은 말하고 나서 자기의 방으로 들어가 버렸다.

"나도 피곤해 죽겠습니다. 안녕히 주무세요."라고 나는 아저씨에게 말하고 나서 내 방으로 들어갔다. 숙박계엔 거짓 이름, 거짓 주소, 거짓 나이, 거짓 직업을 쓰고 나서 사환이 가져다 놓은 자리끼를 마시고 나는 이불을 뒤집어썼다. 나는 꿈도 안 꾸고 잘 잤다.

다음 날 아침 일찍이 안이 나를 깨웠다.

"그 양반, 역시 죽어 버렸습니다." 안이 내 귀에 입을 대고 그렇게 속삭였다.

"예?" 나는 잠이 깨끗이 깨어 버렸다.

"방금 그 방에 들어가 보았는데 역시 죽어 버렸습니다."

"역시……." 나는 말했다. "사람들이 알고 있습니까?"

"아직까진 아무도 모르는 것 같습니다. 우린 빨리 도망해 버리는 게 시끄럽지 않을 것 같습니다."

"자살이지요?"

"물론 그것이겠죠."

나는 급하게 옷을 주워 입었다. 개미 한 마리가 방바닥을 내 발이 있는 쪽으로 기어 오고 있었다. 그 개미가 내 발을 붙잡으려고 하는 것 같은 느낌이 들어서 나는 얼른 자리를 옮겨 디디었다.

밖의 이른 아침에는 싸락눈이 내리고 있었다. 우리는 할 수 있는 한 빠른 걸음으로 여관에서 떨어져 갔다.

"난 그 사람이 죽으리라는 걸 알고 있었습니다." 안이 말했다.

"난 짐작도 못했습니다."라고 나는 사실대로 얘기했다.

"난 짐작하고 있었습니다." 그는 코트의 깃을 세우며 말했다. "그렇지만 어떻게 합니까?"

"그렇지요. 할 수 없지요. 난 짐작도 못했는데……." 내가 말했다.

"짐작했다고 하면 어떻게 하겠어요?" 그가 내게 물었다.

"씨팔것, 어떻게 합니까? 그 양반 우리더러 어떡하라는 건지……."

"그러게 말입니다. 혼자 놓아두면 죽지 않을 줄 알았습니다. 그게 내가 생각해 본 최선의 그리고 유일한 방법이었습니다."

"난 그 양반이 죽으리라고는 짐작도 못했다니까요. 씨팔것, 약을 호주머니에 넣고 다녔던 모양이군요."

안은 눈을 맞고 있는 어느 앙상한 가로수 밑에서 멈췄다. 나도 그를 따라서 멈췄다. 그가 이상하다는 얼굴로 나에게 물었다.

"김 형, 우리는 분명히 스물다섯 살짜리죠?"

"난 분명히 그렇습니다."

"나두 그건 분명합니다." 그는 고개를 한 번 기웃했다.

"두려워집니다."

"뭐가요?" 내가 물었다.

"그 뭔가가, 그러니까……." 그가 한숨 같은 음성으로 말했다.

"우리가 너무 늙어 버린 것 같지 않습니까?"

"우린 이제 겨우 스물다섯 살입니다." 나는 말했다.

"하여튼……." 하고 그가 내게 손을 내밀며 말했다.

"자, 여기서 헤어집시다. 재미 많이 보세요." 하고 나도 그의 손을 잡으며 말했다.

우리는 헤어졌다. 나는 마침 버스가 막 도착한 길 건너편의 버스 정류장으로 달려갔다. 버스에 올라서 창으로 내다보니 안은 앙상한 나뭇가지 사이로 내리는 눈을 맞으며 무언지 곰곰이 생각하고 서 있었다.

〈서울 1964년 겨울〉의 작가 김승옥은 1960년대 한국 문학계를 대표하는 소설가로 1941년 일본 오사카에서 태어나 해방되던 해에 귀국한 후 초등학교 시절에야 비로소 한국어를 배우기 시작하였다. 그의 한국어에 대한 콤플렉스를 극복하기 위한 치열한 노력은 우리말의 새로운 문법과 감각을 익히는 데 주력하게 하였고, 그 결과 그는 지적 절제와 회화적 선명성으로 대표되는 뛰어난 감수성의 문체를 선보이는 작가로 자리매김하게 되었다. 그는 서울대학교 불문과 재학 시절인 1961년, 군 입대를 앞두고 자신의 문장력을 테스트하기 위해 쓴 소설을 신춘문예에 응모하여 당선됨으로써 본격적인 문예 활동을 펼쳐나간다. 1962년『한국일보』신춘문예에 당선된 〈생명연습〉이 그것이다.

김승옥은 한국 현대문학사에서 이상(李箱)을 중심으로 한 1930년대 모더니즘 문학의 근대성을 넘어서는 작가, 전후 문학의 음울한 분위기와 허무의식을 일거에 떨쳐버리고 내용과 형식 양면에 걸쳐 한국문학에 새로운 바람을 몰고 온 작가라는 등의 찬사를 한 몸에 받았다. 1964년 〈무진기행〉 발표 후 이듬해에는 〈서울 1964년 겨울〉로 제10회 동인문학상을 받았고, 1977년에는 〈서울의 달빛 0장〉으로 제1회 이상문학상을 수상하는 등 작가로서의 눈부신 활약을 보이기도 하였다.

또한 대학 시절 학생신문『새 시대』에 만평을 그린 것을 비롯하여『서울경제신문』에 〈파고다 영감〉이라는 만화를 연재하는 등 소설 이외의 다른 분야에서도 실력을 보였다. 1977년에는 서음출판사에서 출판한 소설집『서울 1964년 겨울』의 장정을 직접 그려 그림 쪽의 재능도 인정받은 바 있다. 1966년 〈무진기행〉의 시나리오 집필을 계기로 영화계와 인연을 맺은 그는 이후 조선작의 〈영자의 전성시대〉, 조해일의 〈겨울여자〉 등을 각색하여 당시 최고의 각색자로 명성을 날렸다. 1968년 각색한 〈장군의 수염〉은 대종상 각본상을 수상하기도 하였다.

〈서울 1964년 겨울〉은 어느 날 선술집에서 우연히 만난 사람들이 대화를 나누는 것에서부터 시작된다. '나'는 육군사관학교에 지원했다가 낙방하고 제대한 뒤 구청 병사계에서 근무하는 스물다섯 살의 청년이다. 선술집에서 우연히 만난 '안'은 '나'와 동갑으로 부유해 보이는 대학원생이다. 두 사람의 대화는 "안 형, 파리를 사랑하십니까?"라는 말장난으로부터 출발한다. '날 수 있는 것으로서 손에 붙잡힐 수 있는 것'이라는 이유로 파리를 사랑한다는 '나'의 말에 '안' 역시 동의한다. 두 사람의 이러한 작위적이고 언어유희적인 대화는 계속 이어지지만 이들 사이에는 의미 있는 경험 교환은 이루어지지 않는다. 무의미한 언어로 겉돌고 있는 두 사람의 대화는 그야말로 익명으로 존재하는 도시인의 냉랭한 인간관계, 친화력이 없는 사람들의 서먹함을 단적으로 보여주고 있는 예라 할 수 있다.

그러나 이들이 나열하는 언어는 타자에게는 무의미한 것처럼 보이지만 정작 자신들은 저마다 소유하고 간직했던 것들이다. 가령 불이 꺼진 가로등의 개수라든가 버스 정거장에 서 있는 사람의 숫자는 자신만이 알고 있는 정보이다. 이들은 서로 앞 다투어가며 그것들을 쏟아내지만, 정작 그 정보는 자신만이 알고 있는 것들이다.

실존주의 철학자 마르틴 부버는 이와 같은 대화 상황을 '위장된 독백'이라 하였다. '위장된 독백'이란 현대인이 타인에게 진실로 말을 걸지 않은 채 이야기를 한다는 의미로, 타자가 있음에도 불구하고 각자는 실제로 타자에게 말하고 있지 않는 상황을 이른다. 이 상황에서 각자는 자신에게 말하고 있지만, 결국 타자에게 자신의 입장을 강요하고 있는 것이나 마찬가지이다. 대화에서 자신에게 말하기 위해 단지 타자의 말이 끝나기만을 기다리는 이런 상황은 진정한 대화가 아닌, 거짓 대화일 뿐이다.

사람과의 관계에서 진정한 대화는 각자가 정체성을 지닌 채 대화에 참여하며 책임 있는 신념으로 응답할 때야 비로소 가능하다. 이는 자기 자신보다 타자에 몰두해야 가능한 일이다. 이 소설에서 '나'와 '안'이 이처럼 서로 공유할 수도, 공감할 수도 없는 무의미한 정보만을 늘어놓는 것은 그만큼 두 사람이 서로에게 의미 있는 존재가 아니며 나눔의 대상도 아님을 의미하는 것이다.

사회학자 퇴니스(Ferdinand Tönnies)의 소외 이론에 의하면 인간과 인간의 결합에는 두 가지 기초가 있다고 한다. 공동 사회라고 하는 게마인샤프트(Gemeinschaft)와 이익 사회라고 하는 게젤샤프트(Gesellschaft)가 그것이다. 게마인샤프트의 전형적인 예로는 가족관계를 들 수 있는데, 이는 때로 분리가 있기는 하지만 통일이 지배적이다. 그러나 게젤샤프트는 계약 관계로 성립되는 사회 단위로, 서로의 필요에 따라 통일도 있지만 분리가 지배적이다. 인간과 인간 사이의 분리는 너무나 깊어져 가고 각자가 고립되어 있기에 퇴니스는 세계가 게마인샤프트가 지배하는 시대에서 게젤샤프트가 지배하는 시대로 이행해 간다고 하였다. 〈서울 1964년 겨울〉의 두 인물이 주고받는 대화에서 우리는 게젤샤프트적인 인간의 일면을 볼 수 있다. 그들은 서로 말을 주고받고 있으나 그것은 인간의 진정한 소통이 아니다. 함께 있으면서 각각으로 있는, 그야말로 서로가 단절, 소외되어 있는 것이나 다름없다.

한편, 두 사람이 자리를 뜨려는 순간 서른대여섯 살쯤으로 보이는 서적 외판원 사내가 합류하게 된다. 선술집을 나선 '나'와 '안'은 그 사내와 동행은 하고 있지만 서로 융화되지 못하고 계속 겉돌기만 한다. 중국 요릿집에 들어가 식사를 하는 동안 사내는 낮에 아내가 급성 뇌막염으로 병원에서 죽었는데 장례비가 없어 시신을 팔고 4천 원을 받았다는 자신의 가슴 아픈 사연을 들려준다. 그러나 '나'와 '안'은 그것을 진지하게 듣기보다 오히려 사내의 고독과 절망을 외면하고 자리를 피할 궁리까지 한다.

음식점에서 나온 그들은 갈 곳을 몰라 방황하다가 미용학원 빌딩이 불타는 것을 구경한다. 사내가 가지고 있던 돈을 모두 불 속으로 집어던진 사실을 알게 된 '나'와 '안'은 그와 작별하려 한다. 그러나 사내는 계속 함께 있기를 원하여 그들은 할 수 없이 여관에 든다. 사내는 혼자 있기 싫다고 두 사람과 함께 있기를 바라지만 '나'와 '안'은 이를 무시하고 각각 다른 방에서 밤을 보낸다. 관계의 회복을 바라는 사내와는 달리 두 사람은 피곤하다는 이유로 그것을 끊어버린 것이다. 이튿날 사내가 자살했다는 사실을 알게 된 '나'와 '안'은 눈이 오는 이른 아침 도망치듯 여관을 빠져나온다. '안'은 하룻밤 사이에 너무 늙어버린 자신을 문득 발견하게 된다.

여기서 우리는 이기적이고 타산적인 인간의 면모를 볼 수 있다. 철저하게 소외되고 있는 사람인, 아내와 사별한 사내는 슬픔과 외로움을 견뎌내기 힘들어한다. 더욱이 '안'은 사내가 슬픔과 외로움을 못 견뎌하는 모습을 보고 그가 자살을 하리라는 것을 알면서도 그냥 내버려 둔다. 그러니까 '안'은 그의 죽음에 잔인할 정도로 냉정한 방조자인 셈이다. 이와 같은 장면에서 우리는 같이 있으면서도 혼자 있는, 현대사회의 비정함을 발견할 수 있다.

이 소설에서 '나'와 '안', '사내' 세 인물은 각기 서로 다른 삶을 살아가는 존재이지만 도시 문명이라는 거대한 질서로부터 소외되어 있다는 점에서는 공통적이다. 또한 세 사람은 모두 갈 곳이 없는 무지향성의 인간들이다. 서울이라는 대도시의 밤을 표류하는 이들의 삶이란 어떤 뚜렷한 목적도, 주체도, 방향도 없는 무상의 행위에 다름 아닌 것이다.

사람은 누구나 타인과의 관계가 이루어지지 못할 때 고독하게 된다. 그런 의미에서 김승옥의 〈서울 1964년 겨울〉은 아무런 연대성을 가지지 못한 채 무의미한 만남과 비인격화된 관계 속에서 살아가는 상처 받은 현대인이 잃어버린 인간의 본래적 모습을 찾기를 희구하는 작가의 바람을 형상화한 작품이라 할 것이다.

한 발 더 다가서기 1

1 이 소설의 제목 '서울 1964년 겨울'이 상징하는 의미를 생각해 보자.

2 아래에 제시한 내용에서 '꿈틀거림'에 대한 이야기는 무엇을 의미하는지 말해 보자.

"난 우리가 거짓말을 하고 있었던 것 같은 느낌이 듭니다." 그는 붉어진 눈덩이를 안경 속에서 두어 번 끔벅거리고 나서 말했다. "난 우리 또래의 친구를 새로 알게 되면 꼭 꿈틀거림에 대한 얘기를 하고 싶어집니다. 그래서 얘기를 합니다. 그렇지만 얘기는 5분도 안 돼서 끝나 버립니다."

나는 그가 무슨 얘기를 하고 있는지 알 듯 하기도 했고 모를 것 같기도 했다.

---

3 소설의 말미에서 '안'의 "우리가 너무 늙어 버린 것 같지 않습니까?"라고 한 말은 어떤 의미를 지니고 있는지 토론해 보자.

4 인간적 유대가 없이 단절되고 소외된 현대사회의 단면을 현재 우리 사회의 상황과 결부지어 생각해 보고 이의 해결 방안을 찾아서 제시해 보자.

2. 〈이반 일리치의 죽음〉

커다란 법원 건물, 멜빈스끼 집안 사건을 심리하던 재판관들과 검사는 휴정시간에 이반 예고로비치 셰베끄의 집무실에 모여들어 이런저런 이야기를 나누다가 요즘 아주 유명세를 떨치고 있는 끄라소프 사건을 화제에 올렸다. 표도르 바실리예비치는 이 사건이 애초에 사법부 관할이 될 수 없는 문제라며 열을 올려 주장했고 이반 예고로비치는 제 나름의 견해를 굽히지 않았다. 처음부터 이 논쟁에 끼어들지 않았던 뾰뜨르 이바노비치는 그에 대해 가타부타 자기 의견을 밝히지 않고 그저 방금 배달된 신문 『베도모스찌』를 이리저리 펼치며 읽고 있었다.

"아, 여러분!"

신문을 읽고 있던 뾰뜨르가 갑자기 입을 열었다.

"이반 일리치가 사망했다는군요."

"그게 정말입니까?"

"자, 여기 한 번 읽어보세요."

뾰뜨르는 아직 잉크 냄새가 채 가시지 않은 신문을 표도르 바실리예비치에게 내밀었다.

검은색으로 진하게 테두리 친 부고란에는 다음과 같은 내용이 게재되어 있었다.

쁘라스꼬비야 표도로브나 골로비나는 비통한 마음으로 친지 여러분께 사랑하는 남편, 항소법원 판사 이반 일리치 골로빈이 1882년 2월 4일 운명하였음을 삼가 알리는 바입니다. 발인은 금요일 오후 1시입니다.

이반 일리치는 방에 모여 있던 사람들의 동료였고 그들 모두가 사랑했던 사람이다. 이반 일리치가 병을 얻어 자리에 누운 지 벌써 몇 주가 된 상태였고 이미 불치병이라는 소문이 돌고 있었다. 그의 보직은 공석으로 남아 있었지만 그가 사망하고 나면 알렉세예프가 그 자리에 임명될 것이고 알렉세예프 자리에는 빈니꼬프

나 시따벨이 임명될 것이라는 설이 이미 나돌고 있었다. 사정이 이러했기 때문에 사무실에 모여 있던 이 고위급 인사들이 이반 일리치의 사망 소식을 듣고 가장 먼저 머리에 떠올린 생각은 이 죽음으로 인해 발생할 자신과 동료들의 자리 이동이나 승진에 대한 것이었다.

…… (중략) ……

동료들의 사망 소식을 듣고 이들의 마음속에 떠오른 생각은 그로 인해 발생할 수밖에 없는 자리 이동과 보직 변경 등에 대한 것만은 아니었다. 아주 가까운 사람의 사망 소식을 들은 사람들이 누구나 그러듯이 그들도 죽은 게 자신이 아니라 바로 그라는 사실에 안도감을 느꼈다.

'어쩌겠어, 죽었는데. 하지만 난 이렇게 살아 있잖아.' 그들 각자는 이렇게 생각하거나 그런 느낌을 가졌다. 그런 생각 중에서도 고인과 아주 가까운 사이였던 이른바 이반 일리치의 친구라는 사람들이 또 생각한 것이라고는 이제 예의상 어쩔 수 없이 추도식에 참여해서 미망인에게 위로의 말을 건네야 하는 등 아주 귀찮은 의무를 수행할 수밖에 없다는 떨떠름한 사실이었다.

…… (중략) ……

옆구리의 통증은 계속해서 그를 괴롭히며 갈수록 심해지더니 이제는 잠시도 멈추지 않을 기세였다. 입안에서 점점 더 이상한 맛이 났고 역겹고 이상한 냄새가 풀풀 나는 것 같아 식욕도 떨어지고 기력도 현저히 약화되었다. 이제 더 이상 자신을 속일 수가 없었다. 뭔가 무서운 일이, 이반 일리치가 이제까지 살아오면서 한 번도 겪어보지 못한 그런 심각한 일이 그의 몸속에서 일어나고 있었다. 그걸 아는 사람은 오직 그 자신뿐이었고 주위 사람들은 아무도 이해하지 못했고 이해하려 하지도 않았다. 사람들은 그저 세상사가 전과 다름없이 그대로 흘러간다고 생각하고 있었다. 그 점이 무엇보다 이반 일리치의 마음을 아프게 했다. 집안 식구들, 특히 당시 사교계에서 한창 절정을 구가하고 있던 아내와 딸은 그의 고통을 알아주기는커녕 왜 그렇게 음울하고 까다롭게 구는지 화내며 그를 탓하는 것이었다. 물론 그들은 그런 눈치를 보이지 않으려고 애쓰기는 했지만 그는 자신이 이미 그들에게 불편한 존재가 되어버렸다는 점을 알고 있었다.

…… (중략) ……

혼자 남은 이반 일리치는 자신의 인생에 독이 스며들었고 이 독이 다른 사람의 인생에도 번져가고 있는데, 그것이 약해지기는커녕 몸속으로 점점 더 깊이 파고 들어가고 있다는 뼈아픈 생각을 떨칠 수가 없었다.

육체적 고통과 더불어 이런 생각까지 덧붙어 그에게는 잠자리에 눕는 것이 끔찍한 고통 그 자체였다. 잠이 들었다가도 통증으로 깨어 일어나 뜬눈으로 밤을 새우는 날이 많아졌다. 하지만 아침이 되면 그는 다시 일어나 옷을 차려입고 출근하여 입을 놀리고 서류를 작성했다. 출근하지 않는 날이면 집 안에 틀어박혀 스물네 시간 내내 멈추지 않는 통증에 괴로워했다. 그렇게 그는 파멸의 끝자락에서 자신을 이해하며 마음 아파하는 사람 하나 없이 홀로 외롭게 살아가야만 했다.

…… (중략) ……

병이 나면서부터 그는 서재 옆에 딸린 작은 방에서 혼자 잤다. 방에 들어온 그는 옷을 벗고 에밀 졸라의 소설을 한 권 집어들었지만 책은 읽지 않고 생각에 잠겼다. 그러자 그렇게 바라던 대로 상상 속에서 맹장이 치료되는 것이었다. 흡입과 제거, 정상적 활동 재개. '그래, 바로 이거다.' 그는 혼자 이렇게 말했다. '자연의 힘에 맡겨두는 것뿐이다.' 그는 약을 먹지 않은 것이 생각나 몸을 조금 일으켜서 약을 먹고는 다시 반듯하게 자리에 누워 몸속에 들어간 약이 약효를 발휘하면서 통증을 완화하는 과정을 가만히 지켜보았다. '규칙적으로 약을 복용하고 몸에 해로운 것을 절대 피하기만 하면 된다. 벌써 조금, 아니 훨씬 나아진 느낌이다.' 그는 옆구리를 살짝 눌러보았다. 눌러도 아프지 않았다. '그래, 아무 느낌이 없어. 맞아, 훨씬 좋아진 거다.' 그는 촛불을 끄고 옆으로 누워보았다…… 맹장이 제대로 작동하면서 흡입 작용을 하고 있다. 하지만 그 순간 갑자기 너무나 익숙해진 묵직하고 찌르는 듯한 통증이, 조용히 찾아와 절대 사라지지 않던 지독한 통증이 다시 찾아왔다. 입안에 역시 익히 맡아오던 역겨운 맛이 치밀어올랐다. 심장이 멈추고 머리가 아득해지는 것 같았다. '오, 맙소사, 하느님 맙소사!' 입에서 신음이 새어나왔다. '다시,

또다시, 이런, 절대 멈추지 않는구나.' 그리고 이제 갑자기 문제가 전혀 다른 각도에서 보이기 시작했다. '맹장? 신장이라고?' 그는 혼잣말을 했다. '맹장도 신장도 다 문제가 아니다. 삶이냐 죽음이냐의 문제다…… 그래, 아직 살아 있지만 생명이 자꾸만 빠져나가고 있는데 난 잡을 수가 없다. 맞다. 더 이상 나 자신을 속일 수는 없다. 내가 죽어가도 있다는 걸 나 말고는 모두들 다 분명히 알고 있다. 문제는 몇 주, 아니 며칠을 더 살 수 있느냐뿐이다. 아니, 지금 당장일 수도 있다. 환하던 세상이 이제 암흑이구나. 그래, 지금 난 여기에 있는데 도대체 어디로 간단 말이냐? 도대체 어디로?' 한기가 덮치며 숨이 멎었다. 심장이 뛰는 소리만 들렸다.

…… (중략) ……

이반 일리치는 자신이 죽어간다는 사실을 깨닫고는 절망 속에서 헤어나지 못했다.

자신이 죽어간다는 사실을 마음속 깊은 곳에서는 분명히 인정했지만 여전히 그것을 받아들일 수가 없었다. 아무리 이해하려고 해도 도저히 이해되지 않았던 것이다.

이를테면 키제베터 논리학에서 배운 삼단논법을 보면, 율리우스 카이사르는 인간이다, 인간은 죽는다, 고로 카이사르도 죽는다는 것이다. 이반 일리치는 이제까지 살아오면서 바로 이런 명백한 사실이 카이사르에게만 해당되지 자신에게는 도무지 해당되지 않는다고 생각해왔다. 카이사르는 인간이니까, 일반적인 인간이니까 당연히 그 말은 맞는 말이다. 하지만 이반 일리치 자신은 카이사르도 아니고 일반적인 보통 사람도 아니다. 그는 언제나 자신을 남과 전혀 다른 특별한 존재라고 생각해왔다. 그는 엄마와 아빠, 미쨔와 볼로쟈, 장난감들, 마부와 유모와 까쩬까, 어린 시절과 소년 시절과 청년 시절의 온갖 환희와 슬픔, 감동을 간직하고 있는 바냐, 특별한 바냐가 아니던가. 카이사르가 어떻게 어머니의 손에 나처럼 입맞출 수 있을 것이며, 카이사르가 어떻게 어머니의 사각거리는 비단 옷자락을 나처럼 느낄 수 있단 말인가? 어떻게 카이사르가 나처럼 법률학교에서 고기만두 때문에 한바탕 소란을 피울 수 있단 말인가? 카이사르가 나처럼 사랑에 빠질 수 없지 않은가. 도대체 카이사르가 나처럼 재판을 진행하고 그럴 수 있단 말인가?

분명 카이사르는 인간이었고 따라서 죽음을 피할 수 없었다. 하지만 나, 나 바냐, 이렇게 나만의 감정과 생각을 가진 이반 일리치, 나에게는 전혀 다른 문제다. 내가 죽을 수 있다는 건 도저히 있을 수 없는 일이다. 그건 너무도 끔찍한 일이다.

그는 이렇게 생각했다.

'만일 카이사르처럼 내가 죽는다면 난 그런 사실을 나 스스로 알 수 있었을 것이다. 나의 내면의 목소리가 나에게 말해주었을 테니까. 하지만 그런 말은 아직 전혀 들리지 않는다. 나도 내 모든 친구들도, 우린 카이사르와 전혀 다르다고 생각했었지. 한데 지금은, 지금은 이게 무슨 꼴이란 말인가.' 그는 계속해서 혼잣말을 되뇌었다. '그럴 수 없어. 그럴 수 없어. 하지만 현실이다. 어떻게 해야 하나? 이걸 대체 어떻게 받아들일 수 있단 말이냐.'

그는 도저히 자신의 죽음을 받아들일 수 없었다. 그는 거짓되고 병적이며 잘못된 생각을 머릿속에서 털어내고 다만 올바르고 건강한 생각을 하려고 애썼다. 하지만 앞의 생각은 단지 생각이 아니라 엄연히 살아 있는 현실로 다시 눈앞에 나타나 버티고 섰다.

…… (중략) ……

이반 일리치를 가장 힘들게 했던 것 중 하나는 거짓이었다. 그가 죽어가는 것이 아니라 병이 들었을 뿐이고 안정을 취하고 치료만 잘 한다면 곧 아주 좋아질 것이라고 모두들 빤한 거짓말을 해댔다. 아무리 무슨 짓을 하더라도 갈수록 심해지는 고통과 죽음밖에 남은 것이 없다는 사실을 그 자신도 이미 잘 알고 있었다. 사람들의 거짓말은 그를 더욱 힘들게 만들었다. 사람들은 모두가 알고 있고 이반 일리치 자신도 알고 있는 사실을 인정하지 않고 끔찍한 그의 상태를 감추려고만 했다. 게다가 이반 일리치마저 그런 거짓말에 동참하게 하려고 했다. 거짓말, 죽기 직전까지도 멈추지 않을 이런 거짓말, 이 무섭고 장엄한 죽음의 의식을 인사차 들렀다든지, 커튼이 어떻다든지, 오찬 자리의 철갑상어 요리가 어떻다는 따위의 일상의 사소한 것들과 같은 수준으로 격하하는 이런 거짓말, 바로 이런 거짓말이 이반 일리치는 소름이 끼치도록 끔찍하고 싫었다. 그는 사람들이 그런 거짓말을 늘어놓을 때마다 '이제 그만 거짓말은 집어치워. 내가 죽어간다는 건 당신들이나 나나 다 알고 있는 사실이잖아. 그러니까 제발 이제 최소한 거짓말을 하지 말란 말이야.'라는 절규가 목구멍까지 차올랐지만 이상하게도 그걸 내뱉지는 않았다. 그가 보기에 주변 사람들은 모두 이 무섭고 끔찍한 죽음의 의식을 그저 있을 수 있는 기분 나쁜 일, 특히 조금 품위가 없는(온몸에 더러운 냄새를 풍기는 사람이 응접실에 들어온 것 같은) 일 정도로 격하하고 있었다. 그것이 바로 그가 평생 지키려고 애써온 '품위'라는 것이었다. 그 누구도 진심으로 그를 안타까워하지 않는다고 그는 생각했다.

…… (중략) ……

그가 살아온 인생이 잘못된 것일 수 있다고 생각하는 것은 전에는 전혀 불가능하였다. 하지만 이제 그것이 진실일지도 모른다는 생각에 사로잡혔다. 높은 사람들이 훌륭하다고 여기는 것에 맞서 싸우고 싶었던 마음속의 어렴풋한 유혹들, 생각이 나자마자 신속하게 털어버렸던 그런 은밀한 유혹들, 어쩌면 바로 그런 것들이 진짜고 나머지 모든 것은 다 거짓이었을지 모른다. 자신의 일과 삶의 방식, 가족, 사교계와 직장의 모든 이해관계도 다 거짓인지 모른다. 이반 일리치는 자기 자신에게 그 모든 것을 변호하려고 애썼다. 그러다 갑자기 자기가 변호하려는 이 모든 것이 너무나도 허약한 것이라는 느낌이 들었다. 그리하여 그는 그 무엇 하나 변호할 수가 없었다.

'만일 정말 들었다면,' 그는 속으로 이렇게 생각했다. '나에게 주어진 모든 것을 망쳐놓았다는 생각만 가지고, 그걸 바로잡을 기회도 없이 인생에서 사라져버린다면, 그럼 어떻게 하지?'

그는 똑바로 누워 완전히 새로운 시각에서 자신의 인생을 되돌아보기 시작했다. 그리고 이날 아침 시종과 아내, 그리고 딸과 의사를 차례로 만나게 되었을 때 그들의 행동거지 하나하나가, 그들의 말 한 마디 한 마디가 전날 밤 깨달은 끔찍한 진실을 그에게 분명하게 확인시켜 주었다. 그는 그들에게서 바로 자기 자신을, 그리고 자신이 살아온 삶의 방식을 볼 수 있었던 것이다. 그는 그 모든 것이 삶도 죽음도 가려버리는 하나의 무시무시하고 거대한 기만이었다는 점을 분명히 깨달았다.

…… (중략) ……

그것은 사흘째 되는 날이 저물 무렵, 그가 세상을 뜨기 한 시간 전쯤의 일이다. 김나지움에 다니는 아들이 살금살금 아버지 침대 곁으로 다가왔다. 죽어가던 이반 일리치는 절망적으로 소리치며 필사적으로 손을 내젓고 있었다. 그러다가 그의 손이 아들의 머리에 부딪쳤다. 아들은 아버지의 손을 잡아 입술에 대고 울음을 터뜨렸다.

바로 그 순간 이반 일리치는 구멍 속으로 굴러떨어졌고 빛을 보았다. 동시에 그는 그의 삶이 모두 제대로 된 것이 아니지만 그러나 아직은 그걸 바로잡을 수 있다는 사실을 깨달았다. 그리고 자문했다. '그게' 뭐지? 그리고 조용히 귀를 기울이다가 입을 다물었다. 바로 그때 누군가 그의 손을 잡고 입 맞추는 것이 느껴졌다. 그는 눈을 뜨고 아들을 보았다. 아들이 너무나 안쓰러웠다. 아내도 그에게 다가왔다. 그는 아내를 바라보았다. 아내는 입을 크게 벌린 채 코와 뺨에 흘러내리는 눈물을 주체하지 못하고 절망적인 표정으로 그를 바라보고 있었다. 아내도 불쌍했다.

'그래, 내가 모두를 괴롭히고 있구나.'

그는 이렇게 생각했다.

'모두 참으로 안됐어. 하지만 내가 죽으면 훨씬 나을 거야.'

그는 이 말을 하고 싶었지만 입을 움직일 힘이 없었다.

'아니야, 굳이 말할 필요는 없어. 몸으로 보이면 되는 거지.'

그는 이렇게 생각했다. 그는 아내에게 눈으로 아들을 가리키며 말했다.

"데리고 나가…… 불쌍해, 당신도……"

그는 '쁘로스찌'(용서해줘)라고 한 마디 더 덧붙이고 싶었지만 '쁘로뿌스찌'(보내줘)라고 말하고 말았다. 하지만 그 말을 바꿀 힘도 없어서 손을 내저었다. 알아들을 사람은 알아들을 것이었다.

그러자 돌연 모든 것이 환해지며 지금까지 그를 괴롭히며 마음속에 갇혀 있던 것이 일순간 밖으로, 두 방향으로, 열 방향으로 온갖 방향으로 한꺼번에 쏟아져 나왔다. 가족들이 모두 안쓰럽게 여겨지고 모두의 마음이 아프지 않도록 해주고 싶었다. 이 모든 고통으로부터 자신도 벗어나고 가족들도 다 벗어나게 해주어야 했다.

'이 얼마나 간단하고 훌륭한 일인가!'

그는 이렇게 생각했다.

'그런데 통증은? 통증은 어디로 갔지? 어이, 통증, 너 어디 있는 거야?'

그는 조용히 귀를 기울였다.

'아, 여기 있었군. 그래, 뭐 어때, 거기 있으라고.'

'그런데 죽음은? 죽음은 어디 있지?'

그는 오랫동안 곁에서 떠나지 않던 죽음의 공포를 찾으려 했으나 찾을 수 없었다. 죽음은 어디에 있지? 죽음이 뭐야? 죽음이란 것은 없었기 때문에 이제 그 어떤 공포도 있을 수 없었다.

죽음 대신 빛이 있었다.

"그래, 바로 이거야!"

갑자기 그는 소리쳤다.

'아, 이렇게 기쁠 수가!:

이 모든 것은 한순간의 일이었고 이 한순간의 의미는 이제 흔들리지 않았다. 지켜보는 사람들에게는 그가 그러고도 두 시간이나 더 괴로워하고 있는 것으로 보였다. 그의 가슴에서 뭔가 부글부글거렸다. 쇠약할 대로 쇠약해진 그의 몸에 경련이 찾아왔다. 부글거리는 소리와 숨이 차서 쉭쉭거리는 소리는 점차 잦아들었다.

"임종하셨습니다!"

누군가 그를 굽어보며 말했다.

그는 이 말을 듣고 마음속에 되뇌었다.

'끝난 건 죽음이야. 이제 더 이상 죽음은 존재하지 않아.'

그는 길게 숨을 들이마시다가 그대로 멈추고 온몸을 쭉 뻗고 숨을 거두었다.

레프 니콜라예비치 톨스토이(1828-1910)는 도스토예프스키와 함께 19세기 러시아 문학을 대표하는 소설가이자 사상가이다. 귀족 가문에서 태어난 그는 청년 장교를 거쳐 문단에 등장하였다. 그가 살았던 시대는 러시아의 근대화가 한창 진행되던 격변의 시기로 기존의 귀족적 세계관은 근본적 토대가 흔들리며 무너져 내리고 있었으며, 새로운 사회의 가치관은 미처 정립되지 않은 상태였다.

그는 이러한 사회, 정치, 경제, 문화적 격변의 시대에 발전과 위기를 동시에 체험한 사람으로, 자신에게 주어진 사회적·역사적 상황에서 근대성을 구현하고자 누구보다 치열하게 고민하였다. 그 결과 그는 문학, 사상서, 논문, 편지, 일기 등의 다양한 저술을 통해 후기 러시아 정치에 대한 거침없는 비판을 쏟아내었다. 일상의 형식적인 것을 부정하고 인간의 허위, 거짓, 가식, 기만을 벗겨내고자 지속적으로 추구했던 그의 노력은 최상의 리얼리즘을 성취해낸 작가로 평가 받게 하였다.

톨스토이의 전 생애를 볼 때, 그가 문학에서 평생 일관되게 추구한 것은 삶과 죽음에 관한 문제였다. 자전적 삼부작 〈유년 시절·소년 시절·청년 시절〉을 비롯하여 〈이반 일리치의 죽음〉 〈세 죽음〉 〈사람은 무엇으로 사는가〉 〈전쟁과 평화〉 〈안나 카레니나〉 〈부활〉 〈인생론〉 등 중·단편소설과 장편소설, 명상록, 일기 등 수많은 그의 저작을 일관하는 가장 근본적인 주제는 삶이란 무엇인가에 대한 철학적 탐구라 해도 과언이 아닐 정도로 그는 삶에 대해 수없이 생각했고, 또 그 생각을 철저하게 기록하였다.

그러던 그가 50대에 이르자 갑자기 밀려드는 인생에 대한 회의로 정신적 위기를 맞게 되었다. 그는 이후 작가로서의 명성과 대지주로서의 부귀를 버리고 순례자이자 도덕적 설교자로 탈바꿈하였는데, 10년 동안 깊은 슬럼프에 빠져 있던 그가 종교와 도덕적 신념을 확립한 뒤에 새롭게 발표한 작품이 바로 〈이반 일리치의 죽음〉이다. 이 작품은 그의 문학 세계에서 일종의 분수령처럼 여겨지는 것으로, 그가 남긴 최고의 역작이기도 하다.

1886년에 발표된 중편소설 〈이반 일리치의 죽음〉은 어떤 법관이 죽기 직전에 자신의 지난날의 인생 역정에 대해 담담하게 평가하고 결론지은 것을 톨스토이가 부인으로부터 전해 듣고 이에 영감을 얻어서 1884년에 완성한 작품이다. 즉 이 소설은 한 중년의 고위 법조인이 어느 날 죽음을 앞두고 지난날을 반추하며 삶과 죽음의 의미를 깨달아가는 과정을 그린 이야기로, 한 인간의 평범한 죽음을 꾸밈없이, 아주 설득력 있게 써 내려간 작품이다.

이 소설은 이반 일리치의 동료들이 신문에서 그의 부고 기사를 읽는 것으로 시작하며, 이반 일리치가 죽는 것으로 끝이 난다. 판사로서 남부럽지 않게 성공한 인생을 살아가던 이반 일리치는 45세의 이른 나이에 사망한다. 그의 죽음이 동료들에게 통보되자 사람들은 그를 진심으로 애도하기보다는 그의 죽음이 자신들에게 가져올 이해득실을 따지는 데만 열중한다. 그에 이어 소설에서는 그가 성공의 정점에서 갑자기 원인 모를 병에 걸려 투병 생활 끝에 죽음에 이르기까지의 과정이 이반 일리치의 시선을 통해 상세하게 그려지고 있다.

주인공 이반 일리치는 사회적 정도를 걷고자 노력하며 살아가는 인물로, 당대 상류층 사회가 인정하는 능력 있는 사람이었다. 그는 시류에 민감하고 출세에 집착했지만, 타인들로부터 비난 받을 정도로 속물이거나 부패한 사람은 아니었다. 자신이 맡은 직책을 성실하게 수행하면서 승진을 위해 노력을 다했고, 원하던 고위 판사 보직을 얻어낸 후 가정생활도 안정적으로 꾸려나갔다. 그런 그에게 어느 날 병이 찾아왔다. 그는 주위 사람들에게 관심을 구했지만, 돌아오는 것은 가식과 위선뿐이었다. 점점 다가오는 죽음 앞에서 그는 자신이 왜 죽어야 하는가를 거듭 물으며 신과 운명을 저주하지만, 결국 모든 고통으로부터 벗어나 담담하게 죽음을 받아들인다.

총 12개의 장으로 구성된 이 소설의 1장은 이반 일리치가 사망한 후 그의 아내와 동료 법조인들의 반응을 묘사하는 내용으로 구성되어 있다. 이어 2장부터 3장까지는 주인공이 즐겁고 편안하게 살아간 과거의 삶의 편린들이 서술되어 있으며, 4장부터 12장까지는 이반 일리치의 시선을 통해 자신이 병에 걸려 사망하기까지의 과정이 상세하게 묘사되어 있다. 처음에는 죽음에 대한 두려움에서 벗어나지 못했던 이반 일리치가 죽음이 점차 현실로 다가오자 여태까지 살아온 자신의 삶이 위선으로 가득 찬 것이었음을 깨닫고는 삶에 대한 집착을 버리고서야 비로소 안식을 얻게 된다.

주지하다시피 이 소설은 죽음을 통하여 삶을 이야기하고 있다. 죽음과 삶은 동떨어진 별개의 것이 아니다. 죽음은 삶의 일부분으로 누구나 겪을 수밖에 없는 필연적인 과정이다. 삶의 매순간 우리는 죽음을 향해 나아가고 있지만, 사람들은 죽음을 두려워하고 죽음으로부터 도피하려고 한다.

살아가면서 무수히 많은 죽음을 경험하는 것이 누구나 겪을 수밖에 없는 삶의 보편적 현상이라면 그 과정에서 맞닥뜨리는 상실의 고통과 시련 역시 우리가 감당해야 할 몫이기도 하다. 〈이반 일리치의 죽음〉이 시간적·지리적·문화적 차이에도 불구하고 오늘날 우리에게 절실하게 와닿는 것도 바로 이러한 이유에서이다.

무엇보다 이 소설에서 작가는 이반 일리치의 죽음을 받아들이는 사람들의 태도를 통해 오직 이해관계만을 앞세운 인간들의 위선과 허위를 신랄하게 비판하고 있다. 자기보다 먼저 세상을 떠난 친구의 빈소를 찾는 시바르츠는 고인의 아내에게 위로의 말을 건네지만 머릿속으로는 그날 밤에 있는 카드놀이를 생각하고 있다. 함께 일했던 동료 판사들도 이반 일리치의 죽음으로 인해 자신은 앞으로 어떻게 승진될 것이며, 연봉이 어느 정도 올라갈 것인가에 골몰한다. 고인의 아내조차도 사람들 앞에서는 눈물짓고 슬퍼하지만, 마음 한편으로는 남편의 연금을 계산하고 정부로부터 조금이라도 더 많은 돈을 받고자 하는 생각을 하고 있다. 심지어 동료들은 이반 일리치와 같은 불행이 자신에게 닥치지 않은 데 대한 안도의 한숨을 내쉬기까지 한다.

이처럼 타자들의 눈에 비친 이반 일리치의 삶은 진정 인간다운 모습으로 기억되거나 애도되지 않는다. 이반 일리치는 그들에게 존엄성을 가진 한 인간으로 받아들여지기보다는 그저 이해관계 속에 놓인 한 존재에 불과했던 것이다. 이렇게 볼 때 이반 일리치의 주변 사람들은 한결같이 떠나간 자의 죽음을 내면화하지 못하고 있다는 것을 알 수 있다.

전통적으로 행해져 오는 관습인 죽은 사람 곁에 머무는 장례의식은 일종의 애도 의례이다. 그것은 살아 있는 사람들이 떠난 사람과 이별하는 절차인 동시에 새로 태어나기 위한 과정이기도 하다. 애도과정에서는 우리가 경험할 수 있는 여러 감정들을 두루 체험하기 때문에 그 과정을 지나오면서 우리는 정서적으로 성장할 수 있다. 그와 함께 타인에 대한 이해와 공감 능력도 커지게 된다. 결국 작가는 이반 일리치의 죽음에 대한 주변인의 애도 불이행을 통해 비인간적·위선적인 인간의 면모에 대한 폭로는 물론, 죽음과 같은 이별의 상황에서 우리는 과연 어떠한 의미를 부여할 것이며, 내면의 상처를 어떻게 치유할 것인가 하는 진지한 물음을 던지고 있다.

그런 한편으로 작가는 이반 일리치가 죽음을 서서히 받아들여가는 과정을 세밀하게 묘사함으로써 우리들로 하여금 앞으로 생을 어떻게 살아야 하는 것인가를 생각하게 한다. 이반 일리치는 죽음에 이르기까지 여러 번의 심경 변화를 겪는다. 처음에는 죽음을 부정하고 살기 위해 모든 노력을 집중한다. 그러한 노력이 거듭 실패하자 그는 죽어가는 자신을 대하는 사람들의 이중성 속에서 그때까지 살아온 자신의 인생이 얼마나 허무한 것인지를 차츰 깨달아 간다. 자신이 그동안 추구해 왔던 출세와 승진 등 세속적이고 이기적인 삶은 진정한 가치와는 모두 거리가 먼 것들이었다. 그는 죽음의 순간에 자신이 살아왔던 삶이 잘못되었음을 인정하고, 아들을 불쌍히 여기며 아내를 용서하는 마음을 갖는다. 그러자 그를 괴롭혔던 모든 고통은 사라지고 마침내 편안하게 눈을 감게 된다.

모두가 동경하는 귀족의 전형적인 삶을 영위하였고, 사람들의 존경을 받은 모범적인 시민이었던 이반 일리치는 죽음의 언저리에서 끝없는 두려움, 불안, 분노, 질투, 절망 등의 복잡다단한 부정적인 심리를 경험한다. 그러나 어느 순간 그동안 자신이 지키려고 부단히 노력했던 것들이 얼마나 허망한 것인가를 깨닫게 된 후 죽음에 대한 공포가 사라진 것을 발견하게 된다. 그때서야 비로소 타인에게 관용을 베풀게 되고 마음의 안정을 찾는다.

한 발 더 다가서기 1

1 심리학자 엘리자베스 퀴블러 로스(Elisabeth Kübler-Ross)는 죽음의 과정을 부정, 분노, 타협, 우울, 수용의 5단계로 나누어 설명한 바 있다. 이 소설에서 자신의 삶과의 영원한 이별을 앞둔 이반 일리치의 심리 상태가 죽음을 수용하는 과정에서 어떻게 변화되었는지 생각해 보고, 퀴블러 로스가 제시한 죽음의 5단계와 결부지어 설명해 보자.

2 "하지만 이반 일리치 자신은 카이사르도 아니고 일반적인 보통 사람도 아니다. 그는 언제나 자신을 남과 전혀 다른 특별한 존재라고 생각해 왔다. 그는 엄마와 아빠, 미쨔와 볼로쟈, 장난감들, 마부와 유모와 까쩬까, 어린 시절과 소년 시절과 청년 시절의 온갖 환희와 슬픔, 감동을 간직하고 있는 바냐, 특별한 바냐가 아니던가."에서 이반 일리치와 바냐는 동일 인물이다. 이러한 서사 전략이 갖는 효과에 대하여 생각해 보자.

3 "이반 일리치를 가장 힘들게 했던 것 중의 하나는 거짓이었다."라는 문장에서 죽음을 앞둔 그가 왜 그런 생각을 하였는지에 대하여 토론해 보자.

한 발 더 다가서기 2

낙화(落花)

이형기

가야 할 때가 언제인가를
분명히 알고 가는 이의
뒷모습은 얼마나 아름다운가.

봄 한철
격정(激情)을 인내한
나의 사랑은 지고 있다.

분분한 낙화 ……
결별(訣別)이 이룩하는 축복에 싸여
지금은 가야할 때,

무성한 녹음과 그리고
머지않아 열매 맺는
가을을 향하여

나의 청춘은 꽃답게 죽는다.

헤어지자
섬세한 손길을 흔들며
하롱하롱 꽃잎이 지는 어느 날

나의 사랑, 나의 결별,
샘터에 물 고이듯 성숙하는
내 영혼의 슬픈 눈.

낙화의 순간이 지나가면 또다시 무성한 녹음의 순간이 찾아오듯 우리의 삶도 순환적이다. 특히 만남과 이별은 우리 삶의 샘터에 맑은 물을 고이게 하는 소중한 경험이라고 할 수 있는데, 나의 '삶의 동력'이 될 만한 만남과 이별 경험에는 어떠한 것이 있는지 생각해 보자.

제6장 폭력과 권력 또는 부조리한 세계와의 조우

살다보면 다른 사람과의 다툼을 피하기 힘들 때가 있다. 무조건 다툼에서 피하는 것도 사실 좋은 일이라고만 말하기는 어렵다. 왜냐하면 다툼이 생기는 것은 서로간의 이익이 충돌하거나 의견이 엇나가기 때문인데 피한다는 것은 무조건 양보하거나 아니면 자신의 의견을 접는 행위로 보이기 때문이다. 올바른 견해를 지니고 있다는 믿음이나 확신이 들면 우리는 뒤로 물러나기보다 적극적으로 자신의 입장을 설명하고 설득하면서 타인에게 자신의 견해를 수용하도록 요구하는 것이 더 낫다고 판단하는 것이 일반적이다. 또한 자신에게 닥친 어떤 고통이나 괴로움을 피한다고 해서 고통이나 괴로움이 줄면 좋겠지만, 실상은 그렇지 않는 경우가 훨씬 많기도 하다. 그런 까닭에 다툼이란 생기기 마련인 것이다.

흔히 폭력에 대한 사전적인 의미는 신체적인 손상을 가져오고, 정신적·심리적인 압박을 가하는 물리적인 강제력을 말한다. 법에서는 다른 사람에게 상해를 입히거나 협박하거나 하는 등의 행위와 함께 다른 사람을 감금하는 행위, 주거에 침입하는 행위, 기물의 파손 등에 대해서도 폭력이라 표현한다. 법학적 견지에서의 폭력은 법에서 허용하지 않는 힘의 행사를 말한다. 철학, 정치학 등의 학문에서는 다른 사람 또는 국가나 세력을 제압하는 힘을 일반적으로 지칭하기도 한다. 힘자랑이나 힘겨루기도 이런 맥락에서는 폭력에 포함되는 것이다. 한편 군대, 경찰 등의 실력 행사는 그것이 법에 의거하고 있는 한, 정당화되어 폭력이라고 불리지 않는다. 또 정당방위 등의 경우, 개인에 의한 실력 행사였다 해도 그것이 법이 허용하는 범위 안에서 이루어진 일이라면 폭력으로 간주되지 않는다. 이렇게 폭력은 단순한 개념이 아니다. 그런 까닭에 우리는 사회생활을 경험하면서 늘 폭력이라는 말과 공존하면서 살아가는지도 모른다. 그리고 이런 맥락에서 폭력을 이해하는 것은 살아가는 방법을 찾아가는 것과 같이 중요한 과정일 수도 있다.

다툼을 해결하는 방법에는 많은 경우의 수가 존재한다. 어떤 사안에 대해 의견이 어긋나는 경우도 있고, 힘과 힘으로 대결하는 경우도 있고, 논리와 논리가 충돌하는 경우도 있다. 모든 다툼은 각각의 양상을 갖고 이유가 존재하기에 그 해결책 역시 다양하다고 할 수밖에 없다. 누군가는 법에 호소하기도 하고, 누군가는 논리에 호소하기도 한다. 다른 누군가는 힘으로 문제를 해결하려고도 한다. 이때 무엇을 선택하든 해결하려는 노력의 일환이라는 점에서는 동일하지만 방식이나 양상은 전혀 다른 형태로 나타난다. 우리가 여기서 다루고자 하는 것은 바로 이런 해결 방식 중 가장 오래된 원시적인 방법 즉 폭력에 의한 해결 방법의 문제점에 관해서이다. 단지 이 문제가 물리적인 아픔이나 고통을 피해자가 받아서이기 때문은 아니다. 폭력은 숱한 사람들을 해치는 무서운 방식이기도 할 뿐더러 양쪽 모두에게 상처를 입히는 가장 좋지 않은 방법이기 때문이다.

프랑스의 유명한 문학평론가이자 이론가인 르네 지라르는 "폭력을 수반하는 모방 욕망을 본능으로 하는 인간이 어떻게 한데 어울려 사회를 이루고 공동의 문화를 만들어가며 살아갈 수 있는가?"라는 문제를 '희생양 제의'라는 인류학적 공통된 양상으로 이해하고, 이를 통해 인류의 발달사에서 공통된 메커니즘을 규명하려는 노력의 소산으로 출간된 책이 『폭력과 성스러움』이다. 지라르는 희생제의적인 해석을 인류의 모든 문화적인 면에 적용시킨다. 지라르는 희생제의를 신의 뜻에 따라 희생물을 신에게 바쳐 신의 은총을 받는 장치로 보지 않는다. 그는 드러나 있지는 않을지라도 그 집단 속에 분명히 내재하고 있다가 마침내 분출하는 폭력을, 집단 외부의 대상이나 아니면 복수할 염려가 없는 집단 내부의 특정한 대상에게 분출시킴으로써 내연하고 있던 갈등과 폭력을 드러내어 결국 집단 내부에 존재했던 폭력 혹은 폭력적인 성향을 희석시키고 다시 본래의 질서와 평정을 유지해 나갈 수 있도록 해주는 문화적 장치로 해석하고 있다. 이 같은 내부적인 폭력의 상쇄 혹은 폭력을 통한 폭력의 제거라는 측면에서 일방적으로 당하는 희생자의 관점은 기존의 종교 해석과 아주 큰 차이를 보여 심지어는 이단적으로 비칠 정도이다. 특히 예수에 관한 해석에 대해서는 종교계의 비판이 더욱 거세다. 즉 예수는 하느님의 뜻에 따른 인간 구원의 상징이 아니라 당시 유태인 사회 안에 내연하고 있던 갈등과 반목, 폭력을 해소하기 위해 유대인 집단 혹은 당시의 사회집단이 만들어낸 하나의 희생물에 불과하다는 것이 지라르의 해석이다.

여기서 주목해야 할 것은 신화나 종교제의, 더 나아가 모든 희생양 메커니즘에 대한 해석이 지금까지 항상 지배자의 시각에서 이루어져 왔고 그 결과물들만이 통용되어 왔다는 사실이다. 희생시키는 집단 전체나 그 제의로 큰 이익을 보는 집단의 논리에 따르면 희생제의는 집단을 위해서 '해로운' 부분을 도려내는, 그래서 다시 집단에 평화와 질서를 가져다주는 '유익한 제의'이겠지만, 희생 당하는 희생물의 입장에서 보면 희생제의는 분명히 또 다른 하나의 '폭력'에 다름 아니다. 이처럼 폭력을 폭력으로 보지 못하던 기존의 논리에서 그 폭력성을 발견한 지라르의 관점은 현대사상의 흐름에 새로운 관점을 제시함과 동시에 지평을 넓힌 것으로 이해된다. 적어도 이러한 희생의 당위성만을 고집하던 시각에서 희생을 통한 폭력의 내용이 희생자들이나 희생양으로 택한 집단에서는 큰 고통이 된다는 점을 부각시킴으로써 독자적인 입장에서 객관화될 수 있는 방향을 제시한 셈이다.

한편 폭력과 권력이 갖는 상관관계는 상호간에 유기적이라고 할 수 있다. 권력을 유지하기 위해 폭력을 동원하는 경우가 가장 흔하고, 권력은 일종의 힘에 의해 유지되는 경향이 강하다. 사실 권력과 힘과의 관계는 권력의 탄생과도 관련된다. 합리적인 권력이라면 아마도 많은 물리력이나 힘이 필요하지 않았는지도 모른다. 적어도 동양에서는 이를 순위 혹은 순양이라고 하여 '권력'을 자연스럽게 '이양'하는 것이 신화시대의 전설로 남아있다는 사실에서도 이를 간접적이지만 확인할 수 있다. 그런데 대부분의 권력은 일종의 폭력을 통한 힘의 우위에서 시도

된다. 또는 권력을 유지하기 위한 방편으로 폭력적인 면을 드러낸다는 것도 세계사적인 일들을 통해 우리는 익히 경험하고 있다.

또한 폭력은 다양한 형태로 존재한다. 폭력을 거쳐 우리는 새로운 세상을 만들어 내기도 하였다. 하지만 그런 경우라도 폭력이 정당화되거나 당연하다고 하는 것이라기보다 새로운 세계에 대한 열망이 강하기에 현재의 것들에 대한 반성과 청산에서 시작되는 것이라는 점을 명심해야 한다. 폭력이 주는 피해는 폭력의 피해 당사자뿐만 아니라 그 폭력에 가담한 모든 사람에게 해당된다. 문학작품을 통해 드러나는 폭력의 양상은 바로 이 같은 점을 시사한다. 여기서 우리가 발견할 수 있는 다른 하나는 폭력이 갖는 욕망의 모습이다. 흔히 욕망을 무조건 나쁘게 바라보는 관점이 많은데 사실 욕망은 우리가 갖는 삶의 에너지 중에서도 가장 강력한 자원이 된다. 원하는 바를 얻기 위해 우리는 노력을 하며, 삶을 지속하기도 하고, 일상의 삶 속에서 활력을 얻기도 한다. 삶과 연계되는 기초적이고 근원적인 성격을 지닌 욕망은 좋은 방향에서 늘 제어되는 것이 아니기에 문제를 발생시키고 이런 문제 중에서 물리적인 힘을 강제한 것이 폭력의 방법으로 드러나는 경우가 있기에 근본적인 원인에 대한 탐구나 고민을 통해 우리는 진일보되는 방향으로 나아갈 수 있다.

한편 이런 폭력과 권력으로 인해 세상은 부조리한 것처럼 보이기가 쉽다. 그리고 그런 세상에서 살아가는 사람들에게 선(善), 정의와 진리 같은 내용은 개념적으로만 존재하는 것으로 여겨지기도 한다. 사실 부조리(不條理)란 전후 맥락이 맞지 않는다는 의미로서 어떤 사실을 규명하고자 할 때 원인과 결과처럼 뚜렷하게 인과관계가 맞도록 해야 우리가 이해가 되는 법인데 세상의 이치나 일들이 이런 인과관계와는 상관없이도 벌어지고 발생되는 까닭에서 출발한다. 불합리, 배리(背理), 모순, 불가해(不可解) 등은 부조리와 같은 맥락을 지닌 단어로서 이들이 뜻하는 공통적인 것은 '의미를 전혀 찾을 수 없는 것'을 가리킨다. 원래는 조리에 맞지 않는 것이라는 논리적 의미로서 사건의 전후 맥락을 고려하거나 시간의 경과에 따라 사건을 이해하는 것으로 쓰이는 말이었으나, 실존주의적인 관점에서 존재의 이유를 굳이 설명하기 어려움에도 불구하고 인간의 존재에 대한 철학적인 결론으로 대두되면서 중요한 의미를 지닌 용어가 되었다. 특히 철학자이자 소설가인 알베르 카뮈는 작품 〈시지프의 신화〉에서 진실로 심각한 철학적 문제는 자살의 문제라고 언급한다. 그에 의하면 인간에게 산다는 것은 죽음에 이르는 과정이기에 인간이 갖는 치열한 삶의 방법은 근본적으로 문제가 된다고 생각한다. 그렇기에 사람이 살아가는 것은 크게 세 가지의 관점이 나타날 수 있는데, 하나는 스스로의 삶을 정리하는 것이고 또 하나는 습관과 타성으로 그저 살아가는 것이며, 세 번째 방법은 유한한 운명에 도전하면서 삶의 의미를 찾아내는 반항적인 방법이라고 본다. 즉 어느 날 문득 죽음이라는 근원적인 사실이 떠오르고, 죽음에 질문을 던지는 자는 당연히 삶에 질문을 던진다. 애초에 대답 없는 이 물음들로 인해 인간에게는 소위 '부조리의 감수성'이 태동한다. 세계 내에 던져진 실존의 '부재하는 존재 이유'와 그 부재의 존재 이유를 찾고자 하는 '인간의 불굴의 이성'이 공존하게 된다. 부조리는 그 양자 간의 화해 없는 대립, 괴리, 갈등으로부터 태어난다. 그렇기에 '부조리한 인간'이라는 것은 단지 인간의 삶이 부조리하다는 것이 아니라 '부조리한 세상을 느끼는 인간' 혹은 '깨어있는 의식을 가진 인간'으로 도전하는 인간의 정신을 가리키는 말이다.

1. 〈심판〉

"안 됩니다."

창가의 남자는 이렇게 말하면서 조그만 탁자 위에 책을 던지며 일어섰다.

"여길 떠날 수는 없어요. 당신은 체포된 거요."

"그래 보이긴 하는데, 대체 무엇 때문에요?"

"우린 그런 말을 해줄 입장이 아닙니다. 당신 방에 돌아가 기다리세요. 소송이 일단 시작되었으니, 때가 되면 다 알게 됩니다. 당신에게 이렇게 친절히 권유하는 것도 내 직무를 벗어나는 겁니다. 그런데 프란츠 말고는 아무도 듣는 사람이 없었으면 하지만, 저 친구가 당신에게 친절히 대하는 것도 역시 규정을 위반하는 것이지요. 우리 같은 감시인을 배정 받은 것처럼, 앞으로도 그런 운이 계속 따라준다면 당신은 앞일을 낙관해도 좋을 겁니다."

K는 자리에 앉고 싶었다. 그러나 방 안을 살펴보니 창가에 놓인 의자 말고는 어디에도 앉을 만한 자리가 없었다.

"이 모든 일이 다 사실임을 곧 깨닫게 될 겁니다."

프란츠는 이렇게 말하며 다른 남자와 함께 그에게 다가왔다. 특히 K보다 키가 훌쩍 큰 그 다른 남자는 K의 어깨를 몇 차례 톡톡 두드렸다. 두 사람은 K의 잠옷을 찬찬히 살펴보더니, 이제 훨씬 형편없는 내의로 갈아입게 될 테니 자기들이 그 잠옷을 그의 다른 내의들과 함께 보관해두었다가 일이 잘 풀리면 다시 돌려줄 것이라고 했다. 그들이 말했다.

"그런 것은 보관 창고에 넘기는 것보다 우리에게 맡기는 게 나을 겁니다. 보관 창고에서는 물건을 빼돌리는 일도 더러 있고, 또 일정 기간이 지나면 소송 결과와 상관없이 물건을 죄다 처분해 버리거든요. 그리고 이런 소송은 얼마나 걸릴지 몰라요. 특히 요즘에는 더 심하지요! 물론 그럴 경우에 당신은 결국 언젠가는 보관 창고에서 팔아치운 물건값을 받게는 되겠지만, 첫째는 그 물건값 자체가 형편없이 적은 액수지요. 물건을 팔 때의 그 값이라는 게 물건을 사는 쪽에서 제시하는 금액이 아니라 뇌물의 액수로 결정되기 때문입니다. 그리고 둘째로, 경험에 비춰 볼 때 그런 물건값은 해가 바뀌고 여러 사람의 손을 거치다 보면 자꾸 줄어들게 마련이지요."

K는 이 말을 건성으로 듣고 있었다. 그 물건들의 처분권은 아직 자신에게 있겠지만, 그는 그것을 별로 대수롭지 않게 생각했다. 그는 자신이 처한 현 상황을 분명하게 파악하는 것이 훨씬 더 중요했다. 그러나 이들의 면전에서는 생각을 제대로 가다듬을 수가 없었다. 자꾸만 두 번째 감시인의 배가—이들은 사실 감시인에 불과할 것이다.—그에게 다정하게 부딪혀왔지만, 눈을 치뜨고 올려다보면 이 육중한 몸뚱이에 조금도 어울리지 않는, 광대뼈가 불거진 깡마른 얼굴과 옆으로 비뚤어진 억센 코가 보였다. 그는 이런 얼굴로 K의 머리 너머로 다른 감시인과 대화를 나누고 있었다. 이들은 대체 어떤 자들일까? 무슨 이야기를 하는 걸까? 어느 기관 소속일까? 그렇지만 K는 법치 국가에 살고 있지 않은가? 어디서나 평화가 지배하고 있고, 모든 법률이 엄연히 존속하고 있는데, 누가 감히 남의 집에 쳐들어와 그를 덮친단 말인가? 언제나 그는 모든 일을 가급적 마음 편하게 생각하고, 최악의 일은 정말로 그것이 눈앞에 닥쳐야만 믿으며, 아무리 처지가 위급하더라도 앞일을 미리 대비하지 않는 성격이었다. 그런데 지금 상황은 그렇게 대처해서는 안 될 것 같았다. 이 모든 것을 장난으로 여길 수도 있었다. 알 수 없는 이유이긴 하지만, 어쩌면 오늘이 그의 서른 번째 생일이라서 은행 동료들이 꾸민 짓궂은 장난으로 볼 수도 있었다. 하기야 그럴 수도 있는 일이었다. 만일 사실이 그렇다면 어떻게든 감시인 노릇을 하는 녀석들의 얼굴에다 웃음을 터뜨리기만 하면 그들도 따라서 웃을 것이다. 이들은 어쩌면 길모퉁이에 죽치고 있는 짐꾼들일지도 몰랐다. 그러고 보니 그런 자들과 어딘가 닮은 구석이 없지 않았다. 그럼에도 그는 감시인 프란츠를 처음 본 순간부터 이번에는 자기에게 이들보다 조금이라도 우월한 점이 있다면 정말이지 결코 포기하지 않으리라 다짐했다. 장난을 받아넘길 줄 모른다고 나중에 말을 들을 위험이 있는 게 마음에 좀 걸렸지만, 그는—그는 평소에 경험으로부터 무언가를 배우는 습성은 아니었지만—별로 대수롭지 않은 기억을 몇 가지 떠올려보았다. 그는 분별 있는 친구들과는 달리 어떤 결과

가 벌어질지 전혀 예상하지 못하고 경솔하게 행동했다가 그 결과로 벌을 받은 적이 있었는데, 두 번 다시 그런 일이 일어나서는 안 된다. 적어도 이번에는 안 된다. 만일 이것이 코미디라면 자신도 함께 출연하리라 마음먹었다.

그는 아직 자유의 몸이었다. "실례합니다."라고 말하며 그는 두 감시인 사이를 빠져나와 급히 자기 방으로 돌아왔다. 그의 뒤에서 "저자는 정신이 멀쩡해 보이는데."라고 말하는 소리가 들렸다. 그는 방에 들어서자 곧 책상 서랍들을 열어젖혔다. 물건들이 모두 가지런히 정리되어 있었지만, 흥분한 탓인지 그가 찾는 신분증명서는 얼른 눈에 띄지 않았다. 먼저 운전면허증을 찾아낸 그는 우선 그것이라도 들고 감시인들에게 가려고 했다. 하지만 그것으로는 별로 도움이 될 것 같지 않았다. 계속 찾다 보니 마침내 출생증명서가 나왔다. 그는 다시 옆방으로 들어섰다. 그때 마침 자주 보이는 문이 열리면서 그루바흐 부인도 들어오려고 했다. 그녀는 잠시 모습을 보였으나 이내 K를 알아보고는 몹시 당황스러워하며, "실례했습니다."라고만 말하고 허둥지둥 방을 빠져나가 아주 조심스럽게 문을 닫았다.

"어서 들어오세요."

그는 증명서를 손에 들고 방 한가운데 서서 다시 열리지 않는 문 쪽을 계속 바라보다가 감시인들이 부르는 소리에 화들짝 놀라 그제야 정신을 차렸다. 그들은 열린 창문 옆의 자그만 탁자에 앉아 무언가를 먹고 있었는데, 이제 보니 K의 아침 식사를 먹어치우고 있었다.

"저 부인은 왜 들어오지 않는 거죠?"

K가 물었다.

"들어오면 안 됩니다. 당신은 체포되었으니까요."

키가 큰 감시인이 말했다.

"내가 체포되다니, 어떻게 그럴 수가 있죠? 더군다나 이런 식으로 말이오?"

"또 시작이로군. 우리는 그런 질문에는 대답하지 않아요."

감시인은 버터 빵을 조그마한 꿀단지에 담그며 말했다.

"대답해 주시오. 이게 내 신분 증명서들이오. 이젠 당신네들 것을 보여주시오.

먼저 체포 영장 좀 봅시다."

"아니, 이런 말도 안 되는 소리를 하다니! 자신의 처지에 순응할 줄 알아야지! 지금 그 누구보다도 당신과 가장 가깝다고 할 수 있는 우리를 쓸데없이 자극할 셈이오!"

그 감시인이 말했다.

"그건 사실입니다. 그 말을 좀 믿으세요."

프란츠가 말했다. 그리고 그는 손에 들고 있던 커피 잔을 입에 댈 생각은 하지 않고, 분명 의미심장해 보이나 이해할 수 없는 눈길로 K를 한참 동안 바라다보았다. K는 자기도 모르게 프란츠와 눈길을 주고받는 상황에 처하게 되었다. 하지만 곧 서류들을 탁 치면서 말했다.

"이게 내 신분 증명서들이오."

"그게 대체 우리하고 무슨 상관이 있다는 겁니까?"

키가 큰 감시인이 곧바로 소리쳤다.

"어린애보다도 더 못되게 구는군요. 도대체 뭘 어쩌겠다는 거요? 신분증명서니 체포 영장이니 하는 것을 가지고 우리 감시인들하고 말다툼을 벌여 중대하고도 골치 아픈 당신의 소송 사건을 속히 결말 짓자는 거요? 신분 증명서 같은 것은 우리가 알 바 아니오. 우리는 하루 열 시간씩 당신을 감시하고 그 대가로 보수를 받는 것 말고는 당신 일과 아무 관계가 없는 말단 직원일 뿐이오. 우리의 신분에 관해서 우리가 말할 수 있는 건 이것이 전부요. 그렇지만 우리가 근무하는 상급 관청이 이런 체포 명령을 내리기 전에 체포의 사유와 체포 대상자의 신원에 대해 아주 정확한 정보를 갖고 있다는것은 우리도 잘 알고 있소. 거기에는 착오 같은 건 있을 수가 없소. 내가 알기로는, 하기야 나는 말단 부서의 일밖에 모르지만, 우리 관청은 결코 주민들의 죄를 찾아내려고 하는 게 아니고, 법에도 명시되어 있는 것처럼 죄에 이끌려서 우리 감시인들을 보내지 않을 수 없는 것이오. 이게 법이라는 거요. 그러니 어디에 잘못이 있을 수 있겠소?"

"나는 그런 법을 모릅니다."

K가 말했다.

"그렇다면 더 심각하군요."

"그런 법을 당신들의 머릿속에나 있겠지요."

K는 어떻게 해서든 감시인들의 머릿속에 몰래 들어가 그들의 생각을 자신에게 유리하게 바꾸든가, 아니면 자신이 거기에 동화해 버리든가 그러고 싶었다. 그런데 감시인은 거부하는 투로 말했다.

"당신도 곧 그걸 느끼게 될 거요."

이때 프란츠가 끼어들면서 말했다.

"이것 봐, 빌렘. 이 친구는 자기는 법을 모른다고 말하면서도 죄가 없다고 주장하고 있군."

"그래, 자네 말이 맞아. 이 친구에게는 아무것도 이해를 시킬 수가 없겠어."

다른 감시인이 말했다.

K는 더 이상 그들에게 말대꾸를 하지 않고 생각에 잠겼다.

'이런 말단 직원들이 — 그들 스스로 그렇다고 인정하듯이 — 지껄이는 소리로 내 머릿속을 더욱 어지럽게 할 필요가 있을까? 어쨌든 저 사람들은 자신들도 전혀 모르는 이야기들을 떠들고 있는 거야. 그러면서도 저렇게 확신하는 것은 저들이 어리석기 때문에 가능한 일이지. 저런 자들하고 마냥 이야기를 더 해본들 말짱 허사일 뿐이고, 나하고 수준이 맞는 사람과 두어 마디만 이야기하면 모든 것이 더없이 명쾌하게 밝혀질 거야.'

그는 방 안의 빈 공간을 몇 번 왔다 갔다 했다. 그때 맞은편에 있던 그 노파가 자기보다 훨씬 늙은 백발노인을 창가로 끌고 와서는 부둥켜안고 있는 모습이 보였다. 이제 K는 자신이 남의 구경거리가 되는 상황을 끝내야만 했다.

"당신네들 상관에게 나를 데려다 주시오."

K가 말했다.

(중략 줄거리 : K는 은행으로 출근을 하고 자신의 옆방에 사는 여인과 애정을

나누기도 하지만 자신의 체포에 대한 의구심을 해소하지 못한 채 하루를 보내게 된다.)

K는 다음 일요일에 그의 사건에 대해 간단한 심리가 있을 것이라고는 전화 통고를 받았다. 앞으로 이런 심리를 일요일마다 정기적으로, 매주는 아니더라도 빈번하게 연이어 하게 될 것이니 유념하라고 했다. 소송을 빨리 끝내는 것이 모두의 일반적인 관심사이지만, 다른 한편으로 심리는 모든 점에서 철저해야 하고 많은 노력이 따라야 하기에 너무 오래 걸려서는 안 된다는 것이다. 그렇기 때문에 심리를 자주 하지만 짧게 하는 방법을 택한 것이라고 했다. 일요일을 심리일로 정한 것은 K의 직장 일을 방해하지 않도록 취한 결정이고, 그가 동의할 걸로 가정을 하지만, 혹시 다른 날을 원한다면 얼마든지 받아들일 거라고 했다. 예컨대 밤에도 심리를 할 수 있지만 그때는 K의 정신이 그리 맑지 못할 것이라고도 했다. 아무튼 이의가 없는 한 일요일로 정해 두겠다는 것이다. 물론 그가 꼭 출두를 해야 하고, 그 점은 주의를 줄 필요도 없다고 했다. K가 출두해야 할 건물의 번지를 알려 주었는데, 그것은 그가 아직 한 번도 가본 적이 없는 교외의 외딴 거리에 있었다.

K는 이런 통고를 받고 대답도 하지 않고서 수화기를 내려놓았다. 그는 일요일에 가기로 즉시 마음을 먹었다. 가지 않을 수 없는 것은 분명한 사실이고, 일단 소송이 시작되었으니 거기에 대응해야 했으며, 이번의 심리를 처음이자 마지막 심리로 만들어야 했다. 그가 아직 생각에 잠겨 전화기 옆에 서 있는데, 등 뒤에서 부지점장의 목소리가 들렸다. 그가 전화를 걸어야 하는데 K가 길을 막고 있었던 것이다.

"좋지 않은 소식인가요?"

부지점장은 무슨 대답을 듣고 싶어서가 아니라 K를 전화기에서 물러서게 하려고 별 뜻 없이 물었다.

"아뇨, 아닙니다."

K는 옆으로 비켜서면서 말했지만 전화기 옆을 떠나지는 않았다. 부지점장은 수화기를 들고 통화 연결을 기다리는 동안에 수화기 너머로 말했다.

"물어볼 게 있어요, K씨. 일요일 아침에 내 요트를 타고 뱃놀이를 하려는데 참가할 수 있나요? 제법 많은 사람들이 올 건데, 물론 그중에는 K씨가 아는 사람들도 있을 겁니다. 특별히 하스테러 검사도 올 겁니다. 올래요? 꼭 와요!"

K는 부지점장의 말에 주의를 기울이려고 했다. 그의 말은 K에게 중요한 의미가 있었다. 지금까지 관계가 별로 좋지 않았던 부지점장의 이런 초대는 그쪽에서 화해를 시도한다는 의미였기 때문이다. 그것은 또한 은행에서 K를 얼마나 중요하게 여기는지, 그리고 그곳에서 두 번째로 지위가 높은 부지점장이 K와의 친분이나, 아니면 적어도 K의 중립적인 태도를 얼마나 소중히 생각하는지를 보여 주는 것이었다. 이러한 초대는 통화가 연결되길 기다리면서 수화기 너머로 한 말에 불과했지만, 부지점장이 자존심을 버리고 한 말이었다. 그러나 K는 그의 자존심을 꺾는 말을 재차 하지 않을 수 없었다.

"고맙습니다! 하지만 유감스럽게도 일요일엔 시간이 없는데요. 이미 선약이 있어서요."

"안됐군요."

부지점장이 말하는 사이에 마침 전화가 연결되었다. 부지점장은 대화에 열중하기 시작했다. 짧은 통화가 아니었는데, K는 내내 전화기 옆에 멍하니 서 있었다. 통화가 끝나고 나서야 그는 화들짝 놀라며, 자신이 쓸데없이 옆에 서 있었던 걸 조금이나마 변명하려고 했다.

"방금 어디로 오라는 전화를 받았는데, 그쪽에서 깜빡 잊고 시간을 말해 주지 않아서요."

"그럼 다시 물어보세요."

"그리 중요한 건 아니고요."

그렇게 말해서 K는 그 자체로 충분하지 않은 앞서의 변명을 더욱 불충분하게 만들고 말았다. 부지점장은 자리를 뜨면서 다른 이야기들을 늘어놓았다. K도 마지못해 대답을 하긴 했지만, 법원에서 평일에는 아침 아홉 시에 재판을 시작하니, 일요일에도 오전 아홉 시에 가는 게 제일 좋겠다는 생각을 하고 있었다.

작가 프란츠 카프카는 오스트리아-헝가리 제국의 유대계 소설가이다. 체코의 수도인 프라하(당시 오스트리아-헝가리 제국의 영토)에서 유대인 부모의 장남으로 태어나 독일어를 쓰는 프라하 유대인 사회 속에서 성장했다. 1906년 법학으로 박사학위를 취득, 1907년 프라하의 보험회사에 취업했지만 적성과 맞지 않아서 퇴사하고 보험업에 종사하였다. 1917년 결핵 진단을 받고 1922년 보험회사에서 퇴직, 1924년 오스트리아 빈 근교의 결핵요양소 키얼링(Kierling)에서 사망하였다. 여러 사람을 사귀었지만 결혼은 하지 않았고, 가정에 안주하면 글을 창작하지 못한다는 심리가 결혼을 어렵게 만든 것으로 알려져 있다. 사후 그의 글을 모두 소각해 달라고 유언하였지만 그의 친구 막스 브로트(Max Brod)가 카프카의 유작, 일기, 편지 등을 출판하여 작품이 전해지게 되었다.

〈심판〉은 은행원 요제프 K가 누군지도 모르는 사람에게 소송을 당하면서 겪게 되는 재판과정과 이를 극복하려고 고군분투하는 과정을 담아내는 이야기이다. 누군지도 모르는 사람에게 체포되었다는 말을 듣고 이를 극복하기 위해 자신은 나름대로 최선을 다해보지만 결국 끌려가서 살해되고 마는 과정을 담담하게 그려내고 있는 소설이다. 우리가 느끼는 답답함은 이런 과정이 왜, 무엇 때문에 일어났는지 전혀 알지 못한다는 점이다. 주인공은 단지 자고 일어났더니 뭔가 분위기가 달라져 있고, 그 이유가 자신이 소송을 당해 재판을 받아야 한다는 사실에 대한 당혹감을 느낀다. 이를 극복하기 위해 그는 지위가 높은 사람과 면담을 통해 해결해 보려고 애를 쓰기도 하고, 절차에 대해 따져보기도 하지만 결국 알 수 없는 재판을 받고 그 자리에서 살해 당한다. 이 소설은 구성 면에서 완결된 것은 아니다. 숙부와 레니, 상인 블로그라는 부제가 붙은 장은 미완성으로 구성되어 있다. 이 소설이 그럼에도 불구하고 많은 독자들에게 의미를 던지는 바는 우리의 노력과는 상관없이 벌어지는 주변 환경과 개인의 삶 속에 끼어들거나 벌어지는 해결하기 힘든 일, 그리고 거부할 수 없는 미스터리한 삶의 모호함 등이 소설을 통해 드러나기 때문이다.

'K에게는 그 사람의 정체에 대해 여러 가지 복잡한 생각이 떠오른다. 죽음을 눈앞에 두고 그 사람이 친구인지, 자기 편인지, 구원자인지를 가늠해보는 K의 의식 속에는 결국 한 번도 도달해보지 못한 상급 법원에 대한 그리움만 남게 된다.' 마지막에 주인공이 죽음을 맞이하면서도 겪게 되는 이런 감정들은 우리가 살아가는 세계에서 어쩌면 발견하게 되는 사회 속의 개인이 갖는 차가움이나 건조한 과정인지도 모른다. 죽음이 코앞에 닥쳤음에도 그가 적인지 아군인지조차 구별하기 힘든 세상이라는 사실은 우리가 살면서 만나는 사람들이 갖는 정체성을 파악하는 일이 얼마나 고되고 어려운 일인가를 깨닫게 해준다. 그리고 그런 알 수 없는 과정 속에서 살다가 스러져가는 것이 삶이라는 인식은 비극적 세계관을 통해 우리가 추구해야 하는 삶의 방향성을 뚜렷하게 보여준다는 면에서 유의미하다.

작가가 공부한 법률적인 지식이 곳곳에 배어있는 이 작품은 논리적으로 사유하기 힘든 여러 사건들을 맞닥뜨리는 우리의 삶을 혼란스럽지만 비교적 객관적인 시선으로 보여준다. 결국 부조리한 세계를 극명하게 드러내는 방법으로 작가는 혼돈스러운 과정을 통한 개인적인 삶의 모습을 구체적으로 그려냄으로 이를 형상화하는 셈이다.

2. 〈태(胎)〉

등장인물

사육신

단종

세조

신숙주

박중림

순(洵)의 처

종, 여종

왕방연

단종 양위교서. 숙부는 주공(주공)의 재질의 아름다움이 있고 또 주공의 큰 훈공을 겸하였으나 과인은 성왕(성왕)같이 어린 나이에 또 다난한 처지에 있다. 과인은 성왕이 주공에게 구하는 것처럼 숙부에게 구하노니 숙부도 역시 주공이 성왕을 보좌했던 것 같이 과인을 도우라.

사육신 (일제히 소리친다) 전하, 아니되오!

소리 가마귀 눈비 맞아 휘는 듯 검노매라. 야광명월이야 밤인들 어두우랴. 님 향한 일편단심 가실 줄이 있으랴.

사육신 중에 유성원이 비수로 가슴을 치고 쓰러진다.

세조 성삼문, 너는 무엇 때문에 나를 배반하느냐?

성삼문 임금을 복위시키려 했을 뿐이다. 누구나 제 임금을 사랑하지 않겠느냐. 내 마음은 나라 사람이 다 알고 있으니 어찌 배반이라 하겠나. 내가 이런 일을 하려는 것은 하늘에는 해가 둘이 없고 땅에는 왕이 둘 없기 때문이다.

세조 그러면 어찌 내가 왕위에 오를 때 막지 못하고 나를 섬기다가 배반하느냐?

성삼문 대세를 어찌할 수 없으므로 후일을 도모하였을 뿐이다.

세조 너는 내가 주는 녹을 먹고 오다가 지금 배반하니 반복무상(叛服無常)한 자가 아닌가.

성삼문 나는 나으리 녹을 먹은 적이 없다. 상왕 단종이 계신데 어찌 나를 나으리 신하라고 부르느냐. (인두로 성삼문의 넓적다리를 지지니 연기가 솟는다. 비명소리) 나으리 형벌이 참으로 지독하구나. (신숙주가 보인다. 그에게) 네가 나하고 집현전에 입적할 때 세종대왕께서 세손을 품에 안고 뜰을 거닐면서 과인이 만세 후에 그대들은 이 아이를 잘 보호하라, 이르시던 옥음(玉音)이 지금도 귀에 쟁쟁한데 너는 잊었더란 말이냐. 네가 이토록 못된 줄은 참으로 몰랐다 이놈.

연기가 솟는다. 비명소리.

세조 네가 나를 잘 섬기면 용서하리라.

박팽년 내가 언제 너의 신하가 됐더냐.

연기가 솟는다. 비명소리.

세조 너희가 모두 나의 옛 친구인데 어찌 이럴 수가 있겠나. 네가 그런 일이 없었다고만 하면 내가 너의 죄를 면하마.

이개 (웃고) 사람을 반역죄로 이름을 지었으면 그 죄로 응당 죽일 것이지 무슨 말을 더 듣겠다고 이러느냐.

연기가 솟는다. 비명소리. 모두 쓰러진다.

소리 인두질을 하였난데 저 소리를 들어 보소. 상감마마 아니하고 수양대군 왠말인가. 기러기 털같이 가벼이도 죽건마는, 아니어다, 저로써 영화로다.

박팽년의 가묘(家廟)에 그의 부친 박중림(朴仲林)이 엎드린다.

박중림 시방 종가의 종이 끊기려 하여 엎드려 고하옵고, 하마 저승 가선들 뵈올 낯이 있으리오. 손 박중림이 불민한 죄 구천에 미치니 나어린 핏덩이로 합하여 삼족이 연좌되니 필시 족멸할지라. 오호, 어르신이여—

이러는 중에 종과 그의 계집이 보인다.

종　　상전님

박중림 관아에서 왔느냐. 곧 가마.

종　　상전님

박중림 너는 누구냐.

종　　상전님 둘째 손 박순의 종이옵니다. 이것이 소인의 계집이온데.

여종　마나님이 해산기가 있사옵니다.

박중림 (고개를 떨군다) 불쌍한 것들. 낳으면 낳는 대로 죽일 것이로되 채 낳지 못하면 낳지 말라고 임산부를 해칠 것이 아니냐. 나이 어린 에미의 운명이 참으로 기구하구나. 어르신들이여. 이를 말리시오.

종　　(강보에 싼 어린 것을 보이며) 이것이 엊그제 생겨난 소인의 자식이온데 만일 마님께서 아들을 보시거든 서로 바꿔서 길러 후제 상전님네 뒤를 잇도록하면 안 될까 하고 이 미련한 것 둘이서 상의하였기로 감히 상전님께 무례한 말씀을 ……

박중림 너희가 지금 무슨 소리를 하고 있느냐.

여종　마님께서 만일……(떨며 운다.)

종　　마님께서 아들을 보시거든 서로 바꿔서 길러 후제 ……

박중림 이리다오. (강보에 싼 아이를 안고 가묘에 절하고) 보살피시오. 이 불쌍한 것의 예정을 보살피시오. 순천 박씨 대를 이으려고 이것이 대신 죽습니다. 이를 헛되이 버리지 마시오.

기함하듯 여종이 쓰러진다.

여종　창지야!

형장(刑場)

신숙주 대역신 성삼문, 부 성승, 아우 성삼빙, 성삼고, 성삼성, 아들 성맹철, 성맹평, 성맹종, 손 성현, 성택 등을 족멸하라. (정악의 긴 울림)

대역신 박팽년, 부 박중림, 아우 박기년, 박인년, 박대년, 박영년, 아들 박헌, 박순, 박분과 손을 족멸하라. (정악의 긴 울림)

대역신 이개, 아우 이윤기, 아들 이공희 등을 족멸하라. (정악의 긴 울림)

대역신 하위지, 형 하기지, 아우 하소저, 아들 하오박 등을 족멸하라. (정악의 긴 울림)

대역신 유성원, 아들 유기련, 유송련 등을 족멸하라. (정악의 긴 울림)

소리 심의산 세네 바퀴 감도느니, 오뉴월 낮게 즉만 살얼음 집힌 위에 보았느냐, 님아. 온놈이 온말을 하여도 님이 짐작하소서.

벌판 저쪽에서 패싸움이라도 하는 듯한 설레임 소리. 세조는 마치 허공에 뜬 헛것 들하고 대치하는 듯도 하다.

세조 너희들이 무슨 일로 천청(天聽)을 더럽히느냐. 무엄하다. (여자의 비명소리) 무엇이냐. 예가 어딘줄로 알고 아녀자를 대동하느냐.

소리 박팽년의 자부(子婦)요. 애를 뱄소.

박중림 아니된다. 놓거라. 놓아. 나를 죽여라 이놈들— (뛰어든다. 손부가 뒤따른다.)

세조 누군가. 아니 그대가 어떻게 여기.

박중림 내 곧 형장으로 가 죽을 테니 염려 말게. 그 먼저, 이보게 이것이 내 손부인데 임신중이라 유복자를 염려하여 이것마저 죽이려 하기에 데리고 왔네.

세조 어명을 바꾸지 못하는 줄 모르는가.

박중림 그대가 뱃놈이 아닌 바에야 임신부를 바다 가운데 버리지는 아니할 것이다 하고 데리고 왔네.

세조 과인이 왜국에 사신으로 갔던 일을 두고 그러는가.

박중림 남을 죽여 살기를 구함은 덕에 좋지 못한 일이라고 그대가 뱃놈들을 말려 임신부를 살려내니, 내 아들 박팽년이 그 말을 전해 듣고 와서 내게 이르기를 관후활달(寬厚豁達)한 그대 성품을 칭송해마지 않데.

세조 그대가 나를 농하는가.

박중림 이것을 살려 달라는 소리요.

세조　여기는 뱃전이 아니다.

박중림　생질의 자리를 찬탈하더니 마음도 뱃전에서 다르고 어전에서 다르고나. 이놈 내 너를 먼저 베리라. (칼을 빼든다.) 성삼문 부친 성승이 일찍이 너를 베려 하여 내 그를 말리었드니 오늘에 이르러 천추의 한이라.

덤벼든다. 동시에 사육신이 헛것들의 차림으로 지쳐든다. 다급한 지경 중에 박중림이 잠시 혼미하였는데 순간, 손부가 비수를 꺼내 박중림의 등에 꽂는다. 쓰러지는 박중림.

손부　나으리, 이 손의 피를 두고 맹세합니다. 내 자식을 낳거든 이처럼 죽이리라. 이것을 낳도록만 하여 주시오.

세조　그대 존속을 살해한 죄 면치 못하여 죽음이 마땅하거늘 어찌 살아 배 안의 자식을 낳기까지 바라느냐.

손부　역적의 머릿수를 하나 더 보태 주려고 그러오.

세조　내가 네 권속을 사사로운 감정으로 죽이는 게 아니다.

손부　이 난세에 저를 내놓았으니 순전한 이 어미 죄가 아니오니까. 이 손으로 저를 거두게 하시오. 천지개벽을 하고 나으리가 내 배 속으로 들어온다 하여도 이 아이한테는 손 못 대오.

잠시

세조　면전에서 시할아버님을 시해하고 또 제 자식을 죽이겠다 이처럼 앙탈이니 그대 운명이 하마 그토록 기구하단 말이냐.

손부　기구하기는 마찬가지요. 위로는 상왕의 위를 찬탈하고 밑으로는 충신의 삼족을 멸하니 나으리의 기구한 처지를 뉘라 동정 아니하겠소.

세조　아녀자가 아니었다면 같이 국사를 논하자겠다.

손부　하였더라면 단종의 위를 찬탈하지는 아니했을 것이요.

오랜 침묵

세조　옛사람이 말하기를 천균(千鈞)의 활은 작은 쥐를 보고 쏘지 않는다 하였다. 원컨대 아들을 낳도록 해라. 대역신이 아니오 충신의 손이니라. 가거

라. 아들을 낳거든 죽여 바치고 계집이거든 모녀가 연명하여도 좋다.

나간다.

손부 천은이 망극하오. (박중림을 끌어안고) 할아버님! 아이구, 할아버님. (그 자리에 덮석 주저앉더니 터버리고 설리 운다.) 가네가네 하시더니 이제는 참 갔구나. 아이구 내 일을 어찌여. 손자를 보시오. 할아버님이 그렇게 하여 주셨소.

사육신이 기원하듯 움직인다.

손부 비나이다.

사육신 비나이다.

손부 일국지명산(一國之名山)

사육신 일국지명산

손부 제불지대찰(諸佛之大刹)

사육신 제불지대찰

손부 오십삼불 (五十三佛) 부처님

사육신 오십삼불 부처님

손부 오백나한 제불(五百羅漢 諸佛) 미륵

사육신 오백나한 제불 미륵

손부 사부칠성(四部七星) 님께 발원이오.

사육신 사부칠성님께 발원이오.

손부 순천 박씨 한석당 박중림, 취금헌 박팽년의 대가 소녀 일신에 맡기었으니 소소한 이 정성 태산같이 굽어 보사 소망성취 발원이오.

사육신 소망성취 발원이오.

사육신과 손부가 어우러져 출산을 의미하는 의식을 벌인다. 종이 나타나 제 자식과 갓 태어난 핏덩이를 바꿔가지고 사라진다. 손부가 비수로 종의 자식을 찌르고 자결한다.

어전(御前)

세조 (고함친다.) 귀양 보내지 않았나. 여기서 영월이 천리.

신숙주 (고함친다.) 그럼 영월로 내통하는 자가 있어도 가만 두시오.

세조 삼족이 당할 줄 알면서 누가 영월로 가.

신숙주 신도 가오.

세조 경은 못가.

신숙주 가만 두시오.

세조 단종을 가만 두어. 성삼문, 박팽년도 그 애를 가만 둬야 했어. 그 애는 과인을 따르고 있지. 그 애는 그저 살아가게 놔두어. 그 천진한 것을 이용하려는 자는 죽어 마땅해. 절대 용서 안해. 이 점에는 경도 포함돼.

잠시

신숙주 조신들 중에는 어둑한 자도 있고 탐욕한 무리도 있으나 그 역시 전하의 신하요.

세조 단종이 죽는다 해도 어리석은 자는 여전히 어리석을 것이고, 탐욕한 자는 여전히 탐욕할 것이고, 단종이 죽는다고 우매한 것이 총명으로 바뀌고 탐욕이 자비가 된다면 대체 그만한 것들이 무엇이 그리 대단하여 과인보고 같은 탯줄을 죽이라고 그러는가, 경은.

신숙주 어리석은 무리가 너무 많습니다.

세조 얼마간 지나면 달라져.

신숙주 그 얼마간이 전하를 해할 것이오.

세조 단종을 가만 두어(신숙주에게 손을 댄다, 잠시 후) 경사(經事)에 박흉하고 대체를 속장하며 작은 일에 까다롭지 아니한 경의 심정을 과인이 취하여 일찍이 경과 친분을 맺음에, 경의 권함이 없이, 경의 헌충이 없이 과인이 마침내 이 임금의 자리에 올랐을 리 천만 없소. 헌데. 시방 경은 과인한테 사람이 못할 짓을 하라 주장하니 웬일이요. 경은 과인의 중망을 버리지 마시오.

신숙주 다만 상왕 단종이 연명함을 기화로 단종의 복위를 음모하는 무리가 비등

하겠고 그로 하여 인심이 흉흉하고 조정이 불안하고 또 얼마나 많은 조신들이 대역의 탈을 쓰고 죽어갈 것이오니까. 바라옵건대, 저들을 구하시오. 전하의 성은을 입어 연명토록 하시오. 살아있는 자들로 전하의 종이 되게 하시오. 진실로 두려워 머리를 두드리고 삼가 아뢰오니 단종으로 하여 죽은 자들의 군주이게 하시오.

세조 (고개를 젓는다.) 단종은 죽었어. 두 번 죽일 것이 못돼.

신숙주 내 말은……

세조 과인 곁에 있는 동안 더 이상 단종을 입에 올리지 마시오. 만일 경이 ……(어느 사이엔가 사육신이 둘러싸듯이 섰는데 피묻은 강보를 펴들고 있다.) 물러가거라!

신숙주 무엇을 보고 그러시오.

세조 이 자들이 안 보인단 말인가…… 저것을 들고 매일 한 번씩 찾아와서 저러고들 서서 ……(사육신이 강보를 세조의 손에 걸친다.) 이것을 치워! 경, 이것을 치워!

신숙주 그것이 무엇이오.

세조 치워!

신숙주 (강보를 집어 든다.) 이건 박팽년의 손을 죽여 싸온 강보가 아닙니까. 왜 이것을 들고 다니시오.

세조 이 자들이 방금 내게 주는 것을 보고 그러나.

신숙주 누가 무엇을 주었다고 그러시오.

사육신이 따라오라는 손짓을 하며 물러간다.

세조 (따라 나서며) 거기들 섰거라, 거기.

신숙주 전하. (세조, 고개를 저으며 나간다.) 누가 단종을 두고 어리고 무능하달 것이냐. 천리 저쪽 영월에 앉아서 전하를 실성도 시키시니…… 하물며 신들이야!

강원도 영월

단종에게 금부도사 왕방연이 사약을 하사한다. 단종이 큰 절을 하고 사약을 받아 입에 대고 쓰러진다.

소리 천만 리 먼 길에 / 고은 님 여의옵고 / 내 마음 둘 데 없어 / 울어 밤길 녜놋다.

궁(宮)

신숙주 천리 원정길에 막중한 국사를 이고 지고 노고가 많소. 상왕 단종께서는 무사하시오.

왕방연 옥체만강하옵니다.

신숙주 영월의 풍치가 장관이라 들었는데.

왕방연 상왕께서 출입을 삼가시니 산천경개 돌아볼 날이 없었습니다.

신숙주 전하께서 경이 당도했느냐고 오늘 중에만 세 번을 물었소. 나오시거든 세세한 말씀 소상히 전하시오. 전하 못지않게 경을 기다린 사람이 하나 또 있소. 이 사람. (잠시) 경이 상왕을 모시고 영월로 떠나자 상왕을 복위시키려는 무리가 비등하였기로, 그중에 한 무리가 경을 통하여 상왕께 전한 것이 있다던데.

왕방연 소신 자질 노둔하여 상왕을 모시는 일에만도 힘을 부쳐 생각하면 송구할 따름이오.

신숙주 상왕이 아니고 경 얘기요.

왕방연 그런 일 없소.

신숙주 (백지를 펴주며) 이 자들을 아시오?

왕방연 조신들이 아닙니까?

신숙주 거기다가 경의 삼족을 더하면 그 머릿수가 몇이나 되겠소. (잠시) 전하가 나오시면 내가 하는 소리를 그대로 전하시오.

왕방연 무슨 말씀이오니까.

신숙주 전하, 소신이 영월에 가 있는 동안 상왕하고 내통하려는 자들이 있었소, 하고 나서 그 자들의 명단을 읽어 내리시오.

왕방연 반복하거니와 …….

신숙주 (소리친다.) 열다섯 살 먹은 아이 하나로 수백 명이 죽었어. 그 중엔 나라에서 고른 충신 여섯이 족멸하였고, 박팽년의 가문에서는 배 속에 든 것까지 끌어내서 죽였네. 그것도 제 어미 손으로 자 보아! (강보를 품에서 꺼내 면전에 던진다.) 대역신의 손이라 하여 일개 아녀자가 제 자식을 낳으면서 죽이기도 하는데 아이 하나를 어쩌지 못해서 또 수백 명이 떼로 죽어. 아니, 더는 안 돼. 충신은 여섯으로 됐어.

왕방연 하오나 상왕께서는 ……

신숙주 그 자들과 경은 무사할 것이오. 연이나 고하지 아니하면 경을 포함해서 모두 족멸이야. (잠시) 경이 그대로만 해주면 단종은 사약을 받게 돼. 전하는 그 징표를 구하고 계시오. 그것이 경이오.

왕방연 (땅을 친다.) 오호, 그 무서운 일을 누가 저질렀나!

신숙주 왜 이러시오. 무슨 일이 있었소?

왕방연 (고개를 젓는다.) 신이 영월에 가 있는 동안 이 자들과 통정을 하였기로, 하루는 단종을 복위시키려는 음모를 하였기로 나중에 발각될 것을 염려하여 통 잠을 못 이루다가 그만 황망 중에 ……(오열한다.) 엊그제부터 큰 비바람이 밤낮으로 계속하며 컴컴하여 신이 밤새 편히 자지 못하여, 혼미하여 ……

신숙주 금부도사 —

왕방연 소신이 상왕을 영월로 모시던 중에 모친께서 돌아가시니 가지는 못하고 빈소 앞에 제문만 써 보냈더니 이제까지 멀리서 한 번도 전(奠)을 드리지 못하여, 애통하여 ……

신숙주 (멱을 잡고) 영월에서 무슨 일이 있었나. 상왕의 신변은 안전하신가. (왕방연, 고개를 젓는다.) 오호, 어찌 되었느냐. 어서 말을 하여라, 어서.

왕방연 어명을 칭하여 사약으로……

오랜 침묵

신숙주 천만가지로 옳다 하여도 어명이 없이 상왕을 시해하고 어찌 하늘을 보겠냐. (칼을 뽑아 내려치니 왕방연이 쓰러진다.) 전하! (엎드려 운다.) 상왕은 멸하였소. 전하, 어서 어명을 내리시오. 전하께서 상왕을 멸하였노라 명하시오. (일어서서) 어서 영월로 가자. 유해로 해서 폭동이 일기 전에 가 상왕의 유해를 모셔 오리다.

작가 오태석은 1940년 충남 서천군 서천면 선암리에서 태어나 1964년 연세대 철학과를 졸업했다. 1967년 단막극 〈웨딩드레스〉로 조선일보 신춘문예를 통해 문단에 등장하였다. 한국전쟁 시 어머니가 해산한 지 얼마 되지 않아 피난을 가지 못하였고, 당시 법무관이었던 부친은 인민군에 의해 끌려간 후 소식을 모른다. 장남인 오태석의 나이 10살 때였다. 갓난아이까지 4남매만 남기고 하루아침에 남편과 생이별한 모친의 나이가 겨우 30을 갓 넘을 때였다. 3남 1녀의 장남으로 후에 충남에 있는 할머니에게 의탁되어 공부하였다. 오태석의 작품에 등장하는 한국전쟁의 모습은 대부분 비극적인 사건으로 묘사되고 살아남은 자들이 갖는 죄의식은 무대에서 적극적으로 형상화된다. 극작으로 데뷔한 그는 1969년 동랑레퍼터리 극단에서 〈루브〉를 연출하고, 1972년에는 몰리에르의 작품 〈스카펭의 간계〉를 번안한 〈쇠뚝이 놀이〉를 공연하였다. 이후 〈초분〉(1973)과 〈태〉(1974) 등을 무대에 올리며 한국 연극을 대표하는 극작가이자 연출가로 이름을 떨쳤다. 수많은 상을 수상하였고 〈초분〉은 미국에서도 공연하여 한국 최초의 해외공연이란 기록을 남겼는데, 초기의 서구적 극작술과 부조리극의 경향으로부터 한국적이고 전통적이며 토속적인 경향으로 선회했다는 평가를 받았다. 실험적이고 전통적인 색채가 강한 작품을 꾸준히 선보여 주목의 대상이 되었다. 주요 작품으로는 〈춘풍의 처〉(1976), 〈자전거〉(1983), 〈심청이는 왜 두 번 인당수에 몸을 던졌는가〉(1990), 〈백마강 달밤에〉(1993), 〈불효자는 웁니다〉(1994), 〈서푼짜리 오페라〉(1995), 〈기생비생 춘향전〉(2002), 〈만파식적〉(2003), 〈북청사자야 놀자〉(2010) 등이 있다.

〈태〉는 우리에게 핏줄이란 무엇인가에 대해 깊게 생각하게 만드는 작품이다. 조선시대 사화를 중심으로 벌어진 일들은 많은 작가들에 의해 다양하게 작품화되었다. 특히 이 사건은 어떤 시각에서 바라보느냐에 따라 큰 차이가 벌어지기도 한다. 이광수가 〈단종애사〉를 발표하면서 당시의 역사적 사건을 그려내자 춘원을 넘어서고자 노력한 김동인은 〈대수양〉으로 같은 역사의 다른 관점을 제시했다는 이야기는 이런 시각 차이를 뚜렷하게 드러내는 예로 자주 언급된다.

오태석은 작품 〈태〉를 통해 희곡만이 가진 여러 장치를 통해 인간의 심리 속에 가진 핏줄에 대한 집착과 애정을 극적으로 표현하고 있다. 이미 죽은 사육신들이 무대에서 왕과 대면하는 장면을 통해 직접적인 갈등관계를 뚜렷하게 밝히고, 사건이라는 것이 피해갈 수 없는 운명과 같이 곁에 놓여있음을 그려낸다. 그에 의하면 운명은 본인들에 의해 선택되는 것이지만 명분을 통한 죽음을 선택함으로써 삶보다도 강력한 의지가 된다는 것을 드러낸다. 그러면서도 현실적인 삶을 이어가는 방편을 인간이기에 모색하게 되는데 이를 아이 바꿔치기를 통해 실현하는 모습을 보여준다. 섬기는 양반의 대를 잇고자 하는 의지를 자발적으로 선택했다 하더라도 핏줄이 갖는 본원적인 추구를 통해 무엇에도 굴복하지 않는 생명에의 집착을 무대를 통해 극적으로 표출한다.

본래 연극은 배우와 무대 그리고 관객이 만들어내는 종합예술이다. 같은 장소(공연장)에 모인 관객들이 작중인물의 성격을 뚜렷하게 보여주는 배우의 행위를 통해 감정을 이입함으로써 카타르시스를 느끼는 것을 목적으로 한다. 그렇지만 감정적인 교류만이 아니라 작중 상황과 사건을 대하는 인물들의 태도 등을 통해 경험하지 못한 일들에 대한 간접적 체험을 통한 학습과 교훈 등을 얻어 교육하는 효과도 거둘 수 있었다. 여기서도 사육신과 세조의 태도뿐만이 아니라 신숙주, 왕방연, 종 등의 행동을 통해 사건을 대하는 인물들의 다양한 성격을 제시하여 인간이기에 갖는 다양한 입장과 입체적인 성격의 면모를 확인할 수 있다. 이를 통해 사람을 이해하고 타인에 대한 공감의 능력을 키울 수 있을 뿐만 아니라 우리가 경험할 수도 있는 일들을 미리 경험함으로써 이에 대응할 수 있는 훈련이 된다.

한 발 더 다가서기

1 "이 모든 것을 장난으로 여길 수도 있었다. 알 수 없는 이유이긴 하지만, 어쩌면 오늘이 그의 서른 번째 생일이라서 은행 동료들이 꾸민 짓궂은 장난으로 볼 수도 있었다. 하기야 그럴 수도 있는 일이었다." 이 대목을 통해 작가가 말하고자 하는 의미는 무엇인지 생각해 보자. 그리고 이런 서술 방식으로 거두는 효과는 무엇인지 말해 보자.

2 〈심판〉의 일부분을 읽으면서 본인에게 가장 절실하게 느낀 점은 무엇이고, 본인이 주인공이라면 어떤 행동을 했을지 서로 의견을 교환해 보자.

3

박중림 생질의 자리를 찬탈하더니 마음도 뱃전에서 다르고 어전에서 다르고나. 이놈 내 너를 먼저 베리라. (칼을 빼든다.) 성삼문 부친 성승이 일찍이 너를 베려하여 내 그를 말리었더니 오늘에 이르러 천추의 한이라.

이를 연기한다면 본인은 어떤 점에 주목하여 대사를 표현할 것인지 설명해 보자. 그리고 여기서 '뱃전'과 '어전'의 차이가 무엇인지 말해 보자.

4 희곡을 흔히 '갈등의 문학'이라고 한다. 사람 사이의 강렬한 대결이나 대립을 등장시켜 이를 통해 극적인 효과를 거두기 때문이다. 그렇다면 여기서 제시되는 갈등관계는 어떻게 표현되어 있는지 자신의 생각을 말해 보자.

3. 〈안티고네〉

등장인물

안티고네　테베의 전왕 오이디푸스의 맏딸

이스메네　안티고네의 여동생

크레온　오이디푸스의 처남

하이몬　크레온의 아들이며 안티고네의 약혼자

코러스(장)　테베의 장로들로 구성된

장소 / 테베의 궁전 앞 광장

(앞의 줄거리) 오빠의 죽음을 안 안티고네는 동생 이스메네를 만나 장례를 상의한다.

이스메네　무슨 얘긴데요? 뭔가 좋지 않은 소식을 감추고 있는 것만 같아요.

안티고네　글쎄, 크레온 외숙부께서 우리 오빠들을, 한 사람은 정중하게 장례를 치르도록 하면서 다른 한 사람은 그렇게 못하게 하지 않았겠니? 소문으로는 에테오클레스 오빠는 올바르게 법도대로 장례를 지내, 죽은 사람들 사이에서도 부끄럽지 않게 묻어 준다더라만, 비참하게 돌아가신 폴리네이케스 오빠의 시체는 아무도 장례를 치러 매장을 해서는 안 되고, 아무도 그를 위해서 슬프게 애도를 해서도 안 되며, 날짐승들이 좋은 먹이라고 멋대로 쪼아 먹도록 내버려 두라는 포고가 내렸다는 소문이로구나.

그런 명령을 저 친절하신 크레온님께서 너와 나에게, 그렇지, 나에게 내렸다고들 말하더라. 아직 그 명령을 모르는 사람에게 잘 들려주기 위해서 이제 곧 그분이 이리 오겠지. 그리고 그분은 이 일을 가볍게 여기시지 않기 때문에, 누구든 조금이라도 이것을 어긴 자가 있으면, 사람들 앞에서 돌로 때려죽인다더라. 너도 이젠 알았겠지. 그러니 네 태생이 고귀한지, 아니면 고귀한 지체에서 천하게 태어났는지, 이제야말로 보여 주게 됐구나.

이스메네 가엾은 언니. 정 그렇다면, 저 같은 것은 이렇게도 저렇게도 더 이상 아무 도움이 되지 않겠네요?

안티고네 함께 고생하자. 날 도와 주지 않겠니?

이스메네 무슨 일인데요? 대체 어떤 계획인데요?

안티고네 나를 도와 그 시체를 거두지 않겠니?

이스메네 장례를 치르겠다는 거예요? 모든 사람들에게 금지령을 내렸는데도?

안티고네 그렇다. 네가 싫건 좋건 네게도 오빠가 아니냐? 나는 오빠를 결코 배반하지 않겠어.

이스메네 어떻게 감히 그렇게. 크레온 왕께서 금하고 계신데.

안티고네 그분에겐 내 혈육을 내게서 떼어 놓을 권리가 없거든.

이스메네 글쎄, 그래도 언니, 생각해 보세요. 우리 아버지는 남이 혐오할 욕스러운 일을 당해서 스스로 죄를 들춰내고 결국 당신 손으로 두 눈을 찔러서 돌아가시고 말았지요. 그리고 그분의 어머니면서 아내라는 두 이름을 가진 분은 직접 꼬아 만든 밧줄로 목숨을 끊으셨죠. 게다가 두 오빠까지 무참하게도 동기간에 서로 찔러 같은 날 함께 죽고 말았어요. 그리고 이젠 우리 둘만이 남아서, 우리가 만약 왕의 명령을 어겨서 왕의 포고나 왕권을 손상시킨다면, 그 어떤 경우보다도 비참한 죽음을 당할 거예요. 우리는 여자로 태어났어요. 이걸 잊지 말아야 해요. 남자와 싸우도록 타고 나지는 않았어요. 게다가 우리보다 강한 힘의 지배를 받고 있어요. 그래서 이런 일들만이 아니라 이보다 더 지독한 명령에도 복종해야 해요. 저는 저승에 계신 분들께 용서를 빌고, 어쩔 수 없는 일이니 윗분에게 복종하겠어요. 분수에 넘치는 일을 한댔자 별수 없으니까요.

안티고네 억지로 하라는 것은 아니다. 아니, 이젠 네가 하겠다 해도 네 도움 따윈 달갑지도 않다. 너 좋을 대로 해라. 내 손으로 그분의 장례를 치르겠다. 그 일로 해서 내가 죽는다면 얼마나 좋으랴! 이 고귀한 죄 때문에, 나는 내가 사랑하는 그분과 정답게 함께 죽을 것이다. 살아 있는 사람보다는 죽은 사람들을 섬겨야 하는 동안이 더 길단다. 나는 저 세상에서 영원히 쉬겠다. 그러나 신들께서 귀하게 하시는 일을 비웃고 싶거든 실컷 비웃으려무나.

이스메네 비웃는 것이 아니예요. 하지만 내게는 나라를 상대로 해서 싸울 힘이 없어요.

안티고네 그건 핑계에 지나지 않아. 이젠 가서 내가 좋아하는 오빠 위에 흙을 덮어 드려야겠다.

이스메네 아, 가엾은 언니, 언니가 걱정되어 못 견디겠어요.

안티고네 내 걱정 말고 네 운명이나 바로잡아라.

이스메네 그렇다면 적어도 이 계획은 아무에게도 알려지지 않도록 하세요. 비밀로 해두세요. 나도 그렇게 할 테니.

안티고네 떠벌려도 상관없다. 네가 가만 있다면, 세상에 떠들어대지 않는다면, 더 미워하겠다.

이스메네 그 무서운 일 때문에 언니의 가슴은 불타고 있어요.

안티고네 내가 누구보다도 가장 기쁘게 해드려야 할 그분들은, 반드시 기뻐해 주실 게다.

이스메네 그렇지요, 성공만 한다면. 하지만 안 될 일을 하려고 하거든요.

안티고네 그야 그렇지. 힘에 부쳐도 그만이야.

이스메네 하지만 안 될 일을 하려는 것은 억지예요.

안티고네 그따위 소릴 하면 나한테서도 미움을 받겠지만, 돌아가신 오빠에게서도 미움받아 마땅할 거야. 아무튼 날 내버려 둬라. 그런 무서운 일을 당해도 그건 나 혼자만의 바보짓이다. 어쨌거나 비루하게 죽는 일보다 더 무서운 일은 당하지 않을 테니까.

이스메네 하세요, 하셔야 할 일이라면, 하기야 그것이 무모한 일이긴 하지만, 언니가 아끼시는 분에게서 언니는 정녕 사랑을 받으시겠지요.

(안티고네와 이스메네, 따로 퇴장한다.)

…… 중략 ……

(크레온 등장)

크레온 여러분. 우리나라라는 큰 배를 신들께서 한 번은 심한 풍랑으로 시달리게 하셨다가, 또다시 안전하게 바로잡아 주셨소. 이제 내가 국민들 중 여러분을 따로 불러 모이게 한 것은, 여러분들이 라이오스 왕의 왕권에 얼마나 충성되고 한결같았던가, 또한 오이디푸스 왕이 이 나라를 다스리실 때도, 그가 몰락한 뒤에도 얼마나 그 왕의 자녀들에게 변함없이 충성하였던가를 알고 있기 때문이오. 그런데 그 두 형제는 같은 날 서로 찌르고 찔리어, 동기간의 피로 서로 물들어 죽고 말았으니, 고인들에게 가장 가까운 사람으로서 이제 나는 왕위와 그 모든 권한을 차지하게 되었소.

그러나 사람의 정신도 생각도 판단도, 통치와 입법에서 그의 실천을 보기 전에는 완전히 알 수는 없는 것이오. 왜냐하면 나라의 영도자이면서 최선의 정책을 지키지는 않고, 오히려 두려움 때문에 입을 다무는 자가 있다면 그는 가장 천한 자라고 나는 주장하며, 그렇게 주장해 왔기 때문이오. 또한 자기의 조국보다 친구를 더 소중하게 생각하는 자가 있다면, 그는 보잘것없는 자이외다. 왜냐하면 항상 모든 것을 보살피시는 제우스 신이여, 굽어 살피시옵소서, 국민에게 안전이 아니라 파멸이 닥쳐오는 것을 보고서는 나는 결코 입 다물고 있진 않을 작정이기 때문이오. 또한 국가에 적대하는 사람을 친구라고 생각하진 않을 것이외다. 나는 우리나라가 우리의 안전을 지켜 주는 배이며, 그 배가 안전하게 항해할 때 우리는 진정한 친구를 만들 수 있다는 것을 알고 있기 때문이오. 그것이 내가 이 나라의 위대함을 지키는 방침이오.

그리고 이제 이 방침에 따라 내가 국민에게 선포한 것은, 오이디푸스 왕의 아들들에 관한 것이외다. 이 나라를 위하여 누구나 다 아는 군인으로서 훌륭하게 싸우다 죽은 에테오클레스는 무덤을 만들어 주고 가장 고귀하게 죽은 자들에게 따르는 온갖 예식을 갖추어서 보답하도록 할 것이오. 그러나 그의 아우인 폴리네이케스는 추방당했다가 돌아와서 그의 조상 땅과 조상 신들의 신전을 모조리 불태워 없애려 하였고, 동포의 피를 실컷 맛보고, 남은 사람들을 노예로 삼으려 하였소. 그놈은 묻어 주어서는 안 되고, 아무도 슬퍼해서는 안 되며, 벌판에 버려진 채로 새나 개들이 뜯어 먹도록 내버려 두라고 국민에게 영을 내렸소.

내 의도는 그런 것이외다. 나는 악인을 선인보다 높이 다루지 않을 것이외다. 그러나 이 나라에 대해서 착한 마음을 가진 사람은 살아서나 죽어서나 나의 존경을 받을 것이오.

코러스장 메노이케우스의 아드님이신 크레온님. 이 나라에 적의를 품는 자와 사랑하는 자에 대해 구별하시려는 뜻을 알았습니다. 죽은 자에 대해서나 우리들 모든 산 사람에 대해서나 어떤 명령도 뜻대로 내리시는 권력을 가지고 계십니다.

크레온 그러면 그대들은 내 명령을 지키는 자가 되어 주오.

코러스장 그런 중책은 더 젊은 사람들에게 맡기십시오.

크레온 아니오, 그 시체를 감시하는 자는 따로 있소.

코러스장 그러시다면 그밖에 또 무슨 일을 저희들에게 맡기시려는 겁니까?

크레온 이 명령을 어기는 자 편에 서서는 안 된다는 것이외다.

코러스장 죽음을 자청할 만큼 어리석은 자는 없습니다.

크레온 그렇지. 그 응보는 죽음이지만, 돈벌이에 대한 욕심의 희망이 사람을 파멸시키는 경우가 얼마든지 있었지.

(중략 – 시체를 매장하려던 안티고네가 파수병에게 잡혀 크레온에게 끌려온다.)

크레온 그런데도 감히 그 법을 어겼단 말이냐?

안티고네 네, 그러나 그 법을 저에게 내리신 분은 제우스신이 아니었고, 저승의 신들과 함께 사시는 정의의 신도 이 세상에 그런 법을 정해 놓지는 않으셨어요. 그리고 글자로 기록된 것은 아니지만, 확고한 하늘의 법을 사람으로 태어난 몸이 넘어설 수 있을 만큼 임금님의 법령이 그렇게 강한 힘을 가지고 있다고는 생각지 않았어요. 하늘의 법은 어제 오늘 생긴 것이 아니라 불멸한 것이며, 그 시작은 아무도 모르지요.

인간의 어떤 생각도 두려워하지 않는 내가 신들 앞에서 인간의 법을 어긴 죄인일 수는 없어요. 왕의 그 포고가 있었건 없었건, 어차피 나는 죽어야 할 몸이라는 것을 잘 알고 있어요. 어찌 모르겠어요. 그러나 내 명대로 다 살지 못한다 하더라도, 나는 그것이야말로 이득이라고 생각해요. 나같이 나날을 괴로움 속에서 살고 있는 사람은 차라리 죽는 편이 이득이라고 어찌 생각하지 않겠어요?

나는 그런 운명을 당한 것이 조금도 괴롭지 않아요. 그보다 나의 어머니에게서 태어난 사람이 죽었는데도 장례도 치러 주지 못한 채로 버려둔다면 그것이야말로 가슴 아픈 일이지요. 이번 일로는 괴롭지 않아요. 내가 이번한 한 일을 어리석게 보신다면, 어리석은 눈에는 어리석게 보일는지도 모르지요.

코러스장 과연 억센 따님이시다. 재난 앞에서도 굽힐 줄을 모르시는군.

크레온 너무 기승을 부르면 꺾이기도 쉽다는 것을 알려주마. 불에 달구어 강한 쇠일수록 가장 잘 부러지거나 부스러진다는 것은 알겠지. 사나운 말도 조그만 재갈 하나로 순해진다. 남의 노예에게는 자존심이 허락되지 않는다. 이 계집애가 공포된 법을 어겼을 때 이미 건방진 것으로 알았거니와, 자기가 지은 죄를 자랑하고 그 행실을 크게 기뻐하고 있다니, 이건 두 번째로 건방진 것이로구나. 이 계집애가 그런 위세를 떨치도록 내버려 두고 아무 벌도 내리지 않는다면, 나는 사나이가 아니고 이 계집애야말로 사내이다. 비록 내 누님의 딸이고, 내 집 제단의 제우스 신을 모시는 어느 누구보다도 핏줄로 볼 때 내게 가까운 사람이기는 하지만, 이 계집애도 그 동생도 가장 비참한 운명을 면치 못하리라. 그년도 이 장례의 계획에서 죄가 있긴 마찬가지이다.

그 애를 불러오너라. 방금 안에서 중얼거리면서 정신을 잃고 있는 것을 보았다. 어둠 속에서 못된 일을 꾸미는 족속들은 그 일을 행동으로 옮기기 전에 마음이 거기에 반역하여 스스로 죄를 인정하게 된다. 그러나 고약한 짓을 해서 잡힌 자가 그 죄를 자랑으로 삼으려고 할 경우, 이것도 참으로 가증스럽다.

안티고네 나를 잡아 죽이는 것만으로는 모자라시나요?

크레온 아니다. 그것으로 됐다. 그것으로 모든 일이 끝난다.

안티고네 그러면 왜 서두르지를 않지요? 말씀하신 것 가운데 나를 즐겁게 해 주는 것은 아무것도 없습니다. 있어서도 안 되지요. 마찬가지로 내 말도 정녕 달갑지 않으실 거예요. 하지만 친오빠의 장례를 치르는 일보다 더 고귀한 영광을 어디서 얻을 수 있겠어요? 여기 계신 여러분들도 두려움으로 입을 다물고 있지만 않는다면, 그것이 옳다고들 생각하시겠지요. 그러나 어쨌든 왕의 권위란 크게 복받는 것이라서, 마음내키는 대로 행하고 말하는 힘을 가지고 있어요.

크레온 카드메이아 사람으로서 그렇게 생각하는 사람은 너 하나이다.

안티고네 모두 제 생각과 같아요. 그저 왕이 두려워 입을 다물고 있을 뿐이지요.

크레온 너만이 모든 사람과 다르게 생각하면서도 부끄럽지 않으냐?

안티고네 아니에요. 같은 배에서 태어난 사람을 소중히 여기는 일에 부끄러움은 없어요.

크레온 그와 상대하다 죽은 사람도 같은 오빠가 아니냐?

안티고네 같은 어머니, 같은 아버지에게서 태어난 오빠예요.

크레온 그런데 어째서 그가 보기에 온당치 못한 예를 베푸느냐?

안티고네 죽은 사람은 그렇게 생각한다고 말하지 않겠지요.

크레온 그렇지, 네가 그를 저 괘씸한 놈과 똑같이 받든다면.

안티고네 죽은 사람은 그의 형이지, 노예가 아니에요.

크레온 이 나라를 망치려던 놈이다. 한쪽은 나라를 위해서 싸우다 죽었고.

안티고네 그래도 하데스는 그의 장례식을 바라고 있어요.

크레온 그러나 선량한 사람은 악인과 같은 대접을 받기를 원치 않는다.

안티고네 저승에서는 그것이 옳게 보일는지 누가 아나요?

크레온 원수는 죽어서도 결코 친구가 못 된다.

안티고네 나는 서로 미워하는 게 아니라 서로 사랑하도록 태어났어요.

크레온 그렇다면 저승으로 가서 놈들을 사랑하려무나. 그들을 사랑하고 있다면, 그렇게 하지 않으면 안 된다. 나는 살아 있는 동안, 여자의 지배는 받지 않겠다.

(이스메네, 종 둘을 거느리고 궁에서 나온다.)

코러스 보라, 저기 이스메네님이 오신다. 언니를 그리워하는 눈물에 젖어서 이마에 깃든 수심의 구름은 은은히 상기한 얼굴을 흐리고 아리따운 얼굴에 눈물은 비처럼 내린다.

크레온 너는 독사처럼 내 집에 숨어서, 은근히 내 피를 빨아먹고 있었구나. 나도 모르는 동안에 내 왕위를 노리는 두 재앙거리를 키우고 있었다. 이봐라, 이젠 실토를 해라. 너도 그 장례를 함께 치렀느냐, 아니면 전혀 몰랐다고 맹세하겠느냐?

이스메네 네, 저도 했습니다. 언니가 허락하신다면, 저도 그 처벌을 함께 받겠어요.

안티고네 안 된다. 그런 일은 정의가 네게 허락하지 않는다. 너는 그 일을 마다했고, 나도 네 도움을 거절했다.

이스메네 그렇지만 언니에게 화가 닥치고 있어요. 제가 언니하고 함께 고난을 당하는 것은 부끄럽지 않아요.

안티고네 이건 누구의 짓이냐. 하데스와 죽은 사람이 증인이다. 말로만 친구라고

　　　　　　　　했댔자 그건 내가 사랑하는 친구가 아니다.

이스메네 아아, 언니, 저를 물리치지 말고 함께 죽게 해 주세요. 그리고 돌아가신 분을 공경할 수 있게.

안티고네 나와 함께 죽을 생각은 마라. 손도 대지 않은 일을 제 것이라고 하진 말아. 내가 죽는 것으로 족하다.

이스메네 언니를 잃고 제가 무슨 낙으로 살아가나요?

안티고네 크레온님께 여쭈어 보아라. 너는 그분 걱정만 하고 있었으니.

이스메네 왜 절 그렇게 못 견디게 대하세요? 아무 도움도 안 될 텐데.

안티고네 하기야 그렇지, 너를 비웃는다 해도 비웃는 내가 괴롭다.

이스메네 말해 주세요. 이제라도 내가 어떡하면 언니를 도와 드릴 수 있을지?

안티고네 네 몸이나 구해라. 네가 면했다 해서 널 질투하진 않을 테니.

이스메네 딱도 하셔라. 언니와 함께 죽을 수는 없군요?

안티고네 너는 살 길을, 나는 죽을 길을 택한 거야.

이스메네 적어도 언니는 내가 반대하지 않았다고 말할 수는 없어요.

안티고네 네가 지혜롭다고 할 사람들도 있고, 내가 지혜롭다고 할 사람들도 있다.

이스메네 그래도 우리가 죄짓긴 마찬가지예요.

안티고네 걱정할 것 없어. 너는 살고 있으니. 그러나 내 목숨은 돌아가신 분들을 섬기기 위해서 벌써 전에 버렸다.

크레온 한 애는 이제야 그 어리석음을 나타냈고, 다른 한 애는 나면서부터 그렇구나.

이스메네 왕이시여, 나날이 불행에 시달리는 사람은 천성이 현명해도 분별을 잃고 맙니다.

크레온 네가 나쁜 놈들과 나쁜 짓을 하려고 마음먹었을 때 그랬겠지.

이스메네 언니 없이 제가 어떻게 살아갈 수 있겠어요?

크레온 아니다. 네 언니 말은 말아라. 이 아이는 이미 없는 목숨이다.

이스메네 하지만 아드님의 약혼자를 죽이실 셈인가요?

크레온 그가 씨받이할 밭은 얼마든지 있다.

이스메네 하지만 그분과 언니만큼 굳게 맺어진 사이는 있을 수 없어요.

크레온 나는 못된 며느리는 질색이다.

안티고네 오, 사랑하는 하이몬, 아버지가 당신을 이렇게까지 모욕하실 수 있을까요!

크레온 귀찮다. 너도, 네 결혼도 다 귀찮다.

코러스장 그러면 정말 아드님에게서 이 아가씨를 빼앗으렵니까?

크레온 하데스가 이 혼인을 막고 있소.

코러스장 아무래도 이 처녀를 죽이기로 작정한 모양이로군.

크레온 그렇지, 그대를 위해서, 그리고 나를 위해서. 얘들아, 더 지체 말고 이년들을 안으로 데려가거라. 앞으로 이년들은 여자다워야 하고, 함부로 나돌아다니지 못하게 해야 한다. 아무리 대담한 놈이라도 하데스가 목숨 가까이 다가오는 것을 보면 달아나려 하니까.

…… (중략) ……

(하이몬 등장)

코러스 보라, 하이몬님이 오신다, 그분의 아드님들 중의 막내, 약혼한 안티고네의 운명을 슬퍼하고, 깨어진 결혼의 희망에 한이 맺혀 오셨는가?

크레온 이제 곧 알게 된다. 예언자들이 말할 수 있는 것보다 더욱 분명하게. 얘야, 네 약혼자의 판결이 확정된 것을 듣고, 이 아비에게 화를 내려고 온 것은 아니겠지? 아니, 너는 내가 어떻게 행동하든지 이 아비에게 찬성하겠지?

하이몬 아버지, 저는 아버지의 아들입니다. 아버지께서는 지혜를 가지셔서 저를 바르게 이끌어 주십니다. 저는 거기 따르겠습니다. 어떤 결혼도 아버지께서 잘 이끌어 주시는 것보다 더 이로운 것이 있다고는 생각하지 않습니다.

크레온 그렇다, 얘야, 모든 일에 아비의 뜻을 따라야 한다는 것, 이것을 마음에 새겨두어야 한다. 아비의 원수에게는 악으로 갚고, 친구에게는 아비가 하듯 존중하도록 하기 위해 사람은 그 가정에서 순종하는 자식들이 커 가는 것을 보고자 기원하고 있다. 그러나 이롭지도 않은 자식들을 둔 사람은, 무엇이랄까, 스스로에게는 걱정거리를, 그의 모든 원수에게는 많은 웃음거리의 씨를 뿌렸다고나 할까? 그러니 얘야, 결코 향락에 이끌려 계집 하나 때문에 분별을 잃어서는 안 된다. 집에서 잠자리를 함께하는 악처는 품 안에서 이내 차가워진다는 것을 알아야 한다. 나쁜 친구보다 더 깊은 상처를 주는 것이 있을까? 그러니 이 계집을 원수처럼 싫어하여, 하데스 집안에서나 남편을 찾게 내버려 두어라. 온 나라 안에서 그 계집 하나만이 터놓고 내 영을 어기다가 잡혔으니, 나는 나 스스로를 국민들에게 거짓말쟁이로 만들기는 싫다. 그년을 죽이고 말겠다.

그러니 그년은 집안의 수호신인 제우스 신에게나 호소하도록 두렴. 내가 친척이라고 괘씸한 자를 아무 쓸모없이 양육해야 한다면, 남을 그렇게 하는 데서도 당연히 참고 견뎌야 한다. 자기 집일에 의무를 다하는 자는 나라일에서도 정의를 보일 것이다. 그러나 침범하고, 법을 짓밟고, 또는 통치자를 지배하려고 생각하는 자가 있다면, 그런 자는 결코 내 칭찬을 받을 수가 없다. 누구든지 나라가 임명한 자에게는 작은 일에서건 큰일에서건, 바른 일에서건 그릇된 일에서건 복종해야 한다. 그리고 그렇게 복종하는 자야말로 훌륭한 신 못지않은 훌륭한 통치자이며, 폭풍 같은 화살 밑에서도 자기가 놓인 땅에 서서 충성되고 꿋꿋한 전우로서의 직분을 다할 것이다. 복종치 않는 것보다 더 심한 악은 없다. 이것이야말로 나라를 망하게 하고, 집안을 파멸시킨다. 불복종 때문에 동맹군의 진영도 흩어져 패주하게 된다. 공정한 길을 걷는 사람들의 대부분을 안전케 하는 것은 복종이다. 그래서 우리는 질서를 소중하게 지켜야 하고, 무슨 일이 있든지 일개 여자에게 굽혀서는 안 된다. 어쩔 수 없다면, 사내 손에 쓰러지는 편이 낫다. 그러면 우릴 보고 여자보다도 약하다고는 아무도 말하지 않을 것이다.

코러스장 저희가 늙어서 망령이 들었다면 모르려니와, 지금 말씀하신 구구절절이 다 이치에 맞는 말씀으로 생각됩니다.

하이몬 아버지, 신들께서는 사람에게 이성을 심어 놓으셨습니다. 그것은 우리 것이라고 부를 수 있는 온갖 것들 중에서 가장 귀한 것입니다. 물론 저는 아버지 말씀이 옳지 않다고 말할 힘도 없습니다만, 또 그러길 바라지도 않습니다. 그렇지만 남도 쓸 만한 생각을 가지고 있는 수가 있을 것입니다. 적어도 제가 아버지를 대신해서 남들이 말하는 것, 행하는 것, 비난하려는 것을 다 주의 깊게 보고 있는 것은 제가 타고난 직분 때문입니다. 아버지의 얼굴은 일반 백성들에게는 무서워서 귀에 거슬리는 말 같은 것을 못하게 하시기 때문입니다. 그러나 저는 어둠 속에서 불평하는 소리를 들을 수 있습니다. 그것은 고귀한 행위 때문에 그렇게 부당하게도, 가장 비참하게 죽어야 하는 그 여자의 운명을 탄식하는 소리입니다. '그 여자의 오빠들이 피를 흘리는 싸움에서 쓰러졌을 때, 그 시체를 무덤도 없이 썩은 고기나 먹는 개나 새가 파먹도록 그대로 내버려 두려고 하지 않았는데, 그것은 칭찬받을 만한 일이 아니냐고.'

이런 말이 어둠 속의 소문으로 은밀히 퍼지고 있습니다. 아버지, 저에게는 아버지의 평안보다 더 기쁜 일은 없습니다. 자식들에게는 아버지의 높아가는 명성보다 더 고귀한 자랑이 어디 있겠으며, 아버지에게는 자식의 명성보다 더한 것이 어디 있겠습니까? 그러하오니 한 가지 기분에만 집착하지 마십시오. 아버지 말씀만이, 아버지만이 옳다고 생각하시지는 마십시오. 자기만이 현명하고 말에서나 정신에서나 자기 만한 사람이 없다고 생각하는 사람은, 알고 보면 아무것도 아닙니다.

아무리 현명한 사람이라 하더라도, 여러 가지를 배우고 때에 따라 굽히는 것은 조금도 부끄러운 일이 아닙니다. 아시다시피, 사정없이 쏟아져 내려가는 물가에서 거기에 굽히는 나무는 잔가지 하나도 꺾이지 않지만, 고집 센 나무는 뿌리째 뽑혀서 쓰러지고 맙니다. 또한 배의 돛을 팽팽하게 펴두기만 하고 조금도 늦출 줄을 모르는 사람은 배를 뒤엎어, 그 다음에는 뒤집힌 용골을 타고 그 항해를 끝마칩니다.

아무쪼록 노염을 푸시고, 생각을 돌려주시기 바랍니다. 저 같은 젊은 것도 생각을 말씀드릴 수 있다면, 사람은 천성적으로 무엇이고 잘 아는 것이 가장 좋다고 생각됩니다. 그러나 그렇기는 어려운 일이옵고, 그렇지 못할 바에는 바르게 말하는 사람들에게서 배우는 것도 좋은 일입니다.

코러스장 왕이시여, 왕자님께서 때에 맞는 말씀을 하셨으면, 도움 받으시는 것이 좋겠습니다. 그리고 왕자님께서도 어버지 말씀에서 배우십시오. 두 분 다 현명한 말씀이었으니까요.

크레온 그래, 이 나이에 내가 이런 풋내기들에게서 사리를 배워야 한단 말인가?

하이몬 옳지 않은 것까지 그러시라는 것은 아닙니다. 그러나 제가 젊다 하더라도, 나이가 아니라 행적을 보아 주셔야 합니다.

크레온 범법자를 존중하는 것이 행적이란 말이냐?

하이몬 악을 저지른 자까지 존중하기를 바랄 수는 없습니다.

크레온 그 여자는 그런 병에 걸려 있는 게 아니냐?

하이몬 우리 테베 사람들은 입을 모아서 그렇지 않다고들 합니다.

크레온 내가 다스려야 할 것을 국민이 내게 지시하는 거냐?

하이몬 꼭 아이들 같은 말씀을 하시는군요.

크레온 내가 이 나라를 내 판단이 아니라 남의 판단으로 다스려야 하느냐?

하이몬 한 사람의 소유물이라면, 그건 국가가 아닙니다.

크레온 국가가 통치자의 것이 아니란 말이냐?

하이몬 사람이 하나도 없는 사막을 혼자서 훌륭하게 다스리시는 편이 좋겠습니다.

크레온 이놈, 넌 그 여자 편을 들 셈이로구나.

하이몬 아버지께서 여자시라면, 그렇습니다. 과연 제 생각은 아버지를 위한 것이니까요.

크레온 괘씸한 놈, 이렇게 터놓고 아비에게 적대하다니!

하이몬 아닙니다. 아버지께서 정의를 어기고 계신 것을 보기 때문입니다.

크레온 나의 왕권을 존중하는 것도 잘못이냐?

하이몬 신들의 명예를 짓밟으시면, 왕권을 존중하시는 것이 못 됩니다.

크레온 이 비겁한 놈, 계집만도 못한 놈!

하이몬 전 천안 일에는 굴복하진 않습니다.

크레온 적어도 네 말은 다 그 계집애를 위한 것이다.

하이몬 그리고 아버지를, 저를, 또 지하의 신들을 위한 것입니다.

크레온 이 세상에서는 절대로 그 여자와 결혼하지 못한다.

하이몬 그러시다면 그 여자는 죽는 거죠. 죽음으로써 또 다른 사람 하나를 죽이는 겁니다.

크레온 너, 그렇게 당돌하게 나를 위협하는 게냐?

하이몬 잘못 생각하신 것을 말씀드리는 것도 위협입니까?

크레온 어리석은 녀석이 이 아비를 가르치겠다니, 뉘우치게 될걸.

하이몬 아버지가 아니었다면, 분별없는 분이라고 말씀드릴 뻔했습니다.

크레온 닥쳐라! 그 입에 발린 소리, 여자의 꽁무니나 따라다닐 녀석.

하이몬 아버지께서는 말씀만 하려 하지, 들으려 하진 않으시는군요.

크레온 말 다 했느냐? 올림포스의 신들 이름을 걸고 두고 보자. 나에 대한 그 비방의 말을 뉘우칠 때가 있을 게다! 그년을 끌어내라. 이놈의 눈앞에서, 그 약혼자의 옆에서 당장 죽여 보이겠다!

하이몬 아닙니다, 그런 생각 거두십시오. 그 여잔 제 옆에서 죽지도 않을 것이고, 아버지는 제 얼굴을 다신 못 보실 겁니다. 아버지를 참고 견뎌낼 수 있는 친구들에게 헛소리나 하십시오.

(하이몬 퇴장)

코러스장 왕이시여, 그분은 화가 나서 황급히 사라졌습니다. 젊은 혈기로 화가 나면 대단합니다.

크레온 멋대로 하라고 해라. 그래도 모자라면 사람 이상의 꿈이라도 꾸라고 해. 아무리 그래 봐도 그 두 계집애의 죽음을 구할 길은 없다.

코러스장 두 사람 다 죽이실 셈입니까?

크레온 그 시체에 손대지 않은 사람은 달라. 그대의 말도 옳으니까.

코러스장 그러면 다른 편은 어떻게 처형하실 셈이십니까?

크레온 아주 인적이 드문 적적한 곳으로 데려가서 산 채로 바위 굴속에 처넣겠다. 이 나라가 부정을 타지 않도록, 속죄가 될 수 있을 만큼만 먹을 것을 주겠다. 그렇게 하면 거기서 그 여자가 받드는 단 하나의 신이신 하데스께 부탁하여 죽음을 면할지도 모르고, 늦기는 했지만, 죽은 자를 공경하는 것이 결국은 헛된 수고라고 깨달을지도 모르지.

…… (중략) ……

크레온 죽음 앞의 노래와 슬픈 소리를 그대로 내버려 두자니, 과연 끝이 없구나. 어서 빨리 데려가지 못하는가? 그리고 내가 말한 대로 굴속에 가두었거든 혼자 내버려 둬라. 죽고 싶으면 죽으라고, 그런 곳에 산 목숨을 묻은 채 살고 싶다면 그것도 좋다. 이년에 관해서는 우리 손을 더럽히고 싶지 않다. 다만 밝은 곳에 머무르지 않도록 하면 된다.

안티고네 오, 무덤이여, 새색시의 신방이여, 깊이 팬 영원한 감옥이여, 그곳으로 나는 내 친형제를 만나러 가는 길입니다. 돌아가신 여러분들, 페르세포네가 죽은 사람들 편으로 받아들인 분들을 말입니다. 그 중에서도 마지막으로, 그리고 누구보다도 비참하게, 내 명을 다 살기도 전에 나는 그곳으로 내려갑니다. 그래도 나는 희망을 가슴 깊이 안고 있습니다. 내가 가면 아버지께서 반가워해 주시겠지요. 어머니, 어머니께서도 기뻐해 주시겠지요. 그리고 오빠, 오빠도 나를 반겨주실 거예요. 오빠가 돌아가셨을 때, 내 손으로 씻어 드리고 내 손으로 단정하게 입혀서, 무덤에 제주도 부어 드렸으니까요.

작가 소포클레스는 그리스 최고의 희곡작가로 칭송 받는다. 해마다 열리는 연극축제에서 그는 무려 18번이나 수상자로 지목되었으며, 현재에 남아 전해지는 그리스 희곡작품 중에서도 가장 많은 수의 작품이 전해져 그의 위상을 간접적으로 말해주고 있다. 소포클레스는 BC 496년경에 아테네 근처의 콜로노스에서 태어나 BC 406년에 아테네에서 사망한 것으로 알려져 있다. 흔히 아이스킬로스, 에우리피데스와 함께 3대 비극작가로 알려져 있는 그는 사실상 그리스 비극의 형식을 완성한 작가로도 유명하다. 그는 제3의 배우를 만들어서 형식적으로 비극에 등장하는 배우의 숫자를 확립하였으며 수많은 극작품(알려진 것으로는 123편이고 남아 전해지는 것은 7편이다.)으로 생전에 가장 유명한 작가로 알려져 있었다. 특히 아리스토텔레스의『시학』에서 가장 모범적인 비극으로 소개한 작품이 소포클레스의〈오이디푸스〉로 거론하면서 비극의 교과서로 전해진다. 사실 소포클레스는 민주제도와 아테네를 무척 사랑한 작가로 알려져 있으며, 도시에 대한 자부심이 대단했다고 전한다. 아테네와 그 도시의 이상에 대한 소포클레스의 믿음은 아테네가 고통과 패배를 당하고 있을 때도 외국으로 이주하여 궁정에서 살라는 외국 왕들의 초청을 단호히 거절했다는 고대의 기록이 실증한다.

당시 그리스에서는 연극은 비극을 중시 여겼다. 비극은 인간에게 카타르시스를 주고 교훈적이며 운명이라는 넘을 수 없는 굴레를 벗어나려는 영웅의 삶을 그려냄으로써 인간이 지닌 의지적인 가치를 드러내었다. 평범한 인간들보다 여러 면에서 뛰어난 능력을 지닌 선인이라도 결국 자신에게 부여된 운명에 굴복하고 만다는 비극적인 상황을 통해 겸손과 이해 그리고 삶의 통찰을 키워나갈 수 있었던 것이다.

〈안티고네〉는 오이디푸스 3부작의 마지막에 해당되는 작품으로 오이디푸스의 딸 안티고네의 비극적인 삶을 그려내고 있다. 흔히 3부작이라고 말하는 형식은 그리스 비극 경연대회에서 유래된 것으로 경연대회를 진행하는데 하루에 공연을 할 수 있는 시간이 해가 있는 오전과 오후의 시간에 해당되고 이를 공연하면 오전에 한 편, 오후에 두 편을 공연을 할 수 있어 한 작가의 작품이 3부작일 경우 하루 동안 계속하여 그 작품들을 감상할 수 있는 장점이 있어 장려하는 극작 형태가 된 것이다. 〈안티고네〉는 그렇기에 오이디푸스 가문의 비극적인 삶을 다룬 삼부작 중 마지막 작품에 해당되는 것이다.

아버지의 비극에 이은 죽음 후 왕의 자리를 놓고 싸우던 두 오빠는 결국 한 전투에서 둘 다 사망하고 만다. 그런데 왕에 오른 크레온은 자신의 편이 되어 싸운 한 명은 후하게 장사를 지내주지만 그렇지 않고 외국의 군대를 끌어들인 자신의 적이 된 조카는 들판에 버려두도록 명령을 내린다. 아버지의 죽음 이후 막 테베로 돌아온 안티고네는 이런 사실에 분노한다. 안티고네의 입장에서는 두 오빠는 모두 같은 혈육이기에 어느 한 편의 시신도 그냥 버려 둘 수가 없는 형편이다. 결국 왕명을 무시하고 장례를 치른 일로 인해 안티고네는 크레온에게 잡혀온다. 그리고 전개되는 과정의 이야기는 작품으로 감상한 것이다. 결국 이 작품을 통해 인간이 만든 질서와 하늘이 준 혈연 사이의 대립을 그려낸다. 크레온은 전쟁의 와중에서 왕으로서의 권한을 행사하여 질서를 유지시키고 도시를 안정시켜야만 하는 의무를 갖는다. 반면에 안티고네는 자신의 오빠에 대한 예의를 지켜야 한다. 그녀에게 보이는 세계는 혈육의 시신이 방치되어 있다는 것이다. 이런 관계에서 두 사람은 각자의 신념에 따라 행동한다. 결국 신념끼리의 충돌이 벌어진 것이다. 그런데 이런 과정에서도 개개인의 처신은 다르다. 자매인 안티고네와 이스메네가 그렇고, 죽은 두 오빠 역시 그렇다. 이 작품 속에 드러난 이스메네의 처신은 권력 속에 굴복한 인간의 모습을 대변한다. 그녀는 자신의 행동에 대해 처음부터 부끄러워하지는 않는다. 그녀의 삶 속에서는 절대적인 권력 앞에서는 어긋나는 행동보다는 순응하는 자세를 보임으로써 안락한 삶을 보장받는 것이 더 좋게 인식될 수 있는 것이다. 크레온 역시 자국의 영토에 다른 국가의 군대를 끌어들여 전쟁을 벌인 조카가 달가울 리가 없다. 그렇기에 왕이 된 그에게 국가 재건의 필요성이 절실했을 것이고 이를 하기 위해서는 절대적인 복종이나 명령 체계 확립이 필요했던 것이다.

왕으로서의 권위와 하늘을 대리한 혈육으로서의 권리의 대결이 안티고네의 갈등이다. 이 두 갈등은 따라서 도덕적인 어떤 잘못이나 모순에 의한 대결이라기보다는 우리가 살아가면서 겪게 되는 선택의 문제와 직결된다. 어느 쪽을 우선해야 할 것인가. 당시 그리이스 사람들이 갖는 시민의식은 바로 이런 과정을 거쳐서 확립되었으며 교육되었다. 그리고 작가는 이 작품을 통해 사람 사이의 관계에서 반드시 감정은 되돌아온다는 것에 주목한다. 이 말은 우리에게 자주 회자되는 것과 같이 무례함은 상대방의 무례함을 가져오고, 폭력은 폭력으로 되갚음을 당하거나 응징된다는 생각에 응축되어 있다. 결국 권력이라는 것이 스스로의 통제나 절제를 잃으면 이는 폭력이나 무례함으로 변모되면서 상대방으로 하여금 씻을 수 없는 상처를 남긴다는 것이다. 그리고 이 같은 권력의 종말은 모두 비참하게 종결된다는 사실을 작품을 통해서나 역사를 통해 수없이 증명되고 있다.

한 발 더 다가서기 1

1 안티고네와 이스메네의 대화를 통해 드러내고자 하는 작가의 의도는 무엇인지 서로 토론해 보자. 특히 이 작품이 지금으로부터 약 2500년 전의 작품이라는 것을 염두에 두면 이 시대의 사람들이 어떤 관점을 중요시하면서 대화했을지도 상상하면서 풀어내 보자.

2 크레온의 정당성에 대해 말해 보고, 당시의 위정자의 덕목이 무엇인지 토론해 보자. 그리고 현대에는 어떻게 하는 것이 바람직한가에 대해서도 말해 보자.

3 아래의 대화를 통해 하이몬이 하는 행동을 본인이 한다고 가정한다면 자신은 어떻게 전달하겠는지 생각을 말해 보자. 그리고 그렇게 해야 하는 이유에 대해서도 말해 보자.

하이몬 아버지께서 여자시라면 그렇습니다. 과연 제 생각은 아버지를 위한 것이니까요.

크레온 괘씸한 놈, 이렇게 터놓고 아비를 적대하다니!

하이몬 아닙니다. 아버지께서 정의를 어기고 계신 것을 보기 때문입니다.

크레온 나의 왕권을 존중하는 것도 잘못이냐?

---

4 이 작품의 결말은 어떻게 매듭짓는 것이 좋을지 자신의 생각을 말해 보자.

한 발 더 다가서기 2

춘야희우(春夜喜雨)

두보(杜甫)

好雨知時節(호우지시절)	좋은 비는 시절을 아니
當春乃發生(당춘내발생)	봄이 되어 만물을 나게 한다.
隨風潛入夜(수풍잠입야)	바람 따라 몰래 밤에 들어오고
潤物細無聲(윤물세무성)	만물을 윤택하게 하나 가늘어 소리가 없다.
野徑雲俱黑(야경운구흑)	들길에 드리운 구름 온통 검거늘
江船火獨明(강선화독명)	강에 띄운 배의 불빛 홀로 밝더라.
曉看紅濕處(효간홍습처)	새벽이면 붉게 젖어 있는 곳을 바라보리니
花重錦官城(화중금관성)	꽃들이 무겁게 처져 있는 금관성이로다.

'野徑雲俱黑(야경운구흑)'과 유사한 대목을 〈안티고네〉에서 찾는다면 어느 부분을 말할 수 있는지 제시해 보자.

한 발 더 다가서기 3

송인(送人)

정지상

雨歇長堤草色多(우헐장제초색다)　비 갠 긴 둑엔 풀빛이 짙어 가는데
送君南浦動悲歌(송군남포동비가)　남포에서 임 보내며 슬픈 노래 부르네
大同江水何時盡(대동강수하시진)　대동강 물은 언제서나 마르리
別淚年年添綠波(별루년년첨록파)　해마다 이별 눈물 강물에 더해지네

'남포에서 임 보내며 슬픈 노래 부르네'에서 '슬픈 노래'에 해당되는 내용을 〈안티고네〉에서 찾아 그 이유를 말해 보자.

제7장 생명과 우주, 그리고 미래과학

최근 들어 다양한 분야에서 '생태'라는 용어가 자주 회자되고 있다. '생태문학' '생태도시' '생태체험' '에코시스템' 등 '생태'가 일상어가 되다시피 하고 있다. 생태라는 용어가 지금처럼 대중화되기 전에는 '환경'이라는 단어가 보편적으로 사용되어온 편이었다. 하지만 생태와 환경은 엄밀히 구분되는 개념이다. 환경은 '인간 주변의 존재'를 강조하는 용어임에 반해, 생태는 '인간을 포함한 모든 생명체'를 포괄하는 낱말이다. 그런 의미에서 우리가 말하는 환경보호란 결국 인간의 이익을 위해 자연을 보호해야 한다는 '인간중심적' 사상을 반영하고 있는 셈이다. 그에 비해 생태 개념은 중심과 주변을 구분하지 않는다. 생태계 안에서 인간은 만물의 영장이 아니라 그저 거대한 자연의 일부일 뿐이다. 한 마디로 생태란 인간과 자연의 공존을 모색하는 패러다임이라 할 수 있다. 생태주의는 지구촌의 모든 생명들을 전체의 네트워크 안으로 통합하고, 상생의 관계를 회복하여 새로운 생명 존중의 문명 창조라는 거대 담론을 제시한다.

생태학적 주장들 속에는 이른바 '상생'이라는 기본 정신이 깔려있는데, 이는 동양의 생명사상과도 맞닿아 있다. 도교, 유교, 불교, 천도교 등 동양의 여러 종교들은 기본적으로 생명 중심과 자연 중심의 사상을 기반으로 한다.

그렇다면 이러한 생태적 가치에 균열이 생겨난 원인은 무엇일까? 이 질문에 대한 대답은 지구의 생태 환경에 직·간접적인 영향을 끼쳐온 과학의 몫일 것이다.

과학은 인간·자연·우주의 탄생과 진화 과정을 규명해왔다. 특히 지난 수십 년

간 인간 게놈(genome)을 비롯해 생명현상의 주된 메커니즘을 밝히고 우주의 신비를 벗기는 데 괄목할 만한 성과를 내왔다. 과학은 이렇게 인간의 삶에 많은 기여를 해왔지만 그 역기능 또한 만만치 않았다. 인간이 문명화라는 명분으로 자연을 착취하고 생태계를 훼손할 때 도구로 삼은 것이 바로 과학기술이기 때문이다. 이른바 인간중심주의가 태동하게 된 배경에는 과학의 역할이 컸다는 의미이다.

인간중심주의는 자연이 인간을 위해 존재한다는 전제하에 인간의 편의와 목적에 따라 자연을 수단으로 삼으려는 의지에서 출발한다. 하지만 인간중심주의가 치러야 할 대가는 혹독하다. 인간이 자연 생태에 개발 논리의 칼날을 들이댈 때, 그 결과는 인간의 생존을 위협하는 부메랑으로 되돌아오기 때문이다.

20세기 환경학 최고의 명저라 불리는 『침묵의 봄』에서 레이첼 카슨은 인간중심주의 폐해를 예리하게 지적한 바 있다. "이 참혹하게 망가진 세계, 새 생명 탄생의 소리를 들을 수 없게 된 침묵의 세계는 어떤 마술의 장난도 아니고 적의 침입을 받은 것도 아니며 바로 인간들 자신이 그렇게 만든 것이다."라는 성토는 인간중심주의의 욕망을 날카롭게 겨냥한다.

그러면 생태 중심의 삶을 구현하기 위해서는 어떤 노력이 필요할까?

생태학자들은 우선적으로 다른 생명체와 자신을 동일시하는 '생태적 자아'를 정립해야 한다고 말한다. 나아가 생명존중 사상과 미래과학이 함께 손잡고 아름다운 동행을 할 것을 주문한다. 이를테면 러브록(J. Lovelock)이 '가이아 이론'을 통해 주장하듯이, 인류는 현재 지구에 살고 있는 약 8백만 종 중의 하나에 불과하며, 우리가 하찮게 여기는 다른 모든 생물들도 가이아의 입장에서 보면 중요한 의미를 가진 소중한 생명체라는 사실을 인식해야 한다는 것이다.

이 장에서 소개할 작품, 안도현의 〈연어〉 속에는 이러한 동일시의 미학과 생태윤리적 시각이 오롯이 드러나 있다. 〈연어〉에는 우주의 모든 존재들이 살아 있다. 강물도, 징검다리의 돌멩이도, 강물에 떠내려가는 단풍잎도 살아 있다.

"연어, 라는 말속에는 강물 냄새가 난다."라는 첫 문장은 세상 만물이 하나의 생태 공동체로 엮여있음을 압축적으로 보여준다. 작가는 연어는 물론 강물도 폭

포도 인격화된 생명체로 호출한다. 자연 전체가 생명의 공간을 공유하게 되면서 인간과 자연의 경계가 사라지고 그 자리에 일체감이 들어선다.

그런가 하면 베르베르의 〈제3인류〉는 인간과 자연이 불협화음을 일으키는 시대에 미래과학이 고민해야 할 묵직한 주제들을 던져준다. 지구온난화와 생태 파괴, 그리고 핵 위험이 극단으로 치닫고 있는 상황에서 과학의 혹독한 자기반성을 주문한다. 21세기 들어 본격적으로 불거지고 있는 지구적 차원의 생존 문제는, 과학이 얼마만큼 더 기여할 수 있는가가 아니라 지구가 얼마나 더 견딜 수 있는가에 초점이 맞춰져야 함을 지적해준다.

위기감의 증폭은 자연스레 새로운 대안에 대한 열망을 불러일으킨다. 그 중심에 미래과학에 대한 기대감이 존재한다. 2016년 1월 다보스 포럼에서 선언된 '제4차 산업혁명', 과연 우리에게 유토피아를 선사할 것인가? 아니면 지금과 같은 디스토피아적 상황을 더욱 더 악화시킬 것인가? 성장의 가장 강력한 촉진제였던 과학기술은 성장의 한계와 지구 환경의 위기에 직면한 인류의 미래를 구원할 수 있을까?

지구상의 모든 생물은 자연 선택의 법칙에 따라 진화해 왔다. 오늘날 과학기술 혁명을 앞세워 이 법칙을 거스르려 하는 유일한 생명체가 바로 인간이다. 호모사피엔스가 신의 영역을 넘보는, 이제껏 보지 못한 전혀 다른 시대로의 진입을 목전에 두고 있는 셈이다. 이런 흐름은 진화된 새로운 인류의 탄생으로 발전할 수도 있고, 인류와 지구 전체를 파멸로 이끌 수도 있다. 수많은 과학자들은 제4차 산업혁명이 초래할 미래사회의 변화를 논의하는 가운데, 무엇보다 '인공지능(AI)' 의 시대가 본격화 될 것이라는 점에 주목하고 있다. 감성 로봇의 궁극적 형태로 꼽히는 휴머노이드(Humanoid)와 사이보그의 존재는 지금으로선 양날의 칼로 작용할 공산이 크다. 인공지능 보편화와 인조 생명체가 현실화될 경우 우리는 새로운 차원의 생명 윤리 문제에 직면하게 될 것이다. 말하자면 기술이 인간의 몸 안으로 들어와 인류 스스로 진화의 방향을 결정할 수 있게 된 시점에서, 인간과 기계의 경계는 무엇이고, 이런 인간증강 기술로 인해 야기될 문제점은 무엇이며, '인간다움'을 정의할 수 있는 기준은 무엇인지 등의 질문에 답해야 할 것이다.

1. 〈제3인류〉

다비드 웰즈는 연단 쪽으로 나아간다.

양옆의 높다란 스테인드글라스 아래에 60명쯤 되는 젊은이들이 불안한 표정으로 앉아 있다. 대개는 무릎 위에 놓인 서류를 꼭 쥐고 있고, 오른쪽에 앉은 세 젊은이는 심사위원들 앞으로 나갈 차례를 기다리며 열에 들뜬 모습으로 자기들의 메모를 다시 읽고 있다.

"다음 참가자 나오세요!"

크리스틴 메르시에가 외치는 소리다.

"참가번호 67번, 프랜시스 프리드만 박사. 프로젝트 제목: 안드로이드, 인공 의식을 가지 로봇."

다비드 웰즈는 따로 떨어져 앉은 세 참가자 옆으로 가만가만 다가가서 자리를 잡고 발표에 주의를 기울인다.

프랜시스 프리드만은 허여멀건 얼굴에 여드름이 많이 난 젊은이다. 두꺼운 안경을 끼고 고무창이 달린 신발을 신었다. 그는 자신의 이력과 포부를 간단히 설명하는 것으로 말문을 연다. 자기는 몽펠리에 대학의 로봇공학과 출신이며, 자기가 경연의 우승자로 선정된다면 기계들이 '자아'의 관념을 지각하게 함으로써 로봇 공학의 신기원을 열 수 있으리라 생각한다는 것이다.

그가 생각하는 신기원이란, 한낱 계산 능력을 의미하는 '인공지능'의 단계에서 개체와 개체 밖의 세계를 구별하는 능력인 '인공의식'의 단계로 넘어가는 것이다.

"안드로이드 로봇이 자기 자신을 의식하게 되면, 스스로 주도해서 일을 할 수 있는 노동자, 완벽한 일꾼이 될 수 있을 것입니다. 그런 로봇들이 값싸고 수가 많은 프롤레타리아 계급을 형성하게 되면, 경제적이고 사회적인 문제들의 상당수를 해결하는 데 도움이 될 것입니다. 그 로봇들을 제대로 프로그래밍한다면 반항이나 파업의 의지가 전혀 생겨나지 않게 할 수 있으리라 생각합니다. 그들에게는 '자아'에 관한 의식이 있기 때문에 창의력을 발휘하게 될 것이고, 스스로 아이디어를 내면서도 그것들에 대한 권리를 주장하지는 않을 것입니다. 장점만 있고 단점은 없는 일꾼들이라 할 수 있죠."

"그런데 만약 그 로봇들이 정신착란을 일으키면 어떻게 되죠?"한 심사위원이 물었다.

"자아의식이 생기면 자신에게 스스로 묻는 일이 일어날 수 있습니다. 그런 현상을 통제하기 위해서는 로봇들에게 적합한 심리학과 정신 분석학을 창안해야 할 것입니다. 저는 이 경연의 상금을 받아 논문을 쓰게 된다면, 대한민국의 서울에 있는 하이테크놀로지 센터에 가야겠다고 생각했습니다. 1세대 인공지능 로봇들에 관해서 연구하고 그 로봇들이 인공 의식의 단계로 넘어갈 수 있게 하기 위해서 말입니다."

"서울에 간다고요?"

"그렇습니다. 거기에는 세계에서 가장 높은 수준에 도달한 로봇들이 있습니다. 한국인들은 반도체 칩, 디스플레이, 로봇공학 등 여러 분야에서 단연 앞서 있습니다."

잠시 침묵이 이어진다. 그저 잠들어 있는 심사위원의 코고는 소리가 들릴 뿐이다. 다른 심사위원들은 서로 의견을 묻고, 간단한 심사평이 적힌 종이를 바인더에서 떼어 내어 서로 주고받는다. 이윽고 머리를 틀어 올린 여자가 참가자 명단이 적힌 종이를 다시 집어 든다.

"수고하셨어요. 프리드만 박사. 다음 참가자 나오세요. 참가번호 68번, 오로르 카메러 박사. 프로젝트 제목: 아마존, 여성 호르몬에 의한 면역 체계 강화."

호명된 젊은 여자는 아주 우아한 자태로 일어나서 아홉 심사위원들 앞에 자리를 잡는다. 연한 갈색 머리를 짧게 자른 데다, 노란 재킷에 검은 셔츠를 받쳐 입고 그 아래에 다시 검은 바지를 입고 있어서 남자같은 느낌을 준다. 노랑과 검정으로 된 꿀벌 모양의 브로치를 달고 있기는 해도 그런 인상이 크게 달라지지는 않는다.

"저는 툴르즈 의과대학에서 공부했고, 전공은 내분비학입니다. 저는 터키 남동부, 이란 접경 지역에 아마존 족의 마지막 후예들이 살고 있다는 사실을 알아냈습니다. 그 여자들은 스스로를 '꿀벌족'이라 부르며 꿀벌에 대한 숭배의식을 거행합니다. 그 여자들은 꿀과 로열제리와 밀랍을 이용해서 독창적인 약제를 개발하는 데 성공했습니다. 그들의 발병률이 평균을 훨씬 밑도는 것으로 보아, 그 약들은 효능이 매우 뛰어난 것으로 보입니다. 그뿐 아니라 그 여자들의 호르몬은 우리의 것과 다릅니다. 마치 돌연변이가 일어나기라도 한 것처럼 차이를 보입니다. 제가 생각하기엔 꿀벌의 여성호르몬을 많이 섭취하는 것과 깊은 관련이 있는 듯합니다. 그 여인 족은 현재 터키와 이란에서 박해를 받고 있습니다. 만약 그들이 사라진다면, 그들의 지식도 잊히고 말 것입니다. 저는 현지에 가서 그들을 연구할 생각입니다. 그들의 혈액을 분석해 보고 유기 화학 분야에 관한 그들의 지식을 전해 받을까 합니다."

머리를 틀어 올린 심사위원은 무언가를 적으려 하다가 펜이 잘 나오지 않자 그것을 아래위로 흔든다. 그러더니 결국엔 옆 사람의 펜을 빌린다.

"수고하셨어요. 카메러 박사. 이제 마지막 참가자 나오세요. 참가번호 69번, 다비드 웰즈 박사. 프로젝트 제목: 피그미, 소형화를 통한 진화."

호명 받은 젊은이는 앞으로 나가서 심사위원들을 마주하고 자리를 잡는다.

"저는 파리 생명과학 대학에서 박사학위를 받았고, 환경이 인간과 동물의 생리에 미치는 영향에 관한 연구를 전문으로 하고 있습니다. 제 프로젝트는 종들의 크기가 작아지고 있는 현상과 관련되어 있습니다. 제가 보기에는 동물과 식물을 막론하고 숱한 종들이 소형화하는 쪽으로 진화하고 있습니다. 공룡은 도마뱀으로 변했고 매머드는 코끼리로 변했습니다. 옛날에 잠자리들은 날개폭이 1.5미터에 달했지만 이제는 가장 큰 것도 15센티미터가 넘지 않습니다. 우리와 더 가까운 동물들을 보자면, 늑대는 요크셔테리어처럼 작은 개로 변했고, 호랑이는 고양이로 변했습니다."

키가 아주 작은 심사위원은 심드렁한 표정을 짓고 있다. 그녀야말로 그 주제에 가장 큰 관심을 보일 법한데 사실은 그렇지 않은 모양이다.

"식물 세계에서도 소형화의 예를 얼마든지 찾아볼 수 있습니다."

다비드의 발표가 이어진다.

"옛날에 어떤 세쿼이아는 그 높이가 백 미터에 달했습니다. 오늘날의 세쿼이아는 평균 높이 10미터의 교목입니다. 곤충의 사례도 있습니다. 최근에 밝혀진 바에 따르면, 바퀴 벌레들은 현대 건물의 배관에 적응하기 위해, 다시 말해 파이프 속을 돌아다니기 쉽도록 몸집을 줄이는 쪽으로 진화했습니다. 끝으로 물건의 영역에서도 소형화의 경향을 찾아 볼 수 있습니다. 자동차들은 도시의 교통체증에 적응하기 위해 갈수록 작아지고, 컴퓨터들 역시 소형화의 경향을 보입니다. 아파트의 평균 면적도 대도시의 인구 과잉 때문에 점점 축소되고 있습니다."

"그게 주제인가요?"

머리를 틀어 올린 여자가 그렇게 묻고 나서 말끝을 단다.

"세계를 축소하고 싶은 건가요?"

몇몇 심사위원은 웃음이 터져 나오려는 것을 애써 참는다.

"저는 논문 대신 현장 보고서를 작성해 볼까 합니다. 아프리카, 더 정확히 말하면 콩고 공화국에 가서 최후의 피그미들을 탐방하겠다는 것입니다. 그들은 오늘날까지 알려진 가장 오래된 인종의 후예라는 이유로 마치 미개인들처럼 여겨지고 있습니다. 그런데 제가 찾아낸 한 연구에 따르면, 그들은 뎅기열과 치쿤구니아열을 감염시키는 모기들에게 물려도 끄떡없을 만큼 불가해한 저항력을 키워 왔습니다. 우리와 비교할 때 그들은 말라리아, 아프리카 수면병, 이질 등을 훨씬 잘 견뎌 냅니다. 앞서 발표한 참가자와 마찬가지로 저는 현지에 가서 그들의 혈액을 분석해 보고 싶습니다. 그럼으로써 그들이 이른바 '문명인'보다 면역성이 강한 이유를 밝혀낼 수 있기를 바랍니다. 나아가서는 그들이 과거의 종족인지 아니면 오히려 미래의 인류에 속하는 사람들인지도 알게 되리라 기대합니다."

…… (중략) ……

대통령 집무실에서 나탈리아 오비츠는 휴대용 컴퓨터를 꺼내 벽걸이형 프로젝터의 전선에 연결한다.

그러고는 인류에게 가능한 일곱 가지 길에 관한 자신의 견해를 설명하기 위해 슬라이드 쇼를 작동시킨다.

"더 일찍 말씀드릴 수도 있었지만, '진화'분과 연구원들의 최근 모임이 열리기를 기다렸습니다. 그들의 가설들을 되도록 총망라해서 대통령님께 소개하기 위해서입니다. 이를테면 미래 전망과 관련된 최신의 성과를 알려 드리고자 했던 것입니다."

…… (중략) ……

오비츠 대령은 다른 파일을 열어 슬라이드 쇼의 시작키를 누른다. 못 박힌 채찍으로 자기들의 등판을 후려치는 회개자들의 행렬이 나타난다. 그 다음에는 수염을 기른 남자들의 연설을 들으면서 똑같은 구호를 외쳐대는 군중, 오토바이를 탄 채로 학생 시위대를 공격하는 경찰관들, 교수형 장면, 두 손을 자르는 처형 장면이 차례로 이어지고, '종교적 광신의 길'이라는 자막이 뜬다.

"종교에 바탕을 둔 전체주의적 책략입니다. 현재 가장 빠르게 세력을 키워 가고 있는 길이죠. 도처에서 공포나 유혹을 통한 개종이 이루어지고 있습니다."

"어떤 식으로 유혹한다는 거요?"

"종교의 흡인력을 과소평가하지 마십시오. 모든 것이 복잡하고 맥없이 물러 터진 세계에서는 '이성을 벗어난' 단순하고 강경한 체제가 사람들을 안심시킵니다. 그 체제가 폭력을 허용하면 사람들은 더욱 든든한 기분을 느끼죠. 처음엔 교육을 제대로 받지 못한 사람들만 그런 체제에 끌리지만 나중에는 지식인들도 유혹에 빠져듭니다. 사회의 모든 계층이 체제에 동조할 수 있어요. 그게 바로 현재의 이란 대통령 자파르와 사우디아라비아 국왕이 바라는 것입니다. 그리고 천혜의 자원인 석유가 그들의 계획을 뒷받침하고 있습니다."

대통령은 입을 실룩이며 의심의 뜻을 내비친다.

"나는 자파르를 알고 있소. 가까이 사귀어 보니까 매력이 있습디다. 게다가 돈에 매수될 수도 있는 인물이오. 장담하건대 우리가 뇌물을 주면 언제든지 받을 거요. 내가 보기에 그런 사람은 광신자가 될 수 없소."

"그게 바로 '한 입으로 두말하기' 전략입니다. 14세기에 어느 무명씨가 펴낸 그들의 책 '책략의 서'에 나와 있어요. 속지 마십시오. 자파르 대통령은 종교적 보수주의의 화신입니다. 미래에는 모든 인간이 종교가 아니면… 죽음을 선택해야 하리라고 주장하는 자입니다. 이제는 그런 속내를 감추지도 않습니다.”

“인류가 종교적 광신으로 나아간다고? 나는 그렇게 생각하지 않소. 지성적인 현대 사회에서 그런 것이 통할 리가 없소. 과학은 신앙보다 강하오.”

“잘못 알고 계십니다. 대통령님. 군중, 특히 젊은이들이 야수적인 상태로 회귀하려는 유혹에 이끌린 사례는 얼마든지 있습니다.”

“젊은이들이요? 그들은 갈수록 많은 교육을 받고 있기 때문에…”

“그래서요?”

“교육을 받으면 폭력에 이끌리거나 비합리적인 것에 현혹되는 경향이 줄어들게 마련이오.”

“정말 그렇게 생각하십니까?”

대통령은 참을성을 잃고 되받는다. “종교적 보수주의에 문제가 많다고 생각하는 모양인데, 그 문제가 뭐요?”

“종교적인 광신자들은 자기들의 세력을 유지하기 위해 점점 더 강경해질 수밖에 없습니다. 오늘의 과격파가 내일에는 온건파로 여겨질 것입니다.”

“내가 보기에 당신은 과장을 하고 있소. 다음 진화의 길로 넘어갑시다.”

나탈리아 오비츠는 또 다른 슬라이드 쇼를 실행시킨다. 존 폰 노이만, 앨런 튜링, 빌 게이츠, 스티브 잡스가 보이고 안경을 낀 수많은 젊은이들이 서로 비슷비슷하게 생긴 모습으로 컴퓨터 화면 앞에 앉아 있는 장면이 나타난다. 이어서 가상현실 게임과 화려한 컴퓨터 그래픽의 이미지들이 빠르게 펼쳐지고, 창고처럼 넓은 공간에서 수백 명의 젊은이들이 컴퓨터 화면의 빛에 잠긴 채로 정신없이 자판을 두드리는 장면이 나온다.

“정보공학의 길이오?”

“단지 정보공학만이 아니라 기계 일반을 활용하는 길입니다. 진화의 세 번째 길이죠.”

“안드로이드를 말하는 거요?”

"컴퓨터, 로봇, 소셜 네트워크, 온라인 게임, 스마트폰, 요컨대 인간이 창조한 정보공학의 세계에 인간의 사고를 투사한다는 것이죠."

"그런 것은 그저 우리의 도구일 뿐이오, 나탈리아. 진공청소기나 자동차와 다를 게 없소. 자유의지가 없는 물건들이란 말이오. 우리가 세탁기를 두려워하는 일이 생길 수 있겠소?"

"소르본 대학에서 한 연구자의 프로젝트 발표를 들었는데, 그 내용이 매우 흥미롭더군요. 연구자 이름은 프랜시스 프리드만입니다. 그는 로봇이나 컴퓨터가 자신들의 존재를 의식할 수 있도록 프로그래밍하는 방안을 제시했습니다."

"지능을 가진 로봇 말이오? 그건 기자들이 자주 우려먹는 통속적인 소재요. 나는 그런 것을 전혀 믿지 않소."

"그보다 더한 것입니다. 생각하는 로봇이죠. 인공 지능의 단계를 넘어서서 자아를 의식하는 로봇을 만들겠다는 그 연구자의 계획입니다. 제가 보기에, 기계들이 그런 의식을 갖게 되면, 살아 있는 존재들이 모두 그렇듯이 자식을 만들어 개체의 유한성을 넘어서고자 할 것입니다. 프랜시스 프리드만은 이미 그런 개념에 착안하여 홀로 자가 복제를 할 수 있는 로봇을 구상했습니다."

"기계가 단성 생식을 하게 만들겠다는 거요?"

"못하리라는 법도 없지 않겠습니까? 프리드만은 신세대 로봇이 출현할 수 있도록 길을 열어 주고 있습니다. 다음 세대의 로봇들은 자가 복제를 하면서 스스로를 개량해 나갈 것입니다."

"우리가 원숭이에서 인류로 진화한 것과 비슷한 건가요?"

"네, 그런 식으로 생각할 수 있습니다. 처음 나올 로봇들은 원숭이와 같을 것이고, 그 자식들은 세대를 이어가면서 계속 개량될 것입니다. 인간이 전혀 개입하지 않아도 그런 진화가 이루어질 것입니다. 그저 로봇들이 끊임없이 스스로를 개량해 가도록 유도하는 프로그래밍의 필연적 결과로 말입니다."

대통령은 책상 위에 놓인 스마트폰을 만지작거린다.

"계속 그런 식으로 진화한다면, 결국에는 컴퓨터가 인간을 능가할 수도 있지 않겠소?"

"컴퓨터는 이미 체스와 전략게임에서 번번이 우리를 이깁니다. 앞으로 얼마나 더 발전할지 아무도 모릅니다. 언젠가는 국민들의 이익을 수호하도록 프로그래밍된 안드로이드 대통령이 나오는 것도 상상할 수 있습니다. 안드로이드가 대통령이 된다면, 다른 건 몰라도 이기심이나 부정부패, 종교적 광신, 무능 따위는 염려하지 않아도 될 것입니다."

"다음 선거에서는 로봇과 경쟁해야 할 판이군! 그 세 번째 길의 단점은 뭐요?"

"프리드만 박사는 이미 어떤 문제가 생겨날 수 있는지 예상하고 있습니다. 로봇이 자아를 의식하게 되면, 자아에 관한 질문이 생겨나게 되고, 그 질문은 '신경증'이나 실존적인 고뇌로 이어질 수 있습니다."

"맙소사, 프로이트 성인이 납셔야겠군!"

"바로 그겁니다. 그런 문제를 해결하기 위해서 인조인간들을 위한 심리학과 정신의학이 필요하다는 겁니다. 그것이 이 프로젝트의 핵심이죠."

"만약 그 프로젝트를 채택한다면, 20년 후에는 어떤 결과가 나올 것 같소?"

"프리드만의 견해에 따르면, 로봇들은 노동과 관련된 숱한 문제를 해결하리라고 합니다. 새로운 프롤레타리아 계급을 형성하여 힘든 일들을 모두 대신해 주리라는 것이죠. 그러면 마침내 진정한 레저 사회가 도래하여, 로봇들이 힘든 노동을 수행하는 동안 인간은 무위도식하면서 피둥피둥 살이 오른 채 마음껏 게으름을 피우게 될 것입니다."

"나빠 보이지는 않는구먼."

"문제는 그러다 보면 인류가 퇴행하여 결국은 기계의 노예로 전락할 수도 있다는 것이지요. 만약 로봇들이 심리 치료와 정신 분석을 제대로 받지 않아서 인간의 원시성을 의식한다면, 저희가 권력을 잡기로 결심할 수도 있다는 겁니다."

…… (중략) ……

"야만적인 자본주의, 종교적인 광신, 지배적인 로봇, 그 밖의 다른 길들은 뭐요?"

"네 번째 길은 '우주의 식민화'입니다."

오비츠 대령은 다시 슬라이드 쇼를 실행시킨다. 우주선의 설계도가 화면에 나타난다.

"뉴스를 들으셨는지 모르겠습니다만, 실뱅 팀시트라는 인물이 엄청난 프로젝트를 벌이고 있습니다. 그는 온라인 게임 덕분에 거부가 된 캐나다의 유명한 사업가인데, 최근에 '우주 나비 2호'라는 우주선을 건조하기로 결정했습니다."

"그게 뭐요?"

"수십만 명이 탑승할 수 있는 태양 범선입니다. 인간이 거주할 수 있는 외계 행성을 찾아서 천 년 넘게 여행하기 위한 우주선이랍니다."

"이를테면 우주 공간을 떠다니는 노아의 방주인가요?"

"그는 여기에서 문제들을 해결하려 하기보다 지구를 떠나자고 제안합니다. 상황이 여의치 않으면 도망가는 것, 그건 태곳적부터 우리 조상들이 해온 일입니다."

"그런데 천 년 동안 여행해야 한다면, 탑승자들은 우주선 안에서 모두 죽을 것 아니오?"

"물론 그들은 죽겠지요. 하지만 그들이 낳은 새로운 세대가 뒤를 잇고, 또 그 다음 세대가 뒤를 잇습니다. 마지막 세대가 외계 행성에 발을 디딜 때까지 그런 식으로 대를 이어 여행하겠다는 것입니다."

"우주선이 어마어마하게 커야 하겠는 걸."

"몸체가 원통 모양으로 되어 있는 우주선이랍니다. 망원경의 경통처럼 그 길이를 늘일 수 있는데, 직경은 1킬로미터쯤 되고 완전히 늘였을 때의 길이는 30킬로미터가 넘는다고 합니다. 팀시트의 주장이 사실이라면, 그 원통이 축을 중심으로 돌기 때문에 지구에 있을 때와 비슷한 중력이 우주선 내부에 생겨납니다. 그래서 우주선 안에 들판과 숲과 호수를 배치할 수 있으리라고 합니다. 또 중심축이 광원 구실을 하기 때문에 인공 태양광선을 만들어 낼 수도 있고, 수증기를 응결시켜 비가 내리게 할 수도 있다는 군요. 그야말로 하나의 생태계를 온전히 재현할 수 있다는 얘깁니다."

"그러면 추진 동력은 뭐죠? 우주 공간엔 바람이 불지 않으니 그 태양 범선이 나아갈 수가 없지 않소?"

"빛의 힘으로 나아가는 겁니다. 별들의 광선에서 추진력을 얻는 태양 범선입니다. 그 에너지가 강한 것은 아니지만, '우주 나비 2호'는 오스트레일리아 대륙의 면적과 맞먹는 거대한 돛을 갖추게 될 거랍니다."

"그것 참 기발한 생각이군! 그 프로젝트의 단점은 뭐요?"

"우주선을 제작하는 데 시간이 오래 걸리고 막대한 비용이 든다는 것입니다. 일이 제대로 돌아갈지 확실치 않고, 80억 인구 중에 고작 10만 명하고만 관련되어 있다는 것도 문제입니다. 설령 그들이 우주선을 타고 떠난다 해도 저희끼리 서로 싸우고 죽이는 사태가 벌어지지 않으리라는 보장도 없고요. 제가 보기에 탑승자들의 심리적 상황을 고려하지 않은 것도 간과할 수 없는 약점입니다. 밀폐된 공간에서 천 년 동안 평화롭게 살 수 있는 인간 공동체를 만들어 내야 한다는 얘긴데, 현재로서는 누구도 그 방법을 모르니까요."

…… (중략) ……

"다섯 번째는 유전 공학의 길입니다. 이것 역시 소르본 대학의 한 연구자가 제안한 프로젝트입니다. 그 연구자는 제라드 살드맹 박사입니다. 그의 아이디어는 염색체의 말단에 있는 DNA 부위, 즉 텔로미어를 조작함으로써 노화와 죽음을 막자는 것입니다."

"사람이 죽지 않고 영원히 살 수도 있다는 거요?"

"우리 몸은 반드시 죽도록 프로그래밍되어 있지만, 만약 그 프로그래밍을 지우는 게 가능하다면, 천년만년 살 수도 있겠지요. 그 연구자는 자기 프로젝트에 '청춘의 샘'이라는 제목을 붙였습니다. 베르사유 정원의 잉어들이나 바다거북 같은 동물들이 장수하는 게 텔로미어와 연관되어 있다는 점에 착안하여 이런 프로젝트를 구상한 모양입니다. 그는 줄기세포를 이식하여 손상된 장기를 대체하는 방법도 함께 제안하고 있습니다."

"이식을 하더라도 거부 반응이 없어야 하는 데, 그 문제는 어떻게 해결하지?"

"클론 은행을 만들어서 새 장기가 필요할 때마다 복제 인간의 장기를 빼내어 이식하겠다는 것입니다. 마치 기계의 낡은 부품을 완벽한 호환성을 지닌 새 부품으로 갈아 끼우듯이 말입니다."

"그 프로젝트의 단점은?"

"만약 모두가 죽지 않고 천년만년 살게 된다면 세상이 어떻게 되겠습니까? 아무도 자식을 낳으려 하지 않는 늙은이들의 세상이 되지 않겠습니까? 세대교체나 혁신은 사라지고, 그저 특권을 가진 인간들만 계속 삶을 연장해 가겠지요."

"어쨌거나 그들은 무병장수를 누리겠구먼. 다음 프로젝트는 뭐지?"

"여섯 번째는 여성화의 길입니다. 이것 역시 소르본 대학의 '진화'연구 분과에 소속된 한 연구원이 제안한 프로젝트입니다. 제안자는 오로르 카메러 박사입니다. 그의 주장에 따르면, 오늘날 인간 사회가 여성화하는 것은 자연스러운 현상입니다. 남성의 정자 수가 감소할 뿐만 아니라 정자들이 약해지고 있다는 점, 그리고 X염색체를 지닌 정자가 Y염색체를 지닌 정자보다 저항력이 강하다는 점만 보더라도 그것이 당연하다는 것입니다. 따라서 인류가 아무런 간섭을 받지 않고 진화한다면, 당연히 여성이 남성보다 수적으로 우월해질 것입니다. 하지만 이런 진화의 길은 특히 아프리카와 아시아에서 전통의 방해를 받고 있습니다. 초음파 검사를 이용하면 태아의 성별을 알아내는 것이 가능합니다. 아기가 딸일 때 어떤 아버지들은 어머니들에게 낙태를 강요한다고 합니다."

"아들을 얻을 때까지 그런 짓을 하지요. 그래요. 텔레비전 뉴스에서 봤소."

"사정이 그러하기 때문에 남자들이 더 많은 겁니다. 남성의 비율이 계속 높아지고 있어요. 전통이 자연에 맞서 싸우고 있는 것이지요."

대통령은 자기 애인들의 사진이 저장되어 있는 스마트폰을 만지작거린다.

"그런데 어떤 점에서 여성성이 인류의 미래를 좌우할 수 있다는 거요?"

"오로르 카메러 박사는 인류가 여성화하면 개개인의 저항력, 특히 방사능에 대한 저항력이 강해지다고 주장합니다. 터키에 아마존들의 후예를 자처하는 부족이 있답니다. 그들은 핵폐기물 처리장 근처에 살고 있는데, 방사능에 대한 저항력이 아주 강한 모양입니다. 어떻게 그런 저항력이 생겼는지 불가사의한 일이 아닐 수 없습니다."

"그러니까 원전사고가 일어나거나 세계 대전이 발발하는 경우에…"

"그런 여자들이라면 보통 사람들이 생존 할 수 없는 상황에서도 살아남을 수 있으리라는 것이죠."

"흠… 한 사회가 여자들로만 이루어진다면 좋을 게 뭐가 있소? 그건 있을 수 없는 일이오."

"꼭 그렇다고 볼 수는 없습니다. 자연은 이미 그런 선택을 한 적이 있습니다. 오로르 카메러가 자기 프로젝트를 발표할 때 말한 것처럼, 히로시마와 나가사키에 원자 폭탄이 떨어졌을 때, 살아남은 동물 종은 벌과 개미뿐입니다. 이 사회성 곤충들의 내부 구성을 보면 개체의 90퍼센트가 암컷입니다."

베르베르는 톨스토이, 셰익스피어, 헤르만 헤세 등과 함께 한국인이 가장 좋아하는 외국 작가로 선정된 바 있는 소설가이다. 1991년 〈개미〉를 발표하면서 세계 문단의 일약 스타로 떠오른 베르베르는 2002년 〈뇌〉, 2005년 단편집 『나무』에 이어 2007년 〈파피용〉을 펴냈으며 〈개미〉와 같은 미시적인 세계, 〈천사들의 제국〉과 같은 영적인 세계를 넘어 광대한 우주로 눈을 돌리고 있다. 2008년엔 베르베르식 우주관의 완성판이자 최대 히트작인 〈신〉을, 2009년에는 〈상대적이며 절대적인 지식의 백과사전〉의 증보판과 미래를 볼 수 있는 소녀의 이야기 〈카산드라의 거울〉을 펴냈다. 2011년에는 한 코미디언의 죽음을 통해 웃음의 역사를 탐색하는 〈웃음〉을 썼고, 2013년에 〈제3인류〉라는 인류의 역사와 미래를 담은 책을 냈다.

그가 일관되게 추구해온 문학적 지향점은 '다른 시선으로 인간을 바라보기'이다. 인간 중심의 세계관에서 벗어나 전혀 새로운 눈높이, 이를테면 '개미'의 낮은 눈높이에서 인간의 세상을 바라보도록 한다든지, '천사'와 같은 지극히 높은 시선으로 인간을 관찰하는 식이다.

특히 개미는 베르베르의 작품 세계를 관통하는 상징적인 존재이다. 제3인류에서도 시련의 나날을 보내던 주인공 앞에 조력자로 등장해 시련 극복의 계기이자 돌파구를 제시해주는가 하면, 지구와 직접 소통할 수 있는 대표적인 생물의 역할을 맡게 된다.

또한 컴퓨터가 인간을 물리치고 체스 세계 챔피언 타이틀을 보유하고 있다는 설정으로 시작되는 소설 〈뇌〉에서는 인간의 뇌에 관한 최신의 과학 정보를 바탕으로 일반인이 접근하기 어려운 주제를 대중화시키는 데에 성공하기도 했다.

베르베르는 한 인터뷰에서 인류는 이미 '과학 소설과 같은 환경'으로 진입했기에 그에 상응하는 새로운 윤리가 요구된다는 의견을 제시한 바 있다. 예컨대 사이보그나 인공지능처럼 신인류의 등장이 본격화된다고 할 때 이들과 인간과의 관계는 어떻게 될 것이며, 이들과 소통하기 위해 우리는 어떤 윤리를 필요로 할 것인가를 고민해봐야 한다는 것이다.

이러한 시각은 〈제3인류〉에서 절정을 이룬다. 신의 영역에 도전하는 과학자들의 이야기를 다룬 이 작품은 신화와 과학, 철학이 만나 신(新) 창세기를 선보였다는 평가를 받고 있다.

베르베르는, 미래과학은 결국 인간의 혹독한 자기 성찰의 문제로 귀결될 수밖에 없다는 사실을 일깨워준다. 인류가 지금처럼 지구의 생태 가치를 파괴하는 생활 방식을 고수하는 한, 디스토피아의 도래를 피할 수 없다는 준엄한 경고를 전해주고 있는 것이다.

이 작품이 매력적인 이유 중 하나는 융합적 사유와 글쓰기의 전형을 보여준다는 점이다. 베르베르는 기존의 거대이론들과 유명 저서들을 넘나들면서 미래 과학의 세계에 인문학적 상상력을 불어넣는다. 이를테면 지구 자체를 하나의 거대한 생명체로 보는 관점은 제임스 러브록의 가이아 이론을 호출하며, 8천여 년 전 지구에 '거인족'의 고대 문명이 존재했다는 가설은 그레이엄 핸콕의 〈신의 지문〉과 맞닿아 있다.

〈제3인류〉에서 베르베르는 지구, 즉 가이아를 자의식을 가진 인격화된 존재로 형상화하고, 인간중심주의와 도구적 자연관에 고통 받는 지구의 모습을 적나라하게 보여준다. 가이아는 탄생부터 현재까지 지구의 상황을 때로는 두려움에 가득한 목소리로 때로는 성난 목소리로 독백한다. 지금껏 숱한 소행성들과의 충돌로 얼마나 고통스러웠으며 자전을 시작하게 된 계기가 무엇인지를 들려주는가 하면, 생명체들이 어떤 진화의 과정을 밟아 왔으며 한때 자신과 교감하고 소통하던 인간들이 지금은 자신을 학대하는 걸 보면서 어떻게 보복하고 있는지를 세세히 알려준다. 인간이 지구를 난개발하면서 자연을 훼손하고 지구의 피부 깊숙이까지 상처를 주는 데 분노해 해일, 전염병, 화산 폭발 등 다양한 방법으로 인간들에게 경종을 울리지만 인간은 전혀 반성의 기미를 보이지 않는다고 성토한다.

이를 통해 베르베르는 우리가 '진화'라고 불러온 과정들이 과연 온당했는지, 앞으로 우리가 지향해야할 진화의 방향은 어떠해야 할지에 대해 근본적이고 도전적인 질문을 던진다.

베르베르에 따르면 진화의 방향을 스스로 택할 수 있다는 것은 지금 인류의 큰 행운이지만 여기에는 반드시 막중한 책임감이 뒤따를 수밖에 없다. 지금까지 인류가 과학화의 모험을 시도해 왔지만 앞으로는 양심과 윤리의 모험을 검증해야 한다는 것이다.

〈제3인류〉의 첫 장은 '이야기가 시작되는 시점은 당신이 이 소설책을 펴서 읽기 시작하는 순간으로부터 정확히 10년 뒤의 오늘'이라는 선언과 함께 시작한다. 작품 속 '10년 뒤 오늘'의 상황은 암울하다. 핵무기의 무분별한 사용, 자연재해와 환경 재앙, 자원 고갈, 신종 전염병, 야만적 자본주의, 종교적 광신주의 등이 임계점에 달해 인류의 자멸을 눈앞에 둔 시점이다.

그런 상황에서 프랑스의 대통령 직속 비밀기관이 직접 나서서 과학자들을 끌어모은다. 어떠한 환경에서도 살아남을 수 있는 신종 인간을 탄생시키는 프로젝트를 추진하기 위해서다. 진화연구 학술 경연 대회에 참석한 일군의 과학자들은 저마다의 기상천외한 아이디어를 내 놓는다. 인류가 살아남기 위해서는 생물학적으로 진화해야 한다는 믿음을 갖고 있는 그들은 마침내 생명 공학의 힘으로 새로운 인류를 창조하는 신의 영역에 도전하기에 이른다. 진화가 '소형화'의 방향으로 진행된다고 믿는 생물학자 다비드 웰즈, '여성화'가 인류의 미래라고 믿는 내분비학자 오로르 카메러가 그 연구의 중심에 서 있다. 결국 이들은 초소형 인조인간인 에마슈를 만들어 인류에게 닥쳐올 거대한 재앙을 예방하려 하지만 그 과정은 온갖 시행착오와 갈등으로 채워진다. 신의 역할을 감당하기에 여전히 불완전한 인간은 그들이 만들어 낸 에마슈의 세상 속에서 자신의 자화상을 발견하게 된다. 인간처럼 자유의지를 가진 에마슈의 사회 또한 전쟁과 범죄, 대립과 충돌로부터 자유롭지 못하다는 점은 인간 사회를 그대로 반영하는 일종의 시뮬레이션이다.

그럼에도 인류의 미래상에 대한 베르베르의 전망은 마냥 어둡지만은 않다.

과거와 현재, 그리고 미래를 넘나드는 긴 서사를 통해 베르베르는 인간의 욕망과 선택이 빚어낸 참혹한 세상을 한 편의 파노라마처럼 펼쳐 보여주지만, 궁극적으로는 인류가 마침내 지구와 화해하고 진정한 생태사회를 만들어 갈 수 있다는 희망의 메시지를 전해주고 있기 때문이다.

흥미롭게도 희망 전도사의 역할은 5, 6권에 등장하는 한국인 여성 고고학자 히파티아 김(김은선)이 맡는다. 인간보다는 인격화된 지구의 입장에 서있는 히파티아 김은 이 작품에서 공존과 소통의 길을 모색하는 대표적인 인물이다. 고조선의 창설자 단군의 진짜 무덤을 발굴하고, 무덤이 피라미드 구조로 되어 있다는 사실을 알아챈 히파티아 김의 연구로 인간은 드디어 지구와 직접 소통을 할 수 있게 된다. 침술의 경락을 시각화해 한의학을 과학으로 이끄는 데 기여한 한의사 아버지로부터 침술을 배운 그녀는 지구의 배꼽이라는 이스타섬에서 석상을 이용해 지구에 침을 놓는다.

〈제3인류〉 외에도 베르베르의 작품에는 한국과 관련된 인물과 소재들이 자주 등장한다. 〈개미〉에서는 백제에 관한 이야기가 나오고, 〈카산드라의 거울〉에는 컴퓨터 천재 김예빈이 미래의 재앙을 막는 주역 중 한 명으로 등장하는가 하면 〈신〉에서는 일본에 살고 있는 위안부 할머니의 손녀 은비가 등장한다. 무엇보다 "지금도 할머니들은 일본 대사관 앞에서 수요일마다 집회를 열어. 하지만 일본인들은 배상을 하기는커녕 자기들이 죄를 지었다는 사실조차 인정하려고 들지 않아."라는 〈신〉의 한 대목에서 드러나듯, 베르나르의 객관적이고 합리적인 역사의식은 그의 작품이 한국에서 큰 반향을 일으키는 이유일 것이다.

한 발 더 다가서기

1 작품에서 심사위원들이 진화 학술 경연대회 참가팀들에게 많은 질문을 한다. 이런 질문을 통해 작가가 독자에게 전하고자 하는 메시지가 무엇인지 말해 보자.

2 "만약 모두가 죽지 않고 천년만년 살게 된다면 세상이 어떻게 되겠습니까? 아무도 자식을 낳으려 하지 않는 늙은이들의 세상이 되지 않겠습니까? 세대교체나 혁신은 사라지고, 그저 특권을 가진 인간들만 계속 삶을 연장해 가겠지요." 하는 대목에서 드러나는 가치관의 문제점에 대해 토론해 보자.

3 한국고용정보원은 2016년 3월 24일 인공지능과 로봇기술 등을 활용한 자동화에 따른 주요 직업군 400여 개의 직무 대체 확률을 분석해 발표한 바 있다. 이 분석 기준을 보면 크게 '지각 및 조작', '창의적 지능', '사회적 지능'이 필요한 직무는 인공지능 로봇이 대체하기 어려운 것으로 판단된다. 인공지능으로 직무가 대체될 확률이 낮은 직업에 대해 생각해 보고 그 이유를 써 보자.

2. 〈연어〉

그러나 물속에 사는 연어는 땅 위에 사는 인간들을 두려워한다. 인간은 물고기를 옆에서 보려고 하지 않고 위에서 내려다보니까! 연어를 위에서 내려다본다는 것, 그것은 연어를 위해서 불행한 일이다. 연어를 위에서 내려다보는 사람들의 눈은 틀림없이 물수리나 불곰의 눈을 닮아 있을 것이다. 그들은 연어에 관심을 가지기보다 연어 알을 떠올리며 입맛을 쩝쩝 다실 것이 뻔하다.

그러니까 연어를 완전히 이해하고 사랑하는 방법은, 연어를 옆에서 볼 줄 아는 눈을 갖는 것이다. 거기에다가 약간의 상상력이 필요하다. 알기 쉽게 말한다면, 마음의 눈을 갖는 것이다. 보이지 않는 것을 보고 싶어 하는 눈, 그리하여 보이지 않는 것을 볼 줄 아는 눈. 상상력은 우리를 이 세상 끝까지 가보게 만드는 힘인 것이다. 사랑하는 사람과의 첫 입맞춤이 뜨겁고 달콤한 것은, 그 이전의, 두 사람의 입술과 입술이 맞닿기 직전까지의 상상력 때문인 것처럼.

아침 햇살을 받는 바다가 오렌지 빛으로 끝없이 펼쳐져 있다.

바다 위 100미터 상공에는 물수리 한 마리가 커다란 원을 그리고 있다. 그는 아침이 되자 배가 출출해서 물고기 사냥을 나온 것이다. 삼십 분 가까이 바다 표면을 샅샅이 뒤졌으나 오늘따라 그 흔한 정어리 한 마리 보이지 않는다. 물수리는 쇠갈퀴처럼 생긴 발톱으로 허공을 몇 차례 할퀴는 듯한 시늉을 해본다. 그럴수록 뱃속은 자꾸 허전해지고 날개 끝에 차가운 바람만 휑하니 감기고 만다. 물수리는 은근히 부아가 치밀어 오른다.

이맘때쯤이면 베링 해의 서늘한 한류를 타고 연어 떼가 이동한다는 것을 물수리는 잘 알고 있다. 연어는 다른 어느 고기보다도 살이 많고 담백해서 그가 좋아하는 물고기 중의 하나다. 연어의 연한 살을 생각하니 더욱 배가 고파진다.

그때 그의 눈에 이상한 물체 하나가 들어온다. 상어보다도 더 큰 그 물체는 빠르게 남쪽으로 이동을 하고 있다. 그런데 그 물체의 중앙에는 밝은 광채가 나는 점이 한 개 붙어 있다. 마치 잠수함이 눈에 불을 켜고 바닷속을 달리는 것처럼 보인다.

물수리는 10미터 상공으로 낮게 내려간다. 이상한 물체를 좀 더 자세히 탐색할 필요가 있는 것이다. 언젠가 바다 위로 막 떠오르기 시작하는 집채만 한 잠수함이 있었다. 그 잠수함이 연어 떼인 줄 알고 부리를 내리꽂았다가 낭패를 당한 일도 있었기에 그는 자못 신중하게 바다를 내려다보고 있다. 날개를 많이 움직여야 하는 저공비행이 귀찮았지만, 아직 아침 식사도 하지 못한 그가 아닌가.

짐작한 대로, 그가 발견한 이상한 물체는 연어 떼였다. 적어도 300마리는 넘어 보였다.

물수리는 연어 떼가 눈치 채지 않게 약간 뒤쪽에서 거리를 두고 쫓아가야겠다고 생각한다. 그는 물속을 노려본다. 연어 떼는 시속 40킬로미터쯤 되는 속도로 질서정연하게 이동을 계속하고 있다. 연어 떼의 한복판에는 밝은 광채를 내는 점 하나가 아직 그대로 붙어 있다.

물수리는 눈을 크게 뜨고 그 밝은 점을 내려다본다. 그것은 점이 아니었다. 그가 처음 보는 이상한 연어였다. 무리들에게 둘러싸인 그 연어는 다른 연어들과는 달리 등쪽이 온통 은빛으로 번쩍거린다.

대부분의 바닷고기들은 배쪽은 흰색이지만 등쪽은 검푸르다. 그 이유는 바다 위로 노출되는 등짝 부분을 바닷물 색깔로 위장해야 하기 때문이다. 그러면 물고기를 멀리서 내려다보는 한심한 새들은 곧잘 속아 넘어가는 것이다.

하지만 그 위장술도 저공비행하는 물수리의 매서운 눈을 속일 수는 없다. 물수리의 눈빛은 계속 그 유별난 빛깔의 연어에게 쏠려 있다. 입안에 조금씩 군침이 감도는 것을 숨길 수 없다.

물수리는 수면 2미터까지 바짝 내려간다. 맛있는 아침 식사는 이제 시간문제다. 물수리는 양쪽 발끝에 잔뜩 힘을 준다. 그러고는 날쌔게 수면을 낚아챈다. 그의 발톱은 유별난 빛깔을 가진 연어의 살 속에 박힐 것이었다.

"물수리다! 흩어져라!"

갑작스런 물수리의 공격을 받은 연어 떼는 사방으로 물을 튀기며 흩어진다.

물수리는 공중으로 날아오르며 양쪽 발톱 사이에서 퍼덕거리는 묵직한 생명의 무게를 느낀다. 그는 흡족한 마음으로 자신의 사냥감을 내려다본다. 그의 양발 사이에는 연어 한 마리가 꺼져가는 생명의 기운을 되살리기 위해 처절하게 몸부림치고 있다. 그러나 그것은 그가 목표로 삼았던 찬란한 은빛의 연어가 아니라, 완전한 실패의 무게였다.

그리하여 은빛연어는 사나운 물수리의 밥이 되는 최초의 위험에서 벗어날 수 있었다.

그런데 어찌된 일일까. 용케 살아남았다는 기쁨보다는, 살아남았다는 슬픔이 오히려 그를 괴롭혔다. 왜냐하면 물수리에게 잡아먹히고 만 그 연어는 - 강을 떠날 때부터 늘 함께 헤엄을 치던, 두세 마리의 새우를 입에 물고 와 은빛연어에게 말없이 건네주던, 잠자리처럼 생긴 맛있는 날벌레를 잡아주기도 하던, 부드러운 꼬리지느러미로 슬슬 배를 쓰다듬어주던, 그의 둘도 없는 누나였던 것이다.

"누나…"

은빛연어는 혼잣말로 누나를 불러본다. 뾰족하고 날카로운 바위에 긁힌 듯이 가슴이 쓰려온다. 그때 촉촉하게 물기를 머금은 누나연어의 목소리가 어렴풋이 들려온다.

"은빛연어야…"

강에서 바다로 나온 지 일 년쯤 되었을 때다.

"네 몸이 은빛 비늘로 덮여 있다는 것을 아니?"

"내 몸이 은빛이라고?"

은빛연어가 깜짝 놀란다.

"네 등은 다른 연어들처럼 검푸른 바닷물을 닮지 않았어."

은빛연어는 그의 온몸이 은빛 비늘로 덮여 있다는 사실을 모르고 있었다. 다른 연어들처럼 그저 등이 검푸르고 배는 희겠지, 하고 생각했을 뿐이다.

"우리는 불행하게도 자기 자신이 어떻게 생겼는지 모른단다."

"왜?"

"물고기들의 두 눈은 머리의 앞쪽에 나란히 붙어 있거든."

누나는, 연어들이 자신의 모습을 다른 연어들의 입을 통해 알게 된다고 말해주었다. 그러니까 다른 연어들의 입은 자신을 비춰주는 거울인 셈이다. 그래서 연어들은 남들에 대해서 이러쿵저러쿵 입에 올리기를 좋아하는 습성을 가지게 되었는지도 모른다.

"그런데 가자미는 왜 두 눈이 한쪽으로 쏠려 붙어 있는 거지?"

"그건 가자미가 자기 자신이 어떻게 생겼는지 보려고 애쓰다가 그렇게 된 거란다."

가자미의 우습게 생긴 눈을 생각하고 은빛연어가 웃는다. 하지만 누나의 눈에는 깊은 그늘이 어른거린다.

"은빛연어야, 네 동무들이 너를 별종이라고 부르는 이유를 알겠니?"

은빛연어는 별종, 이라는 말의 뜻을 그때서야 조금 알 것 같았다. 그것은 뭇 연어들과 자신을 구분 짓는 말이었다. 갑자기 은빛연어는 자신이 먼 바다에 홀로 뚝 떨어져 있는 섬이라는 생각이 들었다. 이 세상이라는 바다 위에 오직 혼자밖에 없다는 외로움. 외로움은 두려운 게 아니라 슬픈 것이다. 자신의 몸이 온통 은빛이라는 것을 알고 난 후부터 은빛연어는 이런 생각이 자주 들었다.

'삶이란 견딜 수 없는 것이다!'

그러면 마음속에 또 다른 은빛연어가 말했다.

'삶이란 그래도 견뎌야 하는 것이다.'

그는 마음속에 두 마리의 연어를 갖게 된 것이다.

어느 날 은빛연어는 동무들에게 말했다.

"내 몸의 비늘보다 마음속을 들여다봐주렴."

가까이서 헤엄치던 한두 마리의 연어가 귀찮은 표정으로 몇 마디 물었다.

"마음을 어떻게 들여다본다는 거지?"

은빛연어는 자기 말에 관심을 가지는 연어가 있다는 생각이 들어 무척 기뻤다.

"그건 말이야, 외양보다 내면을 본다는 건데, 음…"

그는 하도 오랜만에 속마음을 내비치는 때문인지 자꾸 더듬거리고 있다. 마음 속에 들어 있는 수많은 말들이 끊어진 사슬처럼 툭툭 질서 없이 튀어나온다.

"그러니까… 내면이란 건… 보이지 않는… 뭐랄까…"

"네 말은 너무 어려워서 잘 모르겠는걸."

그들은 재미없다는 듯 등을 돌리고 바삐 먹이를 찾아 가버린다.

은빛연어를 옆에서 보고 있던 연어들이 코웃음을 흥, 하고 친다. 그들은 고개를 절레절레 흔들더니,

"보호 받는 것을 고맙게 여겨야지, 무슨 뚱딴지같은 소리람."

하면서 저희끼리 몰래 속닥거린다.

"그래, 은빛연어 때문에 우리가 적에게 제일 먼저 공격을 당할지도 모른다고."

이렇게 동무들이 비아냥대는 소리를 들으면 은빛연어는 몸이 화끈거린다.

사실 연어 떼가 남쪽으로 이동을 시작할 때부터 은빛연어는 대열의 한복판에서 헤엄을 치게 되었다. 그 결정은 턱큰연어가 내린 것이다. 턱큰연어는 연어 떼의 지도자다. 그는 남들 앞에서 우쭐대기를 좋아한다. 아주 사소한 것을 말할 때에도 그는 목소리를 낮추는 법이 없다. 그가 늘 자신만만한 목소리로 말을 하다가 보니까 자연스럽게 턱이 커졌고, 그래서 그런 이름이 붙었다.

턱큰연어는 이동 준비를 마친 연어 떼 앞에서 큰 턱을 앞으로 내밀며 말했다.

"한눈을 팔아서는 안 된다! 뒤를 돌아보지 마라! 수면 가까이 떠올라 헤엄을 치면 안 된다!"

턱큰연어는 연어들의 법률이다.

"그리고, 너!"

그 큰 턱은 은빛연어를 가리킨다.

"너는 언제나 무리의 한가운데서 헤엄을 쳐야 한다. 너는 적들의 눈에 잘 띌 위험이 있는 것이다. 살아서 고향으로 돌아가고 싶거든 내 말을 따르도록 하라."

그리하여 다른 연어들은 은빛연어의 주위에서 보호벽이 되었다. 앞에도, 뒤에도, 왼쪽에도, 오른쪽에도, 위에도, 아래에도 온통 연어들이었다. 그것은 은빛연어

에게 안전한 울타리가 아니었다. 그것은 캄캄한 어둠 그 자체였다.

그 후로 은빛연어는 점점 외톨박이가 되어갔다. 수많은 연어들 중에 그의 말 상대가 되어주는 연어는 그래도 누나뿐이었다.

"내 동무들은 왜 나를 따돌리지?"

"왜 따돌린다고 생각하니? 오히려 너를 감싸고 있잖아?"

누나는 무엇이든 긍정적으로만 생각하려고 한다. 그게 은빛연어는 답답했다. 누나는 아니다, 라는 단어를 모르는가? 아니면 알면서도 모르는 척하는 것인가?

"나는 보호받으면서 따돌림당하는 것보다는, 보호받지 않고 자유로워지고 싶거든."

"자유?"

누나는 자유, 라는 말을 듣고 눈이 휘둥그레진다.

자유, 라는 말은 연어들이 사용해서는 안 되는 말 중의 하나다. 반항, 가출, 불복종, 저항, 파괴, 놀이, 혁명 등의 단어와 함께. 이 단어들을 쓰면 고향으로 돌아가 알을 낳을 수 있는 연어는 한 마리도 남지 않을 거라고 턱큰연어는 경고하곤 했다.

"나도 자유롭게 헤엄을 치고 싶어. 바닷속을 마음껏 구경하고 싶다고. 나는 이 바다의 모든 것들을 내 눈 속에 담고 싶거든."

누나는 누가 듣지는 않는지 주변을 한 바퀴 둘러본다.

"물론 나는 너를 이해할 수 있단다. 하지만…"

누나는 언제나 이해할 수 있다고 말한다.

"그건 모두 다 너를 위해서야. 너는 참을 줄도 알아야 한단다. 그래야 나중에 커서 훌륭한 연어가 되지."

은빛연어는 답답해서 아가미가 터질 것 같다.

"나는 네가 참 걱정스러워."

그러나 은빛연어는 누나가 훨씬 더 걱정스럽게 여겨진다. 그래서 그는 이런 생각을 해보는 것이다.

'누나는 늘 걱정만 하는 존재다. 누나는 나를 왜 옆에서 보지 못할까? 불곰과 물수리가 위에서 물고기를 내려다보듯이 누나도 나를 위에서 보려고 한다. 또한 누나는 걱정하는 척하면서 간섭하려고 든다. 간섭하는 게 사랑의 표시라도 되는 듯이. 누나는 사랑이 간섭이 아니라는 것을 모른다. 오히려 묵묵히 바라보거나 나란히 헤엄치는 것이 사랑이라는 것을 정말 누나는 모르는 것이다.'

그럴 때마다 은빛연어는 동무들로부터 멀리 떠나고 싶다는 생각을 했다.

'떠나자!'

하고 은빛연어가 생각을 하면,

'떠나서는 안 돼.'

하고 마음속의 또 다른 은빛연어가 그를 붙잡는 것이었다.

은빛연어는 머릿속으로 수없이 떠났지만, 실제로는 한 번도 떠나지 못하였다.

사실 그의 마음을 붙잡고 있는 것은 누나인지도 모른다. 은빛연어 대신에 물수리의 밥이 되고 만 누나연어! 누나가 은빛연어에게 마지막으로 남기고 간 선물은, 이 세상에서, 끝까지, 살아남아야 한다는 것인지도 모른다.

…… (중략) ……

가을이 깊어가고 있었다.

때마침 빨갛게 물든 단풍잎들이 강물에 실려 동동 떠내려 오는 게 보였다.

은빛연어는 단풍잎들에게 물었다.

"너희는 왜 몸이 빨갛게 물들었니?"

"가을이 깊었기 때문이야."

단풍잎들이 입 모아 말했다.

"가을이라고?"

"그래. 가을이 깊어지면 우리 단풍잎들은 모두 떠나야해. 한 해 동안 매달려 있던 나무로부터 떠나는 거야."

"떠나는 일은 슬픈 일이잖아?"

은빛연어는 안쓰러운 얼굴로 단풍잎들을 바라본다.

"아니야. 우리가 떠나야만 내년에 더 많은 단풍잎들이 나무에 매달리게 되는걸. 그런데 너희 연어 떼는 어디로 가니?"

"우리는 초록강 상류로 돌아가고 있어."

"왜?"

"그건 아직 나도 잘 모르겠어."

"그러면 너희는 왜 몸이 붉게 물들었니?"

단풍잎도 연어들의 몸 빛깔이 붉어지는 게 궁금한 모양이다.

"그것도 잘 모르는 일이야."

단풍잎들은 어느새 그 숫자를 헤아릴 수 없이 불어나 강 표면을 가득 덮고 있었다. 물속의 연어 떼는 강을 타고 올라가고, 물위의 나뭇잎들은 강을 따라 아래로 내려가고 있었다.

은빛연어는 눈맑은연어에게 물어보기로 하였다.

"왜 몸이 발갛게 물드는 거지?"

눈맑은연어는 대답 대신에 은빛연어의 눈을 뚫어지게 바라본다. 그러고는 조용히 입을 연다.

"우리들의 몸이 붉게 물드는 것은 어른이 되었다는 뜻이고, 그리고…."

"그리고?"

"우리는 사랑에 빠진 거야. 사랑에 빠져 결혼을 할 때가 되면 모든 연어들은 몸 빛깔이 붉게 변하거든."

"사랑이라구? 그러면 나쁜 병이 아니로구나, 붉은 얼룩이. 하하하."

은빛연어는 환하게 웃는다.

그는 괜한 일로 며칠이나 고민에 빠져 있었다는 사실 때문에 겸연쩍은 생각이 들었다. 그런데 가만히 생각해보니 어른이 된다는 게 두렵기도 하다. 책임, 이라는 말이 언뜻 머리를 스치고 지나갔기 때문이다. 죽은 누나가 전에 말했었다. 어른이 되면 책임져야 할 일들이 엄청나게 많아진다고.

그래서인지 눈맑은연어도 전에 없이 심각한 표정이다. 천천히 그녀가 말했다.

"결혼을 하면 알을 낳아야 돼."

"알이라구?"

"그래, 너는 잘 모르겠지만 나는 뱃속에 이미 수많은 알을 품고 있어."

"네가 정말?"

은빛연어는 깜짝 놀란 표정으로 눈맑은 연어를 바라본다. 눈맑은연어는 무거운 표정이었지만 그 무거움 속에는 어떤 각오가 이미 자리 잡고 있는 듯이 보인다. 은빛연어는 괜히 마음이 무거워진다.

"너는 기쁘지 않니? 너의 도움이 필요해."

은빛연어가 나도 기뻐, 하고 선뜻 대답하지 못하자, 눈맑은연어가 계속 말을 잇는다.

"우리는 알을 낳기 위해 지금 우리가 태어난 상류로 가는 거야."

잠자코 듣고 있던 은빛연어가 머리를 흔들며 물었다.

"상류에 가 알을 낳기 위해서? 오직 그것 때문에?"

눈맑은연어가 침착하게 말했다.

"그게 우리가 살아가는 이유야."

"그만, 그만해!"

갑자기 은빛연어는 눈맑은연어의 말을 끊었다. 그는 머릿속이 복잡해진 것이다.

'모든 연어들이 죽음의 고비를 숱하게 넘기면서 여기까지 왔다. 앞으로도 적지 않은 어려움들이 연어 떼를 가로막을 것이다. 그런데 이 험난한 고비를 넘기고 살아남은 이유가 고작 알을 낳기 위해서라고? 연어들이 만나서 사랑하고 결혼하는 것이 모두 알을 낳기 위해서라고?'

은빛연어는 이 사실을 믿고 싶지가 않았다.

'알을 낳기 위해 사는 것은 먹기 위해 사는 것과 무엇이 다른가. 분명히 삶에는 또 다른 이유가 있을 것이다.'

은빛연어는 눈맑은연어에게 말했다.

"우리가 강을 거슬러 오르는 이유가 오직 알을 낳기 위해서일까? 알을 낳기 위해 사랑을 하는 것, 그게 우리 삶의 전부라고 너는 생각하니? 아닐 거야. 연어에게는 연어만의 독특한 삶의 이유가 있을 거야. 우리가 아직 그것을 찾지 못했을 뿐이지. 그 이유를 찾지 못하면 우리 삶이란 아무 의미가 없는 게 아닐까?"

"글쎄, 네 생각이 틀렸다고 말하지는 않겠어. 어쨌든… 나는… 알을 낳아야 해. 그 누구도 아닌, 너와 나의 알을 말이야."

눈맑은연어는 은빛연어에게 부풀어 오른 하얀 배를 보여주고 싶었다. 은빛연어에게 마음의 눈으로 알을 한 번 보라고 말해주고 싶었다. 상류로 가서 뱃속에 있는 알을 낳는 일, 그 중요한 일을 선뜻 이해하지 못하는 은빛연어가 자꾸 안쓰럽게 여겨지는 것이었다.

"나뭇잎들은 왜 강 아래로 내려가지요?"

은빛연어가 신기해하면서 묻자,

"그건 거슬러오를 줄 모르기 때문이야."

하고 초록강이 말했다.

"거슬러 오른다는 건 또 뭐죠?"

다시 은빛연어가 묻자, 초록강은 물살을 약하게 조절하면서 웃는다. 그때 강은 마치 흐름을 멈춘 것처럼 보인다. 하지만 흐름을 멈춘 강이란 이 세상에 없다. 강물은 쉬지 않고 흐른다. 속이 깊은 강일수록 흐름을 겉으로 드러내지 않을 뿐이다.

"거슬러 오른다는 건 뭐죠?"

초록강은 여전히 웃기만 하고 대답을 하지 않는다. 초록강은 대답 대신에,

"은빛연어야, 너는 너 혼자의 힘으로 강을 거슬러오른다고 생각해서는 안 돼."

하고 말했다.

"그럼요?"

"혼자라는 건 아무것도 아니야. 연어 무리는 특히 그렇지. 연어가 아름다운 것은 떼를 지어 거슬러오를 줄 알기 때문이야."

"왜 우리는 거슬러 오르는 거지요?"

"거슬러 오른다는 것은 지금 보이지 않는 것을 찾아간다는 뜻이지. 꿈이랄까,

희망 같은 거 말이야. 힘겹지만 아름다운 일이란다."

은빛연어는 초록강의 말을 한 마디도 빼놓지 않고 듣겠다는 듯이 꼼짝도 하지 않고 귀를 기울인다.

"강물이 왜 하류로 흐르는지, 너는 아니?"

"그건 거슬러오를 줄 모르기 때문인가요?"

"하하하하."

초록강이 큰 소리로 웃었다. 강이 크게 웃으면 강가에 철썩철썩 물살이 이는데, 강가의 갈대밭 전체가 흔들릴 정도다. 은빛연어는 초록강의 말을 너무 쉽게 받아넘겼다는 것을 뒤늦게 알아차린다.

"강이 하류로 흐르는 건 연어들을 거슬러 오르게 하기 위해서야."

"그럼 우리는 강물 때문에 거슬러 오르는 것이군요."

"그래. 강물은 아래로 흐르면서 연어들을 가르친단다."

"가르친다고요?"

초록강이 천천히 말을 잇는다.

"강물은 아래로 흐르면서 자신의 물살과 체온을 연어들에게 가르친단다. 그리고 길을 가르쳐주지. 연어들이 반드시 강을 거슬러 올라야 한다는 것을, 또한 거슬러 올라야 하는 이유를 말이야."

은빛연어는 비로소 고개를 끄덕인다. 아닌 게 아니라 강은 자신의 몸 전체로 연어들의 길을 가르쳐주고 있었던 것이다.

"거슬러 오르는 것은 희망을 찾아가는 거라 하셨죠?"

"그렇단다."

"그럼 희망이란 알을 낳는 것인가요?"

은빛연어는 실망한 듯 묻는다.

"글쎄… 그럴 수도 있고, 아닐 수도 있지."

"아저씨! 그런 대답이 어디 있나요."

은빛연어가 투정하듯 대들자 강이 말한다.

"그러면 은빛연어야, 너의 희망은 뭐니?"

초록강의 갑작스런 물음에 은빛연어는 막바로 대답을 하지 못한다. 은빛연어는 너무 많은 희망을 가슴 속에 품고 있는 것이다. 그런데 막상 희망에 대해서 아무 말도 하지 못하는 것은 무슨 까닭일까? 희망이란 정말 보이지 않는 것이라고 은빛연어는 생각한다.

속 깊은 아저씨같이 고요하고 푸른 강물. 그 따뜻함 속에 몸을 담그고 있으면 강이 고여 있는 것인지, 흐르고 있는 것인지를 구별할 수 없을 정도로 아늑하다.

"은빛연어야, 너는 바다를 보았겠구나."

초록강은 바다에 대해서 궁금해 하는 것 같았다. 강은 아직 바다에 닿지 못한 것이다.

"네가 본 바다에 대해서 나한테 이야기해줄 수 있겠니?"

은빛연어는 바다 이야기라면 자신이 있다.

"바다는 끝이 없어요."

"얼마나 넓기에 끝이 없다는 거지?"

"넓이가 아니라 싸움이 끝날 날이 없다는 거예요. 서로 물고 뜯고 죽이는 싸움 말이에요.

그 싸움 때문에 거친 파도가 잘 날이 없어요."

…… (중략) ……

"아저씨는 왜 바다로 가고 싶은 거예요?"

"나는 아무 데도 가지 않는걸."

강이 시치미를 떼면서 말한다.

"거짓말하지 마세요. 지금도 쉬지 않고 흐르고 있잖아요."

"물론 그건 맞아. 그렇지만 바다로 가야 할 이유가 있는 것은 아니야."

은빛연어는 강이 엉뚱한 구석이 좀 있다고 생각한다.

"이유 없는 삶이 있을까요?"

"네 말대로 이유 없는 삶이란 없지. 이 세상 어디에도."

"그럼 아저씨의 삶의 이유는 뭔가요?"

"그건 내가, 지금, 여기 존재한다는 그 자체야."

"존재한다는 게 삶의 이유라구요?"

"그래, 존재한다는 것, 그것은 나 아닌 것들의 배경이 된다는 뜻이지."

은빛연어는 배경, 이라는 말이 귀에 거슬렸다. 언젠가, 나의 배경은 턱큰연어야, 라면서 거들먹거리던 연어들이 생각났기 때문이다. 그들은 툭하면 남의 먹이를 빼앗았고, 힘자랑을 일삼았다. 그들은 연어 무리의 작은 법률이라도 되는 듯 행세했던 것이다. 그래서 배경, 이란 늘 무섭고 어두운 거라고 그는 생각해왔던 것이다.

"배경이란 뭐죠?"

"내가 지금 여기서 너를 감싸고 있는 것, 나는 여기 있음으로 해서 너의 배경이 되는 거야."

"아하!"

똑같은 단어도 누가 사용하는가에 따라서 엄청나게 의미나 느낌이 달라질 수 있다는 것을 은빛연어는 알았다.

예를 들면 상처, 라는 말도 그렇다. 눈맑은연어의 등지느러미에는 불곰의 공격 때문에 입은 상처가 아직도 남아 있다. 그 상처는 찢어진 헝겊 조각처럼 너덜거린다. 그 모습을 보고 다른 연어들은 보기 흉하다며 고개를 돌리기 일쑤다. 그들은 상처, 라는 말을 보기 싫은 흉터로 이해한다. 하지만 은빛연어는 그 상처를 자신의 상처로 마음속에 깊이 새겨두고 있는 것이다. 다만, 네가 아플 것 같아서 나는 아프지 않을 거야, 라는 말을 하지 못했을 뿐.

"이제 조금 알겠니?"

"네. 별이 빛나는 것은 어둠이 배경이 되어주기 때문이죠?"

"그렇지."

"그리고 꽃이 아름다운 것은 땅이 배경이 되어주기 때문이고요?"

"그렇지."

"그러면 연어 떼가 아름다운 것은 서로가 서로의 배경이 되어주기 때문인가요?"

"그래, 그렇고말고."

강은 은빛연어가 대견스럽게 여겨졌다. 은빛연어는 물속뿐만 아니라 하늘과 대지의 이치에도 관심을 가지고 있는 생각 깊은 연어인 것이다. 자연의 아름다움과 그 이치를 안다는 것은 자신이 스스로 자연의 일부임을 안다는 뜻이다. 다만, 자연의 일부이면서도 자연을 얕보는 지상의 인간들만이 그 중요한 사실을 모르고 있을 뿐이다. 강은 그것을 언제나 안타까워했다.

"그럼 나도 누구의 배경이 될 수 있겠네요?"

"네가?"

"왜요? 내가 너무 작아서 안 되나요?"

"아니야."

"그러면요?"

"네가 기특해서 그런 거란다. 몸집이 커야 배경이 되는 게 아니거든. 우리는 누구나 우리 아닌 것의 배경이 될 수 있어."

1961년 경북 예천에서 출생한 시인 안도현. 그는 1981년 『대구매일신문』 신춘문예에 시 〈낙동강〉이, 1984년 『동아일보』에 시 〈서울로 가는 전봉준〉이 당선되어 등단하였다. 〈서울로 가는 전봉준〉이 암시하는 것처럼 정통성 없는 정치권력에 대한 저항의식과 소외 계층을 향한 사랑이 그의 초기 시를 움직이는 원동력이었다. 그러나 등단 시절부터 지금까지 그의 시에서 변함없이 남아 있는 특징은 '세상'의 모순과 폐단을 비판하면서도 세상을 향한 사랑을 포기하지 않는다는 점이다. 나아가 서민들의 고단한 일상에 대한 연민과 자연친화적 세계에 대한 동경을 특유의 서정적 문체로 녹여내면서 한국 시단에서 중요 시인으로 자리매김하게 되었다.

특히 그의 시 〈너에게 묻는다〉에서 울려 퍼지는 '연탄재 함부로 발로 차지 마라. 너는 누구에게 한 번이라도 뜨거운 사람이었느냐'라는 자기성찰의 물음은 점점 더 각박해지는 세상 속에서 이타적 손길의 불꽃을 살려내려는 시적 화두가 되었다.

다른 저서로는 시집 『모닥불』 『그대에게 가고 싶다』 『외롭고 높고 쓸쓸한』 『그리운 여우』 『바닷가 우체국』 『아무것도 아닌 것에 대하여』가 있고, 어른을 위한 동화 〈관계〉 〈사진첩〉 〈짜장면〉 〈증기기관차 미카〉 등이 있으며, 산문집으로 『외로울 때는 외로워하자』 『사람』 『나는 당신입니다』 등이 있다. 2002년 『만복이는 풀잎이다』를 시작으로 그림동화책을 쓰기 시작하였으며, 아이들을 위한 동화책뿐만 아니라 어른들을 위한 동화책도 꾸준히 내놓고 있다. 무엇보다 그는 동심과 상상력을 통해 자연과 교감하고자 했으며, 생태적 공간과 동심의 공간 안에서 생명존중이라는 문학적 지향점을 모색하고자 했다.

〈연어〉는 시인 안도현의 섬세한 시적 감수성이 유감없이 발휘되는 작품이다. 연어의 모천회귀라는 존재 방식에 따른 성장의 고통과 아프고 간절한 사랑을 작가는 깊은 시선으로 담아내고 있다. '어른을 위한 동화'라는 부제에서 드러나듯, 한 마리 연어가 나고 자라면서 삶의 최종 목표를 향해 나아가는 과정은 현대인의 삶을 온전히 재현해낸다. 주인공 은빛연어가 동료들과 함께 머나 먼 모천으로 회귀하는 과정에서 누나를 여의고 눈맑은연어와 사랑에 빠지는가 하면, 폭포를 거슬러 오르며 성장해가는 여정은 인간의 삶과 오롯이 겹친다.

다른 연어들과는 달리 등에 은색선이 나있는 별종으로 태어난 은빛연어는 무리의 보호 대상이 된다. 특이한 외모 때문에 천적의 시야에 쉽사리 노출되기 때문이다. 하지만 은빛연어에겐 그 점이 오히려 열등감과 소외감으로 작용하기도 한다. 공동체의 생존 논리가 그의 자율적 행동과 판단을 구속하기 때문이다.

바다에서 시작해 초록강, 폭포, 그리고 탄생 공간 순으로 이어지는 은빛연어의 여정은 다양한 모험과 만남으로 채워져 있다. 은빛연어는 인간이 만들어 놓은 쉬운 길이 아닌 연어만의 길, 즉 폭포를 거슬러 오르는 험난한 길을 택한다. 이야기가 시작되자마자 등장하는 포식자 물수리, 강을 거슬러 올라가며 마주치는 숱한 오염물질과 불곰 등과 같은 위험 요소 속에서 은빛연어는 삶의 가치와 의미를 생각하게 된다. 그에게 바다와 강은 증오와 애정이 교차하는 공간이다. 누나의 죽음을 계기로 무력감과 상실감을 안겨준 대상이면서도 동시에 존재의 의미와 자신의 정체성을 일깨워준 삶의 터전이기도 하기 때문이다. 은빛연어는 생명이 아름다운 것은 자기를 보전하고 후대를 이으려는 강한 의지에 있다는 사실을, 연어가 아름다운 것은 떼를 지어 거슬러오를 줄 알기 때문이라는 사실을 이 처절한 생존투쟁의 공간을 통해 깨닫게 된다.

은빛연어에게 삶의 에너지는 눈맑은연어와의 애정이지만 삶의 의미를 일깨워준 건 초록강과의 만남이다. 눈맑은연어는 알을 낳는 것이 자신이 살아가는 유일한 이유라 말하지만, 은빛연어는 그보다 더 중요한 삶의 이유가 있을 거라 생각한다. 눈맑은연어는 은빛연어의 마음속의 아름다운 영혼을 일깨워 준다. 상류로 가서 뱃속에 있는 알을 낳는 일, 그 숭고하고 성스러운 일을 선뜻 이해하지 못하는 은빛연어를 안쓰러워한다. 그러던 중 은빛연어는 초록강과의 대화를 통해 '다른 누군가의 배경으로 존재하는 것'에 대한 의미를 깨닫게 된다. 초록강과 연어는 서로에게 배경이 될 수 있는데, 그것은 내려다보기를 멈추고 옆에서 바라볼 때 비로소 가능하다는 사실을 알게 된다.

옆에서 바라보는 행위는 자연을 지배하려 하지 않고 스스로를 자연의 일부라고 생각하는 교감의 정서와, 자연의 상처와 아픔을 함께 나누는 공감의 정서를 환기시켜 준다. 은빛연어는 강의 흐름이 자신의 이동 방향과 정반대일지언정 눈높이를 맞추는 순간 서로에게 존재의 근거가 된다는 생태적 연대감을 확인하게 된다.

초록강이 연어의 눈을 그윽하게 들여다보며 이런 말을 들려준다. "나는 인간들이 두 종류가 있다고 생각해. 낚싯대를 가진 인간과 카메라를 가진 인간." 낚싯대는 소유와 성과의 도구이지만 카메라는 존재를 있는 그대로의 모습으로 담아내는 배려의 도구이다. 낚싯대에는 노려봄의 눈초리가 어울리지만, 카메라에는 바라봄의 눈길이 필요하다. 결국 초록강은 낚싯대와 카메라의 메커니즘을 대비시켜 인간중심주의와 생태중심주의의 경계를 선명하게 드러내준 셈이다.

한편 초록강이 들려주는 아버지 은빛연어 이야기는 은빛연어가 삶의 방향을 정하고 정체성을 확립하는 데 결정적인 동기로 작용한다. 아버지도 은빛연어와 같이 등이 은색이었고 연어 무리의 존경을 받은 훌륭한 지도자였다는 이야기를 듣게 된 것이다. 은빛연어는 아버지가 선택했던 길을 따르기로 결심한다. 그것은 쉽고 평탄한 길이 아니라 고난과 시련이 기다리는 험난한 길이다. 그 길은 폭포와 하나가 됨으로써 그것을 뛰어넘는 길이다.

은빛연어의 깨달음은 폭포라는 거대한 난관에 봉착했을 때 그 진가를 드러낸다. 난관을 극복할 방안을 놓고 과학자연어, 웅변가연어, 선생님연어, 점장이연어 등이 서로 자신의 의견을 피력하지만 실효성 있는 대안은 아무도 제시하지 못한다.

결국 과학자연어가 자신의 목숨을 희생해 인간들이 뚫어 놓은 쉬운 길이 있음을 알아낸다. 그가 찾아낸 길은 사람들이 연어를 보호하기 위해 만들어 놓은 시설물이며, 어쩌면 연어들에게 더 안전하고 편한 길일 수 있다. 하지만 은빛연어는 새로 태어날 연어아기들이 쉬운 길에 적응하는 연어들이 아닌 고통을 극복하는 힘을 가진 연어로 건강하게 자라는 것이 더 좋겠다는 주장을 펼친다. 연어의 정체성은 폭포를 뛰어넘는 순간에 느끼는 고통과 희열에서 생겨나는 것임을 잘 알고 있기 때문이다.

한 발 더 다가서기 1

1 "거슬러 오른다는 것은 지금 보이지 않는 것을 찾아간다는 뜻이지. 꿈이랄까, 희망 같은 거 말이야. 힘겹지만 아름다운 일이란다."는 대목과 관련하여 우리가 살아가면서 거슬러 올라가야 할 것이 무엇인지 말해 보자.

2 "나는 인간들이 두 종류가 있다고 생각해. 낚싯대를 가진 인간과 카메라를 가진 인간."에서 카메라를 가진 인간은 어떤 유형의 인간을 지칭하는지 생각해 보고 그 이유를 3가지 이상 제시해 보자.

3 "사실 그의 마음을 붙잡고 있는 것은 누나인지도 모른다. 은빛연어 대신에 물수리의 밥이 되고 만 누나연어! 누나가 은빛연어에게 마지막으로 남기고 간 선물은, 이 세상에서, 끝까지, 살아남아야 한다는 것인지도 모른다."는 대목에서 선물의 의미를 생각해 보고, '살아남아야 한다는 것'과 '살아간다'는 것의 차이에 대해 논의해 보자.

한 개의 별을 노래하자

이육사

한 개의 별을 노래하자 꼭 한 개의 별을
십이성좌(十二星座) 그 숱한 별을 어찌나 노래하겠니

꼭 한 개의 별! 아침 날 때 보고 저녁 들 때도 보는 별
우리들과 아-주 친하고 그 중 빛나는 별을 노래하자
아름다운 미래를 꾸며 볼 동방의 큰 별을 가지자

한 개의 별을 가지는 건 한 개의 지구를 갖는 것
아롱진 설움밖에 잃을 것도 없는 낡은 이 땅에서
한 개의 새로운 지구를 차지할 오는 날의 기쁜 노래를
목안에 핏대를 올려가며 마음껏 불러보자

처녀의 눈동자를 느끼며 돌아가는 군수야업(軍需夜業)의 젊은 동무들
푸른 샘을 그리는 고달픈 사막의 행상대(行商隊)도 마음을 축여라
화전(火田)에 돌을 줍는 백성들도 옥야천리(沃野千里)를 차지하자

다 같이 제멋에 알맞는 풍양(豊穰)한 지구의 주재자(主宰者)로
임자 없는 한 개의 별을 가질 노래를 부르자

한 개의 별 한 개의 지구 단단히 다져진 그 땅 우에
모든 생산의 씨를 우리의 손으로 휘뿌려 보자
영속(罌粟)처럼 찬란한 열매를 거두는 찬연(饗宴)엔
예의에 끌림 없는 반취(半醉)의 노래라도 불러 보자

염리한 사람들을 다스리는 신이란 항상 거룩하시니
새 별을 찾아가는 이민(移民)들의 그 틈엔 안 끼어 갈 테니
새로운 지구엔 단죄 없는 노래를 진주처럼 흩이자

한 개의 별을 노래하자 다만 한 개의 별일망정
한 개 또 한 개 십이성좌 모든 별을 노래하자

'다 같이 제멋에 알맞은 풍양(豊穰)한 지구의 주재자(主宰者)로 임자 없는 한 개의 별을 가질 노래를 부르자.'와 유사한 의미의 맥락을 〈연어〉에서 찾아보고, 그 이유를 말해 보자.

제8장 나, 너 그리고 우리

우리는 살아가면서 많은 사람들을 만나고 있다. 가족, 친척, 친구, 선후배, 그리고 사회생활을 통해 만나게 되는 직장 동료와 상사 등이 있을 것이다. 우리는 사회적 동물로 존재하는 한, 의도하든 의도하지 않든 지속적으로 혼자가 아닌 공동체 안에서 삶을 영위해 간다. 그러다보니 여러 상황과 조건들로 인해 나도 모르는 사이 소외를 느끼는 일은 흔히 있는 일이다. 그것은 자기 자신의 내적인 문제일 때도 있겠지만 주어진 환경이나 인간관계에서 오는 경우가 많다. 소외라는 용어는 오늘날 보편화되고 익숙한 용어로 사용되고 있다. 그렇지만 소외가 무엇이냐고 물었을 때 선뜻 대답하기란 쉬운 일이 아니다. 소외를 어떤 측면에서 보느냐에 따라 다르게 표현될 수 있기 때문이다.

우리는 태어나면서부터 가치 충족을 위한 행위를 끊임없이 지속하려는 욕망을 삶의 당위성으로 인식하고 살아간다. 그렇다고 해서 모든 사람들에게 가치 충족의 욕구가 공평하게 허용된 것은 물론 아니다. 우리는 누구에게나 의례히 주어지는 이러한 당연한 현상에서도 낙오되는 사람들을 주위에서 쉽게 찾아 볼 수 있다. 결핍 상태가 오래 지속될 경우 여타의 사람들에 비해 상대적 빈곤감에 시달리게 되어 결국 자기소외로 이어진다. 이렇듯 소외감은 불안, 절망, 우울, 자포자기, 자살 등의 여러 가지 징후를 나타내며, 또 다른 경우에는 광기와 환상의 세계로 빠져 결핍된 자아를 도피시킴으로써 소외된 자기를 은폐하거나 도망치려는 정신질환의 병증으로 발전하기도 한다. 좀 더 구체적으로 말하면, 소외감은 사회적 구성원으로부터 타의적으로 내몰렸을 경우나 또는 사회적인 제도에 부합하지 못한 경우에 흔히 야기되며, 자신의 내부에 있는 모순을 인식할 때에도 발생한다.

형식적인 인간관계에 그치고 있는 요즘 누군가에게 격식 차리지 않고 편안하게 힘이 되는 인간, 진심을 잘 전달하는 인간 유형이 절실히 요구되는 만큼 이 장에서는 자기소외의 의미를 통해 더불어 사는 삶의 가치에 대해 들여다보고자 한다.

그러기 위해서는 현재 나의 인간관계에 대해 재점검해 볼 필요가 있는 것이다. 그저 허울뿐이고 도구적인 인간관계 속에서 주위에 사람이 넘쳐날 듯 많이 있음에도 불구하고 막상 핸드폰 속 많은 전화번호 중에서 불러낼 누군가가 없는 것은 아닌지, 그런 경험들로 인해 외로움을 느끼거나 불편함을 느끼고 있지는 않은지, 이것은 결국 군중 속의 고독과 같은 맥락이다.

우리는 인간관계에 대해 끊임없이 고민을 한다. 주위의 권유로 맺어진 인연을 나만의 기준으로 득이나 실을 따져 유지하거나 내치기에 급급했는지도 모른다. 마치 페이스북에서 '좋아요'를 받고 그것으로 성취감을 얻는 자기만족의 인간관계, 즉 도구적인 인연을 유지하고 있는 것은 아닐까.

각자의 삶을 유지하면서 상대와 나의 다름을 인정하고 함께 공유할 수 있는 삶, 즉 같이 있으면 좋은 에너지가 나오고, 서로의 이해와 용서가 상호작용할 수 있는 관계야말로 진정한 인간관계로 확립될 수 있을 것이다.

따라서 인간관계라는 테두리 속에서 우리는 얼마나 서로를 피곤하게 했는지 돌아볼 필요가 있다. 우선 인간관계를 맺고 유지하는 한, 진심을 다해 상대를 존중해야 한다. 인간관계와 주위 환경은 인간에게 있어 꿈과 행복을 결정하는 중요한 요소이다. 인간관계 때문에 꿈을 포기하거나 꿈을 다시 꾸기 시작하는 경우도 비일비재하다. 그저 자기중심적 사고방식으로 상대를 대한다면 결코 행복해질 수 없을 것이다. 서로 행복해지기 위해서는 데일 카네기(Dale Carnegie)의 인간관계론에서 강조하고 있는 누군가에게 진심으로 힘이 되는 인간, 진심을 잘 전달하는 인간이 되어야 할 것이다.

여기서 중요한 점은 진심이다. 성공하는 인간이란 능력이 성공한 인간이기보다 진심을 잘 전달할 수 있는 인간이라는 점이다. 사람은 이기적인 동물이라 나의 이익을 완전히 버릴 수는 없지만 적어도 나와 상대 모두에게 도움이 되는 타협점을 찾아보는 것이 중요하다.

알프레드 아들러(Alfred Adler)의 심리학에서는 인간관계를 망치는 요소로 첫째, 과거와의 비교, 둘째, 타인의 장점과 자신의 단점 비교, 마지막으로 이상과의 비교를 들고 있다. 특히 비교의 격차가 노력해서 좁아질 경우라면 우월성의 추구 목표가 될 수도 있지만, 그렇지 않을 경우는 그저 커다란 벽에 가려서 용기만 꺾일 뿐이다. 이것이 바로 인간관계에서 느낄 수 있는 획일화의 폭력이 아닐까 싶다. 어느 정도의 기준을 정해놓고 그것을 따라오지 못할 경우 폭력적인 열등감만 선사할 뿐이다. 이와 같은 현상이 가열될 경우 레드오션(red ocean)을 진행시키기도 한다. 즉 어느 정도의 기준을 획일화 또는 그 이상을 차지하기 위해 붉은 피를 흘려야하는 경쟁 시장이 열리는 것이다. 그리고 그를 위해 서로 눈치를 보고 비교하고 우월해하며 자신이 눈치게임의 승리자가 되었다고 허황된 성취감을 얻을 수도 있다. 그리고 간혹 인간관계에서는 친분이라는 것을 이용하는 폭력성이 존재하기도 한다. 오래 사귀었고, 상대방의 신뢰도 얻었기 때문에 그러한 빈틈을 노리는 것이다. 이런 현상은 일상에서 보증이나 사기와 같이 상대방을 하위평준화시키고 위너와 루저를 구분하고 그것에 대한 이분구도를 가속화시킨다. 즉 1등과 꼴찌를 나누듯 우월한 자와 우월하지 못한 자를 각인시키는 것이다. 인간관계에서 중요한 것은 위너와 루저가 아니라 진심을 나눌 수 있는 상호 교류의 진정한 인간관계다. 따라서 진실된 인간관계를 쌓기 위해서는 상대방을 포용하고 진심을 나눌 수 있는 사람, 더불어 함께 행복할 수 있는 마음가짐이 요구된다.

그런 맥락에서 이 장에서 다룰 박경리의 〈불신시대〉와 이태준의 〈달밤〉은 시대적 억압과 폭력에서 비롯된 불합리, 부조리를 경험해야 하는 인간관계가 잘 드러나 있다고 할 수 있겠다. 또한 권력의 부조리함이 난무하는 현실에서 나와 너, 우리의 간극이 새삼 느껴지는 작품이라 부를 만하다.

1. 〈불신시대〉

남편을 잃은 진영(眞英)은 1·4후퇴 때 세 살먹이 아이를 업고 친정어머니와 같이 제일 마지막에 서울에서 떠났다. 그러나 안양에 이르기도 전에 중공군이 그들을 앞질렀고, 유엔군의 폭격 밑에 놓였다. 수없는 피난민이 얼음판에 거꾸러졌다. 피난짐을 끌던 소는 굴레를 찬 채 둑 밑으로 굴렀다. 피가 철철 흐르는 시체 옆에 아이가 울고 있었다. 진영은 눈을 가리고 달아났던 것이다.

악몽과 같은 전쟁이 끝났다.

진영은 아들 문수(文秀)의 손을 잡고 황폐한 서울로 돌아왔다. 집터는 쑥대밭이 되어 축대조차 찾아볼 수 없었다. 진영은 잡풀 속에 박힌 기왓장 밑에서 습기가 차서 너덜너덜해진 책 한 권을 집어들었다. 『프랑스 文學의 展望』이라는 일본 책이었다. 이 책이 책장에 꽂혔을 때—순간 진영의 머릿속에 그러한 회상이 환각처럼 지났다. 진영은 무심한 아이의 눈동자를 멍하니 언제까지나 바라보고 있었다.

문수가 자라서 아홉 살이 된 초여름, 진영은 내장이 터져서 파리가 엉겨붙은 소년병을 꿈에 보았다. 마치 죽음의 예고처럼 다음날 문수는 죽어버린 것이다. 비가 내리는 밤이었었다.

일찍부터 홀로되어 외동딸인 진영에게 의지하며 살아온 어머니는 '내가 죽을 거로' 하며 문지방에 머리를 부딪치는 것이었으나 진영은 허공만 바라보고 있었다.

아이는 앓다가 죽은 것이 아니었다. 길에서 넘어지고 병원에서 죽은 것이다. 그러나 그것뿐이라면 진영으로서는 전쟁이 빚어낸 하나의 악몽처럼 차차 잊어버릴 수 있는 일이었는지도 모른다. 그러나 그것이 아니었다. 의사의 무관심이 아이를 거의 생죽음을 시킨 것이다. 의사는 중대한 뇌수술을 엑스레이도 찍어보지 않고, 심지어는 약 준비도 없이 시작했던 것이다. 마취도 안 한 아이는 도수장(屠獸場) 속의 망아지처럼 죽어간 것이다. 그렇게 해서 아이를 갖다버린 진영이었다.

바깥 거리 위에는 쏴아 하며 밤비가 내리고 있었다.

누워서 멀거니 천장을 바라보고 있는 진영의 눈동자가 이따금 불빛에 번득인다. 창백한 볼이 불그스름해진다. 폐결핵에서 오는 발열이다.

바깥의 빗소리가 줄기차온다.

아이가 죽은 지 겨우 한 달, 그러나 천년이나 된 듯한 긴 날들이었다. 눈을 감은 진영의 귀에 조수(潮水)처럼 밀려오는 것은 수술실 속의 아이의 울음소리였다.

진영은 벌떡 자리에서 일어나 술병을 들이켠다. 잠이 오지 않을 때 마셔보라고 친구가 보내준 포도주였다.

이불 위에 엎드린 진영은 산울림처럼 멀어지는 수술실 속의 아이의 울음소리를 듣는 것이었다.

어떻게 어떻게 해서 잠이 든다. 꿈속에서 희미한 길을 마구 쏘다니며 아이를 찾아 헤매다가 붕대를 친친 감은, 눈도 코도 입도 보이지 않는 아이 모습에 진영은 소스라쳐 깬다. 흠씬 땀에 젖은 몸이 가늘게 떨고 있었다.

별안간 무서움이 끼친다.

비가 멎은 새벽이 창가로부터 서서히 방안으로 스며들고 있었다.

허공을 보고 있던 진영은 왜 무서움을 느꼈는지 알 수가 없었다. 아이가 이미 유명(幽冥)의 혼령이기 때문인지도 모른다. 그렇다면 이렇게 서글픈 인간관계가 어디 있겠는가. 진영은 구역이 나올 정도로 자기 자신이 싫었다.

성당의 종소리가 멀리서 들려온다. 요다음 주일날에는 꼭 나를 성당에 데려다 달라고 갈월동(葛月洞) 아주머니에게 부탁을 한 일이 생각난다. 바로 오늘이 그 주일날이다.

갈월동의 아주머니는 약속한 대로 여덟시가 못 되어서 왔다. 아주머니는 옛날에 죽은, 진영의 칠촌아저씨의 마누라였다. 자식도 없는 그는 아주 독실한 천주교의 신자였으나 근래에 와서 계로 인하여 상당히 말썽을 빚었다. 진영이만 해도 바닥까지 긁은 돈으로 겨우겨우 넣어온 이십만환짜리 계를 소롯이 포기하고 말았던 것이다. 그만큼 계주를 한 아주머니의 사정이 급박했던 것이다.

매미 날개같이 손질을 한 모시옷을 입은 아주머니는 울고불고하는 어머니를 위로하는데 아주머니가 말할 적에는 금으로 씌운 송곳니가 알른알른 보였다.

어머니는 아는 사람을 보기만 하면 손을 잡고 손주를 잃은 하소연을 했다. 진영은 그러는 어머니가 싫었지만 그러나 딸 하나를 믿고 산 그가 여러 가지 면으로 서러운 위치에 놓인 것은 사실이다.

"우시지 마세요, 형님. 산 사람 생각도 하셔야지. 진영의 마음이 오죽 하겠어요. 이러지 마세요. 그리고 살아갈 길이나 생각합시다."

진영이 실직을 하고 있는 형편이라 살길도 막연하긴 했다.

아주머니는 갖가지 말로 어머니를 달래다가 풀어진 고름을 여미며(아주머니는 적삼에도 반드시 고름을 달았다.)

"우리 어디 사는 대로 살아봅시다……, 그리고 나도 생각하고 있었어요, 형님 돈 만큼은 돌려드릴려구. 원금만이라도요……"

…… (중략) ……

진영은 성당 안으로 들어갔다. 아주머니는 신발을 책보에 싸면서,

"주로 아이들을 위한 미사시간이 되어서 시끄러워. 다음엔 일찍 와요."

진영은 아주머니의 말보다 거추장스럽게 신발을 싸들고 가는 신자들의 모습에 눈이 따라가는 것이었다. 진영은 문득 예수 사랑하려고 예배당에 갔더니 눈감으라 하고서 신도둑질하더라, 그런 야유에 찬 노래를 생각했다. 그러나 진영은 곧 형용할 수 없는 두려움을 느꼈다. 신전(神殿)에서 신을 모독하다니 — 그런 죄의식에 쫓기며 진영은 아주머니의 뒤를 따랐다.

얼마 후에 미사는 시작되었다.

"가엾은 나의 아들 문수를 위하여 기도를 올리나이다. 진심으로…… 진실로 비나이다. 그 고통으로부터 놓이게 하시고, 어린 영혼에게 평화가 있기를……"

진영은 눈을 감고 그런 말을 중얼거렸다. 그러나 마음 한구석에 있는 헤살꾼의 속삭임이 더 집요했다. 헤살꾼은 속삭인다. 문수는 죽어버린 것이다. 아주 영영 없어진 것이다. 진영은 눈앞이 캄캄해오는 것을 느낀다. 헤살꾼은 속삭인다. 칼끝으로 골을 짜개서 죽여버린 것이다. 무참하게 죽여버린 것이다.

진영은 눈앞에 시뻘건 불덩어리가 굴러가는 것을 본다. 헤살꾼은 자꾸만 속삭

인다. 어둡고 침침한 명부(冥府)에서 압축한 듯한 목쉰 아이의 울음소리, 진영은 땀을 흘리며 눈을 떴다. 코앞에 닿은 어머니의 머리에서 땀내가 풍겨온다. 현기증을 느낀다. 신자들의 머리에 쓴 하얀 미사포가 시계와 의식을 하나로 표백시켜버리는 것이었다.

얼마 동안이 지났는지 진영은 고개를 돌렸다. 구제품이 늘어선 듯한 성가대의 아이들이 눈앞에 나타났다. 아이들의 각색의 음계가 합한 성가는 바람을 못 마신 오르간의 잡음처럼 진영의 귓가에 울렸다. 이 속에서 무릎을 꿇고 앉았는 을씨년스런 자기 자신의 모습, 진영은 그것이 얼마나 어설픈 위치인가를 깨닫는다.

진영은 다시 눈을 감았다. 그러나 자기 자신이 미웠다. 결코 자기라는 의식을 버리지 못하는 것이 미웠던 것이다. 진영은 어떻게 해서라도 객관적인 자기 의식으로부터 벗어나고 싶었다. 진영은 잃어진 낭만을 찾아보듯이 신과 문수의 죽음이 동렬의 신비라는 것, 그리고 아무도 신과 죽음을 비판할 수 없다는 것, 그것은 사실이라 생각했다.

진영이 처음 성당에 나가려고 결심했을 때, 그것(종교)이 가공에 설정된 하나의 가정일지라도 다만 문수를 위한다는 명목만으로 자신이야 삐에로도 오뚝이도 될 수 있으리라 생각했던 것이다. 그러나 의식적인 맹목은 끝내 맹목일 수 없었다.

미사가 거의 끝날 무렵이었다. 진영은 긴 작대기에 헌금주머니를 매단 잠자리채 같은 것이 가슴 앞으로 오는 것을 보았다. 아주머니가 성급하게 돈을 몇 닢 던졌을 때 잠자리채 같은 헌금주머니는 슬그머니 뒷줄로 옮겨가는 것이었다. 진영은 구경꾼 앞으로 돌아가는 풍각쟁이의 낡은 모자를 생각했다. 그런 생각을 계기로 하여 진영은 밖으로 나와버렸다.

…… (중략) ……

진영은 약국에서 스트렙토마이신 한 개를 사들었다. 내내 다니던 Y병원에는 아무래도 가고 싶지 않았기 때문에 약을 산 것이다. 갈월동의 아주머니는 Y병원의 의사가 같은 신자이니 믿고 다니라고 했다. 그러나 여태까지 주사 분량인 한 병에서 겨우 삼분지 일만 놓아주고 있었던 것을 알게 되었다. 그것을 안 이상 그 병원에 다시 갈 수는 없었다.

약병을 만지며 길 위에 한동안 서 있던 진영은 집 근처에 있는 S병원에 들어갔다. 이웃이기 때문에 의사와 안면쯤은 있었다. 그러나 S병원은 엉터리병원이었다.

진영은 모든 것이 서툴러 보이는 갓 데려다놓은 듯한 간호원을 불안스럽게 쳐다보며 약병을 내밀었다. 진찰도 하지 않고 주사만 맞으러 오는 손님을 의사는 언제나 냉대한다. 그래서 진영은 애시당초 의사를 보지도 않았다. 그러나 환자를 진찰하고 있던 의사가 뒤로 고개를 돌렸을 때 진영은 놀라지 않을 수가 없었다. 의사가 아니었다. 그나마도 근처에 사는 건달꾼이었던 것이다. 진짜 의사는 그때야 서류 같은 것을 들고 안에서 분주히 나오더니 바쁘게 밖으로 나가버리는 것이었다. 청진기를 든 건달꾼은 진영의 눈살에 켕겼는지 우물쭈물 해치우더니 간호원에게,

"페니시링 이 그람!"

하고 밖으로 슬그머니 사라진다.

페니실린이라면 병명을 몰라도 만병통치약으로 건달꾼은 알고 있었던 모양이다.

진영이 멍청히 섰는데 간호원은 소독도 안 한 손으로 아주 서툴게 마이신을 주사기에다 뽑고 있었다. 진영이 정신을 차렸을 때 주사기에 들어가고 있는 액체가 뿌옇게 보였다. 약이 채 녹기도 전에 주사기에다 뽑은 것이다. 진영은 더 참지 못했다.

"안 돼요. 녹기도 전에, 큰일날려구!"

앙칼지게 소리치며 진영은 약병을 뺏어서 흔들었다.

페니실린을 맞으려고 기다리고 앉았던 낯빛이 노란 할머니가 주사기를 들고 엉거주춤하니 서 있는 간호원을 불안스럽게 보고 있다.

병원문을 나섰다. 이미 밤이었다.

아까, "큰일날려구" 하면서 약병을 빼앗던 자기의 모습이 어둠 속에 둥그렇게 그려진다. 참 목숨이란 끔찍이도 주체스럽고 귀중한 것이고—몇 번이나 죽기를 원했던 자기 자신이 아니었던가.

진영은 배꼽이 터지도록 밤하늘을 보고 웃고 싶었다. 그러나 그 웃음이 터지고 마는 순간부터 진영은 미치고 말리라는 공포 때문에 머리를 꼭 감쌌다. 사실상 내가 미쳤는지도 모른다. 모든 일은 미친 내 눈앞의 환각인지도 모른다. 지금은 밤이 아니고 대낮인지도 모른다.

진영은 머리를 꼭 감싼 채 집을 항하여 달음박질을 쳤다.

밀짚모자를 쓴 냉차장수가 뛰어가는 진영의 뒷모습을 넋없이 바라본다.

달무리에 둘러싸인 달이 불그스름했다. 비라도 쏟아질 듯이 뭉뭉한 더운 바람이 불어왔다.

진영의 어머니는 쌀을 팔러 온 중이 가고 난 뒤 백중날을 기다렸다. 백중날은 죽은 사람의 시식(施食)을 하기 때문이다.

백중 전날에 어머니는 문수의 사진과 돈 이천환을 가지고 절에 가서 미리 연락을 해두었다. 그래서 다음날 아침에는 날이 휘번해지자 진영이도 과실 바구니를 들고 어머니를 따라 집을 나섰던 것이다.

B국민학교를 돌아 약간 비탈진 길을 올라서니 이내 절 안마당이 보였다. 백중맞이를 하느라고 한창 바쁜 절에는 동리 아낙네들이 와서 일을 거들고 있었다.

큼직한 몸집을 한 주지승이 어머니를 보고 반색한다.

"아이구 정성도 지극해라. 이렇게 일찍부터……".

어머니는 눈에 손수건부터 가져간다.

"시님, 우리 아이 천도 좀 잘 시켜주세요. 부탁입니다. 너무 가엾어서……"

콧물을 짠다. 어제저녁에 실컷 어머니의 시름을 들었을 주지승은 새삼스럽게 그 말이 탐탁해질 리가 없다. 주지승은 극히 사무적으로,

"그런데……첫째로 하갔다던 서장 부인이 아직두 안 오시니 어떡허나?"

잠시 생각에 잠긴다.

무슨 서장인지 알 수는 없으나 이 절에 있어서 대단히 소중한 손님인 모양이다. 어머니는 비굴한 웃을 띠면서 주지승을 쳐다본다.

"시님, 그만 우리 아일 먼저 해주세요."

주지는 한동안 어머니를 보고 있더니,

"……그럼 댁부터 해드릴까……"

주지는 그렇게 작정하고 마침 지나가는 중을 부른다.

"아우님!"

아우님이라고 불린 여승은 돌아본다. 얼굴이 쪼글쪼글 쪼그라진 그 여승은 아직도 팽팽한 주지에 비하여 훨씬 더 늙어 보인다. 게다가 표정마저 앙상하다.

"어제저녁에 이천환 낸 분인데 아직 서장댁이 안 오시니 우선 하나라도 먼저 끝내지요."

주지의 말투는 상대방의 의견을 존중한 것이었다.

늙은 중은 대답 대신 진영의 모녀를 훑어보더니 돈의 액수가 심에 차지 않은 듯 무뚝뚝하게 그냥 가버린다.

진영과 어머니는 법당 옆에 서로 등을 보이고 우두커니 서 있었다.

…… (중략) ……

얼마 동안이 지난 것 같았다. 주지승이 씨근덕거리며 법당으로 쫓아왔다.

"아우님, 빨리 하시오. 지금 막 서장댁이 오셨구려. 대강대강 하시오."

주지는 법당 구석에 걸어둔 먹물 들인 모시장삼을 입으며 서두르는 것이었다. 늙은 중은 불전(佛前)에서 영전(靈前)으로 자리를 옮긴다. 제대로 불경이나 끝마쳤는지 의심스러웠다. 아까 공양을 나르던 젊은 중이 이번에는 널따란 그릇을 들고 들어온다. 그는 진영의 모녀를 돌아다보며 영가(靈架) 앞으로 오라고 손짓한다.

진영은 문수의 사진이 놓인 앞에 가서 엎드렸다. 차가운 마룻바닥에 처음으로 뜨거운 눈물이 주체할 수 없을 정도로 쏟아지는 것이었다. 문수의 손길이 생생하게 마음속에 느껴진 것이다.

"문수야, 많이 많이 먹어라. 불쌍한 내 자식아!"

진영은 어머니의 목소리를 이처럼 슬프게 들은 적은 없었다. 어머니는 향을 꽂고 은행에서 갓 나온 듯한 빳빳한 십환짜리 스무 장을 영전에 놓았다. 진영도 일어서서 향을 꽂았다. 그리고 돌아섰을 때 중이 목을 길게 뽑아가지고 영전에 놓인 돈을 기웃거리고 있는 모습을 보았다. 그 빳빳한 새 돈은 흡사 백환권으로 보이는 것이었다. 진영은 송구스런 생각에서 고개를 폭 수그리고 말았다.

그릇을 들고 온 젊은 중이 돈을 옆으로 밀어놓으면서 시무룩하게,

"영가 노자가 너무 적군요. 이 세상이나 저세상이나 그저 돈이 있어야지, 동무하고 쓰고 놀다가 돌아가지 않겠어요?"

진영은 머릿속에 피가 꽉 차오는 것을 느낀다. 돈을 그렇게밖에 준비하지 못한 어머니의 인색함을 심히 저주하는 마음이었던 것이다.

젊은 중은 들고 온 그릇에다 영가 앞에 차린 음식을 조금씩 덜어놓는다. 나물, 떡, 자반, 과실, 그렇게 차례차례 손이 간다. 마침 먹음직스런 약과에 손이 닿자 별안간 목탁을 치던 중이,

"그건 그만두구려!"

바락 소리를 지른다. 젊은 중은 진영을 힐끗 보면서 총총히 바깥 시식돌(施食石)로 음식을 버리러 나가는 것이었다.

진영은 기가 막혔다. 처음부터 거래임에는 이의가 없었다. 그러나 이쯤 되면 어지간한 감정도 폭발 아니할 수 없었다. 진영은 양손으로 얼굴을 폭 쌌다. 울음이 터진 것이다. 누구에게도 향할 수 없는 역정을 그는 울음 속에다 내리퍼부었다. 울음 속에 자기 목에 매달리던 문수의 손길이 느껴진다. 미칠 듯한 고독과 그리움이 치솟는 것이었다.

음식을 버리고 돌아온 젊은 중은 과실을 모으며,

"이걸 가져가셔야지. 보자기를……"

하며 어머니를 돌아본다. 진영은 새빨갛게 충혈된 눈으로 젊은 중을 노려보며

"일없소. 그만두시오."

진영의 목소리는 악을 쓰는 것 같았다. 일을 다 마치고 법당 밖에 나온 늙은 중이,

"왜 가져온 걸 안 가져가슈."

쳐다보지도 않는 진영이 대신 어머니가,

"뭐 그걸……"

진영이 얼굴을 어머니는 숨어 본다. 늙은 중은 침을 꿀꺽 삼키며,

"댁 같으면 중이 먹고 살갔수."

진영의 눈이 번득였다.

"조반을 자셔야 할 텐데 너무 일러서 찬이 제대로 안 됐어요. 좀 기다리실까요."

젊은 중은 그런 말을 남기고 가버린다.

진영은 법당 축돌 위에 주저앉았다. "이 세상이나 저세상이나 그저 돈이 있어야지요" 하던 말이 되살아온다. 물론 처음부터 거래였다. 그렇다면 화폐의 액수에 따라 문수에 대한 추모의 정이 계산된단 말인가.

…… (중략) ……

진영은 그 이상 견딜 수가 없어서 내버려두었던 몸을 끌고 H병원으로 갔다. 그러나 그곳에도 일주일이 멀다고 그만 가는 것을 중지하고 말았던 것이다.

얼마 남지 않은 돈은 생활비에나 써야 한다는 이유도 있었다. 그러나 직접의 동기는 외국제 주사약의 빈병들을 팔아버리는 장면을 본 때문이다.

Y병원에서는 주사약의 분량을 속였고 S병원은 엉터리였다. 그리고 H병원에서는 빈 약병을 팔았다.

진영은 간호원이 빈병을 헤아리고 있을 때 짐작으로 가짜 주사약 생각을 했던 것이다. 그러나 H병원만이 빈 약병을 파는 것은 아니다. 또 그 빈병만 하더라도 반드시 가짜 약병으로 사용된다고 말할 수도 없다. 잉크병으로, 물감병으로, 혹은 후춧가루병으로 흔히 이용되고 있다. 그렇지만 사실 거리에는 가짜 주사약이 범람하고 있는 것이다. 상인들은 태연히 그런 가짜를 진짜 속의 진짜라고 나팔불었다. 진영은 그것을 생각하니 인술이라는 권위를 지닌 의사가 그런 상인 따위들 같아서 신뢰감이 사라지는 것이었다. 물론 아무리 대수롭잖은 빈병일지라도 그것은 전연 그 의사의 소유이며 처분의 자유는 그의 기본 권리에 속한다. 그래도 진영은 그의 기본적 권리보다 무수히, 마치 페스트처럼 눈에 보이지 않게 만연되어

가는 가짜 주사약 생각만 하는 것이었다.

해바라기의 꽃이 씨앗을 안았다.

며칠 전에 아주머니가 원금만은 돌려주겠다던 약속대로 마지막 남은 만환을 가지고 왔다. 이것으로 원금 십만환은 다 받은 셈인데 조금씩 조금씩 보내준 돈은 지금 집에 한 푼도 남아 있지 않았다.

아주머니는 돈을 주고 난 다음 가려고 일어서면서 문수의 위패를 절에다 모신데 대한 불만을 말했다. 그리고 왜 그런 우상을 숭배하느냐고 나무라는 것이었다. 진영은 어느 것이면 우상이 아니냐고 말하고 싶었으나, 곧 말하고 싶은 충동을 억눌러버리고 그저 멍멍히 아주머니를 쳐다보았던 것이다. 자기 자신이 지닌 모순을 설명할 도리가 없어서 그랬던 것이다.

박경리(朴景利, 1926-2008)는 경남 통영에서 출생하여 진주여고를 졸업하였다. 1955년 단편 〈계산〉이 『현대문학』에 추천된 데 이어 1956년 〈흑흑백백〉이 현대문학에 추천되어 문단에 데뷔하고 작품 활동을 시작했다. 1957년 〈불신시대〉로 제3회 현대문학 신인상을 수상했고 1959년 장편 〈표류도〉로 제3회 내성문학상을 수상했다. 또한 1965년 〈시장과 전장〉으로 제2회 한국여류문학상을 수상했다.

이 같은 수상 경력과 더불어 왕성한 창작 활동을 하였는데, 우리가 잘 알고 있는 대하소설 〈토지〉를 포함한 중·장편소설, 단편, 그리고 수필집, 기행문, 시 등 실로 다양하고 많은 작품을 쓴 작가이다.

박경리가 초기 단편들을 쓸 당시 대부분의 한국인은 6·25라는 역사적 비극으로 인한 전쟁의 상처를 지닌 채 힘겨운 나날을 살아가고 있었다. 따라서 당대의 작가들에게는 피폐한 현실 속에서 겨우 지탱해 나가던 삶 자체가 문학의 소재이자 주제가 될 수밖에 없었다.

박경리 또한 이러한 시대적 상황에서 자유로울 수 없었다. 더구나 박경리는 전쟁을 거치면서 남편과 아들까지 잃은 상태였다. 그러기에 박경리에게 있어서 문학은 일차적으로 개인사적 불행으로부터 자신을 위로하는 도구로 사용되었던 것으로 보인다. 특히 〈암흑시대〉와 〈불신시대〉 연작의 경우 아들의 죽음이라는 작품 소재는 작가 박경리 자신의 개인사적 체험을 바탕으로 하고 있다. 그래서 전쟁으로 남편을 잃고 가장의 역할을 수행하는 젊은 여성들의 삶을 집중적으로 다룸으로써 사소설적인 면을 보인다는 평가도 있다.

이처럼 자신의 내면화를 위한 초기 작품들이 있었기에 나와 타자 관계를 넘어 유기적인 세계와 더불어 사는 삶이라는 키워드는 박경리 문학의 핵심 주제가 될 수 있었다. 박경리는 작품을 통해 억압과 해체, 분열과 부조리, 상실과 결핍이 보편화되어 있는 우리 사회에서 인간의 존엄과 함께, 더불어 사는 관계망의 소중함을 환기시켜 준다.

박경리의 〈불신시대〉는 한 여성의 눈을 통해 감지되는 현실 사회의 타락상을 그린 소설로, 『현대문학』 1957년 8월호에 게재되었다. 전쟁의 암울한 현실 속에서 불순한 인심의 문제로 인한 인간의 소외가 어떠한 것인지를 적나라하게 보여주고 있다. 더불어 사회 곳곳에서 일어나는 혼란과 부조리에 대해 사실적인 공감을 불러일으키고 있다.

전쟁 때 남편을 잃은 진영은 전쟁이 끝난 후 전쟁의 폭력으로부터 타락한 현실 앞에 무방비 상태로 던져진다. '의사의 무관심' 때문에 '도수장 속의 망아지'처럼 외아들 문수가 죽고, 중들은 돈을 좇아 종교를 팔고, 병원에서는 치료 약의 함량을 속인다. 곳곳에 사기꾼들이 득실거리는 현실은 그녀의 예민한 영혼을 무자비하게 고문한다. 약탈적인 살인자들의 세계 속에 그녀 혼자 외롭고 무기력한 상태로 놓여 있는 것이다.

진영이라는 인물은 정신과 육체가 망가진 당대인들의 외로움과 무력함을 대변하고 있으며 양심과 도덕을 저버린 속물들에 대한 혐오를 노골적으로 드러내고, 이에 대한 결연한 저항의지를 내보인다. 〈불신시대〉는 생활 주변에서 흔히 보이는 평범하고 일상적인 소재를 통해 당대 현실이 지닌 병폐를 고발하고 있다. 작중 인물의 현실을 바라보는 시각에 피해의식과 감상주의가 짙게 드리워져 있다. 그러나 진영은 현실 앞에 주저앉지 않고 인간에의 증오를 폭발시킴으로써 부정과 위선으로 가득 찬 현실 상황을 비판한다.

작품의 대략적인 내용은 1950년 한국전쟁으로 남편을 잃은 젊은 미망인 진영이 남편을 잃은 아픔이 가시기도 전에 하나밖에 없는 아들 문수가 죽는다. 문수의 죽음은 어쩔 수 없이 일어난 사건이 아니라 의사의 실수에 의한 것이다. 진영은 마취도 안 한 채 도살장의 망아지처럼 죽어 간 아들의 울음소리가 귓가에 들려와 괴로워한다. 진영은 종교의 힘을 빌려 고통에서 벗어나보려 하지만, 신발을 안고 예배를 보는 천주교인들과 시주 받은 쌀을 팔고 돈이 적다며 아들의 천도를 소홀히 하는 중들을 보면서 분노한다. 뿐만 아니라 인술(仁術)을 펼쳐야 할 병원은 돈 때문에 주사약의 분량을 속이고 엉터리 의사가 진료를 하는가 하면 빈 약병을 판다. 또 갈월동 아주머니와 함께 한 계(契)를 통해 개인의 이익만 추구하는 태도가 결과적으로는 타인에게 삶을 지탱하기 어려울 만큼의 많은 손해를 불러일으킨다는 것을 알게 된다. 진영은 부당한 것에 저항하는 마지막 수단으로 문수의 사진과 위패를 불태우며 삶의 의지를 다진다는 내용이다.

〈불신시대〉에서 진영은 9·28 수복 전날 밤에 남편을 잃고 얼마 되지 않아 또다시 의사의 무관심으로 아들을 잃게 된다. 작품의 시작에서부터 무관심으로 인한 소외로 인간이 얼마나 불행해질 수 있는지를 느끼게 한다. 진영은 이러한 비극적인 상황에서도 어렵게 생계를 꾸려가지만 실직과 폐결핵이라는 건강상의 문제로 살아갈 일이 막막한 상태이다. 이런 진영이 자의가 아닌 타의로 인한 소외감을 크게 느끼게 되는 3가지 주목할 사건이 있다.

첫 번째는 아들의 영혼을 위로하고 아들을 위한다는 명목으로 성당과 절을 찾아가지만 그 분위기에 동요되지 못하고 이내 스스로를 이방인처럼 느낀다. 약한 사람을 보듬어 줄 수 있을 것이라고 찾아간 성당에서 '신발을 싸들고 가는 신자들의 모습에 눈이 따라 가는 것'에서 알 수 있듯이 서로 불신하는 신자들의 모습과 봉헌 주머니를 보면서 '풍각쟁이의 낡은 모자'로 진영은 생각한다. 백중날 죽은 사람의 시식(施食)을 하기 위해 절에 갔지만 영가 노자가 너무 적어 스님들로부터 무시당하거나, 지위 높은 서장댁이 왔기 때문에 진영이 의뢰한 불경은 급히 끝내야 하는 외면을 당해야 했다. 보통의 사람들이라면 어려운 일을 당했을 때 종교에 의지해서 자신의 고통을 위로 받고자 하지만 진영은 위로는커녕 자기와는 무관하게 생각하며 소외감을 느낀다.

두 번째는 진영이 어려운 살림에 겨우 넣은 곗돈을 친척 아주머니에게 떼이고 계를 해서 빚만 뒤집어 쓴 줄 알았던 아주머니는 실상 거액의 비밀 거래를 하고 있었던 것을 알게 된다.

세 번째는 진영이 폐결핵이 악화되었기 때문에 병원을 찾는다. 하지만 Y병원에서는 주사약을 삼분의 일로 속였고, S병원에서는 동네 건달이 진료를 하고 있었으며, H병원에서는 외국제 주사약의 빈 약병을 팔았던 것이다. 이 사실을 알게 된 진영은 이내 병원 가는 것을 중단하게 된다.

이와 같은 일들을 겪으면서도 진영은 무엇 하나 적극적으로 해결하지 못하는 자신의 삶을 고통스럽게 직시한다. 부조리한 사회에 맞서 병원에 가는 것을 중단하는 것 정도의 소극적인 반항은 아무도 알아주지 않는 빈곤층의 소외가 무엇인지를 말해 준다. 일반인이나, 종교인이나, 인술을 베풀어야 할 의사나, 사람을 사랑하고 사람에게 관심을 두기보다는 자기 욕심만 채우며 자기만 잘 되면 된다는 생각에서 돈만 사랑하고 사람은 비인격화시키는 모습을 보면서 진영은 의지할 데라고는 눈 닦고도 찾아볼 수 없었다거나 인간 정신이 사물화되어 가는 현실에서 진영이 할 수 있는 것이라곤 작품의 마지막에 '항거할 수 있는 생명'이 남아 있음을 확인하는 것뿐이었다.

즉 진영이 경험한 현실 세계는 진영으로서는 도저히 타협하며 살아갈 수 없게 만들었을 뿐만 아니라 사회 구성원에 대한 그녀의 절망감은 세상을 불신하게 만들었다. 그러한 세계는 사회와의 관계에서 철저히 소외감을 불러일으켰고, 위선과 기만으로 가득 찬 세상에서 인간에 대한 아주 기본적인 믿음마저 잃게 하였다.

한 발 더 다가서기

1 아래의 글에서 문수의 죽음에 대한 진영의 감정이 가장 잘 나타나는 문장을 찾아 보자.

아이가 죽은 지 겨우 한 달, 그러나 천년이나 된 듯한 긴 날들이었다. 눈을 감은 진영의 귀에 조수(潮水)처럼 밀려오는 것은 수술실 속의 아이의 울음소리였다.

진영은 벌떡 자리에서 일어나 술병을 들이켠다. 잠이 오지 않을 때 마셔보라고 친구가 보내준 포도주였다.

이불 위에 엎드린 진영은 산울림처럼 멀어지는 수술실 속의 아이의 울음소리를 듣는 것이었다.

---

2 "영가 노자가 너무 적군요. 이 세상이나 저세상이나 그저 돈이 있어야지, 동무하고 쓰고 놀다가 돌아가지 않겠어요?"라는 대목에 비추어 물질만능주의 시대에 진정한 가치를 찾기 위한 우리의 자세는 무엇이라고 생각하는지 이야기해 보자.

3 〈불신시대〉에서처럼 자기가 경험한 불신에 대하여 이야기해 보자.

2. 〈달밤〉

"저는입쇼, 이 동네 사는 황수건이라 합니다……."

하고 인사를 붙인다. 나도 깍듯이 내 성명을 대었다. 그는 또 싱글벙글 하면서,

"댁엔 개가 없구먼입쇼."

한다.

"아직 없소."

하니,

"개 그까짓 거 두지 마십쇼."

한다.

"왜 그렇소?"

물으니, 그는 얼른 대답하는 말이,

"신문 보는 집엔입쇼, 개를 두지 말아야 합니다."

한다. 이것 재미있는 말이다 하고 나는,

"왜 그렇소?"

하고 또 물었다.

"아, 이 뒷동네 은행소에 댕기는 집엔입쇼, 망아지만 한 개가 있는뎁쇼, 아, 신문을 배달할 수가 있어얍죠."

"왜?"

"막 깨물라고 뎁비는 걸입쇼."

한다. 말 같지 않아서 나는 웃기만 하니 그는 더욱 신을 낸다.

"그눔의 개 그저, 한 번 양떡을 멕여대야 할 텐데……."

하면서 주먹을 부르대는데 보니, 손과 팔목은 머리에 비기어 반비례로 작고 가느다랗다.

"어서 곤할 텐데 가 자시오."

하니 그는 마지못해 물러서며,

"선생님, 참, 이 선생님 편안히 주뭅쇼. 저희 집은 여기서 얼마 안 되는 걸입쇼."
하더니 돌아갔다.

그는 이튿날 저녁, 집을 알고 오는데도 아홉 시가 지나서야,

"신문 배달해 왔습니다."

하고 소리를 치며 들어섰다.

"오늘은 왜 늦었소?"

물으니,

"자연 그럽죠."

하고 다른 이야기를 꺼냈다.

자기는 워낙 이 아래 있는 삼산학교에서 일을 보다 어떤 선생하고 뜻이 덜 맞아 나왔다는 것, 지금은 신문 배달을 하나 원배달이 아니라 보조배달이라는 것, 제 집엔 양친과 형님 내외와 조카 하나와 제 내외까지 식구가 일곱이란 것, 제 아버지와 제 형님의 이름은 무엇 무엇이며, 자기 이름은 황가인 데다가 목숨 수(壽) 자 하고 세울 건(建) 자로 황수건이기 때문에, 아이들이 노랑수건이라고 놀리어서 성북동에서 가가호호에서 노랑수건 하면 다 자긴 줄 알 리라고 자랑스럽게 이야기하다가 이 날도,

"어서 그만 다른 집에도 신문을 갖다줘야 하지 않소?"

하니까 그때서야 마지못해 나갔다.

우리집에서는 그까짓 반편(半偏)과 무얼 대꾸를 해가지고 그러느냐 하되, 나는 그와 지껄이기가 좋았다.

그는 아무것도 아닌 것을 가지고 열심스럽게 이야기하는 것이 좋았고, 그와는 아무리 오래 지껄이어도 힘이 들지 않고, 또 아무리 오래 지껄이고 나도 웃음밖에는 남는 것이 없어 기분이 거뜬해지는 것도 좋았다. 그래서 나는 무슨 일을 하는 중만 아니면 한참씩 그의 말을 받아주었다.

어떤 날은 서로 말이 막히기도 했다. 대답이 막히는 것이 아니라 무슨 말을 해야 할까 하고 막히었다. 그러나 그는 늘 나보다 빠르게 이야깃거리를 잘 찾아냈

다. 오뉴월인데도 "꿩고기를 잘 먹느냐?"고도 묻고, "양복은 저고리를 먼저 입느냐 바지를 먼저 입느냐?"고도 묻고 "소와 말과 싸움을 붙이면 어느 것이 이기겠느냐?"는 둥, 아무튼 그가 얘깃거리를 취재하는 방면은 기상천외로 여간 범위가 넓지 않은 데는 도저히 당할 수가 없었다. 하루는 나는 "평생 소원이 무엇이냐?"고 그에게 물어 보았다. 그는 "그까짓 것쯤 얼른 대답하기는 누워서 떡 먹기"라고 하면서 평생 소원은 자기도 원배달이 한 번 되었으면 좋겠다는 것이었다.

남이 혼자 배달하기 힘들어서 한 이십 부 떼어주는 것을 배달하고, 월급이라고 원배달에게서 한 삼 원 받는 터라, 월급을 이십여 원을 받고, 신문사 옷을 입고, 방울을 차고 다니는 원배달이 제일 부럽노라 하였다. 그리고 방울만 차면 자기도 뛰어다니며 빨리 돌 뿐 아니라 그 은행소에 다니는 집 개도 조금도 무서울 것이 없겠노라 하였다.

그래서 나는 "그럴 것 없이 아주 신문사 사장쯤 되었으면 원배달도 바랄 것 없고 그 은행소 다니는 집 개도 상관할 바 없지 않겠느냐?" 한즉 그는 뚱그래지는 눈알을 한참 굴리며 생각하더니 "딴은 그렇겠다"고 하면서, 자기는 경난(經難)이 없어 거기까지는 바랄 생각도 못하였다고 무릎을 치듯 가슴을 쳤다.

그러나 신문 사장은 이내 잊어버리고 원배달만 마음에 박혔던 듯, 하루는 바깥마당에서부터 무어라고 떠들어대며 들어왔다.

"이 선생님? 이 선생님 겝쇼? 아, 저도 내일부턴 원배달이올시다. 오늘 밤만 자면입쇼……."

한다. 자세히 물어보니 성북동이 따로 한 구역이 되었는데, 자기가 맡게 되었으니까 내일은 배달복을 입고 방울을 막 떨렁거리면서 올 테니 보라고 한다. 그리고 "사람인 게 그리게 무어든지 끝을 바라고 붙들어야 한다"고 나에게 일러주면서 신이 나서 돌아갔다. 우리도 그가 원배달이 된 것이 좋은 친구가 큰 출세나 하는 것처럼 마음속으로 진실로 즐거웠다. 어서 내일 저녁에 그가 배달복을 입고 방울을 차고 와서 쭐럭거리는 것을 보리라 하였다.

그러나 이튿날 그는 오지 않았다. 밤이 늦도록 신문도 그도 오지 않았다. 그다음 날도 신문도 그도 오지 않다가 사흘째 되는 날에야, 이날은 해도 지기 전인데 방울 소리가 요란스럽게 우리 집으로 뛰어들었다.

'어디 보자!'

하고 나는 방에서 뛰어나갔다.

그러나 웬일일까, 정말 배달복에 방울을 차고 신문을 들고 들어서는 사람은 황수건이가 아니라 처음 보는 사람이다.

"왜 전엣사람은 어디 가고 당신이오?"

물으니 그는,

"제가 성북동을 맡았습니다."

한다.

"그럼, 전엣사람은 어디를 맡았소?"

하니 그는 픽 웃으며,

"그까짓 반편을 어딜 맡깁니까? 배달부로 쓸랴다가 똑똑지가 못하니까 안 쓰고 말았나 봅니다."

한다.

"그럼 보조배달도 떨어졌소?"

하니,

"그럼요, 여기가 따루 한 구역이 된 걸요."

하면서 방울을 울리며 나갔다.

이렇게 되었으니 황수건이가 우리 집에 올 길은 없어지고 말았다. 나도 가끔 문안엔 다니지만 그의 집은 내가 다니는 길 옆은 아닌 듯 길가에서도 잘 보이지 않았다.

나는 가까운 친구를 먼 곳에 보낸 것처럼, 아니 친구가 큰 사업에나 실패하는 것을 보는 것처럼, 못 만나는 섭섭뿐이 아니라 마음이 아프기도 하였다. 그 당자와 함께 세상의 야박함이 원망스럽기도 하였다.

…… (중략) ……

하루는 나는 거의 그를 잊어버리고 있을 때,

"이 선생님 곕쇼?"

하고 수건이가 찾아왔다. 반가웠다.

"선생님, 요즘 신문이 거르지 않고 잘 옵쇼?"

하고 그는 배달 감독이나 되어 온 듯이 묻는다.

"잘 오, 왜 그류?"

한즉 또,

"늦지도 않굽쇼, 일찍이 제때마다 꼭꼭 옵쇼?"

한다.

"당신이 돌 때보다 세 시간은 일찍이 오고 날마다 꼭꼭 잘 오."

하니 그는 머리를 벅적벅적 긁으면서,

"하루라도 걸르기만 해라. 신문사에 가서 대뜸 일러바치지……."

하고 그 빈약한 주먹을 부르댄다.

"그런뎁쇼, 선생님?"

"왜 그류?"

"삼산학교에 말씀예요, 그 제 대신 들어온 급사가 저보다 근력이 세게 생겼습죠?"

"나는 그 사람을 보지 못해서 모르겠소."

하니 그는 은근한 말소리로 히죽거리며,

"제가 거길 또 들어가 볼라굽쇼, 운동을 합죠."

한다.

"어떻게 운동을 하오?"

"그까짓 거 날마당 사무실로 갑죠. 다시 써달라고 졸라댑죠. 아, 그랬더니 새 급사란 녀석이 저보다 크기도 무척 큰 뎁쇼, 이 녀석이 막 불근댑니다그려. 그래 한 번 쌈을 해야 할 턴 뎁쇼, 그 녀석이 근력이 얼마나 센지 알아야 덤벼들 턴뎁쇼…… 허."

"그렇지, 멋모르고 대들었다 매만 맞지."

하니 그는 한 걸음 다가서며 또 은근한 말을 한다.

"그래섭쇼, 엊저녁엔 큰 돌멩이 하나를 굴려다 삼산학교 대문에다 놨습죠. 그리구 오늘 아침에 가보니깐 없어졌는뎁쇼. 이 녀석이 나처럼 억지루 굴려다 버렸는지, 뻰쩍 들었다 버렸는지 그만 못 봤거든입쇼, 제길……."

하고 머리를 긁는다. 그러더니 갑자기 무얼 생각한 듯 손뼉을 탁 치더니,

"그런뎁쇼, 제가 온 건입쇼, 댁에선 우두(牛痘)를 넣지 마시라구 왔습죠."

한다.

"우두를 왜 넣지 말란 말이오?"

한즉,

"요즘 마마가 다닌다구 모두 우두들을 넣는뎁쇼, 우두를 넣으면 사람이 근력이 없어지는 법인뎁쇼."

하고 자기 팔을 걷어 올려 우두 자리를 보이면서,

"이걸 봅쇼. 저두 우두를 이렇게 넣기 때문에 근력이 줄었습죠."

한다.

"우두를 넣으면 근력이 준다고 누가 그럽디까?"

물으니 그는 싱글거리며,

"아, 제가 생각해 냈습죠."

한다.

"왜 그렇소?"

하고 캐니,

"뭘……저 아래 윤금보라고 있는데 기운이 장산뎁쇼. 아 삼산학교 그 녀석두 우두만 넣었다면 그까짓 것 무서울 것 없는뎁쇼, 그걸 모르겠거든입쇼……."

한다. 나는,

"그렇게 용한 생각을 하고 일러주러 왔으니 아주 고맙소."

하였다. 그는 좋아서 벙긋거리며 머리를 긁었다.

"그래 삼산학교에 다시 들기만 기다리고 있소?"

물으니 그는,

"돈만 있으면 그까짓 거 누가 '고스카이(잔심부름꾼)'노릇을 합쇼. 밑천만 있으면 삼산학교 앞에 가서 뻐젓이 장사를 할 텐뎁쇼."

한다.

"무슨 장사?"

"아, 방학 될 때까지 참외 장사도 하굽쇼, 가을부턴 군밤 장사, 왜떡장사, 습자지, 도화지 장사 막 합죠. 삼산학교 학생들이 저를 어떻게 좋아하겝쇼. 저를 선생들보다 낫게 치는뎁쇼."

한다.

나는 그날 그에게 돈 삼 원을 주었다. 그의 말대로 삼산학교 앞에 가서 뻐젓이 참외 장사라도 해보라고. 그리고 돈은 남지 못하면 돌려오지 않아도 좋다 하였다.

그는 삼 원 돈에 덩실덩실 춤을 추다시피 뛰어나갔다. 그리고 그 이튿날,

"선생님 잡수시라굽쇼."

하고 나 없는 때 참외 세 개를 갖다 두고 갔다.

그러고는 온 여름 동안 그는 우리 집에 얼른하지 않았다.

들으니 참외 장사를 해보긴 했는데 이내 장마가 들어 밑천만 까먹었고, 또 그까짓 것보다 한 가지 놀라운 소식은 그의 아내가 달아났단 것이다. 저희끼리 금실은 괜찮았건만 동세가 못 견디게 굴어 달아난 것이라 한다. 남편만 남 같으면 따로 살림 나는 날이나 기다리고 살 것이나 평생 동세 밑에 살아야 할 신세를 생각하고 달아난 것이라 한다.

그런데 요 며칠 전이었다. 밤인데 달포 만에 수건이가 우리 집을 찾아왔다. 웬 포도를 큰 것으로 대여섯 송이를 종이에 싸지도 않고 맨손에 들고 들어왔다. 그는 벙긋거리며,

"선생님 잡수라고 사왔습죠."

하는 때였다. 웬 사람 하나가 날쌔게 그의 뒤를 따라 들어오더니 다짜고짜로 수건이의 멱살을 움켜쥐고 끌고 나갔다. 수건이는 그 우둔한 얼굴이 새하얗게 질리며 꼼짝 못 하고 끌려 나갔다.

나는 수건이가 포도원에서 포도를 훔쳐온 것을 직각하였다. 쫓아나가 매를 말리고 포도값을 물어주었다. 포도값을 물어주고 보니 수건이는 어느 틈에 사라지고 보이지 않았다.

나는 그 다섯 송이의 포도를 탁자 위에 얹어놓고 오래 바라보며 아껴 먹었다. 그의 은근한 순정의 열매를 먹듯 한 알을 가지고도 오래 입 안에 굴려보며 먹었다.

어제다. 문안에 들어갔다 늦어서 나오는데 불빛 없는 성북동 길 위에는 밝은 달빛이 깁을 간 듯하였다.

그런데 포도원께를 올라오노라니까 누가 맑지도 못한 목청으로,

"사……케……와 나……미다카 다메이……키……카……(술은 눈물이냐 한숨이냐)."

를 부르며 큰길이 좁다는 듯이 휘적거리며 내려왔다. 보니까 수건이 같았다. 나는,

"수건인가?"

하고 아는 체하려다 그가 나를 보면 무안해 할 일이 있는 것을 생각하고 휙 길 아래로 내려서 나무 그늘에 몸을 감추었다.

그는 길은 보지도 않고 달만 쳐다보며, 노래는 그 이상은 외우지도 못하는 듯 첫 줄 한 줄만 되풀이하면서 전에는 본 적이 없었는데 담배를 다 퍽퍽 빨면서 지나갔다.

달밤은 그에게도 유감한 듯하였다.

이태준(李泰俊, 1904 - 미상)은 1904년 1월 7일 강원도 철원에서 태어나, 1909년 망명하는 부친을 따라 러시아 블라디보스토크로 이주했다가 그해 8월 부친의 사망으로 귀국하였다. 1912년 모친마저 별세하자 철원의 친척집에서 성장하였다. 1921년 휘문고등보통학교에 입학했으나 동맹휴교의 주모자로 지목되어 1924년 퇴학당했다.

1924년 학교 신문 『휘문』 2호에 단편동화 〈물고기 이야기〉를 처음 발표했다. 1925년 문예지 『조선문단』에 〈오몽녀〉가 입선되며 본격적인 작품 활동을 시작했다. 1927년 궁핍한 유학생활을 청산하고 귀국하여 『개벽』과 〈조선중앙일보〉의 기자, 『문장』지 편집자로 활동하였다. 1933년 박태원·이효석 등과 함께 '구인회'를 조직하였다. 1934년 첫 단편집 『달밤』 출간을 시작으로 〈가마귀〉, 〈사상의 월야〉, 〈해방전후〉 등 많은 작품을 발표했다. 1930년대 전후에 아동잡지 『어린이』에 발표한 동화들은 여전히 많은 어린이들에게 웃음과 감동을 주고 있다. 해방 후에는 문학가동맹, 남조선민전 등 조직에 참여하다가 1946년 월북하였다.

'구인회' 활동 전력과 사상성을 이유로 임화, 김남천과 함께 가혹한 비판을 받고 숙청되어 함흥노동신문사 교정원, 콘크리트 블록 공장의 노동자로 전락하였다. 정확한 사망 시기는 알 수 없으나 1960년대 초 산간 협동농장에서 병사하였다는 설이 있다. 저서로 단편소설집 『달밤』, 『가마귀』, 『복덕방』, 『해방 전후』, 『구원(久遠)의 여상(女像)』, 『딸 삼형제』, 수필집 『무서록』, 문장론 『문장강화』, 『상허 문학독본』 등이 있다.

이태준의 〈달밤〉에서 인간을 소외시킨 현실 문제에 대한 비판을 읽어 낼 수 있다. 작품의 대략적인 내용은 성북동으로 이사 온 주인공 '나'가 조금 모자라지만 순박한 사람인 황수건의 인생이 어떻게 진행되는지 지켜보는 이야기이다. 소설의 주된 인물 황수건은 개를 두려워하는 시골 못난이로 동네아이들은 그를 노랑수건이라 놀린다. 그의 평생 소원은 정직원이 되어 신문을 배달하는 것인 만큼 소박하고 순진무구한 사람이다. 신문 배달마저 반편이란 이유로 해고되자 그는 작중 화자인 '나'가 준 돈 삼 원으로 참외 장사를 시작했지만 망해서 빈털터리가 된다. 어느 날 그는 '나'에게 포도 몇 송이를 감사의 인사로 가져왔다가 포도원 주인에게 붙들리고 '나'는 포도 값을 대신 물어준다. 이처럼 황수건은 모자란 인물이지만 착한 심성을 가졌고, 또 나름대로 열심히 노력했지만 그의 몰락은 안타깝다. '나'는 황수건의 우둔하고 천진스러운 모습을 보고 시골의 정취를 느끼지만 소설의 배경인 성북동이 점차 도시화로 인하여 시골의 정취를 잃어감에 따라 황수건 또한 설 자리가 없어지고 소외된다. 〈달밤〉은 황수건을 통해 조금 부족한 사람은 쉽게 이용 당할 수 있고, 사회적 약자가 겪는 소외감의 무게가 어느 정도인지 새삼 알 수 있게 해 주는 작품이다.

신문을 보는 집은 개를 기르지 말아야 한다는 엉뚱한 소리를 하는 황수건이지만 '나'는 그의 황당한 이야기에 귀를 기울여 주고 도움을 준다. 상대방의 엉뚱한 이야기에도 관심을 가져주고 상대방을 위하는 마음을 가지고 있는 화자 '나'의 눈을 통해 이야기가 전개된다. 이태준은 화자인 '나'의 모습을 통해 사회적 약자나 소수자의 이야기에 귀를 기울이는 것이야말로 그들을 배제하지 않고 포용할 수 있는 중요한 방법임을 암시하고 있는지도 모른다.

'나'는 황수건을 지켜보는 관찰자의 역할을 한다. 또한 '나'는 황수건을 묘사할 때에도 그의 외양만을 대상으로 하고 그 행위의 동기나 의미를 마음대로 해석하지 않는 유형의 인간이다. 반면 황수건은 대화를 주고받는 듯하지만, 구체적인 정보를 전달해주는 것이 아니라 소소한 자신의 일상을 나열하고 있는 것이다. 황수건은 각박한 도회문명 속에 학습된 지식도 인맥도 없이 어눌한 기질로 버티는 인물로 공동체의 관용과 보호 없이는 홀로 살아가기 힘든 존재이다.

〈달밤〉의 '나'와 황수건은 지식인과 하층민으로 이원화되지만 하층민으로 묘사된 황수건은 시대적 현실에서 비롯되는 뚜렷한 슬픔을 경험하고 있다. 슬픔의 중심에는 삶의 비애를 확인하게 하는 사건이 자리한다. 이 사건으로 인해 황수건은 좌절이나 현실의 부조리함을 재확인함으로써 자신에게 놓여있는 현실을 인식하게 된다. 즉 황수건의 삶을 현실과 이상의 간극에서 발생하는 좌절의 경험과 관련 짓고 있다. 황수건은 지극히 평범하고 열정과 자부심이 있지만 그것을 발산,

발휘할 수 있는 토대를 잃음으로써 급기야 나락으로 떨어진다. 황수건이 소망하는 세계가 소박한 행복을 추구하는 것일수록 그것을 이룰 수 없는 현실의 가혹함이나 비정함은 더욱 두드러진다.

특히 이태준의 소설 〈달밤〉의 황수건은 좌절과 현실적 결핍을 경험한다. 결핍이 있기에 현실 세계에서 수용되지 못하고 도태되거나 소외되곤 한다. 그런 점에서 황수건의 운명은 낙오와 실패로 결정지어져 있다고 볼 수도 있다. 분명 이런 인물군들은 현실을 개척하며 현실에서 도약하기는 불가능해 보인다. 하지만 현실을 냉철하게 인식할 수 있는 안목이 없기에 황수건의 선택은 슬픔과 좌절 차원에 머물 뿐 변화를 위한 행동으로 이어지지는 않는다. 대신 이런 부류의 인물 특성에서 비롯된 분위기는 인물이 인식하지 못하는 세상의 논리와 관련되기에 비극적이라기보다는 안타까움과 연결된다. 거대한 현실에 대해 무지한 인물을 바라봐야 하는 현실의 작동 원리를 알고 있는 관찰자 '나'의 시선은 그런 의미에서 연민과 비애를 담고 있는 것이다.

연민과 비애를 담은 황수건이라는 반편이를 중심으로 사건이 전개되고 황수건과 화자인 '나'의 대화를 통해 현실에서 소외되는 약자의 모습을 유머 있게 형상화했다. 황수건은 순박한 시골의 정취를 돋워 주는 인물로, 말 걸기를 좋아해서 '나'와 가까워지는 계기를 마련하게 된다. 학교 급사로 일하다가 쫓겨난 뒤에는 신문사 원배달부가 되는 것이 유일한 소망인 황수건은 보조배달부 자리에서마저 해고되고 만다. 이 지점에서 우리는 황수건의 처지를 생각해 볼 필요가 있다. '나'는 일상의 질서에서 소외되는 황수건을 애정 어린 시선으로 바라보고 독려하며 용기를 주는 인물이다. 나는 정작 우리보다 힘들고 부족한 사람에게 어떠한 인물이었을까? 우리보다 부족해서, 우리보다 못나서와 같은 '나보다'라는 명제를 앞세워 누군가에게 상처를 준 적은 없는가?

황수건의 삶은 실패와 좌절의 연속이다. 이것은 '나'가 밝고 명랑했던 황수건의 모습에서 슬프고 안타까운 이미지를 발견하게 되는 과정으로 이루어져 있다. 즉 황수건이 경험한 실패의 순서를 따라가 보면 학교급사에서 쫓겨나고, 원배달부를 꿈꾸지만 보조배달부 자리에서 해고된다. '나'의 도움으로 참외장사를 하지만 실패하게 되고 포도를 훔쳐 '나'에게 가져다주는가 하면 포도밭 주인으로부터 곤혹을 치루고 급기야 아내의 가출까지, 실패의 실패를 거듭하며 이어진다. 의좋던 아내가 가출을 선택했다는 사실은 황수건이 또 다른 자신을 발견하게 되고 깊은 절망감을 경험하게 만든다.

이처럼 황수건의 소외되고 배제된 삶은 황수건 본인의 실수나 의도된 잘못에서 비롯되는 것이 아니라 주변의 문제나 세상의 변화에서 기인한다. 달빛이 아름답게 비치는 풍경 속에서 그와 대비되는 초라한 모습으로 담배를 물고 지나가는 황수건의 뒷모습을 통해 인물의 좌절과 상처가 극대화되고 있다. 현실의 냉정함을 경험할 뿐 이성적으로 인식할 수 없는 황수건의 고단한 삶은 우리 사회에서 철저하게 소외되고 배제되는 수많은 황수건들을 바라보게 만든다.

한 발 더 다가서기 1

1 우리의 주변에서 황수건이라는 인물과 유사한 인물을 만난 적이 있다면 이야기 해 보자.

2 "하루는 '나'는 '평생 소원이 무엇이냐?'고 그에게 물어 보았다. 그는 '그까짓 것쯤 얼른 대답하기는 누워서 떡 먹기'라고 하면서 평생 소원은 자기도 원배달이 한 번 되었으면 좋겠다는 것이었다."라는 대목을 통해 작가가 말하고자 하는 바가 무엇인지 토론해 보자.

3 '나'가 추구하는 '우리의 가치'가 잘 드러난 대목을 찾아보고 설명해 보자.

3. 〈원숭이와 게의 전쟁〉

게의 주먹밥을 빼앗은 원숭이는 마침내 게의 보복을 받았다. 게는 절구, 벌, 계란과 함께 원한 맺힌 원숭이를 살해한 것이다. 이 이야기를 이제 와서 꺼낼 필요는 없다. 단지 원숭이를 처단한 후, 게를 비롯해 동지들은 어떤 운명과 맞닥뜨렸는지는 이야기 할 필요가 있다. 왜냐하면 세간에 전해지는 이야기는 이런 면은 전혀 말하고 있지 않기 때문이다. 아니 그 정도는커녕 마치 게는 구멍 안에서, 절구는 부엌 한구석에서, 벌은 벌집에서 그리고 계란은 왕겨 속에서 태평스런 일생을 보낸 것처럼 포장되어 있기 때문이다.

그러나 그건 거짓말이다. 그들은 원수를 처단한 후 경관에게 포박되어 감옥에 수감되었다. 더욱이 재판이 진행된 결과 주범인 게는 사형을 언도받았다. 절구, 벌 그리고 계란은 무기징역형이었다. 세간에 전해지는 이야기만 알고 있는 독자들은 그들의 운명을 의심하는 사람조차 있을지도 모르겠다. 그러나 이건 분명한 사실이다. 추호도 의심할 여지가 없는 사실임에 틀림없다.

게의 말에 따르면 주먹밥과 감은 교환의 대상이었다. 그러나 원숭이는 익은 감을 주지 않고 설익은 감을 주려고 했다. 그뿐만이 아니었다. 게에게 상처를 입히려고 감을 던지기도 했다고 한다. 그러나 게와 원숭이 사이에는 한 통의 증서조차 교환되어 있지 않았다. 명백한 증거가 없었다.

이런 점을 불문에 붙이고 주먹밥과 감을 교환했다고 하자. 원숭이가 제시한 것이 익은 감이었다면 게는 그걸 거부하지는 않았을 것이다. 마지막으로 설익은 감을 던진 것 역시 원숭이에게 악의가 있었는지 어떤지는 증거가 불충분하다. 그래서 게의 변호를 한 유명한 변호사는 달리 방법이 없었다. 단지 재판관들의 동정심에 호소하는 것 이외에는 딱히 이것이다라고 할 만한 방책이 없었다. 그 변호사는 가엾다는 식으로 게에게 다가와 거품을 손으로 걷어내면서 "포기하게나!"라고 말했다고 한다. 이 말은 사형선고가 내려질 것이니까 생명을 포기하라는 말인지 그렇지 않으면 변호사에게 큰돈을 빼앗길 테니까 자신이 가진 돈을 포기하라는 말인지 변호사의 의도는 그 누구도 알 수가 없다.

더욱이 신문 잡지의 여론 역시 게에게 동정심을 불러일으키는 내용은 거의 없었다. 게가 원숭이를 살해한 일은 사적인 원한을 풀기 위한 방책이다. 더욱이 그런 사적인 원한은 무지와 경솔함에서 원숭이의 이익을 혼자서 독차지하려는 게의 무모함 이외에 다른 원인이 있겠는가? 세상에서 자신의 사적인 원한을 노출시킨다면 그 사람은 어리석기보다는 미친 사람에 가깝다. 이런 비난이 많았던 것 같다. 상공회의소 회장인 한 남작(男爵)은 게가 원숭이를 살해한 사건에 대해 위의 견해에 동의하면서 게에게는 위험한 사상의 영향이 있었으리라고 주장했다. 그런 탓인지 게가 원숭이를 살해한 이후, 남작은 자신을 경호하는 장사의 숫자를 늘렸고 거기다가 맹견 열 마리를 추가로 사육한다고 한다.

게의 원숭이 살해는 소위 지식인 사회에서는 좋은 평가를 얻지는 못했다. 대학교수인 어떤 박사는 윤리적인 관점에서 게가 원숭이를 살해한 사건은 복수심이 겉으로 표출된 사건이라고 말했다. 박사는 복수라는 것은 어떤 경우에도 선(善)이라고 말하기는 어렵다고 언급했다. 또 사회주의자인 어떤 당수(黨首)는 게가 감이나 주먹밥과 같은 사유재산에 집착한다는 측면에서 게는 물론이고 절구, 벌, 계란 모두 반동적인 사상을 갖고 있다고 말했다. 이어서 그는 이들을 뒤에서 후원한 사람들이 보수적인 집단일 수 있다고 말했다. 또 어떤 종파의 선사는 게가 부처님의 자비심을 알지 못하는 듯하다고 말했다. 원숭이가 설사 설익은 감을 던졌다고 해도 부처님의 자비심을 조금이라도 갖고 있으면 원숭이의 행위를 미워하기보다는 오히려 불쌍히 여겼을 것이기 때문이라고 했다. 그러면서 선사는 한 번만이라도 좋으니까 자신의 설교를 게에게 들려주고 싶다고 말했다. 그리고 이외에도 각 방면에서 게의 행위를 비평하는 명사들의 언급이 있었다. 그들의 의견은 대체로 게의 행위에 찬성하지 않는 내용이 대부분이었다. 그 중에서 오직 한 사람 게를 위해 열변을 토한 사람이 있었다. 호주가(好酒家)이면서 시인인 국회의원이 바로 그 사람이었다. 그 의원은 게의 원숭이 살해는 무사도 정신과 일치한다고 말했다. 그러나 이런 시대에 뒤쳐진 언급은 어느 누구에게도 설득력이 없는 말이었다. 신문 가십난에 따르면 그 의원은 몇 년 전 동물원을 관람하다가 원숭이 오줌 세례를 받은 적이 있는데 지금도 그 사건을 치욕으로 여기고 있다고 한다.

세간에 퍼져 있는 이야기밖에 알지 못하는 독자들은 슬픈 게의 운명에 동정의 눈물을 흘릴지도 모르겠다. 그러나 게의 죽음은 너무나 당연한 일이다. 게의 죽음을 가엾다고 생각하는 것은 부녀자나 아동에게 흔히 나타나는 센티멘털리즘에 불과하다. 세상은 게의 죽음을 당연한 것으로 여긴다. 게의 사형이 집행된 날에 판사, 검사, 변호사, 간수, 사형집행인, 그리고 종교 담당자 등은 모두 마흔여덟 시간 동안이나 편하게 잠을 잤다고 한다. 더욱이 그들 모두 꿈속에서 천국의 문을 보았다고 한다. 그들의 말에 따르면 천국은 봉건시대의 성곽과 비슷한 것으로 오늘날의 백화점과 그 모습이 흡사하다고 한다.

다음으로 게가 죽은 다음, 게의 가정은 어떠했는지 여기서 조금 언급하고 싶다. 게의 아내는 웃음을 파는 여인이 되었다. 그렇게 된 이유는 가난 때문인지 아니면 원래부터 그녀의 바탕에 그런 측면이 있었는지는 알 수가 없다. 게의 장남은 아버지가 죽은 후, 신문잡지의 용어를 빌려 표현하면 '마음을 고쳐먹었다.' 지금은 어느 주식회사의 대표라고 한다. 이 게는 어느 때인가, 자신이 사는 구멍에 자신과 같은 종의 고기를 잡아먹으려고 부상을 입은 친구를 데려왔다. 크로포트킨(Pyotr Kropotkin)은 상호부조론 속에서 게 역시 같은 종을 잡아먹는다고 언급한 적이 있는데 바로 여기서 사실 확인이 가능하다. 게의 차남은 소설가가 되었다. 물론 소설가이기 때문에 방탕한 일 이외에는 아무런 짓도 하지 않았다. 단지 아버지의 일생을 예로 들어서 '선(善)은 악(惡)의 또 다른 이름이다'라는 식의 궤변을 늘어놓았다. 삼남은 대체로 어리석어서 게 이외에는 달리 될 만한 것이 없었다. 그가 옆으로 걸어가는데 주먹밥이 한 개 떨어져 있었다. 주먹밥은 그가 좋아하는 음식이었다. 삼남은 큰 가위를 놀려 주먹밥을 집어 올렸다. 그러자 높은 감나무 가지에서 이를 내려다보던 원숭이 한 마리가……그 다음 이야기는 할 필요가 없다.

어쨌든 게는 원숭이와 전투를 벌였다. 그리고 세상을 위해 게는 죽음의 길을 가야 했다. 그게 적절한지는 독자들이 판단할 문제다. 당신들 역시 게임에 틀림없다.

아쿠타가와 류노스케(芥川龍之介, 1892-1927)의 문학에는 대부분 좌절, 패배, 에고이즘, 광기, 불안, 자살 등 인생의 어두운 요소가 들어 있다. 어둡고 추한 면, 약하고 늘 불안한 상태의 부정적인 요소, 불안정한 인간의 모습을 다루며 작품을 이끌어 가는데, 왜 이러한 소재를 취하고 있는지를 살펴보는 것은 아쿠타가와 류노스케를 이해하는 데 중요한 열쇠라고 생각된다. 이는 그의 어두웠던 성장 배경과 밀접한 관련이 있다고 볼 수 있는데, 이점은 그의 문학사상에 지대한 영향을 미치고 있음을 작품에서도 확연히 알 수 있다.

〈원숭이와 게 전쟁〉은 19세기 말과 20세기 초의 근대적 풍경을 우화로 풍자함으로써 인간 본성에 대한 예리한 고찰을 보여준다. "당신들 역시 게임에 틀림없다"로 종결되는 〈원숭이와 게 전쟁〉은 '게'의 주먹밥을 빼앗은 '원숭이'를 살해한 '게'의 보복을 그리고 있다. 근대초기 재판 제도, 신문과 지식인 계층이 주도하는 여론 등 사회 시스템에 대한 비판적 성찰을 보여주는 작품이다.

1923년 3월 1일 발행한『부인공론(婦人公論)』제8년 제3호에 게재된 〈원숭이와 게 전쟁〉은 생전에 단행본에는 수록되지 않았다. 〈원숭이와 게 전쟁〉은 1920년을 전후한 근대적 제도하의 인간관계를 주목하면서 시대가 낳은 인간의 강한 모습과 약한 모습의 의지를 암시적으로 나타낸 것이다.

〈원숭이와 게 전쟁〉이 알려진 것은 1923년이다. 당시 일본은 러일전쟁 승리 이후 자본주의는 차츰 발전하여 국력의 신장을 보였지만, 자본주의의 급속한 발전에 동반한 내부 모순도 나타나, 여러 가지 사회문제가 발생하기에 이른다. 또한 이러한 사회문제 속에서 일본 지식인의 정신적인 동요와 변모 그리고 일본사회가 급격히 근대화로 향해 가는 과정에서 인간의 내적 갈등으로 일어나는 에고이즘 문제와 현실에 대한 비판 등이 시대적 배경으로 작품 속에 나타나 있다. 〈원숭이와 게 전쟁〉은 1920년을 전후한 근대적 제도하의 인간관계를 주목하면서 자신이 갖고 있는 힘과 권력을 이용해 약자를 얼마나 쉽게 무너뜨릴 수 있는지를 원숭이와 게를 통해 여과없이 나타낸 것은 아닐까.

한 발 더 다가서기 2

애시당초 상대가 되지 않는 원숭이와 게의 싸움이었다. 그럼에도 억울했던 게는 원숭이를 살해함으로써 보복을 한다. 약자가 강자에 맞서 저항한다면 내가 생각하는 이상적인 저항 방식은 어떤 것인가?

한 발 더 다가서기 3

여우난골족(族)

백석

명절날 나는 엄매 아배 따라 우리집 개는 나를 따라 진할머니 진할아버지가 있는 큰집으로 가면

얼굴에 별자국이 솜솜 난 말수와 같이 눈도 껌벅거리는 하루에 베 한 필을 짠다는 벌 하나 건너 집엔 복숭아나무가 많은 신리(新里) 고무 고무의 딸 이녀(李女) 작은 이녀(李女)

열여섯에 사십(四十)이 넘은 홀아비의 후처가 된 포족족하니 성이 잘 나는 살빛이 매감탕 같은 입술과 젖꼭지는 더 까만 예수쟁이 마을 가까이 사는 토산(土山) 고무 고무의 딸 승녀(承女) 아들 승(承)동이

육십리(六十里)라고 해서 파랗게 뵈이는 산을 넘어 있다는 해변에서 과부가 된 코끝이 빨간 언제나 흰옷이 정하든 말끝에 섧게 눈물을 짤 때가 많은 큰골 고무 고무의 딸 홍녀(洪女) 아들 홍(洪)동이 작은 홍(洪)동이

배나무접을 잘 하는 주정을 하면 토방돌을 뽑는 오리치를 잘 놓는 먼섬에 반디젓 담그러 가기를 좋아하는 삼춘 삼춘 엄매 사춘 누이 사춘동생들

이 그득히들 할머니 할아버지가 있는 안간에들 모여서 방안에서는 새옷의 내음새가 나고

또 인절미 송구떡 콩가루차떡의 내음새도 나고 끼때의 두부와 콩나물과 뽁운 잔디와 고사리와 도야지 비계는 모두 선득선득하니 찬 것들이다

저녁술을 놓은 아이들은 외양간섶 밭마당에 달린 배나무 동산에서 쥐잡이를 하고 숨굴막질을 하고 꼬리잡이를 하고 가마 타고 시집가는놀음 말 타고 장가가는 놀음을 하고 이렇게 밤이 어둡도록 북적하니 논다

밤이 깊어가는 집안엔 엄매는 엄매들끼리 아릇간에서들 웃고 이야기하고 아이들은 아이들끼리 웃간 한 방을 잡고 조아질하고 쌈방이 굴리고 바리깨돌림하고 호박떼기하고 제비손이 구손이하고 이렇게 화디의 사기방등에 심지를 몇 번

이나 돋구고 홍게닭이 몇 번이나 울어서 졸음이 오면 아릇목싸움 자리싸움을 하며 히드득거리다가 잠이 든다 그래서는 문창에 텅납새의 그림자가 치는 아침 시누이 동세들이 욱적하니 홍성거리는 부엌으론 샛문틈으로 장지문틈으로 무이징게국을 끓이는 맛있는 내음새가 올라오도록 잔다.

"저녁술을 놓은 아이들은 외양간섶 밭마당에 달린 배나무 동산에서 쥐잡이를 하고 숨굴막질을 하고 꼬리잡이를 하고 가마 타고 시집가는 놀음 말 타고 장가가는 놀음을 하고 이렇게 밤이 어둡도록 북적하니 논다"는 대목에서 향토색이 묻어나는 토속어들을 〈달밤〉에서 찾아보고 이야기해 보자.

Ⅲ. 작품 출처 및 추천 도서

1. 작품 출처

제1장 기억 그리고 성장

김동리, 〈황토기〉, 『한국소설문학대계26-을화 外』, 동아출판사, 1995.
황순원, 〈별〉, 『한국소설문학대계27 - 카인의 후예 外』, 동아출판사, 1995.
이문구, 〈유자소전〉, 『한국소설문학대계55 - 관촌수필 外』, 동아출판사, 1995.
정지용, 〈별똥〉, 권영민 엮음, 『정지용전집』, 민음사, 2016.

제2장 젊은 날의 고뇌와 방황

황석영, 『개밥바라기별』, 문학동네, 2011.
괴테, 임홍배 옮김, 『젊은 베르터의 고뇌』, 창비, 2012.
윤동주, 〈별똥 떨어진 데〉, 권영민 편저, 『하늘과 바람과 별과 시』, 문학사상사, 1995.

제3장 사랑과 그 이후에 대한 성찰

나쓰메 소세키, 노재명 옮김, 〈몽십야〉, 『런던소식』, 하늘연못, 2010.
김유정, 〈동백꽃〉, 『한국소설문학대계18-날개; 동백꽃 外』, 동아출판사, 1995.
한용운, 〈나룻배와 행인〉, 신현수 엮음, 『선생님과 함께 읽는 한용운』, 실천문학사, 2004.

제4장 자아 발견과 도전의 가치

헤르만 헤세, 안장혁 옮김, 『황야의 늑대』, 현대문학, 2013.
리처드 바크, 류시화 옮김, 『갈매기의 꿈』, 현문미디어, 2003.
장강명, 『표백』, 한겨레출판, 2011.
도종환, 〈담쟁이〉, 『담쟁이』, 시인생각, 2012.

제5장 만남과 이별에 대한 해석

김승옥, 〈서울 1964년 겨울〉, 『무진기행』, 민음사, 2007.
톨스토이, 이강은 옮김, 『이반 일리치의 죽음』, 창비, 2012.
이형기, 〈낙화〉, 고명수·허혜정 엮음, 『낙화』, 연기사, 2002.

제6장 폭력과 권력 또는 부조리한 세계와의 조우

프란츠 카프카, 홍성광 역, 『심판』, 펭귄클래식코리아, 2009.
오태석, 〈태(胎)〉, 『백마강 달밤에』, 평민사, 1999.
소포클레스, 조우현 역, 〈안티고네〉, 『그리스 비극』, 동서문화사, 2015.

두보, 이영주 편, 〈춘야희우(春夜喜雨)〉, 『가난한 사귐의 노래 두보』, 솔, 1998.
정지상, 집필자 공역, 〈송인(送人)〉.

제7장 생명과 우주, 그리고 미래과학

베르나르 베르베르, 이세욱 번역, 『제3인류』, 열린책들, 2013.
안도현, 『연어』, 문학동네, 1996.
이육사, 〈한 개의 별을 노래하자〉, 『한국대표시인 100선』, 미래사, 2001.

제8장 나, 너 그리고 우리

박경리, 〈불신시대〉, 『황석영의 한국 명단편 101』, 문학동네, 2015.
이태준, 〈달밤〉, 『이태준 소설 읽기』, 예옥, 2010.
아쿠타가와 류노스케, 노재명 옮김, 〈원숭이와 게 전쟁〉, 『월식』, 하늘연못, 2005.
백석, 〈여우난골족(族)〉, 백시나 엮음, 『나와 나타샤와 흰 당나귀』, 다산초당, 2005.

2. 추천 도서

J. D. 샐린저, 『호밀밭의 파수꾼』, 민음사, 2011.
가와바타 야스나리, 『이지의 무희』, 을유문화사, 2010.
구인환 편, 『운영전』, 신원문화사, 2003.
공지영·츠지 히토나리, 『사랑 후에 오는 것들』, 소담출판사, 2005.
김영하, 『아랑은 왜』, 문학동네, 2010.
김훈, 『칼의 노래』, 문학동네, 2012.
나쓰메 소세키, 『마음, 그후』, 범우출판사, 1999.
노희경, 『세상에서 가장 아름다운 이별 』, 북로그컴퍼니, 2010.
다자이 오사무, 『인간실격』, 민음사, 2004.
로버트 루이스 스티븐슨, 『지킬박사와 하이드』, 문예출판사, 2005.
로버트 코마이어, 『초콜릿 전쟁』, 비룡소, 2004.
루쉰, 『광인일기』, 문학동네, 2014.
루쉰, 『아Q정전』, 창비, 2006.
막스 뮐러, 『독일인의 사랑』, 문예출판사, 2015.
무라사키 시키부, 『겐지 이야기』, 나남출판, 1999.
미셸투르니에, 『황야의 수탉』, 현대문학, 2005.
밀란 쿤데라, 『참을 수 없는 존재의 가벼움』, 민음사, 2009.
박완서, 『나목』, 세계사, 2012.

빅토르 위고, 『레미제라블』, 동서문화사, 2002.
사무엘 베케트, 『고도를 기다리며』, 민음사, 2012.
서머싯 몸, 『달과 6펜스』, 민음사, 2000.
셰익스피어, 『오델로』, 전예원, 1989.
심종문, 『변성』, 황소자리, 2009.
아사다지로, 『철도원』, 문학동네, 1999.
아서밀러, 『세일즈맨의 죽음』, 민음사, 2009.
에리히 프롬, 『사랑의 기술』, 문예출판사, 2000.
옌거링, 『나의 할아버지가 탈옥한 이야기』, 51Books, 2015.
오스카 와일드, 『도리언 그레이의 초상』, 지만지, 2008.
오에 겐자부로, 『개인적 체험』, 을유문화사, 2009.
요시모토 바나나, 『바다의 뚜껑』, 민음사, 2016.
위화, 『허삼관 매혈기』, 푸른숲, 2007.
유발 하라리, 『사피엔스』, 김영사, 2015.
윤동주, 〈병원〉, 『하늘과 바람과 별과 시』, 문학사상, 2016.
이문열, 『젊은날의 초상』, 민음사, 2005.
이육사, 〈절정〉, 『광야에서 부르리라』, 시월, 2010.
이청준, 〈줄광대〉, 『병신과 머저리』, 문학과지성사, 2010.
이태준, 〈석양〉, 『이태준 소설 읽기』, 예옥, 2010.
입센, 『인형의 집』, 민음사, 2010.
제임스 조이스, 『젊은 예술가의 초상』, 열린책들, 2011.
조세프 콘라드, 『암흑의 핵심』, 민음사, 2006.
조정래, 『프란츠 카프카 읽기의 즐거움』, 살림, 2005.
조지 오웰, 『1984년』, 을유문화사, 2012.
조지 오웰, 『동물농장』, 민음사, 2001.
최인훈, 『옛날 옛적에 훠어이 훠이』, 문학과지성사, 2003.
츠카마츠몬자에몬, 『소네자키 숲의 정사』, 고려대학교 출판부, 2014.
카뮈, 『시지프의 신화』, 문예출판사, 1999.
파스칼 메르시어, 『리스본행 야간열차』, 들녘, 2011.
프란츠 카프카, 〈선고〉, 『카프카 단편선-변신』, 책만드는집, 2013.
프란츠 카프카, 〈최초의 고민〉, 『카프카 단편선』, 느낌이있는책, 2008.
하인리히 폰 클라이스트, 『칠레의 지진』, 세종출판사, 2003.
허먼 멜빌, 『모비 딕』, 작가정신, 2011.
헤르만 헤세, 『수레바퀴 밑에서』, 민음사, 2001.
헤르만 헤세, 『싯다르타』, 문예출판사, 2006.
후가자와 시치로, 『나라야마부시코』, 출판시대, 1999..

저자 소개

이철우
동의대학교 국어국문 · 문예창작학과 교수

김도희
동의대학교 문학인문교양학부 교수

신윤주
동의대학교 문학인문교양학부 교수

안장혁
동의대학교 문학인문교양학부 교수

문학과 삶

초판 발행 _ 2017년 2월 28일

저　　자 • 이철우 · 김도희 · 신윤주 · 안장혁
발 행 인 • 정 현 걸
발　　행 • 신 아 사
인　　쇄 • 토탈프로세스
주　　소 • 서울시 은평구 통일로 59길 4(2F)
전　　화 • 02)382-6411 · 팩스 02)382-6401
홈페이지 • www.shinasa.co.kr
E-MAIL • shinasa@daum.net
출판등록 • 1956년 1월 5일 (제9-52호)

ISBN 978-89-8396-986-6(93800)

정가 18,000원

이 저서는 교육부의 산업연계교육활성화선도대학(PRIME)사업 사업비를 지원받아 집필한 저서임

※ 자료 게재를 허락해 주신 분들께 감사드립니다. 미처 연락이 닿지 못한 분은 연락이 닿는 대로 소정의 절차를 밟겠습니다.